MASHLE

MAGIC AND MUSCLES

HAJIME KOMOTO

9

Mash Burnedead und die Tri-Magieathlon-Gottesseher-Abschlussprüfung

CHARAKTERE

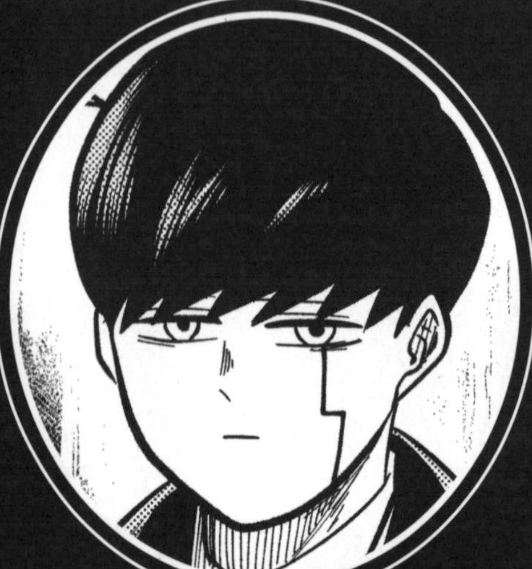

Mash Burnedead

Ein ungewöhnlicher Junge mit muskulösem Körper. Er kann nicht zaubern, stellt sich aber jeglicher Magie. Sein Weltbild ist sehr unkonventionell. Er schätzt Familie und Freunde und liebt Windbeutel. Außerdem hat er Schwierigkeiten zu erkennen, ob eine Tür aufgezogen oder aufgedrückt werden muss.

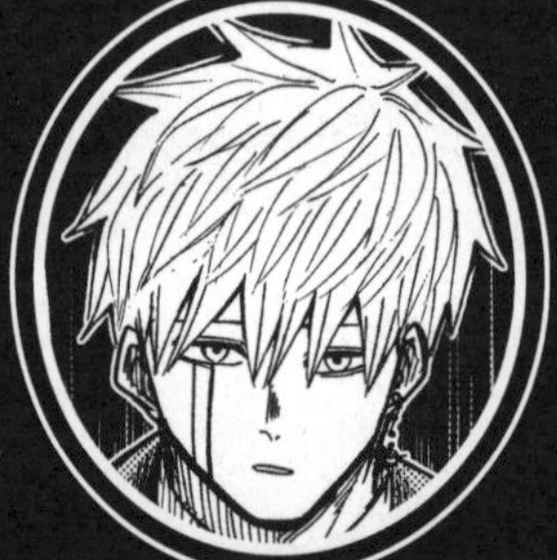

Lance Crown

Ein gut aussehender Junge, der bei der Aufnahmeprüfung die höchste Punktzahl erreicht hat. Er hat einen ausgeprägten Schwesterkomplex.

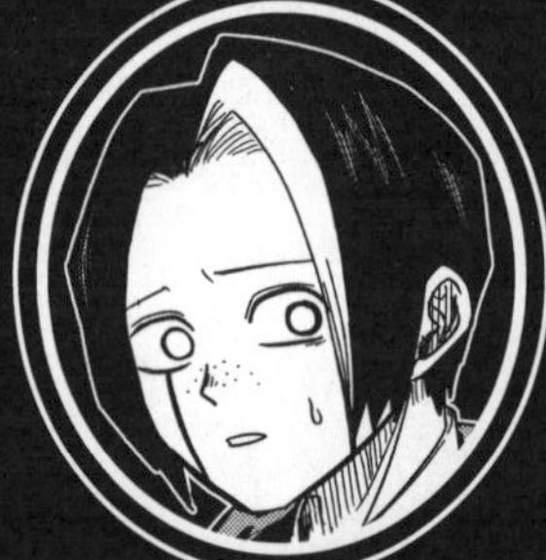

Finn Ames

Mashs lustiger Zimmergenosse und sein allererster Freund

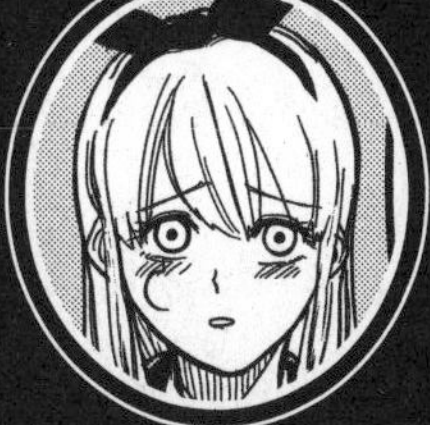

Lemon Irvine

Hat sich bei der Aufnahmeprüfung in Mash verlieb.

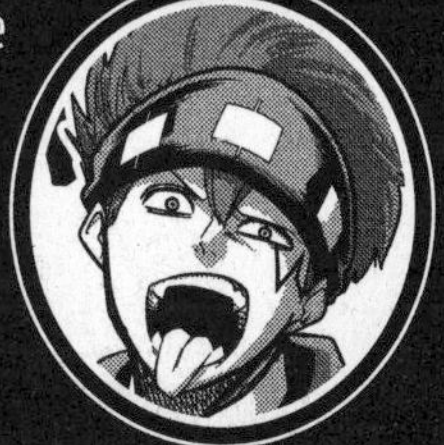

Dot Barrett

Ein direkter und aufbrausender Typ. Er kommt nicht gut bei Mädchen an und hasst attraktive Kerle.

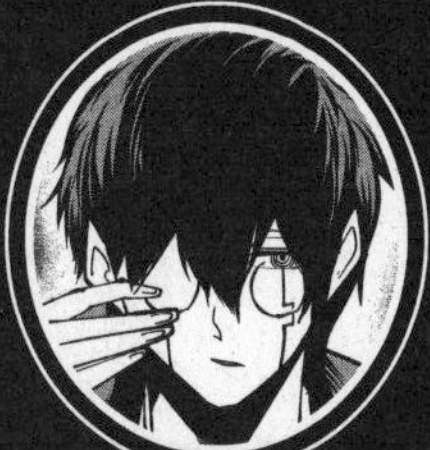

Orter Mádl

„Stab des Sandes", Gottesseher und zuständig für Zauberkraftverwaltung.

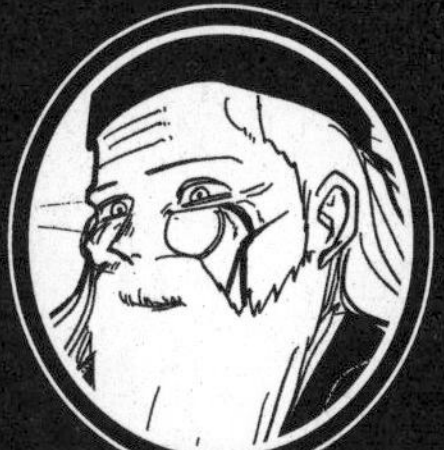

Direktor Wahlberg

Schulleiter der Easton-Magieschule. Er erwartet viel von Mash.

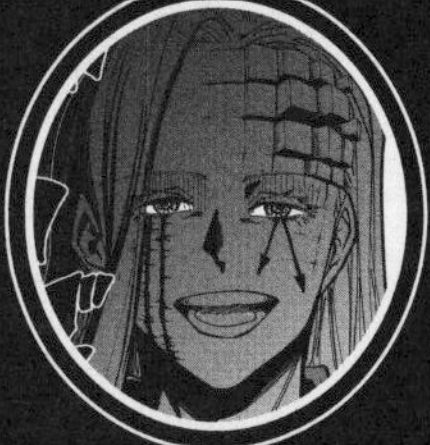

Innocent Zero

Boss einer Organisation, die im Dunklen operiert. Kann Zeitmagie anwenden.

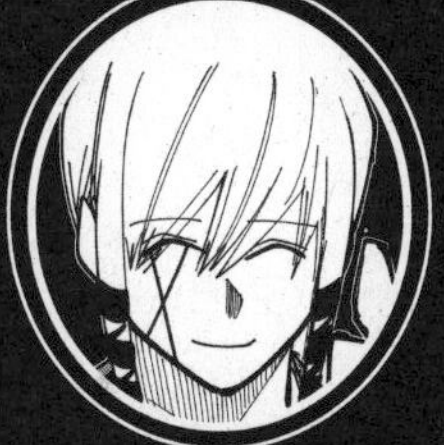

Kaldo Gehenna

Leiter der Magie-Personalverwaltung und Gottesseher, der den Stab des Feuers besitzt.

STORY

In dieser Welt bestimmt Magie über alles! Tief im Wald lebt ein Junge namens Mash. Hartes Training hat ihm einen stahlharten Körper beschert, aber er hat ein Geheimnis: Er kann keine Magie anwenden! In der magischen Welt ist das ein Grund zur Vernichtung. Um sein Geheimnis zu wahren, geht Mash auf die Magieschule mit dem Ziel, sich den Titel „Gottesseher" zu verdienen - jemand, der von den Göttern auserwählt wird. Kurz nach Mashs Sieg in der letzten Herausforderung tauchen Innocent Zero und seine Handlanger auf. Wahlberg tritt an, um Mash zu verteidigen! Derweil geraten Mash und Cell War aneinander, der offenbart, dass Mash geboren wurde, um Innocent Zeros Körper zu perfektionieren. Mash ist schockiert, erholt sich jedoch schnell genug, um Cell fertigzumachen und Wahlberg zu Hilfe zu eilen. Innocent Zero zieht sich zurück, hinterlässt jedoch ein Riesenmonster, das Mashs Mitschüler in Gefahr bringt!

Inhalt

73. Kapitel Mash Burnedead und der lustige Sommer

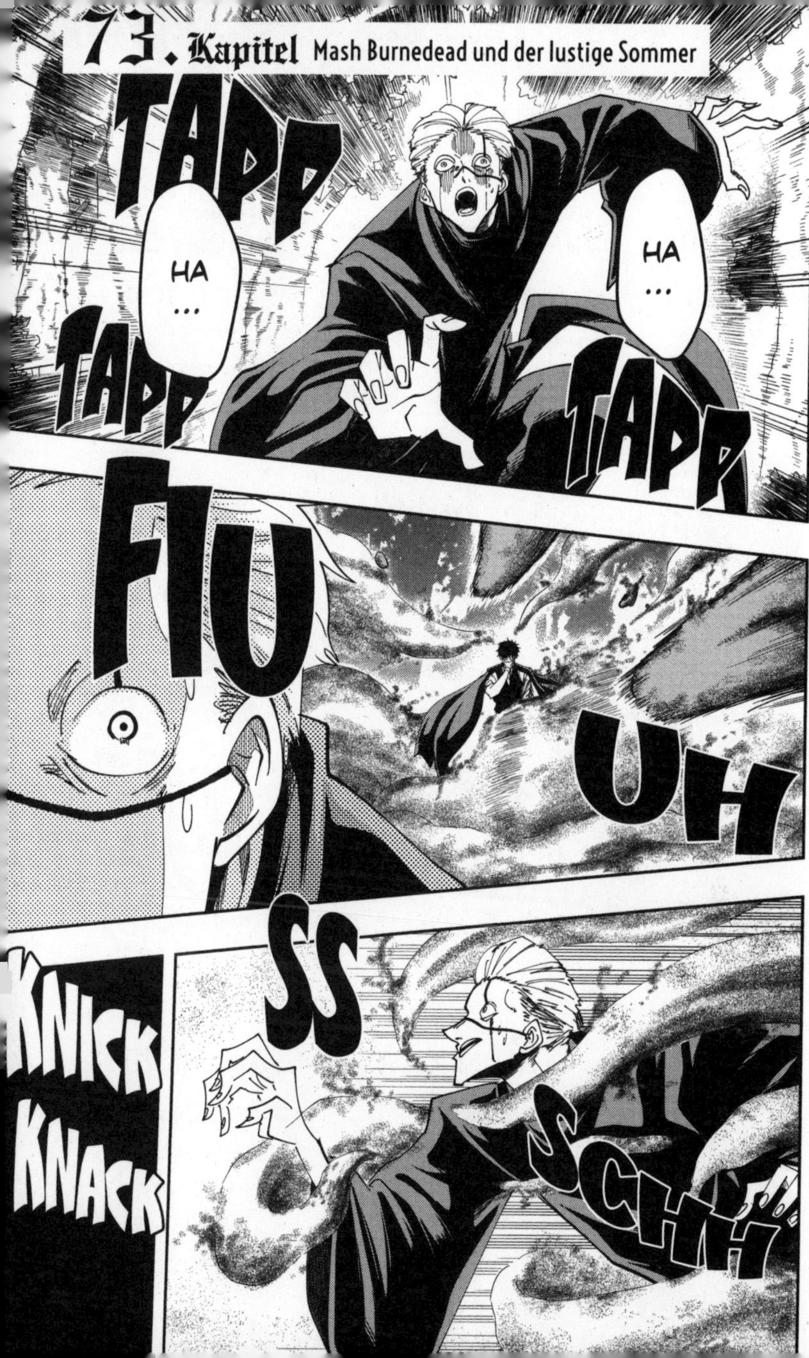

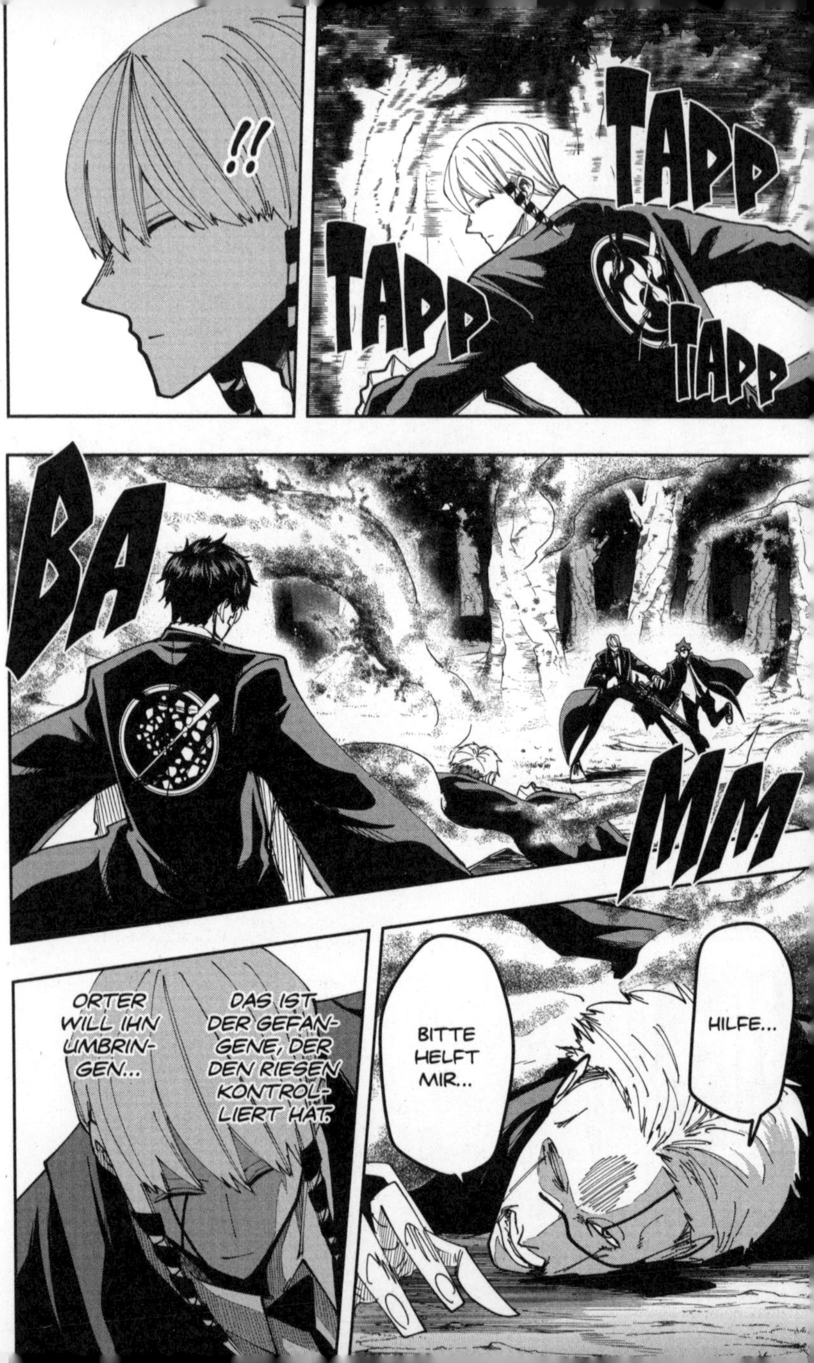

TAPP
TAPP
TAPP
!!
BAMM
HILFE...
BITTE HELFT MIR...
DAS IST DER GEFAN-GENE, DER DEN RIESEN KONTROL-LIERT HAT.
ORTER WILL IHN UMBRIN-GEN...

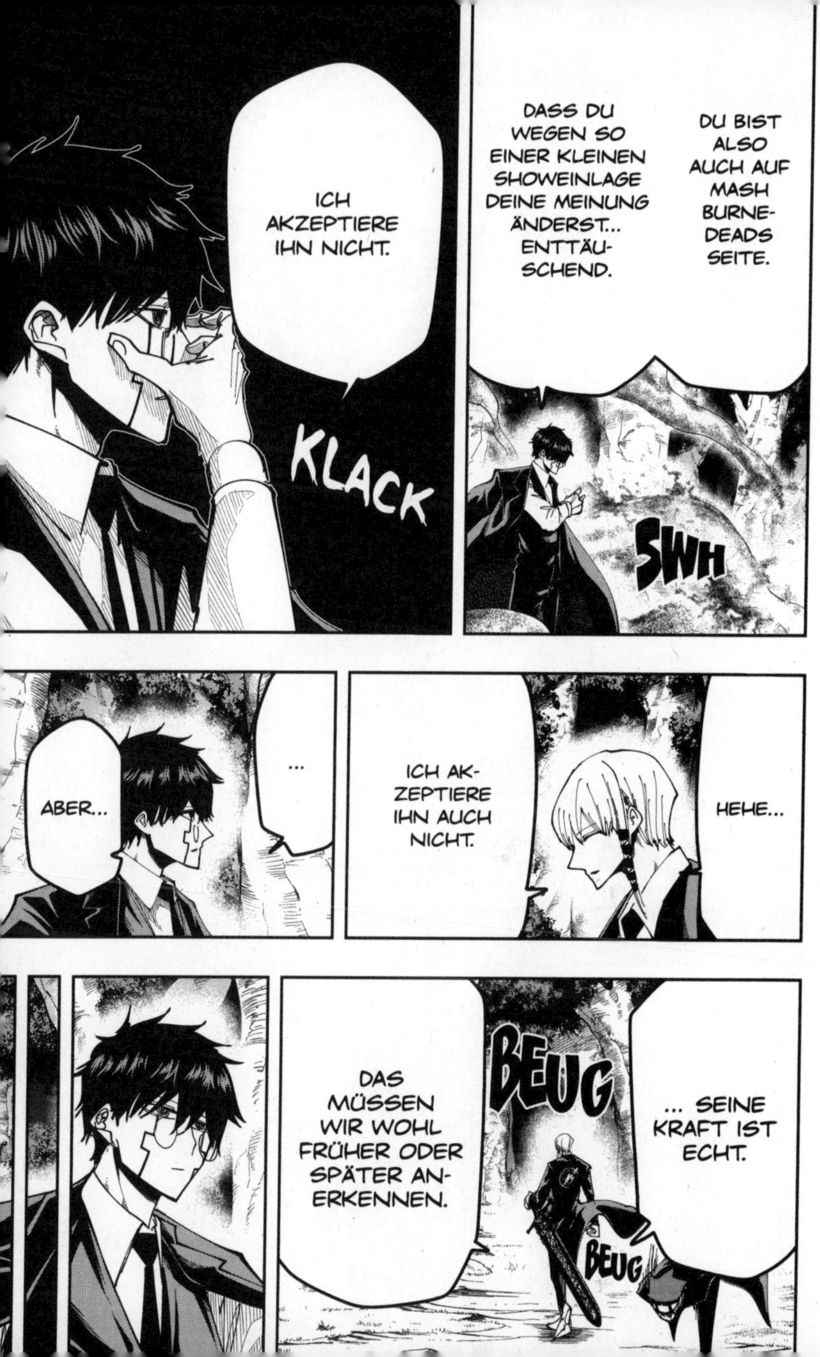
DU BIST ALSO AUCH AUF MASH BURNE-DEADS SEITE.
DASS DU WEGEN SO EINER KLEINEN SHOWEINLAGE DEINE MEINUNG ÄNDERST... ENTTÄU-SCHEND.
SWH
ICH AKZEPTIERE IHN NICHT.
KLACK
HEHE...
ICH AK-ZEPTIERE IHN AUCH NICHT.
...
ABER...
... SEINE KRAFT IST ECHT.
BEUG
BEUG
DAS MÜSSEN WIR WOHL FRÜHER ODER SPÄTER AN-ERKENNEN.

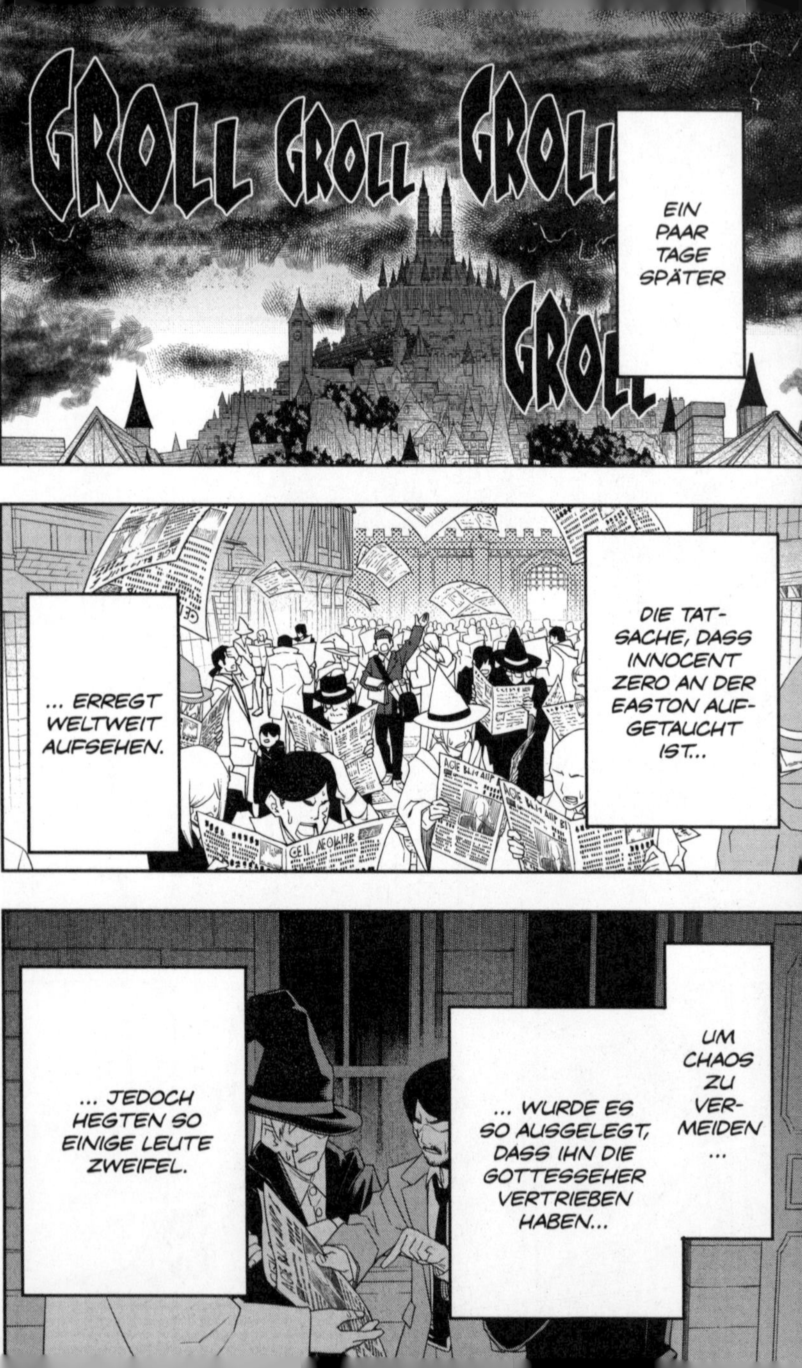
GROLL GROLL GROLL GROLL
EIN PAAR TAGE SPÄTER
DIE TATSACHE, DASS INNOCENT ZERO AN DER EASTON AUFGETAUCHT IST...
... ERREGT WELTWEIT AUFSEHEN.
UM CHAOS ZU VERMEIDEN ...
... WURDE ES SO AUSGELEGT, DASS IHN DIE GOTTESSEHER VERTRIEBEN HABEN...
... JEDOCH HEGTEN SO EINIGE LEUTE ZWEIFEL.

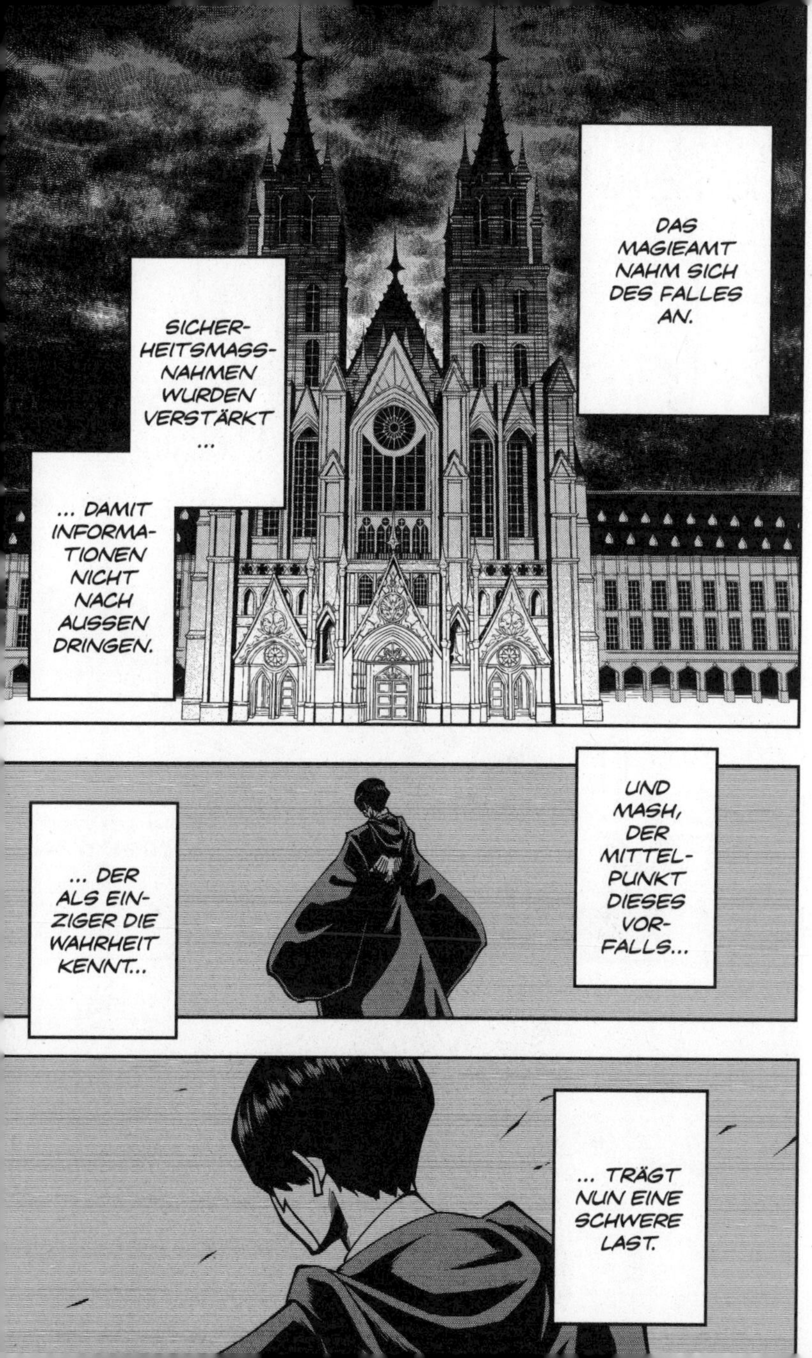
DAS MAGIEAMT NAHM SICH DES FALLES AN.
SICHERHEITSMASSNAHMEN WURDEN VERSTÄRKT ...
... DAMIT INFORMATIONEN NICHT NACH AUSSEN DRINGEN.
UND MASH, DER MITTELPUNKT DIESES VORFALLS...
... DER ALS EINZIGER DIE WAHRHEIT KENNT...
... TRÄGT NUN EINE SCHWERE LAST.

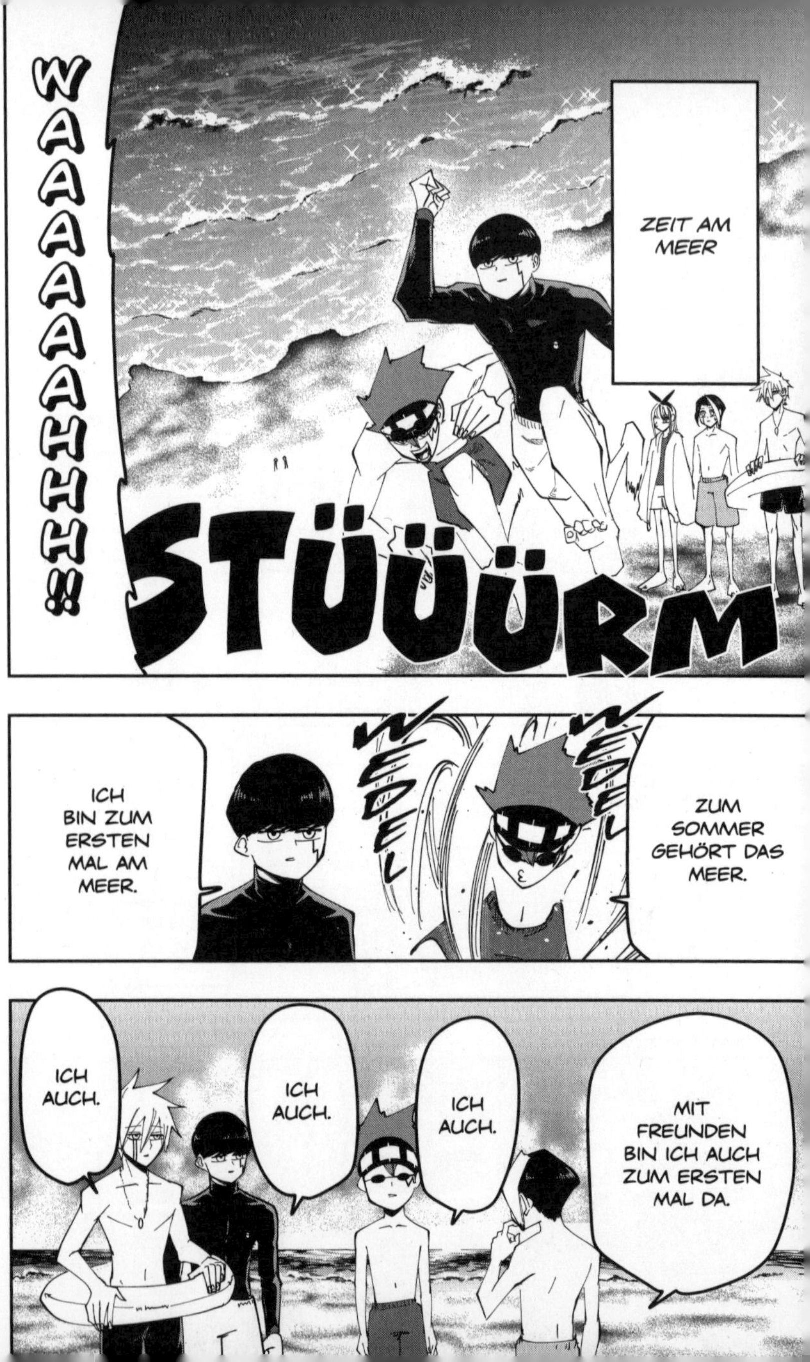
ZEIT AM MEER
WAAAAAAAAHHHH!!
STÜÜÜRM
ZUM SOMMER GEHÖRT DAS MEER.
WEDEL WEDEL
ICH BIN ZUM ERSTEN MAL AM MEER.
MIT FREUNDEN BIN ICH AUCH ZUM ERSTEN MAL DA.
ICH AUCH.
ICH AUCH.
ICH AUCH.

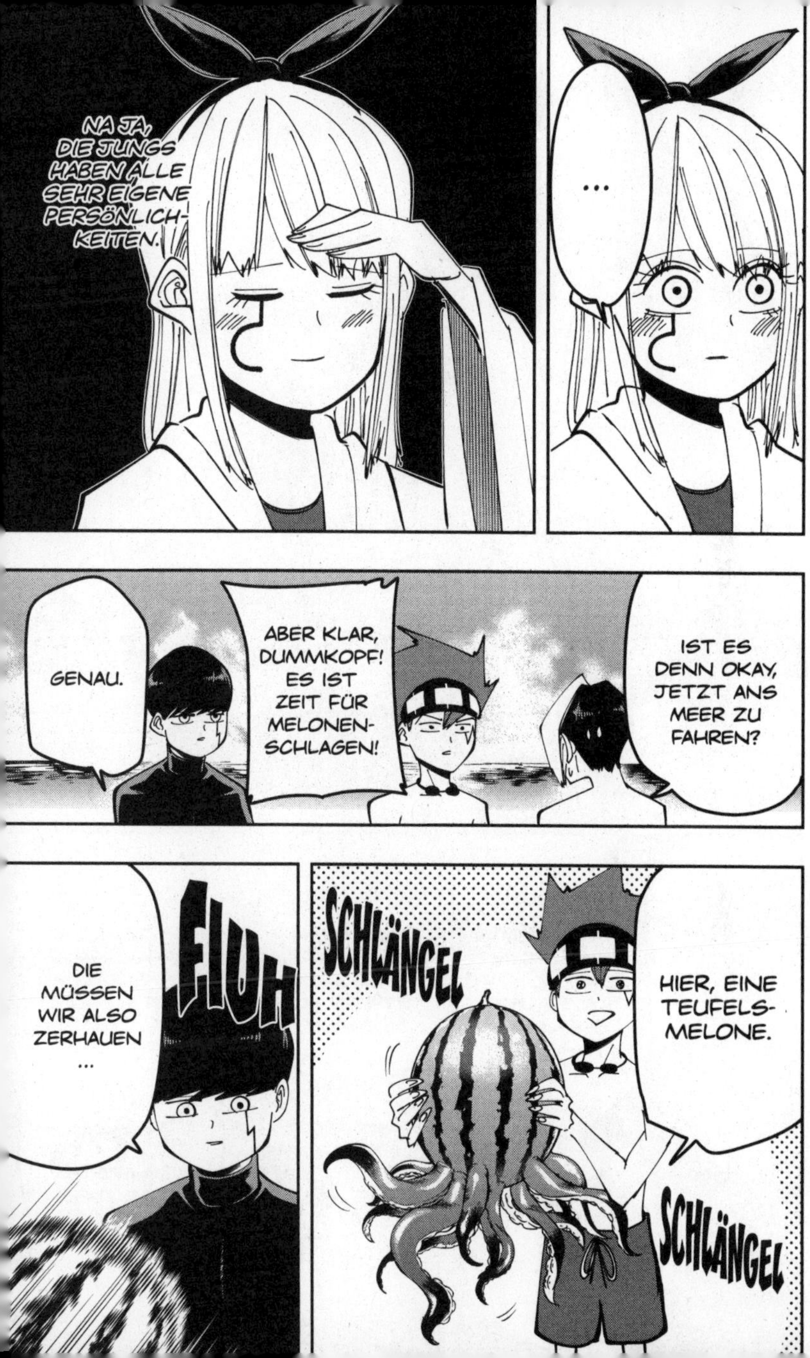
…
NA JA, DIE JUNGS HABEN ALLE SEHR EIGENE PERSÖNLICH-KEITEN.
IST ES DENN OKAY, JETZT ANS MEER ZU FAHREN?
ABER KLAR, DUMMKOPF! ES IST ZEIT FÜR MELONEN-SCHLAGEN!
GENAU.
HIER, EINE TEUFELS-MELONE.
SCHLÄNGEL
SCHLÄNGEL
FIUH
DIE MÜSSEN WIR ALSO ZERHAUEN …

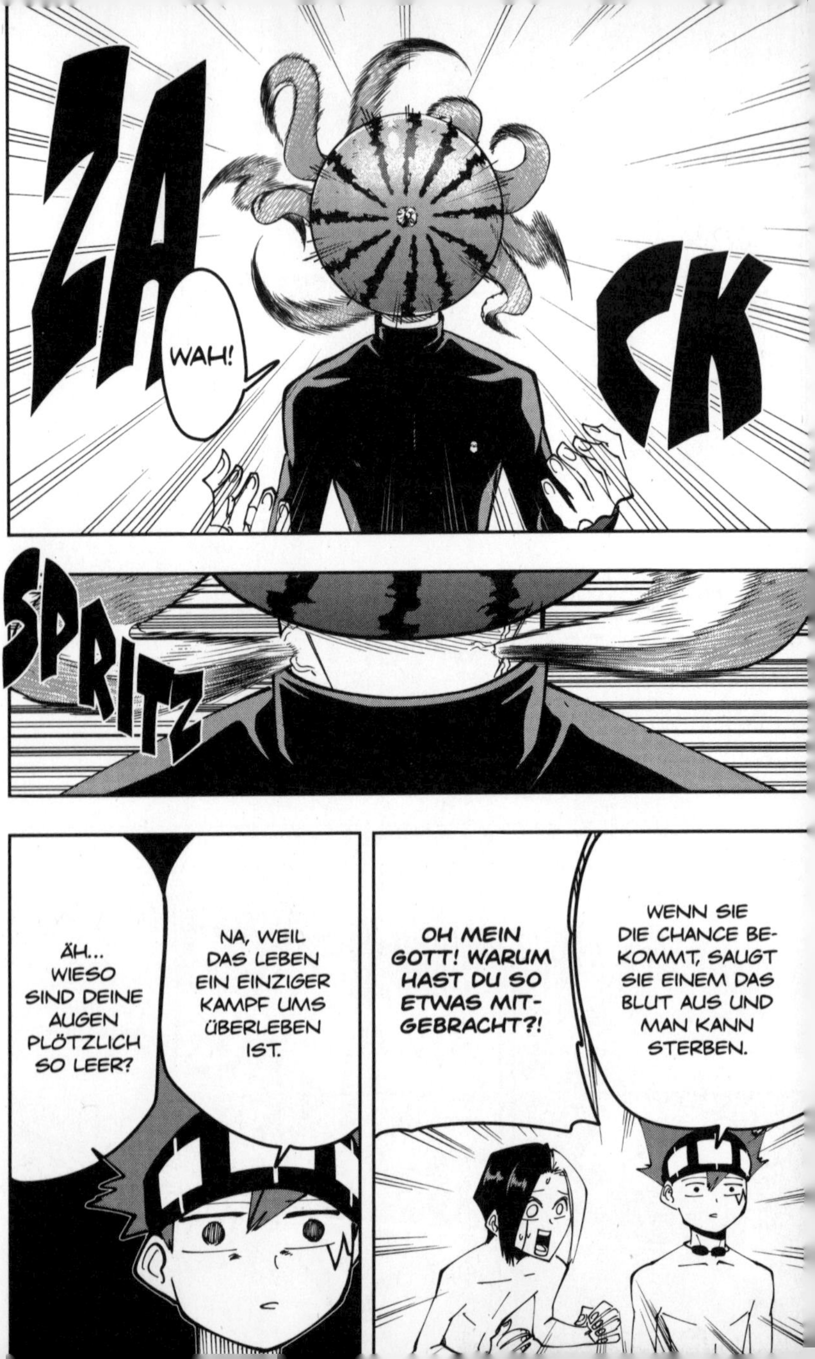
ZA
CK
WAH!
SPRITZ
WENN SIE DIE CHANCE BEKOMMT, SAUGT SIE EINEM DAS BLUT AUS UND MAN KANN STERBEN.
OH MEIN GOTT! WARUM HAST DU SO ETWAS MITGEBRACHT?!
NA, WEIL DAS LEBEN EIN EINZIGER KAMPF UMS ÜBERLEBEN IST.
ÄH... WIESO SIND DEINE AUGEN PLÖTZLICH SO LEER?

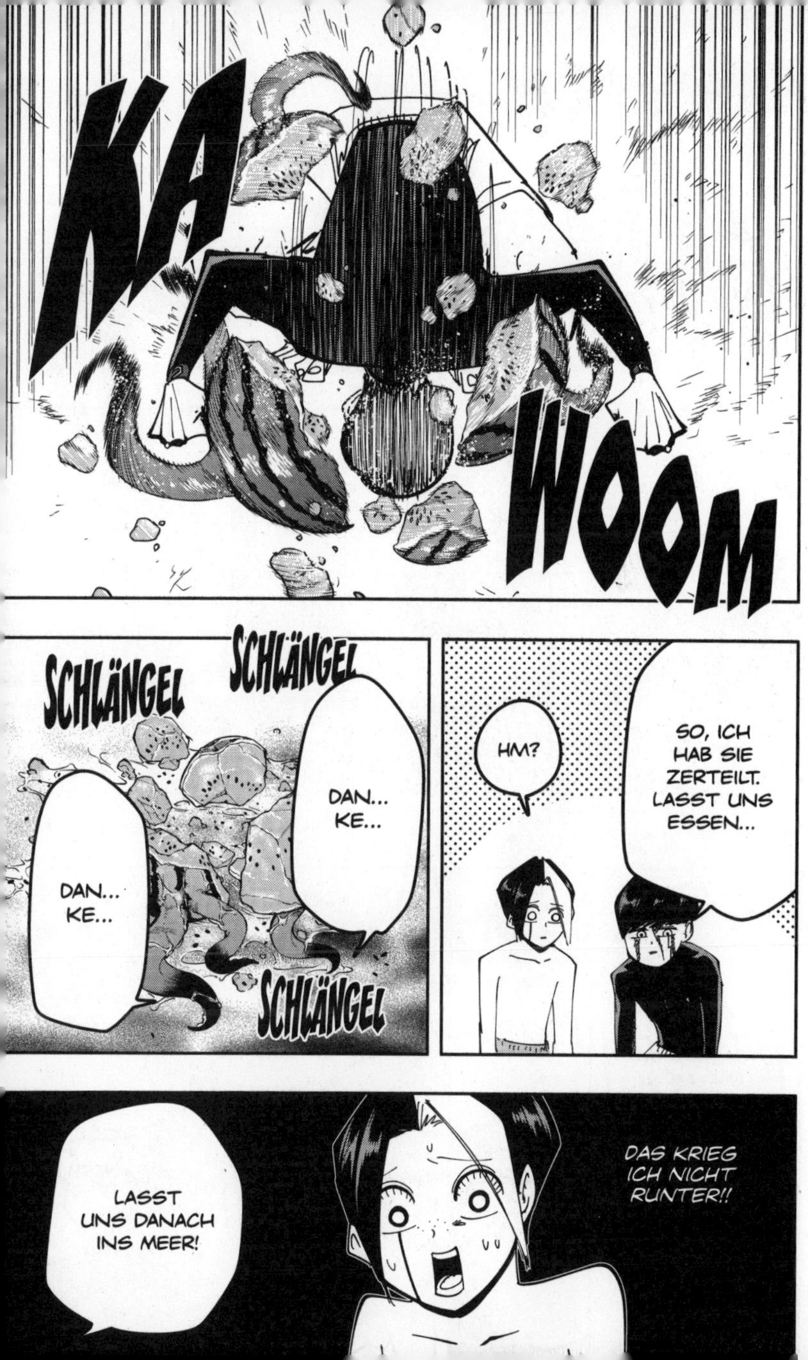
KA
WOOM
SO, ICH HAB SIE ZERTEILT. LASST UNS ESSEN...
HM?
SCHLÄNGEL
SCHLÄNGEL
DAN... KE...
DAN... KE...
SCHLÄNGEL
DAS KRIEG ICH NICHT RUNTER!!
LASST UNS DANACH INS MEER!

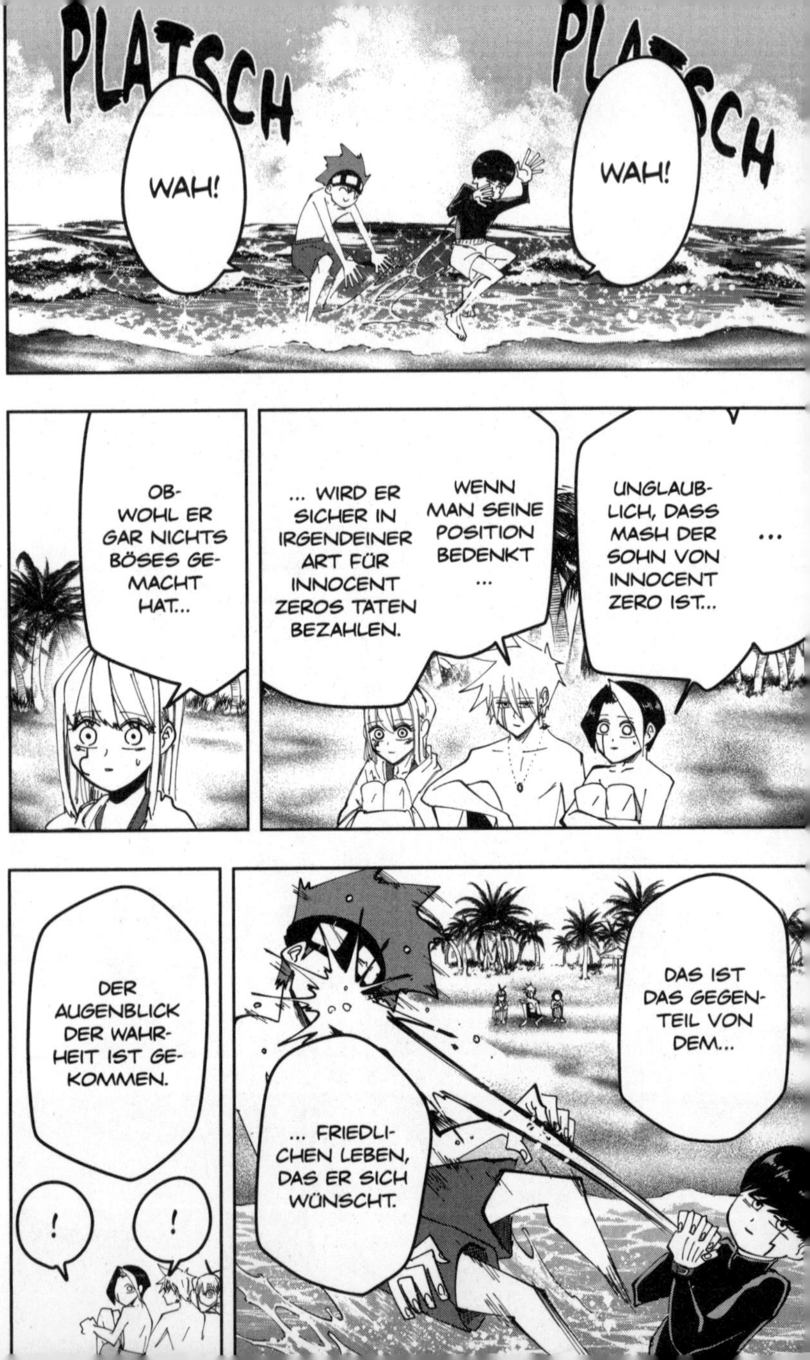
PLATSCH
WAH!
PLATSCH
WAH!
...
UNGLAUB-LICH, DASS MASH DER SOHN VON INNOCENT ZERO IST...
WENN MAN SEINE POSITION BEDENKT ...
... WIRD ER SICHER IN IRGENDEINER ART FÜR INNOCENT ZEROS TATEN BEZAHLEN.
OB-WOHL ER GAR NICHTS BÖSES GE-MACHT HAT...
DAS IST DAS GEGEN-TEIL VON DEM...
... FRIEDLI-CHEN LEBEN, DAS ER SICH WÜNSCHT.
!
!
DER AUGENBLICK DER WAHR-HEIT IST GE-KOMMEN.

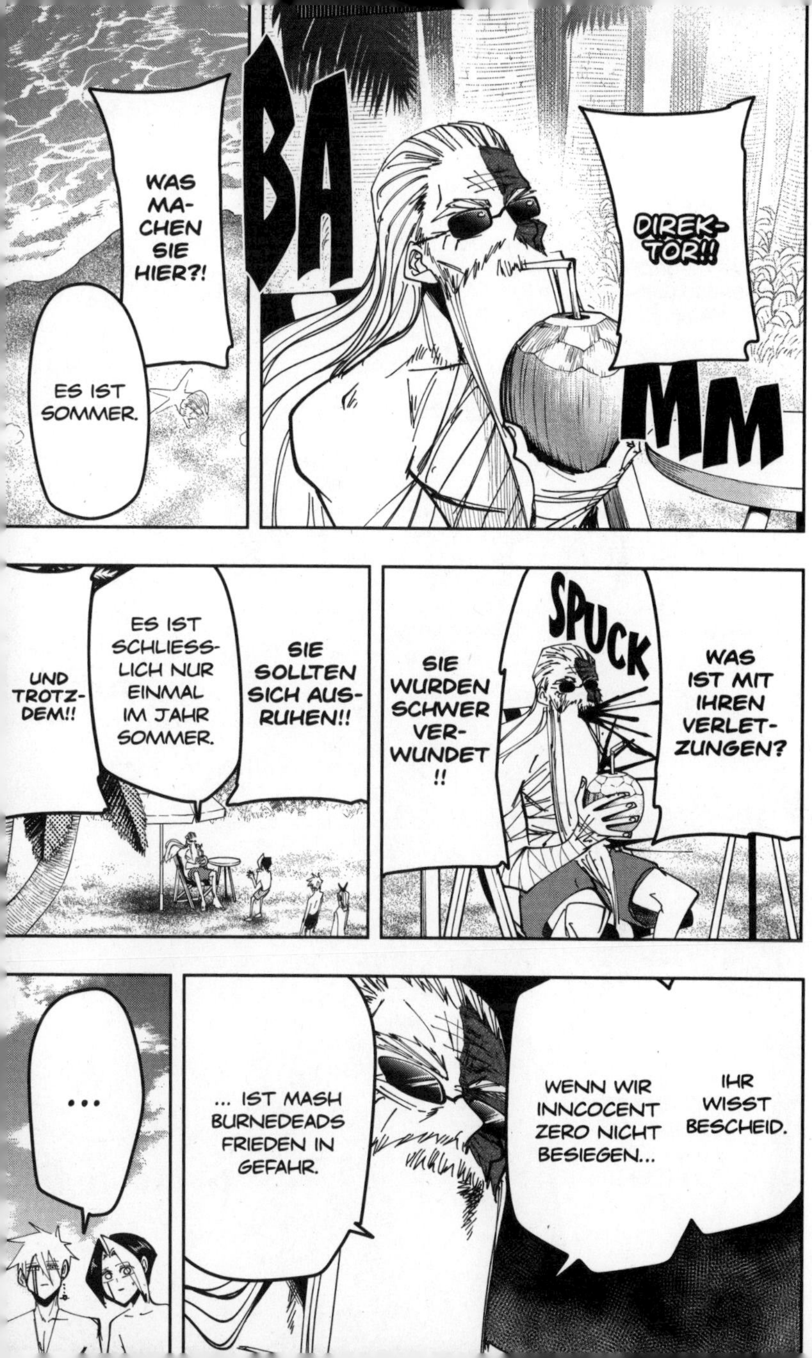
DIREKTOR!!
BAMM
WAS MACHEN SIE HIER?!
ES IST SOMMER.
SPUCK
WAS IST MIT IHREN VERLETZUNGEN?
SIE WURDEN SCHWER VERWUNDET!!
SIE SOLLTEN SICH AUSRUHEN!!
ES IST SCHLIESSLICH NUR EINMAL IM JAHR SOMMER.
UND TROTZDEM!!
IHR WISST BESCHEID.
WENN WIR INNCOCENT ZERO NICHT BESIEGEN...
... IST MASH BURNEDEADS FRIEDEN IN GEFAHR.
...

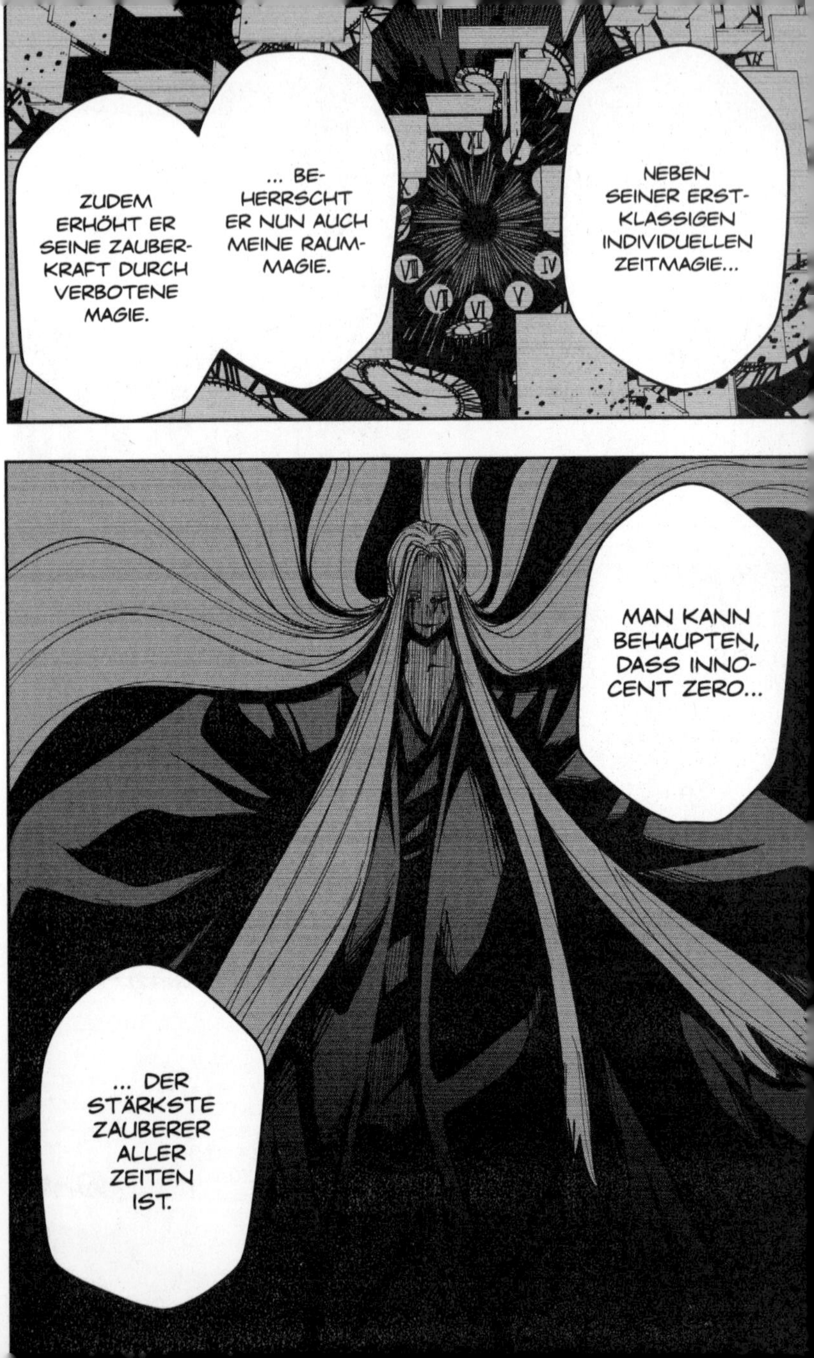
NEBEN SEINER ERST-KLASSIGEN INDIVIDUELLEN ZEITMAGIE...
... BE-HERRSCHT ER NUN AUCH MEINE RAUM-MAGIE.
ZUDEM ERHÖHT ER SEINE ZAUBER-KRAFT DURCH VERBOTENE MAGIE.
MAN KANN BEHAUPTEN, DASS INNO-CENT ZERO...
... DER STÄRKSTE ZAUBERER ALLER ZEITEN IST.

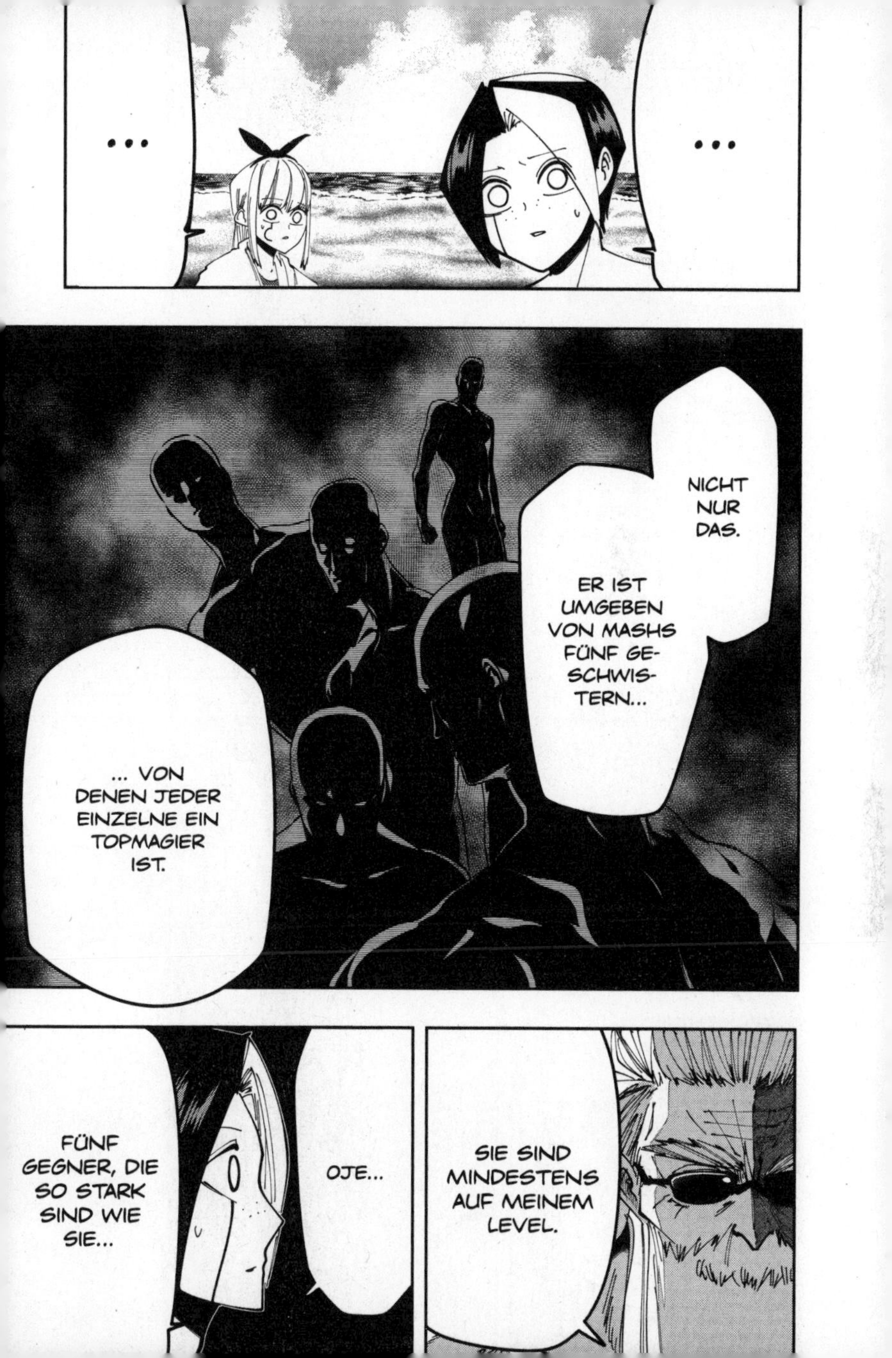
...
...
NICHT NUR DAS.
ER IST UMGEBEN VON MASHS FÜNF GESCHWISTERN...
... VON DENEN JEDER EINZELNE EIN TOPMAGIER IST.
SIE SIND MINDESTENS AUF MEINEM LEVEL.
OJE...
FÜNF GEGNER, DIE SO STARK SIND WIE SIE...

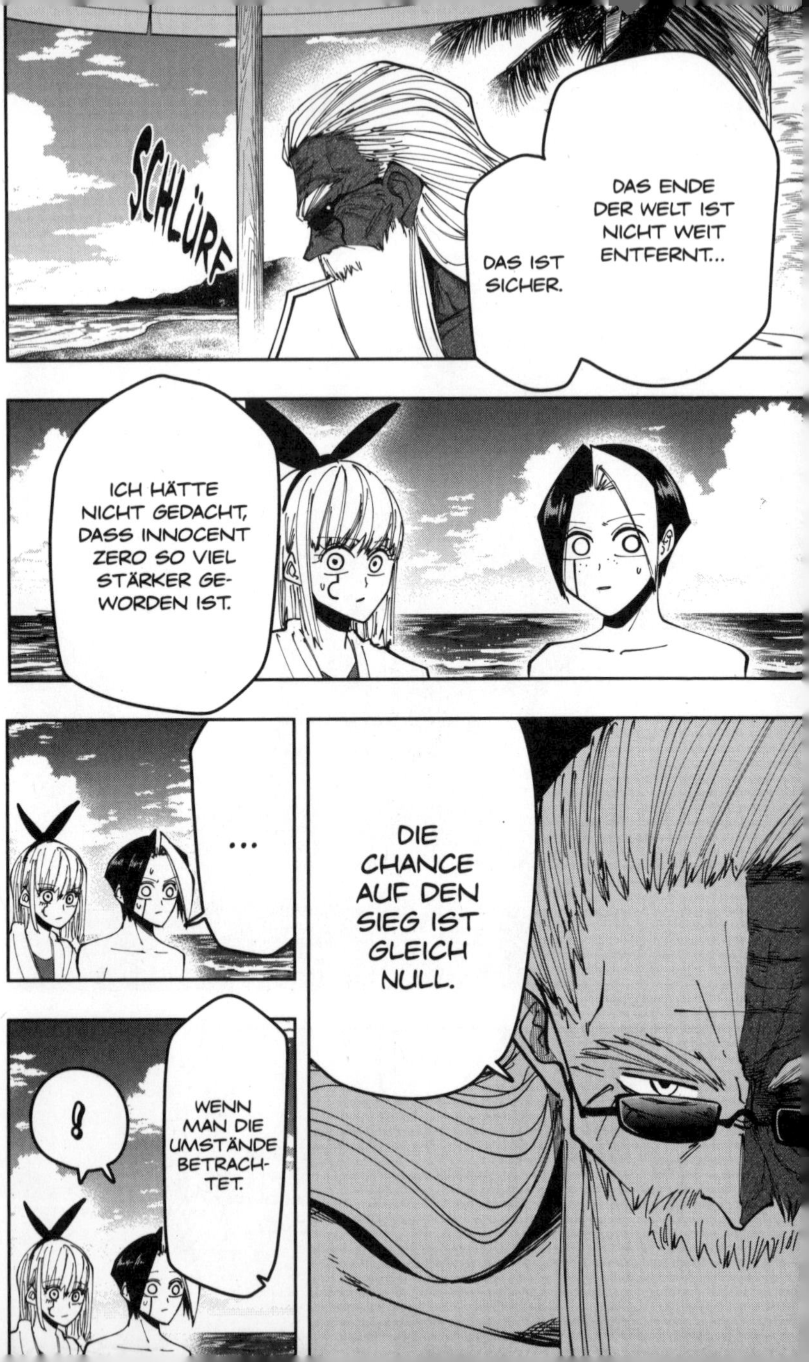
SCHLÜRF
DAS ENDE DER WELT IST NICHT WEIT ENTFERNT...
DAS IST SICHER.
ICH HÄTTE NICHT GEDACHT, DASS INNOCENT ZERO SO VIEL STÄRKER GEWORDEN IST.
DIE CHANCE AUF DEN SIEG IST GLEICH NULL.
...
WENN MAN DIE UMSTÄNDE BETRACHTET.
!

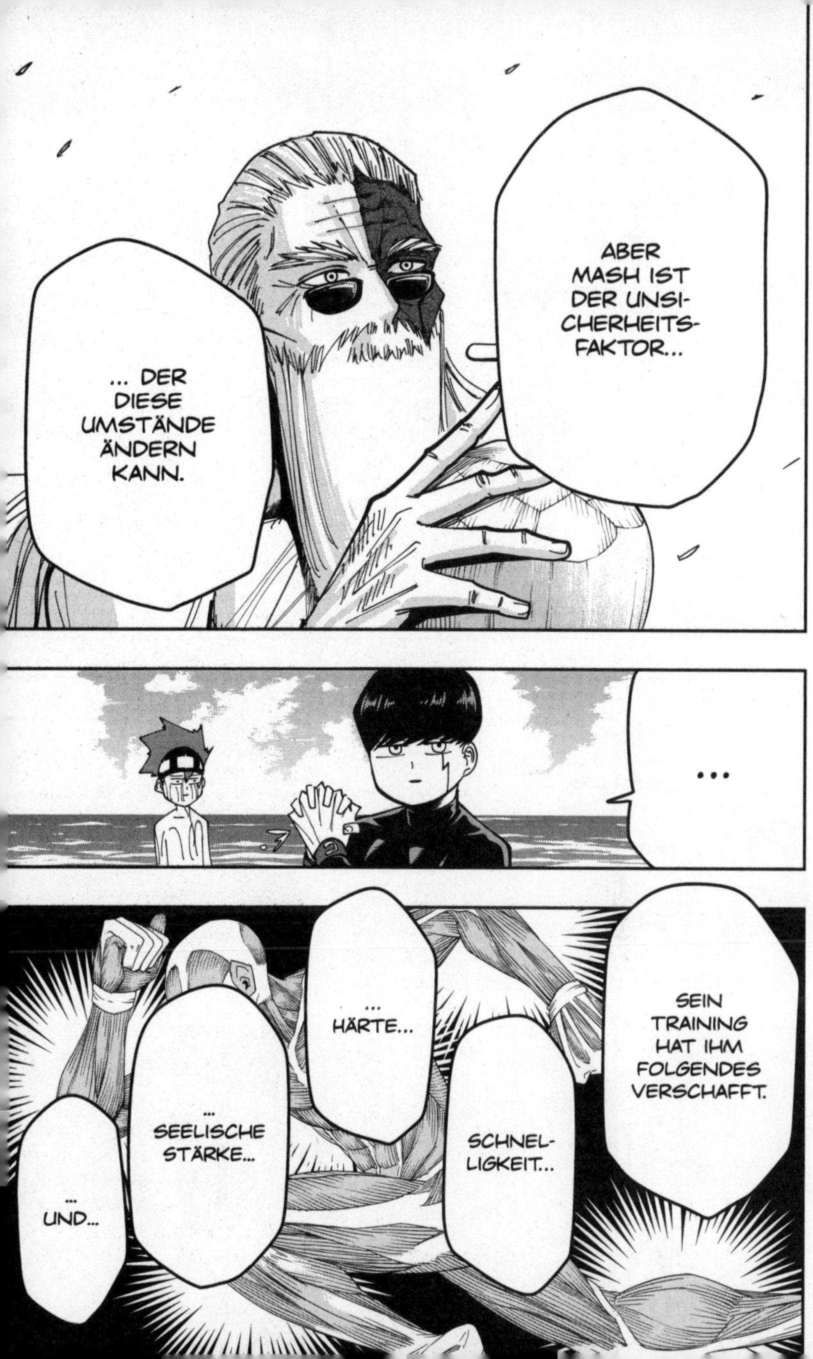
ABER MASH IST DER UNSICHERHEITSFAKTOR...
... DER DIESE UMSTÄNDE ÄNDERN KANN.
...
SEIN TRAINING HAT IHM FOLGENDES VERSCHAFFT.
... HÄRTE...
SCHNELLIGKEIT...
... SEELISCHE STÄRKE...
... UND...

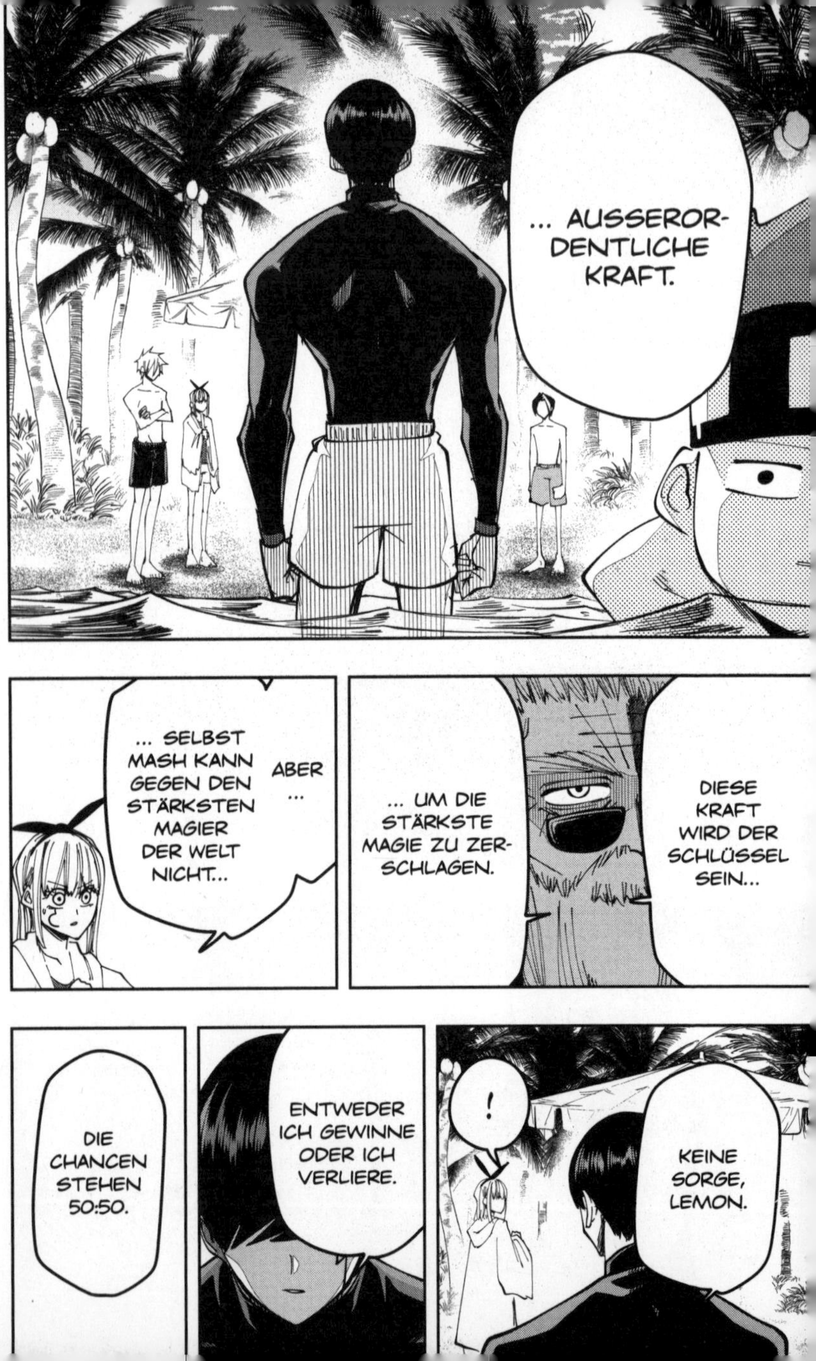
... AUSSEROR-DENTLICHE KRAFT.
DIESE KRAFT WIRD DER SCHLÜSSEL SEIN...
... UM DIE STÄRKSTE MAGIE ZU ZER-SCHLAGEN.
ABER ...
... SELBST MASH KANN GEGEN DEN STÄRKSTEN MAGIER DER WELT NICHT...
KEINE SORGE, LEMON.
!
ENTWEDER ICH GEWINNE ODER ICH VERLIERE.
DIE CHANCEN STEHEN 50:50.

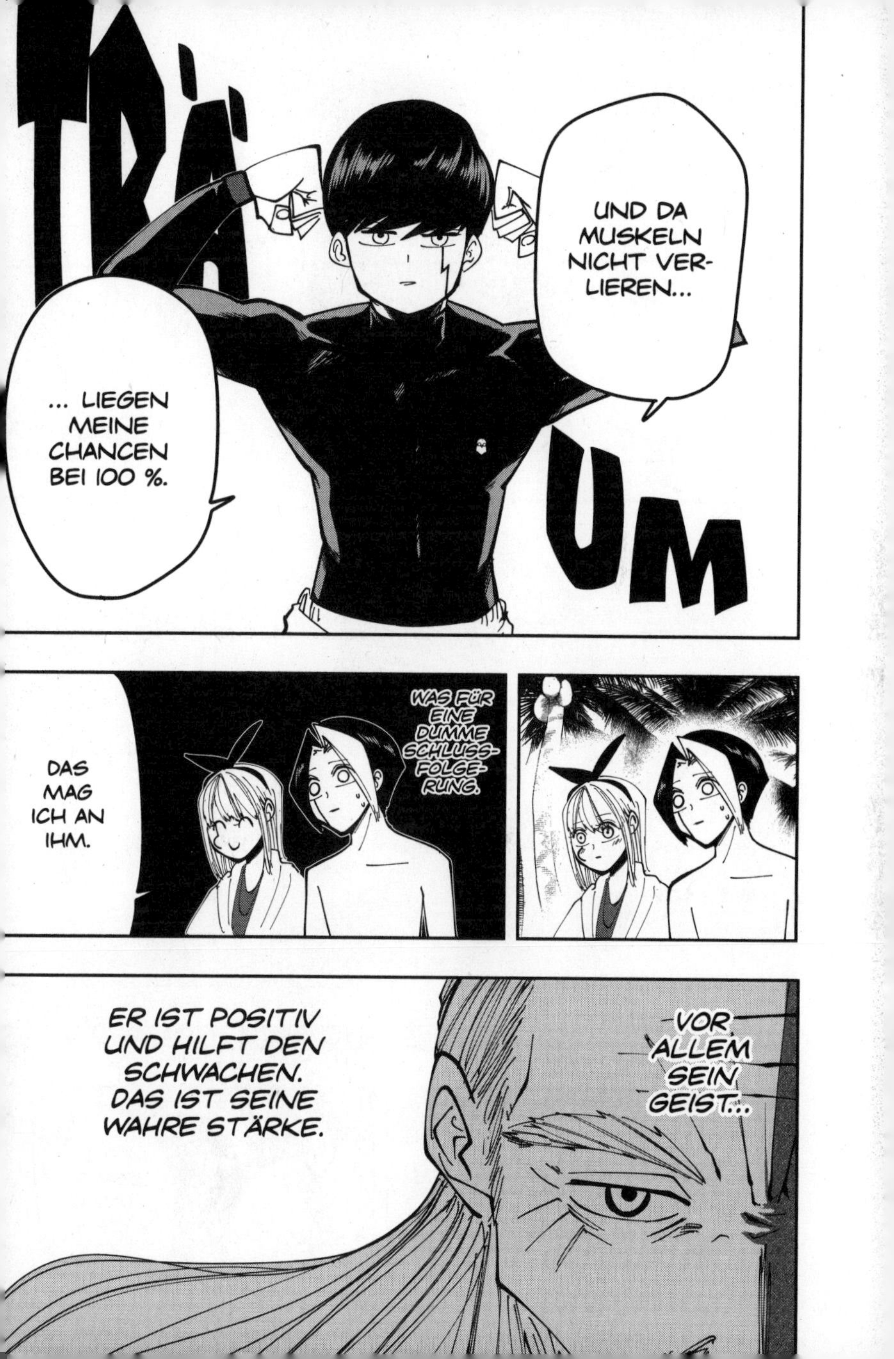
TRÄUM
UND DA MUSKELN NICHT VER-LIEREN...
... LIEGEN MEINE CHANCEN BEI 100 %.
WAS FÜR EINE DUMME SCHLUSS-FOLGE-RUNG.
DAS MAG ICH AN IHM.
VOR ALLEM SEIN GEIST...
ER IST POSITIV UND HILFT DEN SCHWACHEN. DAS IST SEINE WAHRE STÄRKE.

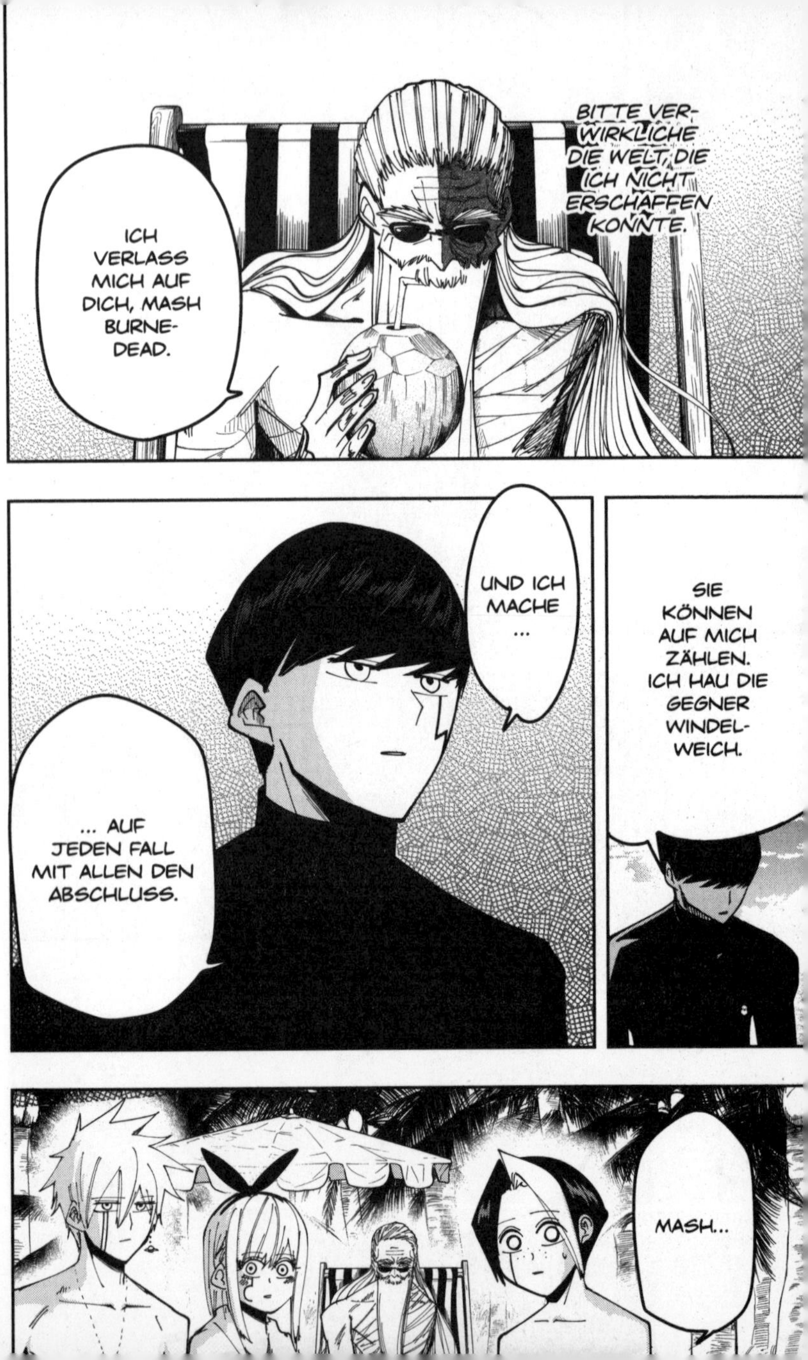
BITTE VERWIRKLICHE DIE WELT, DIE ICH NICHT ERSCHAFFEN KONNTE.
ICH VERLASS MICH AUF DICH, MASH BURNEDEAD.
SIE KÖNNEN AUF MICH ZÄHLEN. ICH HAU DIE GEGNER WINDELWEICH.
UND ICH MACHE ...
... AUF JEDEN FALL MIT ALLEN DEN ABSCHLUSS.
MASH...

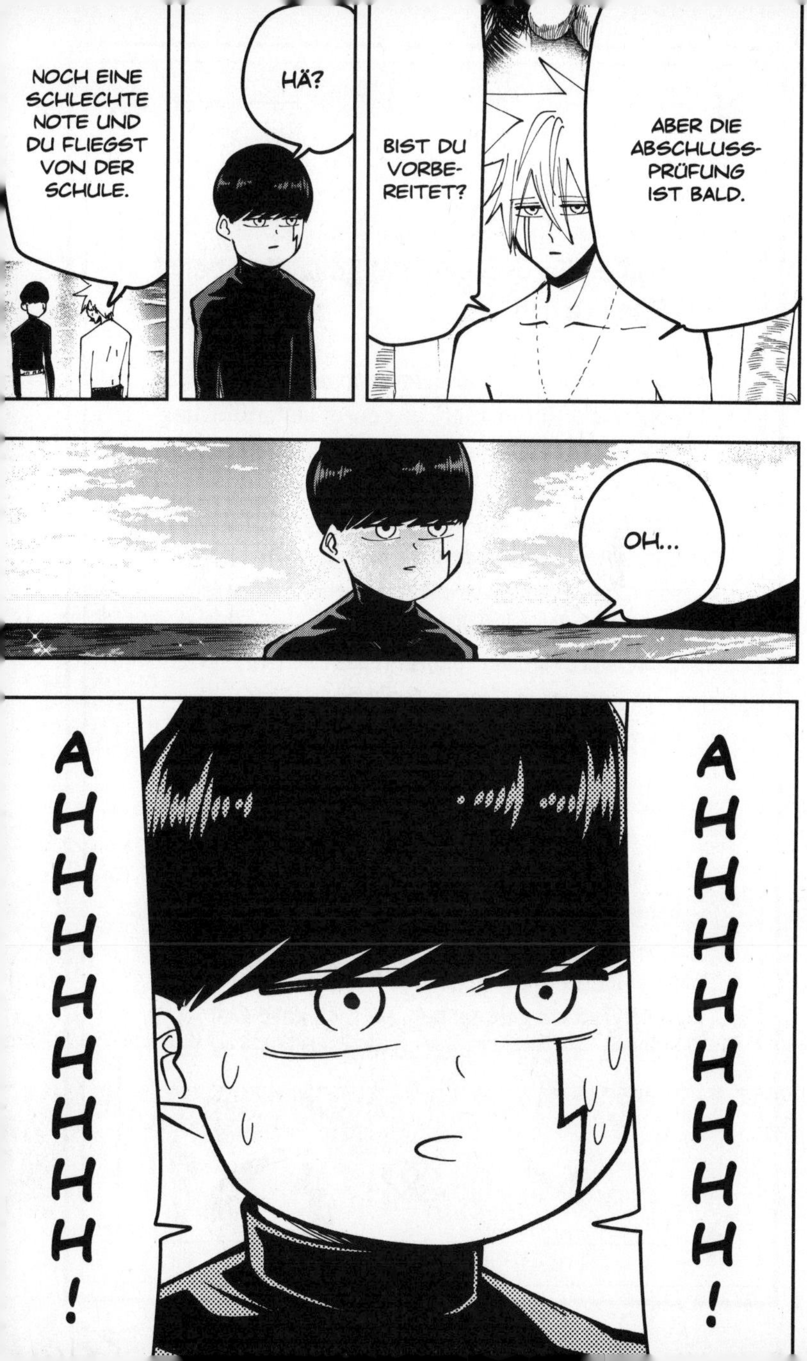

ABER DIE ABSCHLUSS-PRÜFUNG IST BALD.
BIST DU VORBE-REITET?
HÄ?
NOCH EINE SCHLECHTE NOTE UND DU FLIEGST VON DER SCHULE.
OH...
AHHHHHHHH!
AHHHHHHHH!

An alle, die diesen Band gekauft haben: Vielen Dank!!

Vor zwei Jahren ging die Reihe an den Start. Es gab Höhen und Tiefen, aber dank eurer Unterstützung habe ich es bis hierher geschafft...
In Band 9 habe ich mich für eine dieser „Vorbereitungen auf den nächsten großen Kampf"-Storylines entschieden, die man oft in Manga sieht, die über mehrere Bände gehen... Aber jetzt sind meine Finger in der Schreibtischschublade bei Shueisha eingeklemmt. Wenn das nächste Kapitel nicht gut wird, ist Finger-Guillotinen-Zeit...
Ich werde das Letzte aus mir rausholen!!

P.S.: Eure Fanbriefe motivieren mich wie eh und je!!

Ihr wunderbaren Menschen erinnert mich daran, dass meine Geschichte von einem großen Publikum gelesen wird!! Ich persönlich bin kein besonderer Mensch (eher ein alter Schrottwagen, in den jemand gekotzt hat), aber ich gebe mein Bestes, um eines Tages so vernünftig wie ihr zu werden!!! Jo!!

74. Kapitel Mash Burnedead und der Kampf, den man nicht verlieren kann

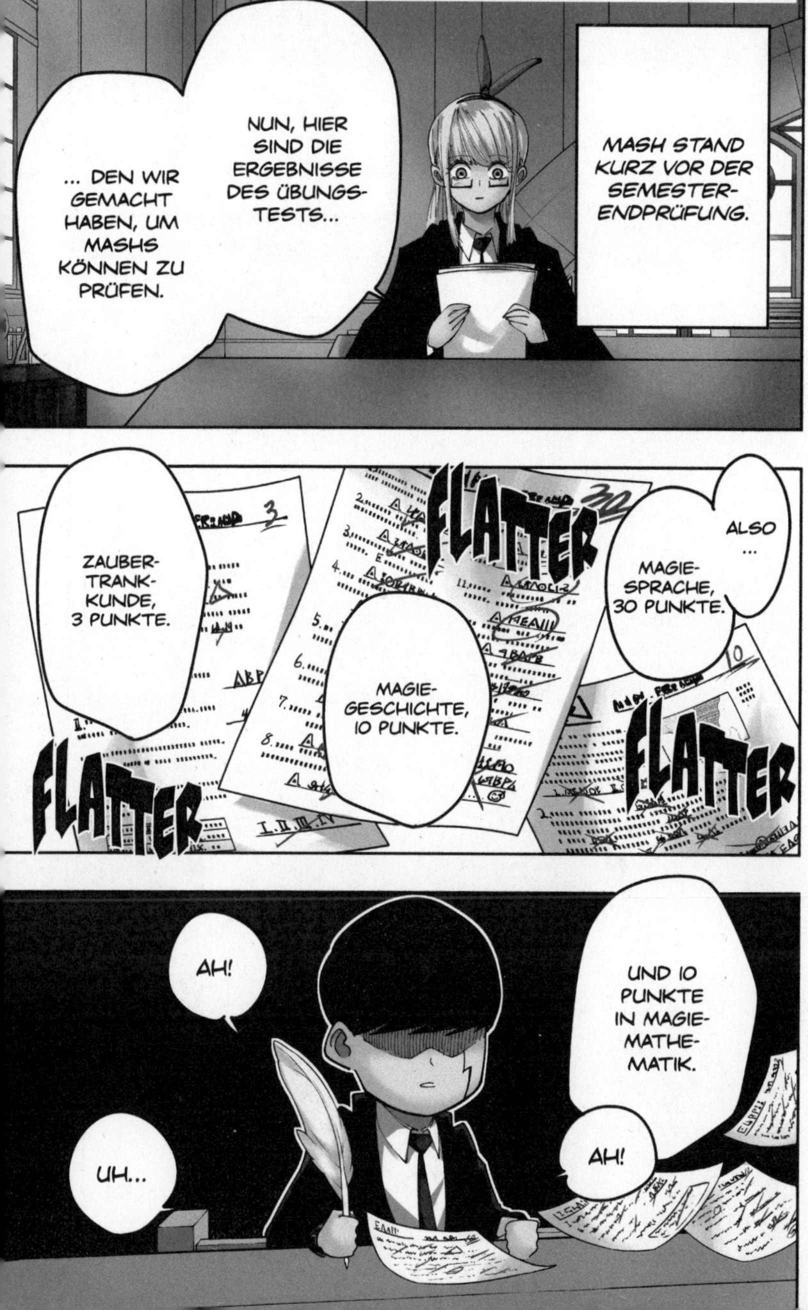

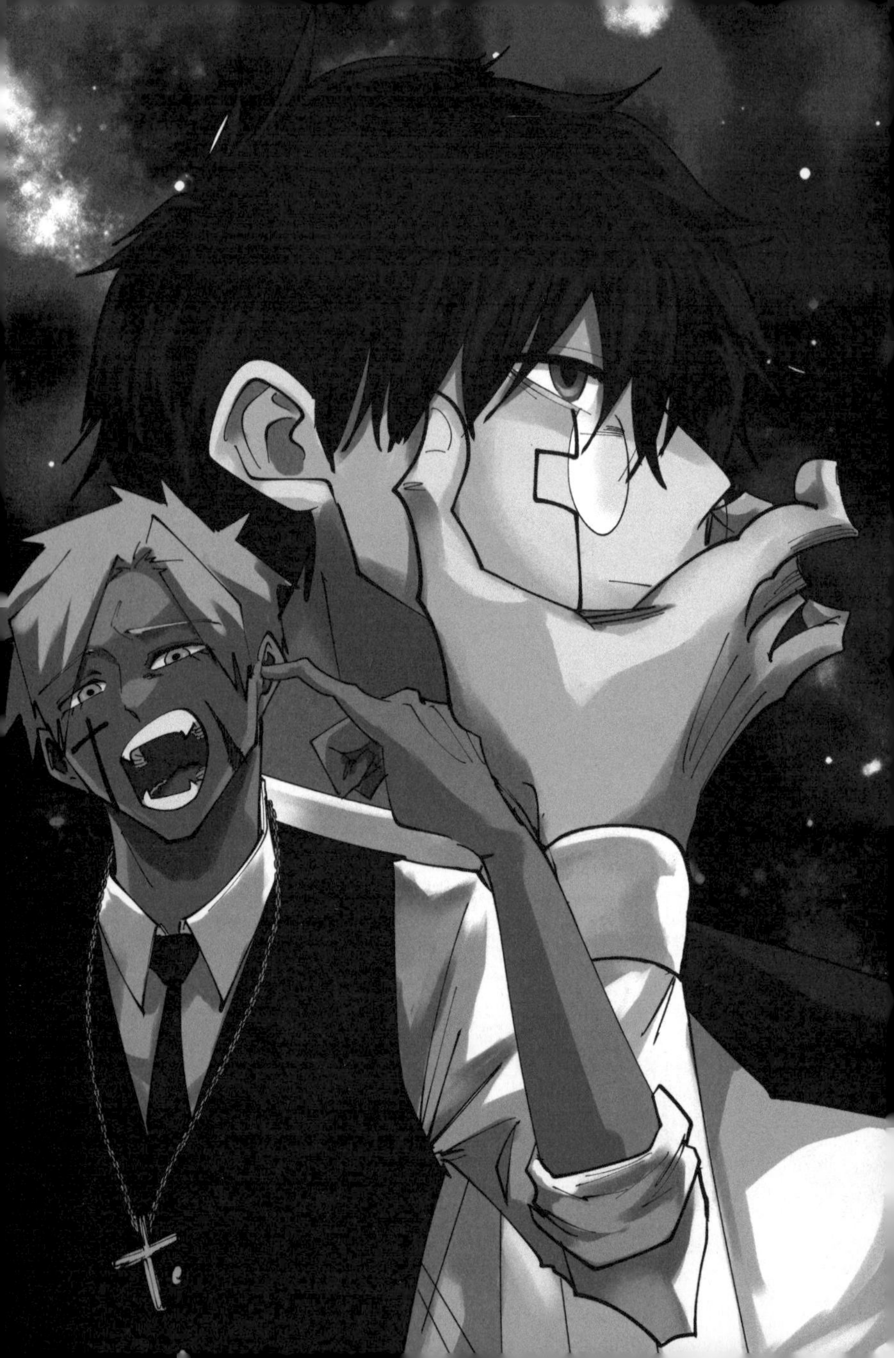

74. Kapitel Mash Burnedead und der Kampf, den man nicht verlieren kann

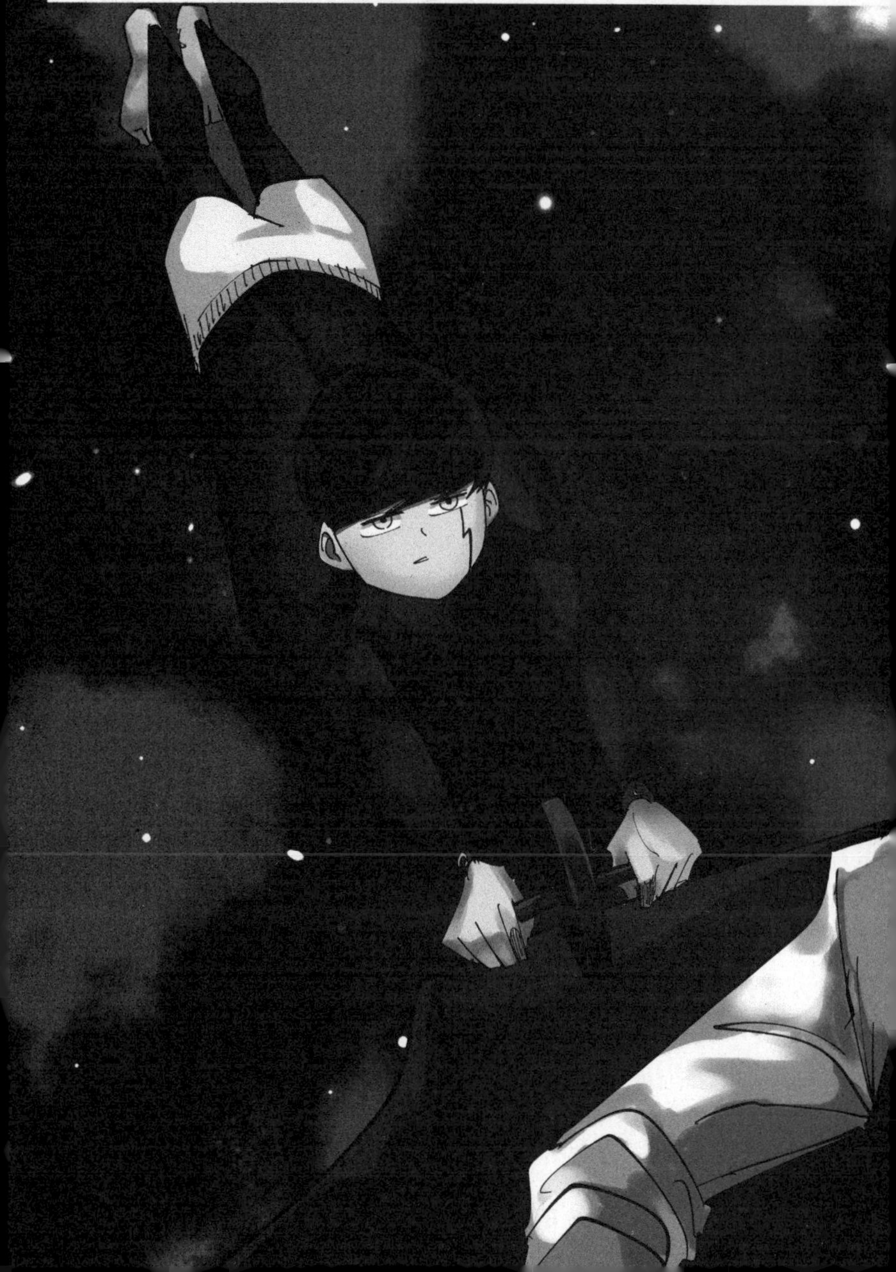

MASHLE

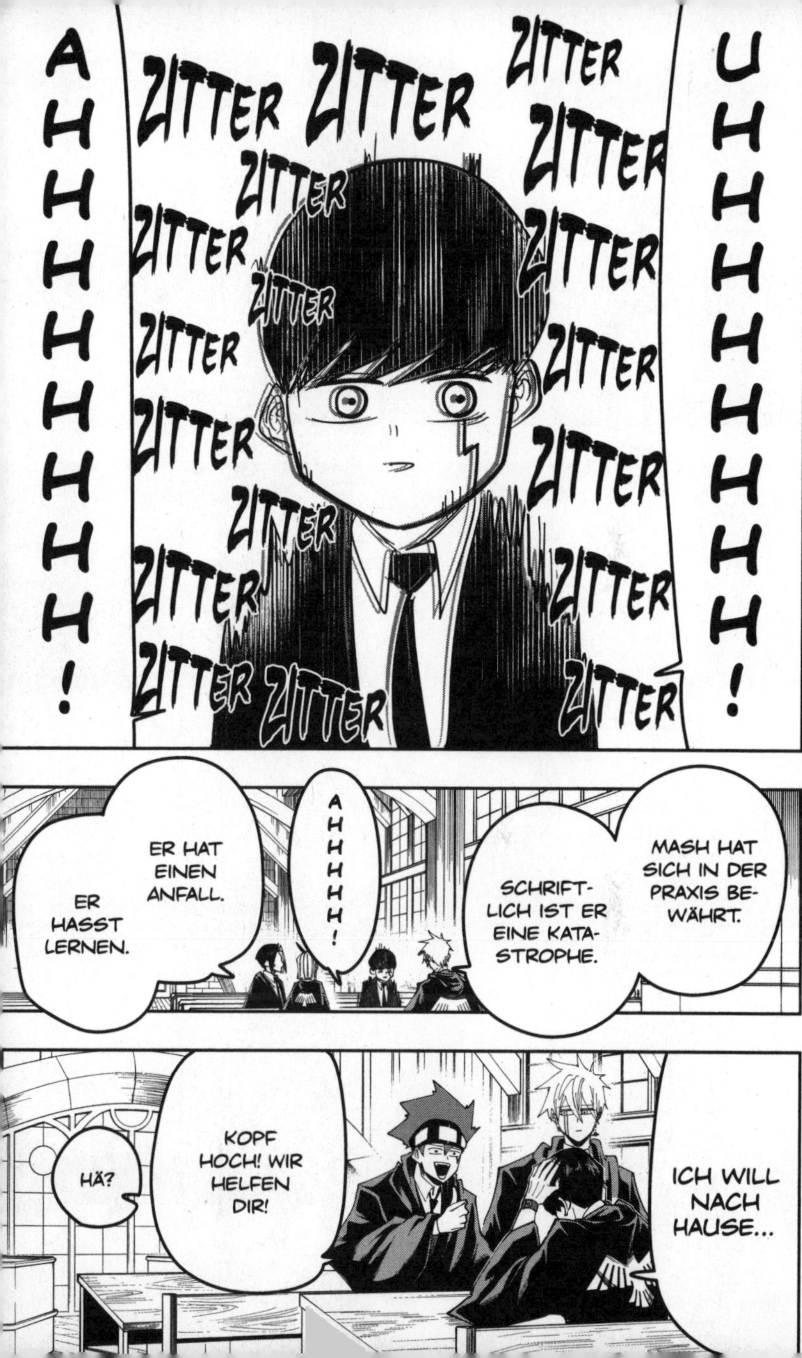
UHHHHHHHH!
ZITTER ZITTER ZITTER ZITTER ZITTER ZITTER ZITTER ZITTER ZITTER ZITTER ZITTER ZITTER ZITTER ZITTER ZITTER ZITTER ZITTER ZITTER
AHHHHHHHH!
MASH HAT SICH IN DER PRAXIS BEWÄHRT.
SCHRIFTLICH IST ER EINE KATASTROPHE.
AHHHHHH!
ER HAT EINEN ANFALL.
ER HASST LERNEN.
ICH WILL NACH HAUSE...
KOPF HOCH! WIR HELFEN DIR!
HÄ?

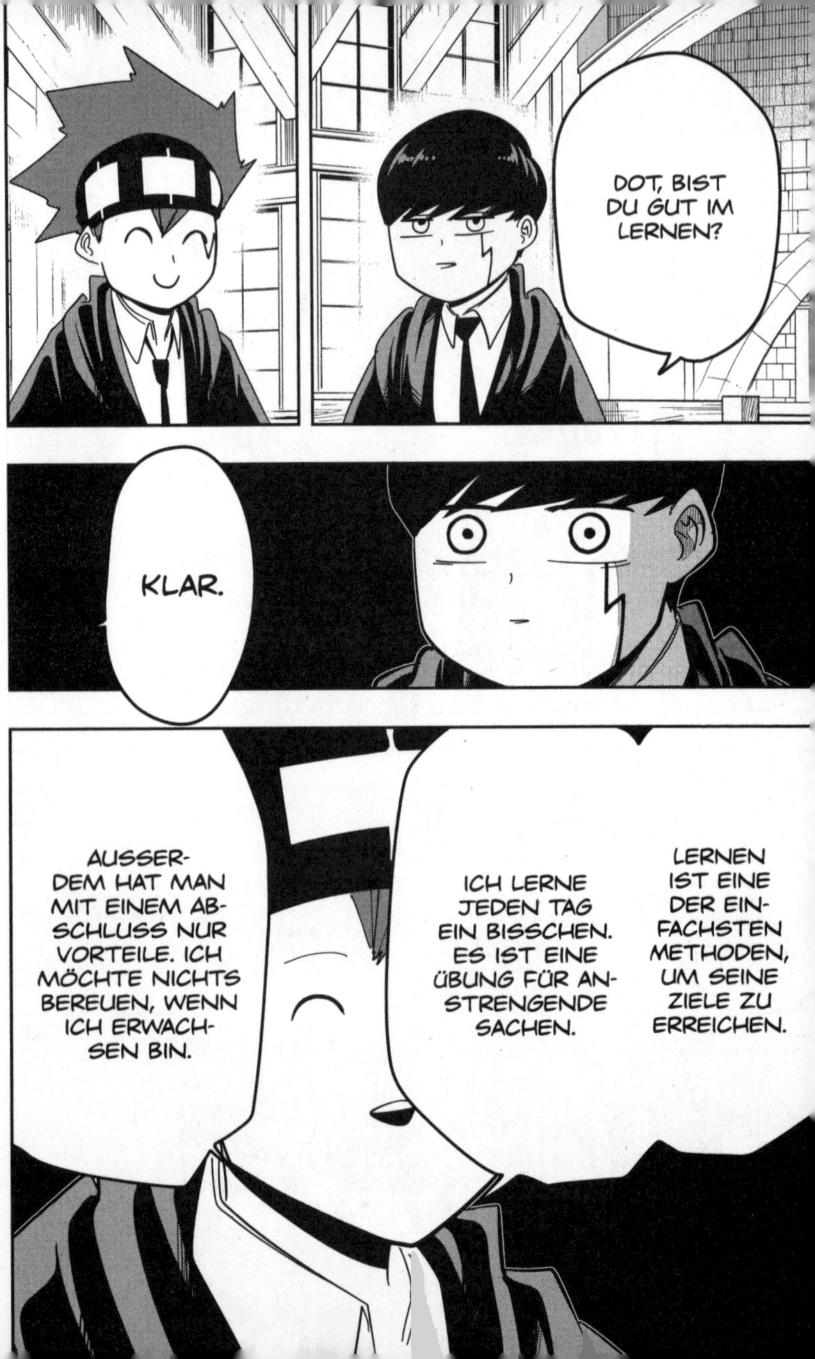
DOT, BIST DU GUT IM LERNEN?
KLAR.
LERNEN IST EINE DER EIN-FACHSTEN METHODEN, UM SEINE ZIELE ZU ERREICHEN.
ICH LERNE JEDEN TAG EIN BISSCHEN. ES IST EINE ÜBUNG FÜR AN-STRENGENDE SACHEN.
AUSSER-DEM HAT MAN MIT EINEM AB-SCHLUSS NUR VORTEILE. ICH MÖCHTE NICHTS BEREUEN, WENN ICH ERWACH-SEN BIN.

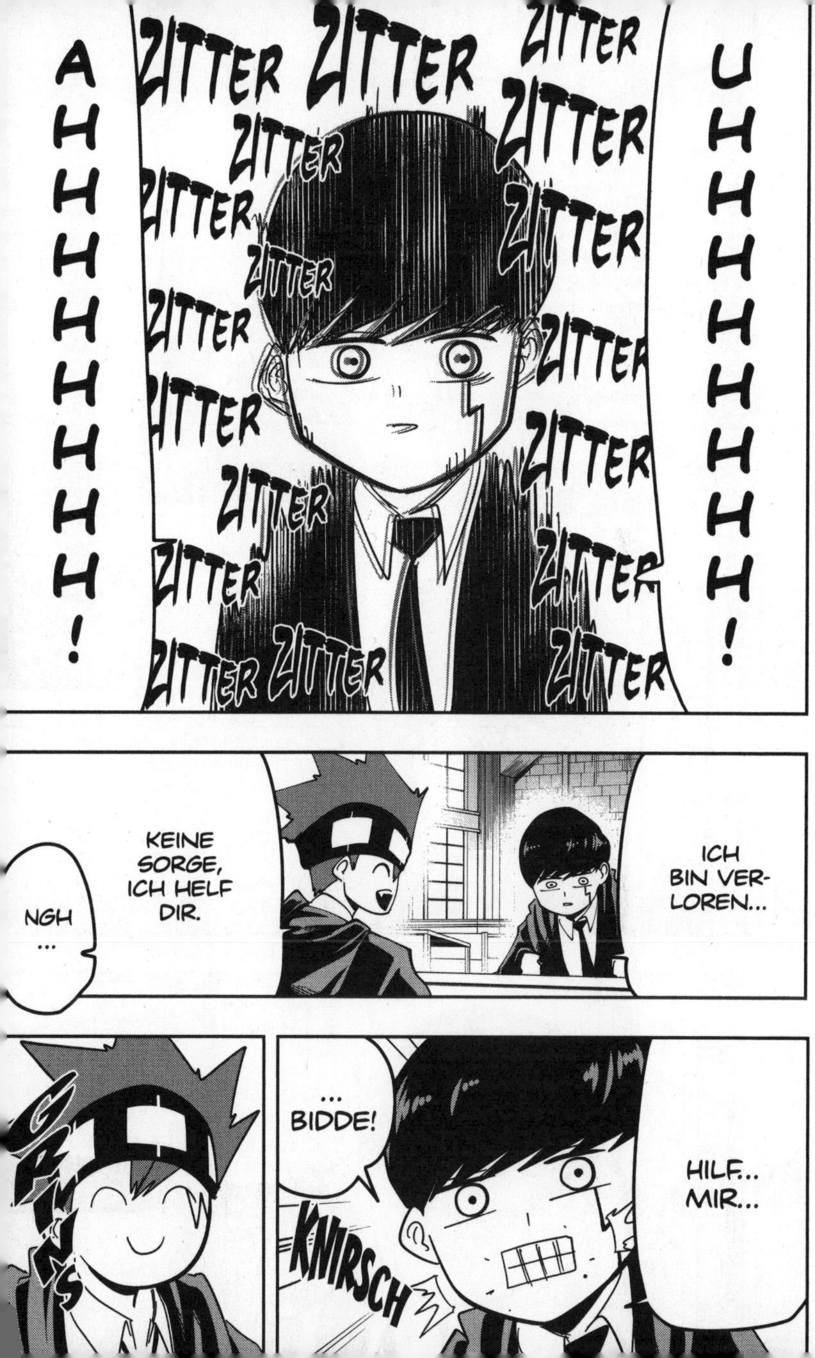
UHHHHHHHH!
AHHHHHHHH!
ZITTER ZITTER ZITTER
ICH BIN VERLOREN...
KEINE SORGE, ICH HELF DIR.
NGH...
HILF... MIR...
KNIRSCH
... BIDDE!

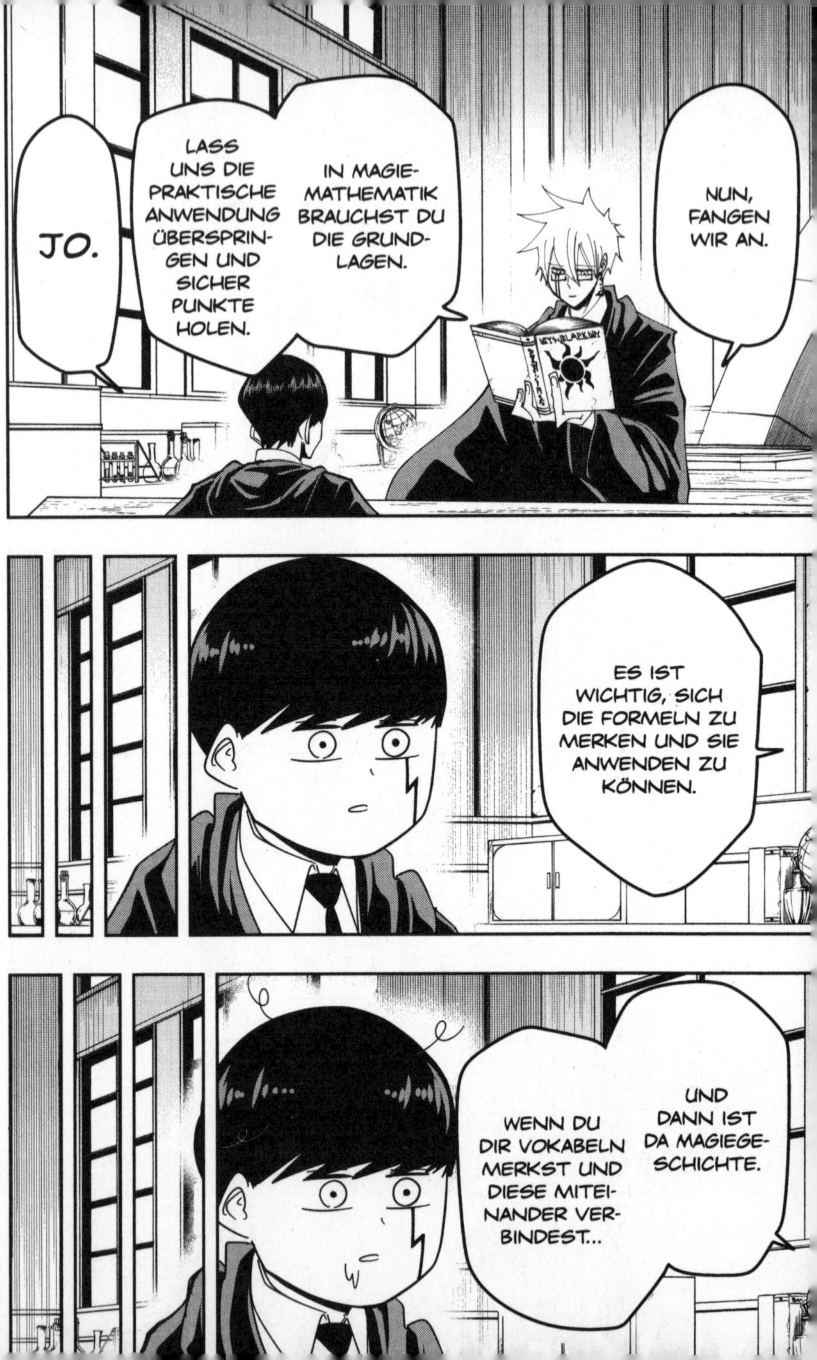
NUN, FANGEN WIR AN.
IN MAGIEMATHEMATIK BRAUCHST DU DIE GRUNDLAGEN.
LASS UNS DIE PRAKTISCHE ANWENDUNG ÜBERSPRINGEN UND SICHER PUNKTE HOLEN.
JO.
ES IST WICHTIG, SICH DIE FORMELN ZU MERKEN UND SIE ANWENDEN ZU KÖNNEN.
UND DANN IST DA MAGIEGESCHICHTE.
WENN DU DIR VOKABELN MERKST UND DIESE MITEINANDER VERBINDEST...

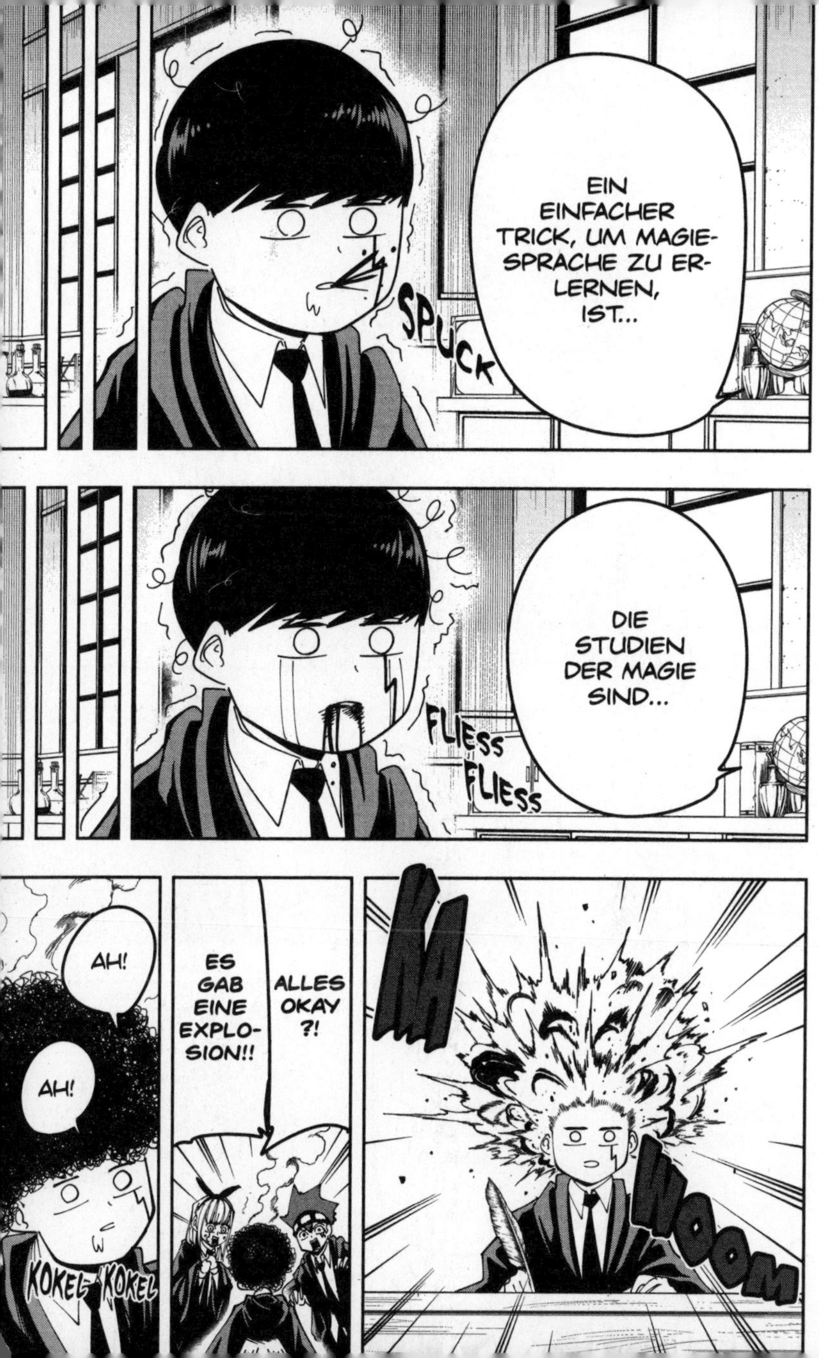
EIN EINFACHER TRICK, UM MAGIE-SPRACHE ZU ER-LERNEN, IST...
SPUCK
DIE STUDIEN DER MAGIE SIND...
FLIESS FLIESS
WOOM
ALLES OKAY ?!
ES GAB EINE EXPLO-SION!!
AH!
AH!
KOKEL KOKEL

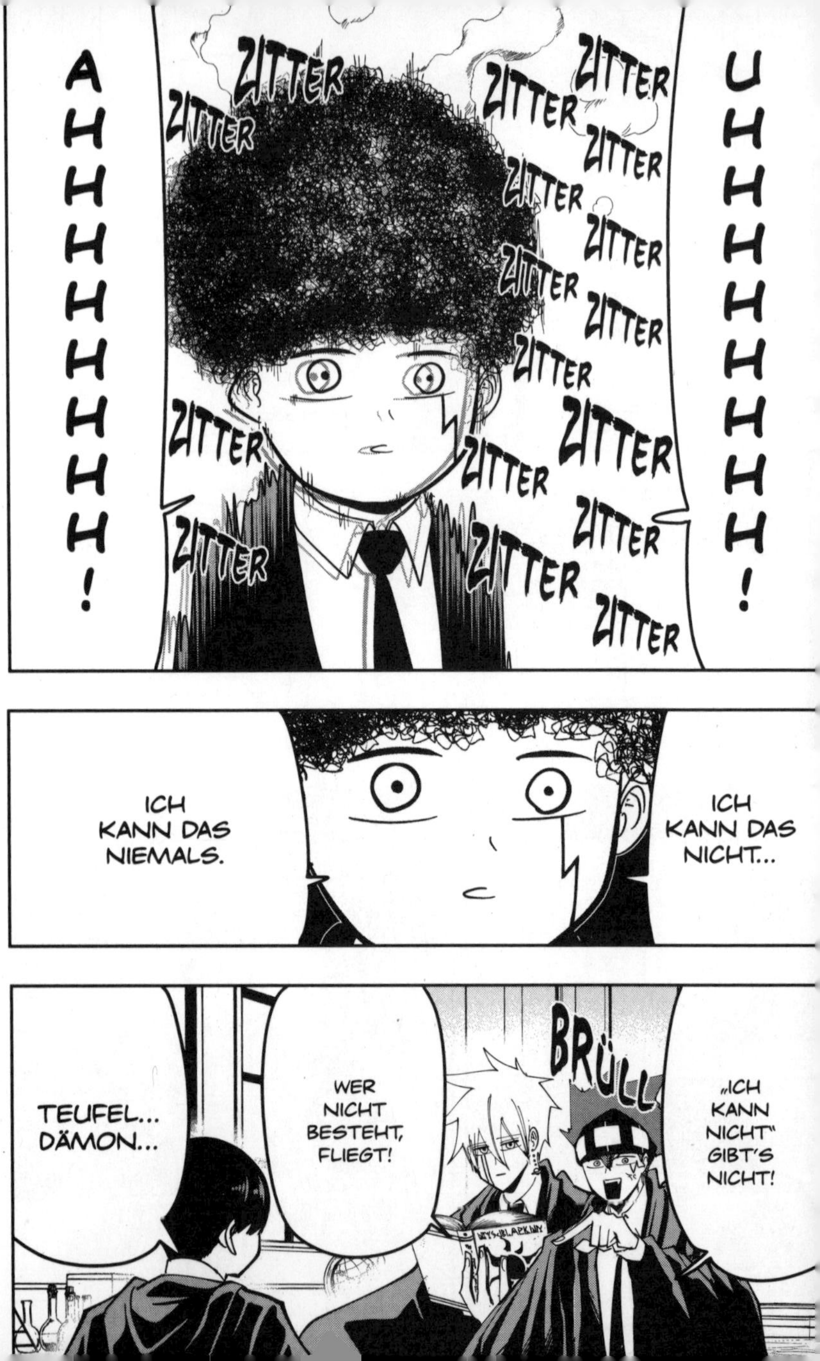
UHHHHHHHH!
AHHHHHHHH!
ZITTER ZITTER ZITTER ZITTER ZITTER ZITTER ZITTER ZITTER ZITTER ZITTER ZITTER ZITTER ZITTER ZITTER ZITTER ZITTER ZITTER
ICH KANN DAS NICHT...
ICH KANN DAS NIEMALS.
„ICH KANN NICHT" GIBT'S NICHT!
BRÜLL
WER NICHT BESTEHT, FLIEGT!
TEUFEL... DÄMON...

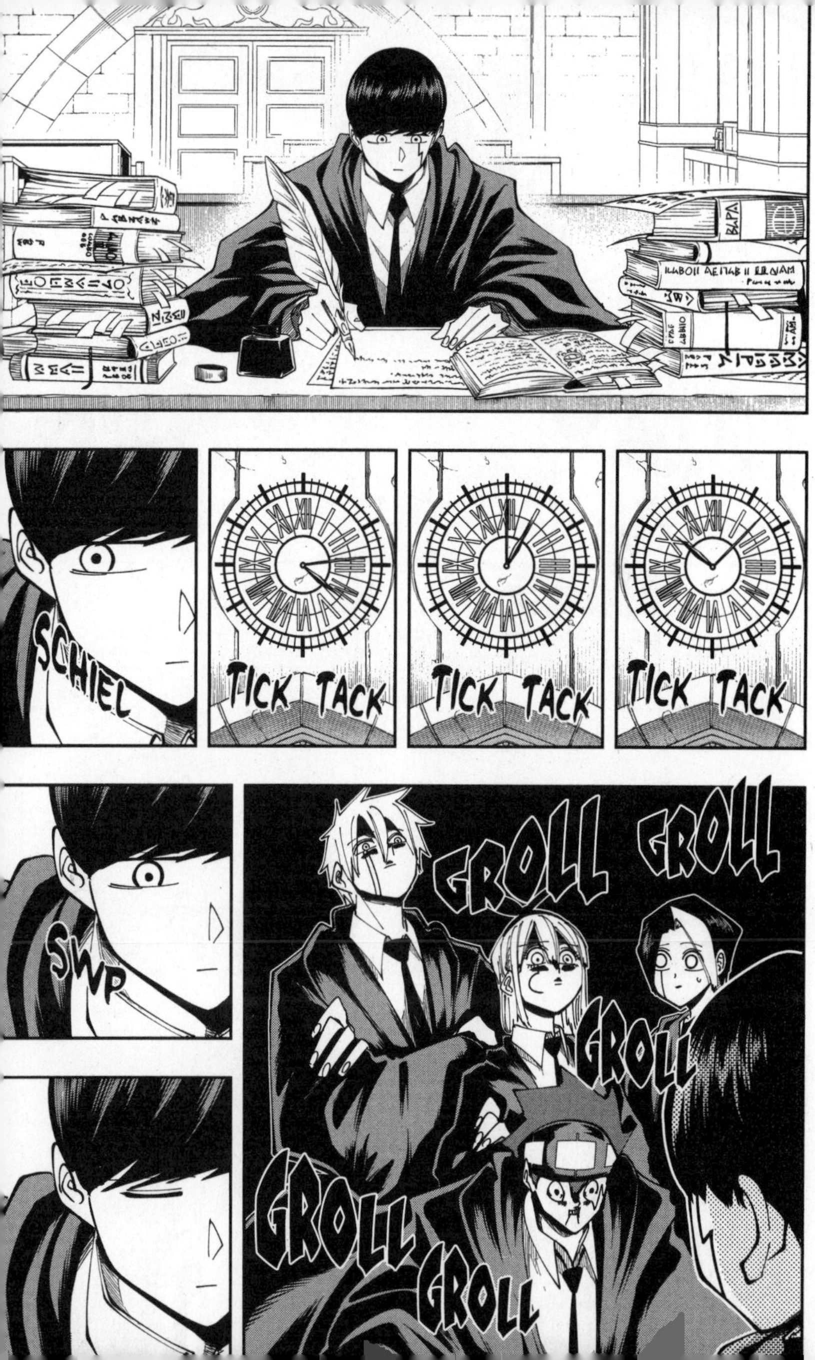

TICK TACK
TICK TACK
TICK TACK
SCHIEL
GROLL GROLL
GROLL
GROLL
GROLL
SWP

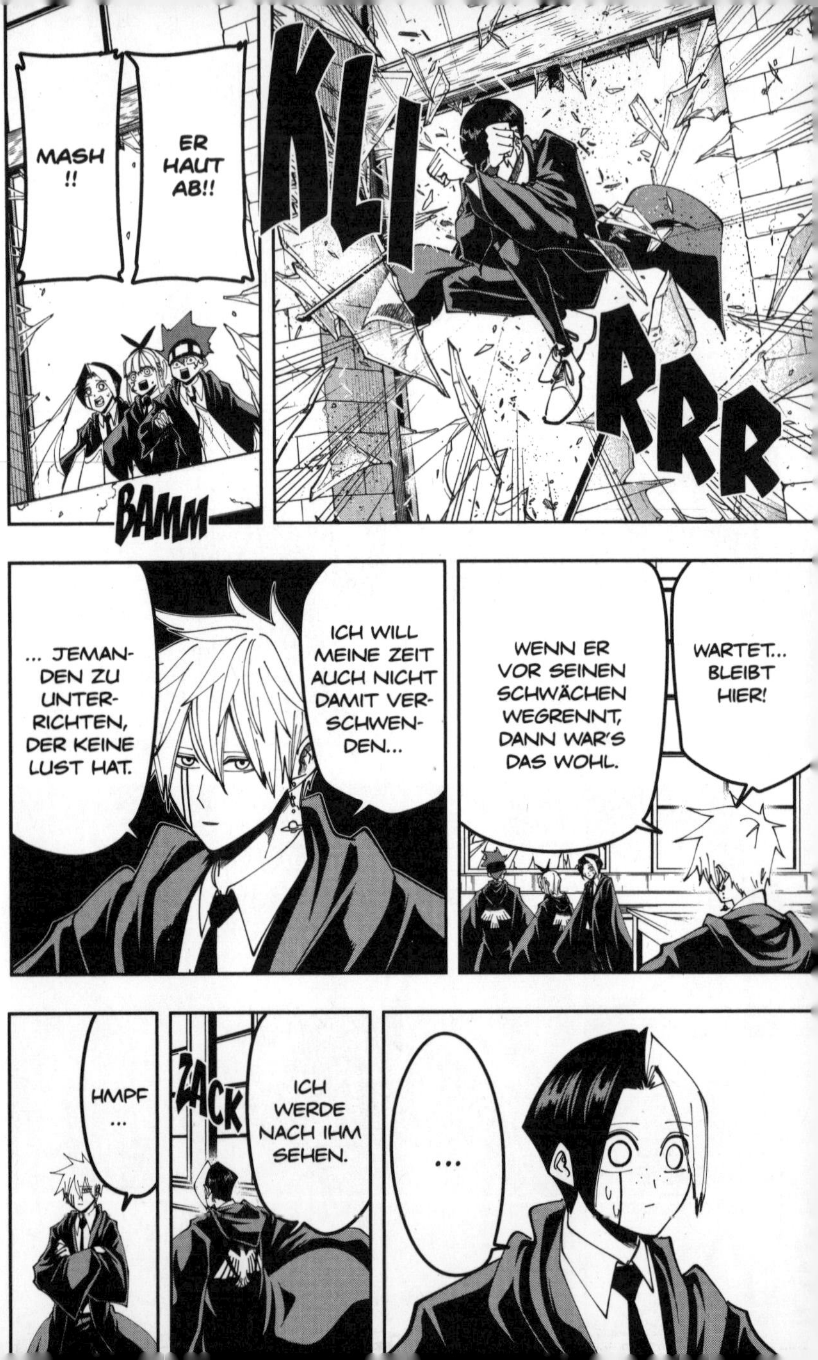
KLIRRR
ER HAUT AB!!
MASH !!
BAMM
WARTET... BLEIBT HIER!
WENN ER VOR SEINEN SCHWÄCHEN WEGRENNT, DANN WAR'S DAS WOHL.
ICH WILL MEINE ZEIT AUCH NICHT DAMIT VERSCHWENDEN...
... JEMANDEN ZU UNTERRICHTEN, DER KEINE LUST HAT.
...
ICH WERDE NACH IHM SEHEN.
ZACK
HMPF ...

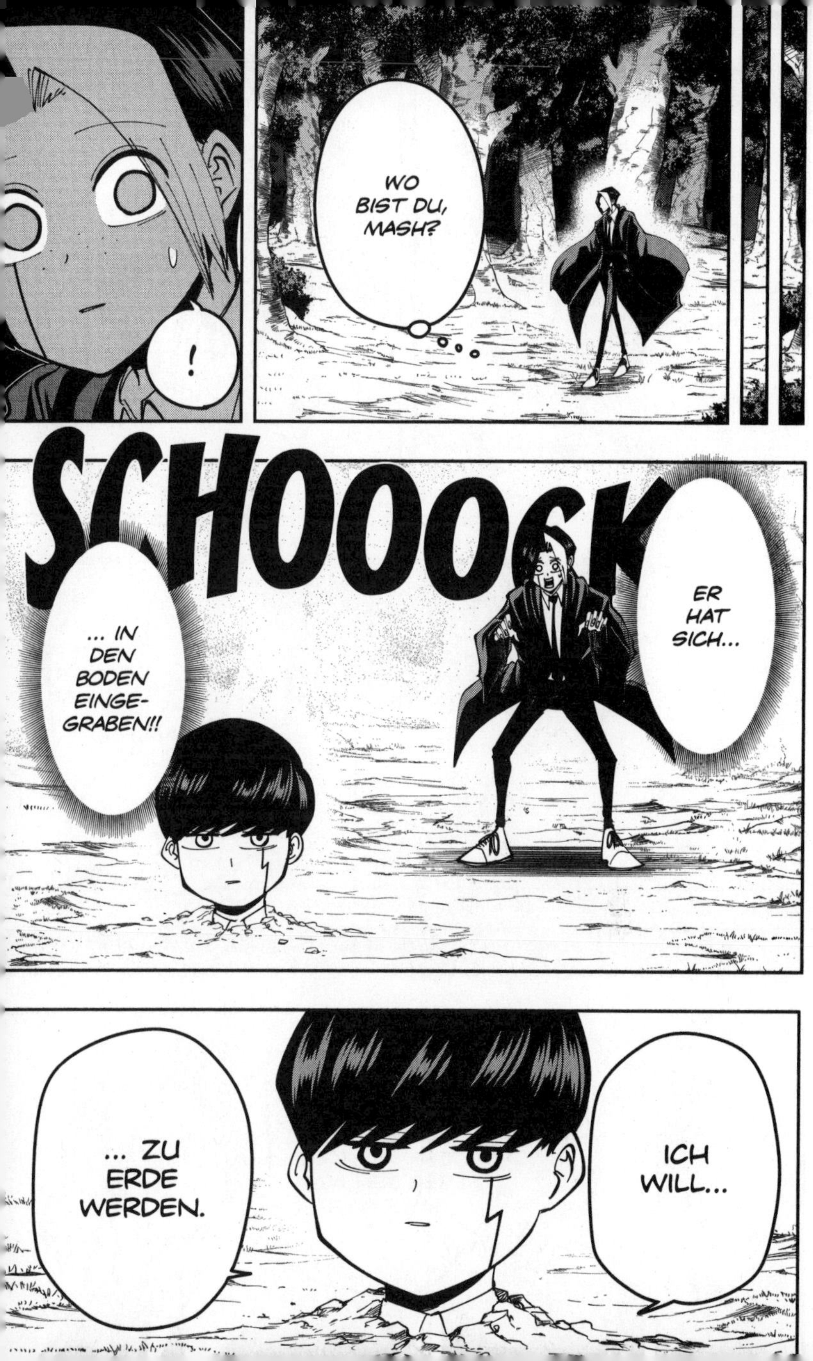
WO BIST DU, MASH?
!
SCHOOOCK
ER HAT SICH...
... IN DEN BODEN EINGE-GRABEN!!
ICH WILL...
... ZU ERDE WERDEN.

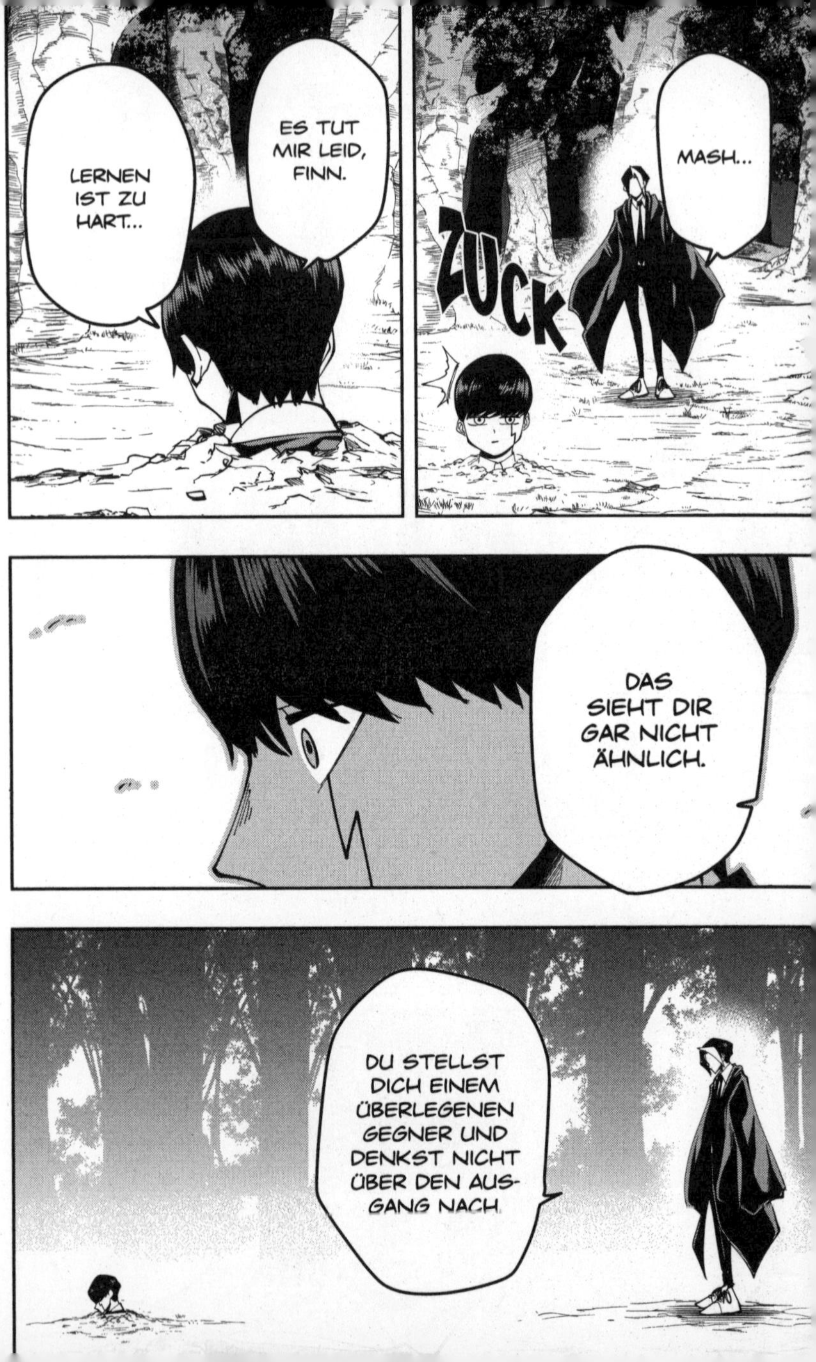
ZUCK
MASH...
ES TUT MIR LEID, FINN.
LERNEN IST ZU HART...
DAS SIEHT DIR GAR NICHT ÄHNLICH.
DU STELLST DICH EINEM ÜBERLEGENEN GEGNER UND DENKST NICHT ÜBER DEN AUSGANG NACH.

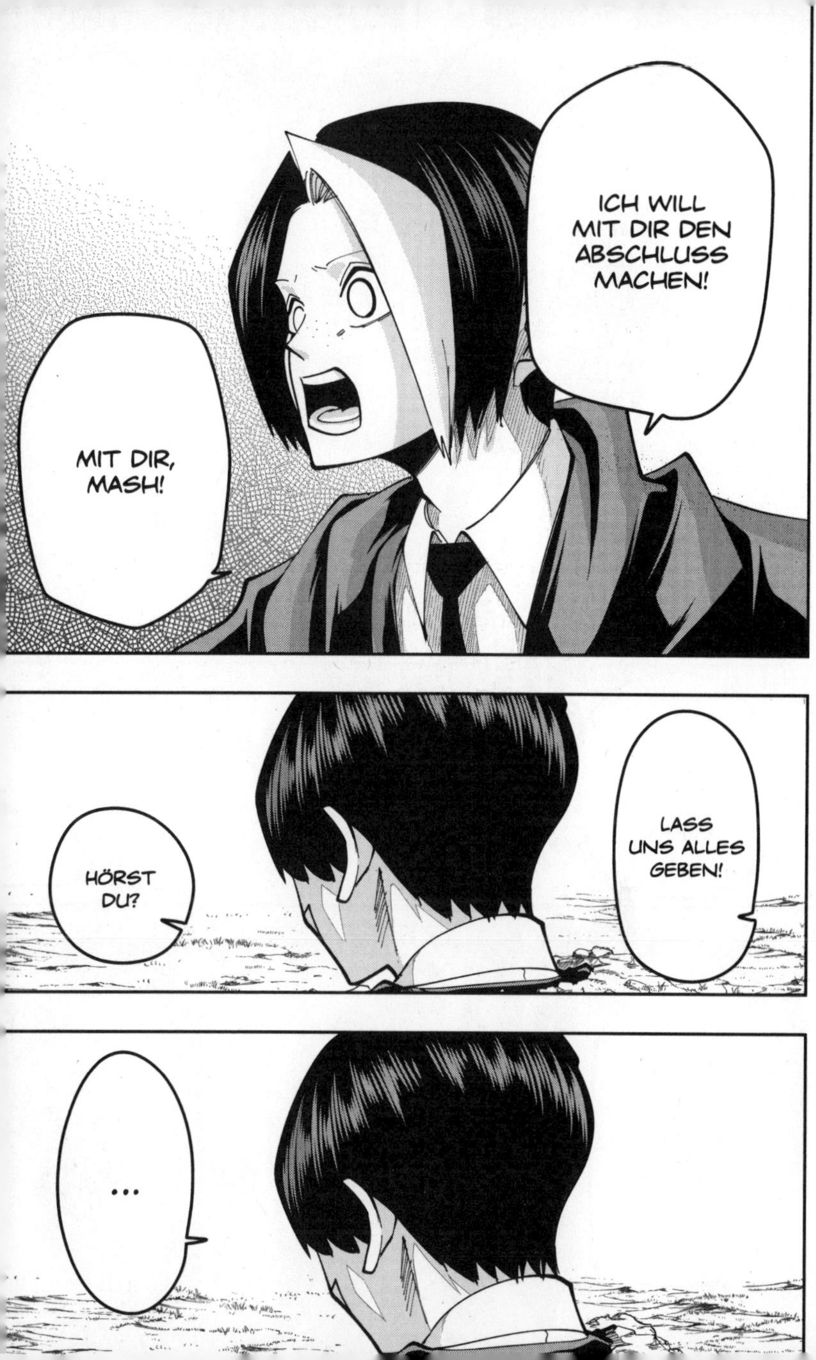
ICH WILL MIT DIR DEN ABSCHLUSS MACHEN!
MIT DIR, MASH!
LASS UNS ALLES GEBEN!
HÖRST DU?
...

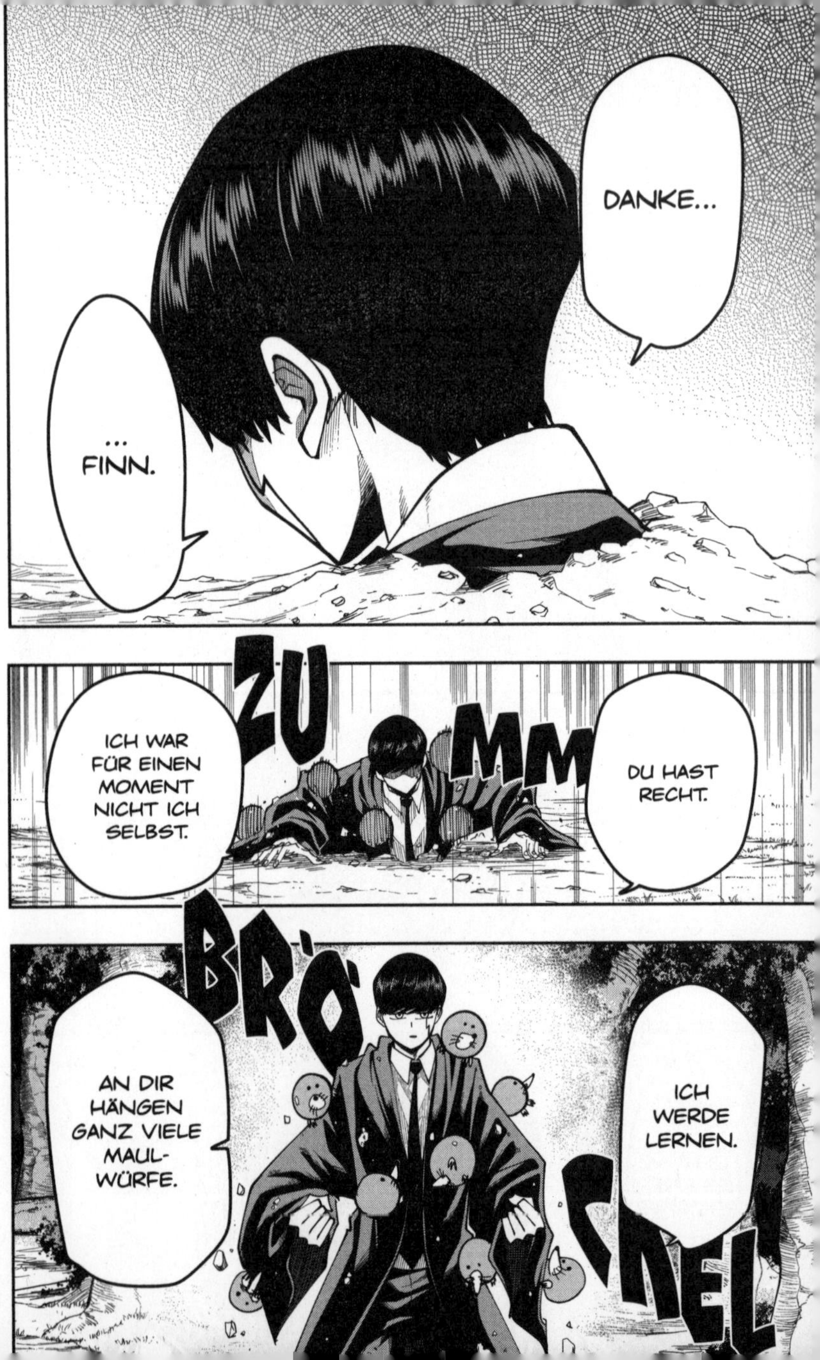
DANKE...
... FINN.
ZU MM
DU HAST RECHT.
ICH WAR FÜR EINEN MOMENT NICHT ICH SELBST.
BRÖ
ICH WERDE LERNEN.
AN DIR HÄNGEN GANZ VIELE MAUL-WÜRFE.
CKEL

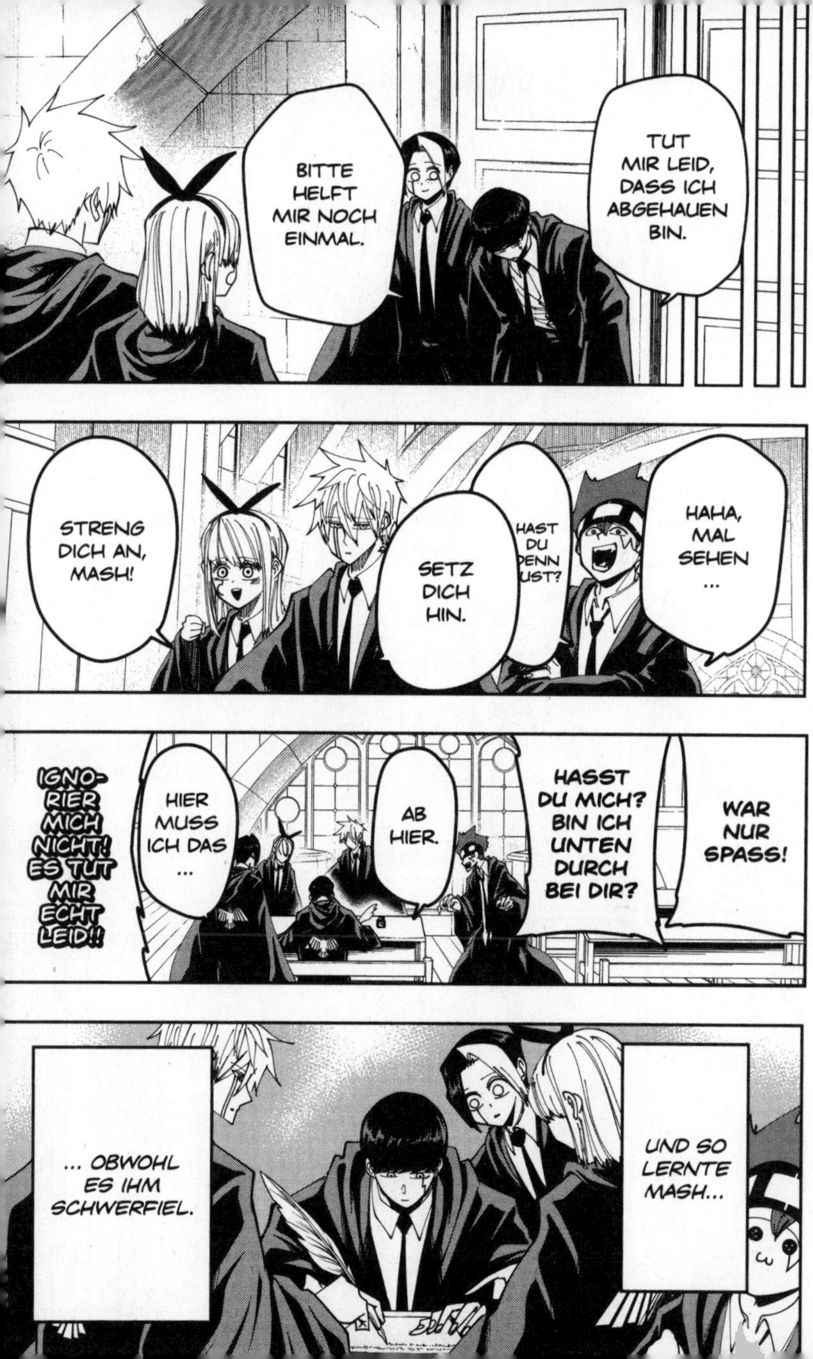
TUT MIR LEID, DASS ICH ABGEHAUEN BIN.
BITTE HELFT MIR NOCH EINMAL.
HAHA, MAL SEHEN ...
HAST DU
SETZ DICH HIN.
STRENG DICH AN, MASH!
WAR NUR SPASS!
HASST DU MICH? BIN ICH UNTEN DURCH BEI DIR?
AB HIER.
HIER MUSS ICH DAS ...
IGNO-RIER MICH NICHT! ES TUT MIR ECHT LEID!!
UND SO LERNTE MASH...
... OBWOHL ES IHM SCHWERFIEL.

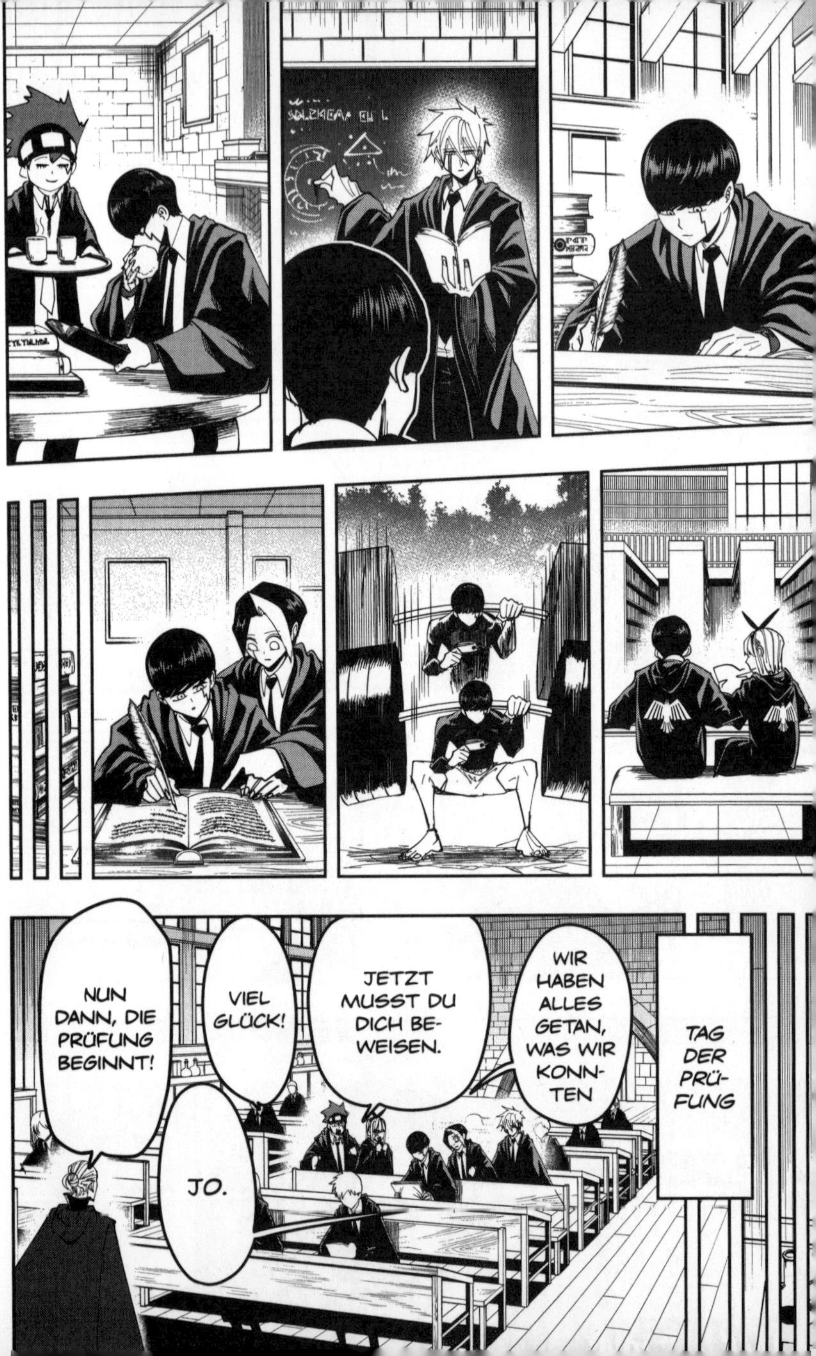

TAG DER PRÜFUNG
WIR HABEN ALLES GETAN, WAS WIR KONNTEN
JETZT MUSST DU DICH BEWEISEN.
VIEL GLÜCK!
JO.
NUN DANN, DIE PRÜFUNG BEGINNT!

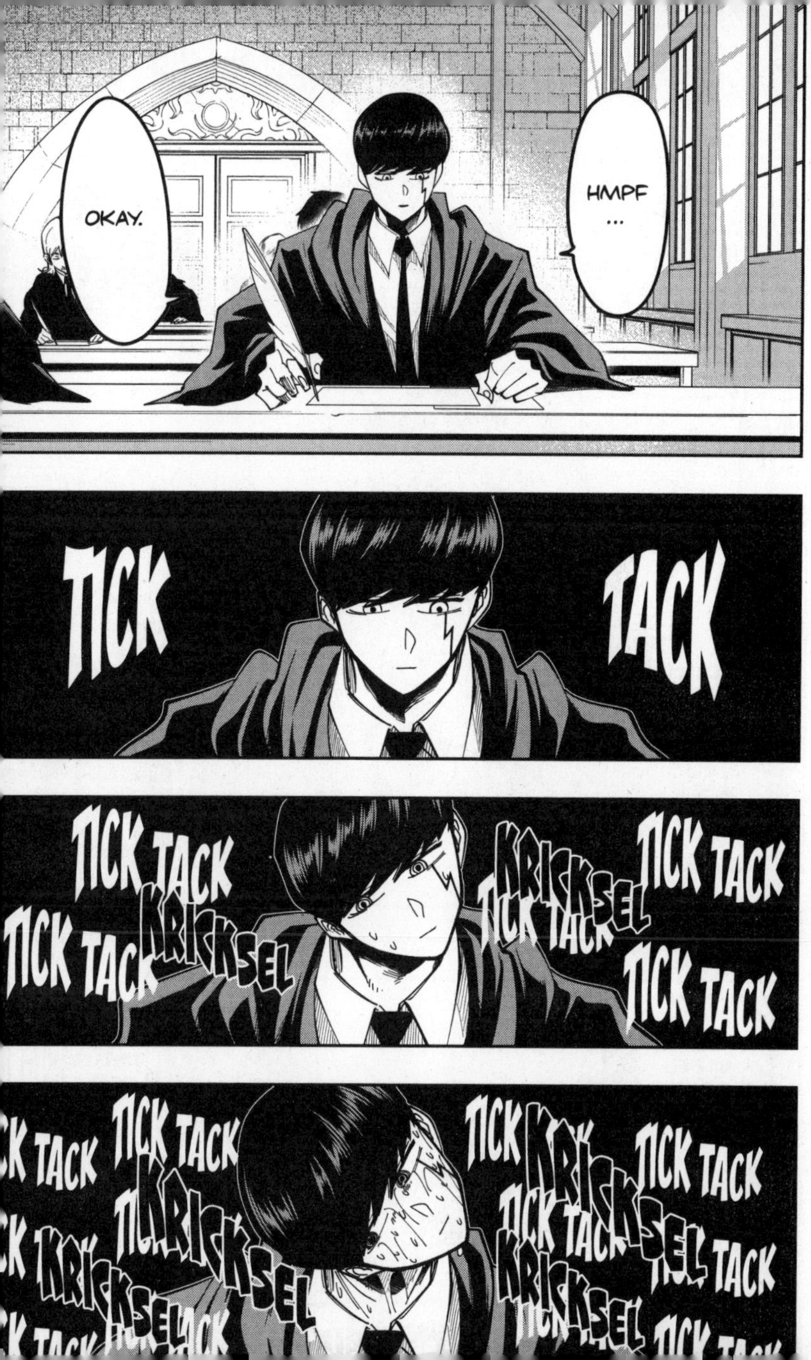
HMPF …
OKAY.
TICK
TACK
TICK TACK
KRICKSEL
TICK TACK
TICK TACK
TICK TACK
KRICKSEL
TICK TACK
TICK TACK
KRICKSEL
TICK TACK
KRICKSEL
TICK TACK
TICK TACK
KRICKSEL
KRICKSEL

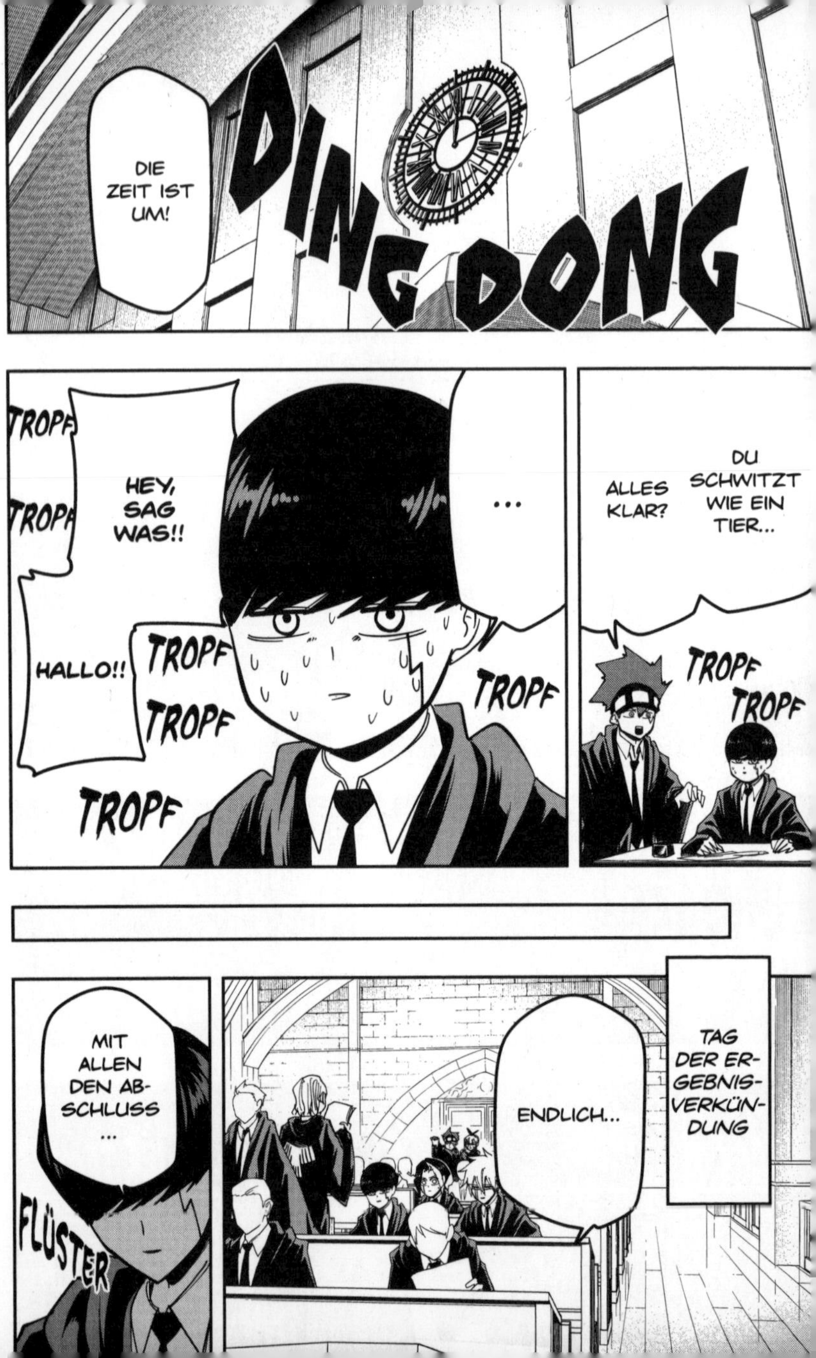
DIE ZEIT IST UM!
DING DONG
HEY, SAG WAS!!
HALLO!!
TROPF
TROPF
TROPF
TROPF
TROPF
TROPF
...
DU SCHWITZT WIE EIN TIER...
ALLES KLAR?
TROPF
TROPF
TAG DER ERGEBNISVERKÜNDUNG
ENDLICH...
MIT ALLEN DEN ABSCHLUSS ...
FLÜSTER

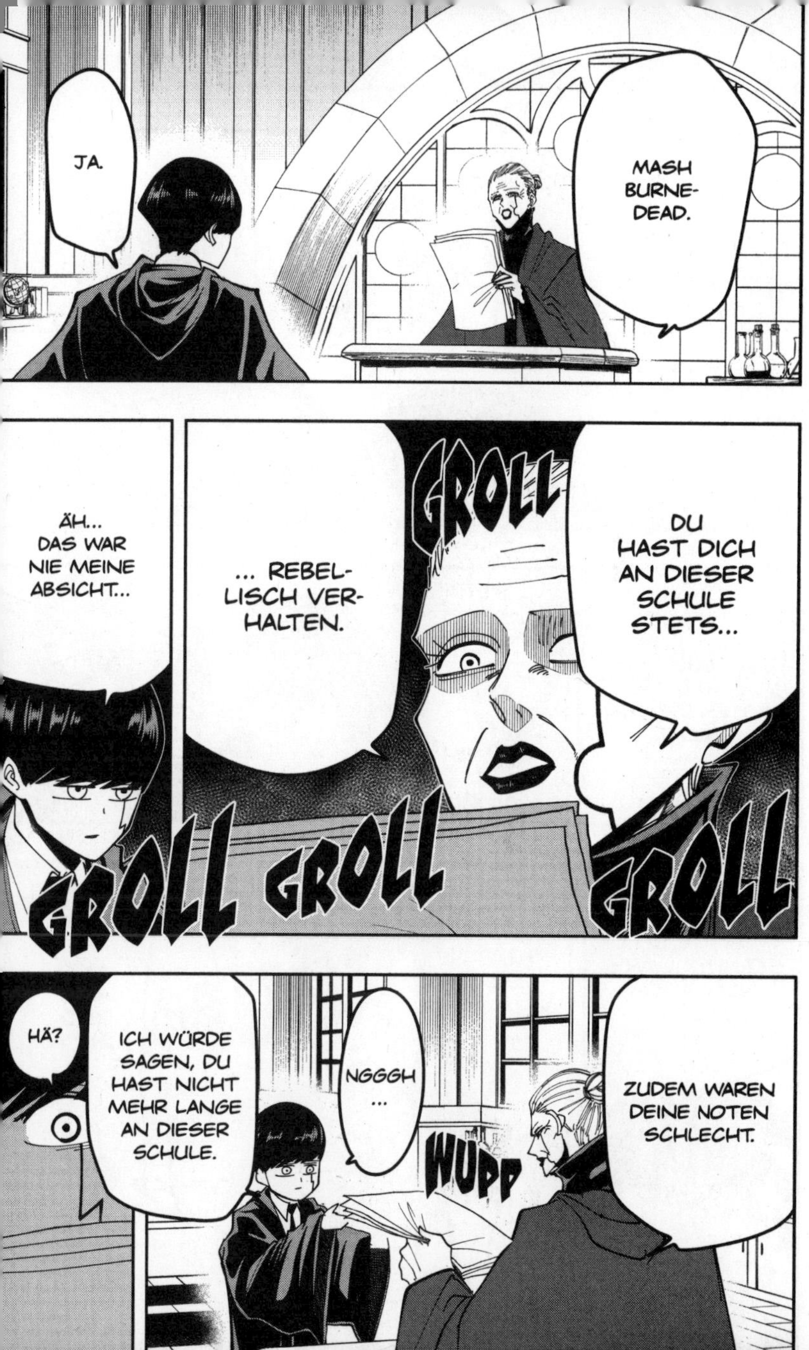
MASH BURNEDEAD.
JA.
DU HAST DICH AN DIESER SCHULE STETS...
GROLL
... REBELLISCH VERHALTEN.
GROLL
GROLL
GROLL
ÄH... DAS WAR NIE MEINE ABSICHT...
ZUDEM WAREN DEINE NOTEN SCHLECHT.
WUPP
NGGGH ...
ICH WÜRDE SAGEN, DU HAST NICHT MEHR LANGE AN DIESER SCHULE.
HÄ?

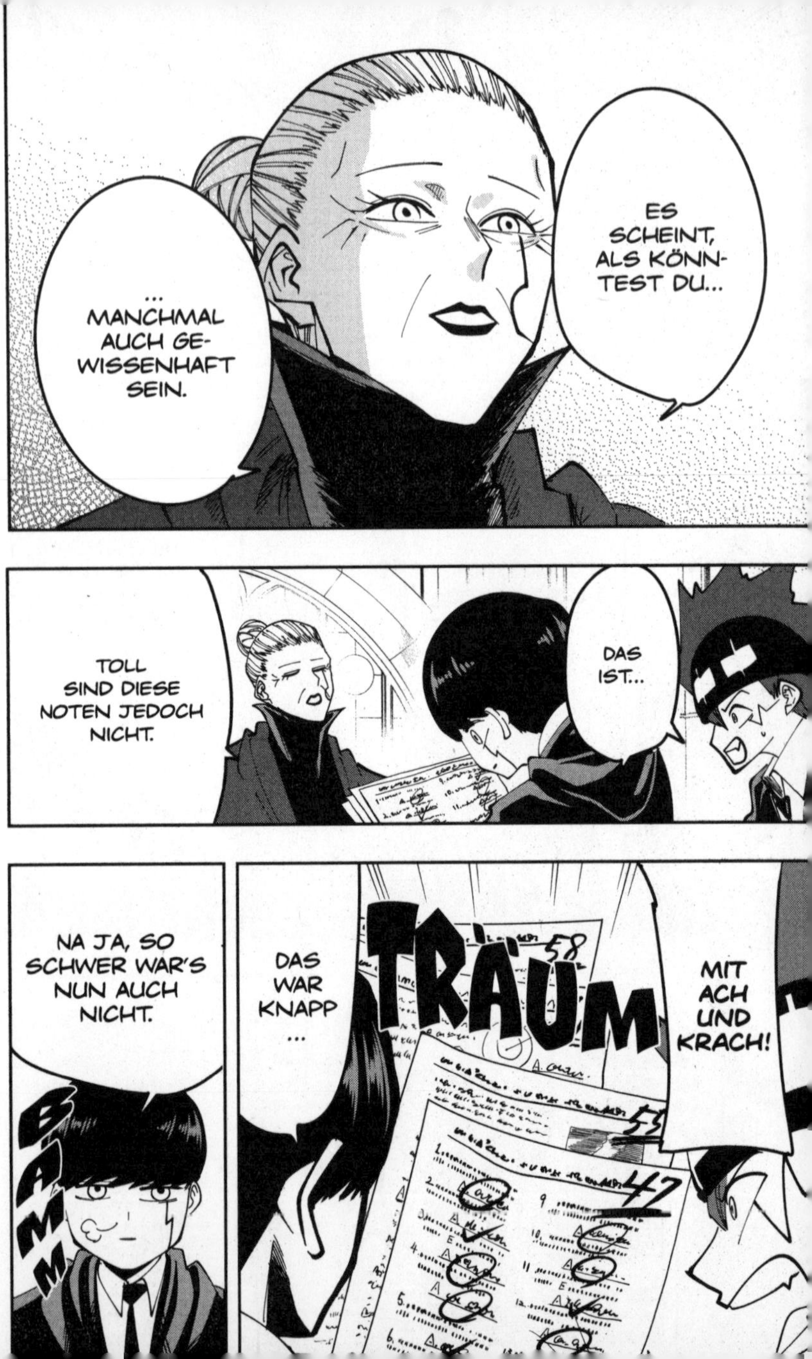
ES SCHEINT, ALS KÖNNTEST DU...
... MANCHMAL AUCH GEWISSENHAFT SEIN.
DAS IST...
TOLL SIND DIESE NOTEN JEDOCH NICHT.
MIT ACH UND KRACH!
TRÄUM
DAS WAR KNAPP ...
NA JA, SO SCHWER WAR'S NUN AUCH NICHT.
BAMMM

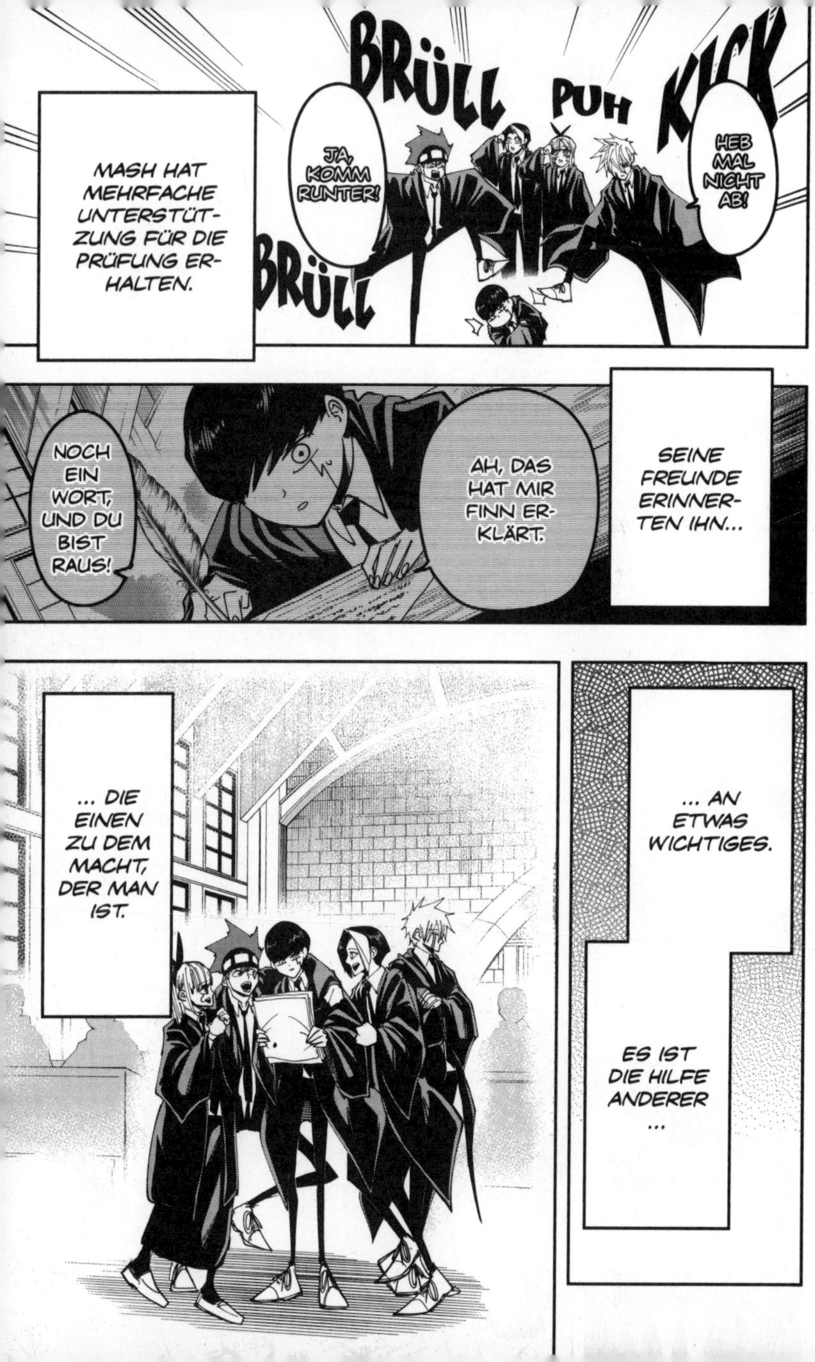
KICK
HEB MAL NICHT AB!
PUH
BRÜLL
JA, KOMM RUNTER!
BRÜLL
MASH HAT MEHRFACHE UNTERSTÜTZUNG FÜR DIE PRÜFUNG ERHALTEN.
SEINE FREUNDE ERINNERTEN IHN...
AH, DAS HAT MIR FINN ERKLÄRT.
NOCH EIN WORT, UND DU BIST RAUS!
... AN ETWAS WICHTIGES.
ES IST DIE HILFE ANDERER ...
... DIE EINEN ZU DEM MACHT, DER MAN IST.

Morning-Routine ① -1

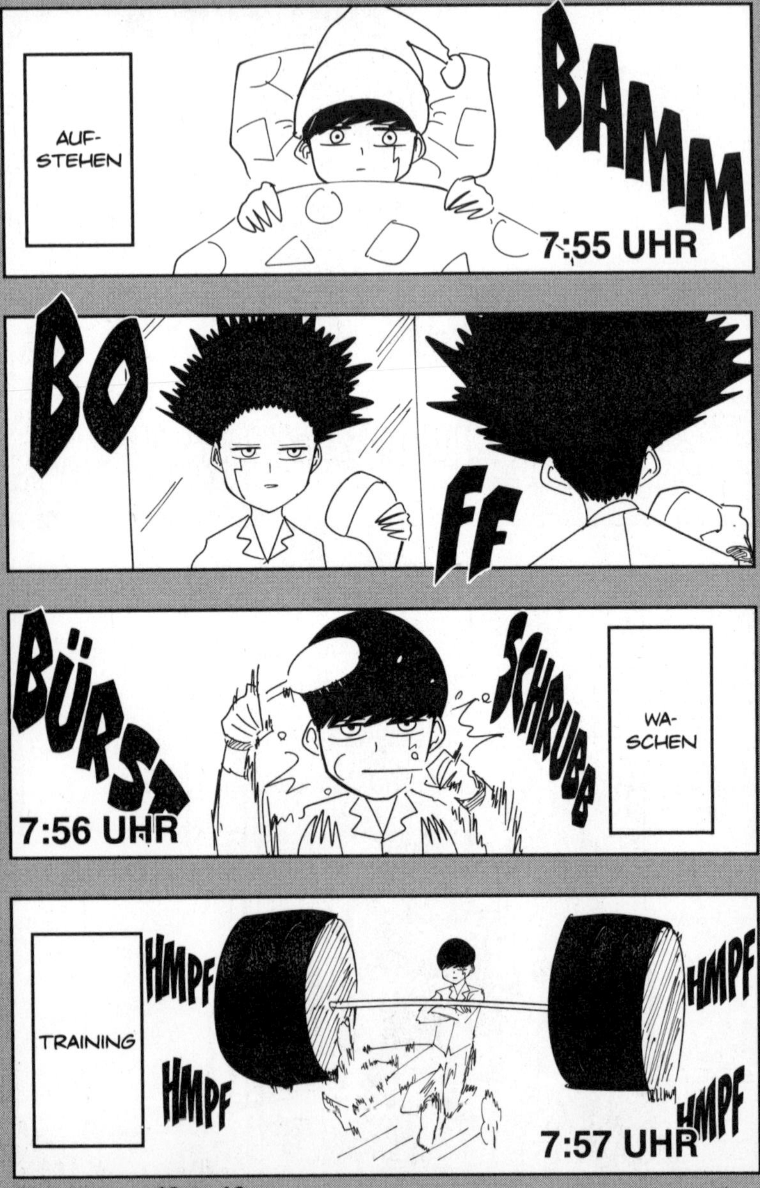

Fortsetzung auf Seite 68

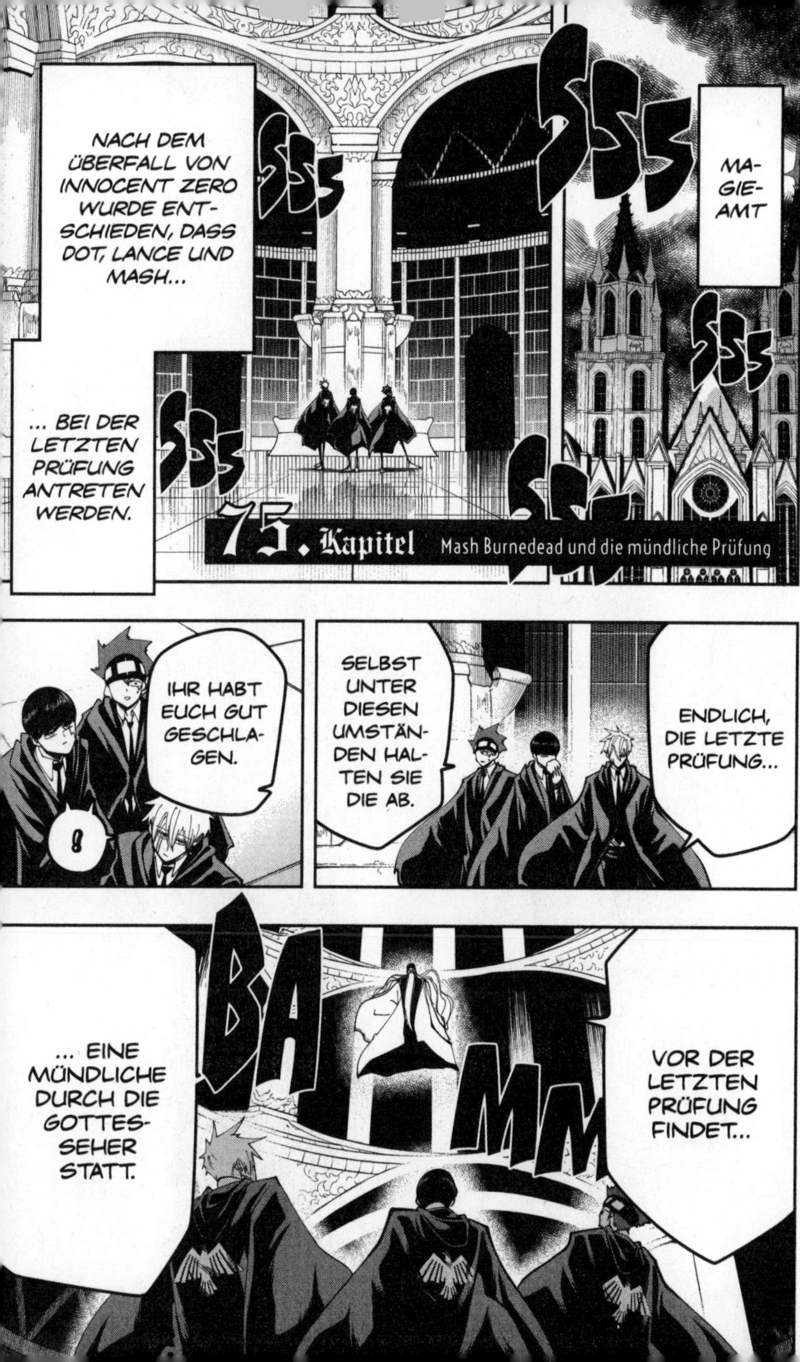

MAGIE-AMT
SSS
SSS
NACH DEM ÜBERFALL VON INNOCENT ZERO WURDE ENTSCHIEDEN, DASS DOT, LANCE UND MASH...
SSS
... BEI DER LETZTEN PRÜFUNG ANTRETEN WERDEN.
75. Kapitel Mash Burnedead und die mündliche Prüfung
ENDLICH, DIE LETZTE PRÜFUNG...
SELBST UNTER DIESEN UMSTÄNDEN HALTEN SIE DIE AB.
IHR HABT EUCH GUT GESCHLAGEN.
!
VOR DER LETZTEN PRÜFUNG FINDET...
BAMM
... EINE MÜNDLICHE DURCH DIE GOTTESSEHER STATT.

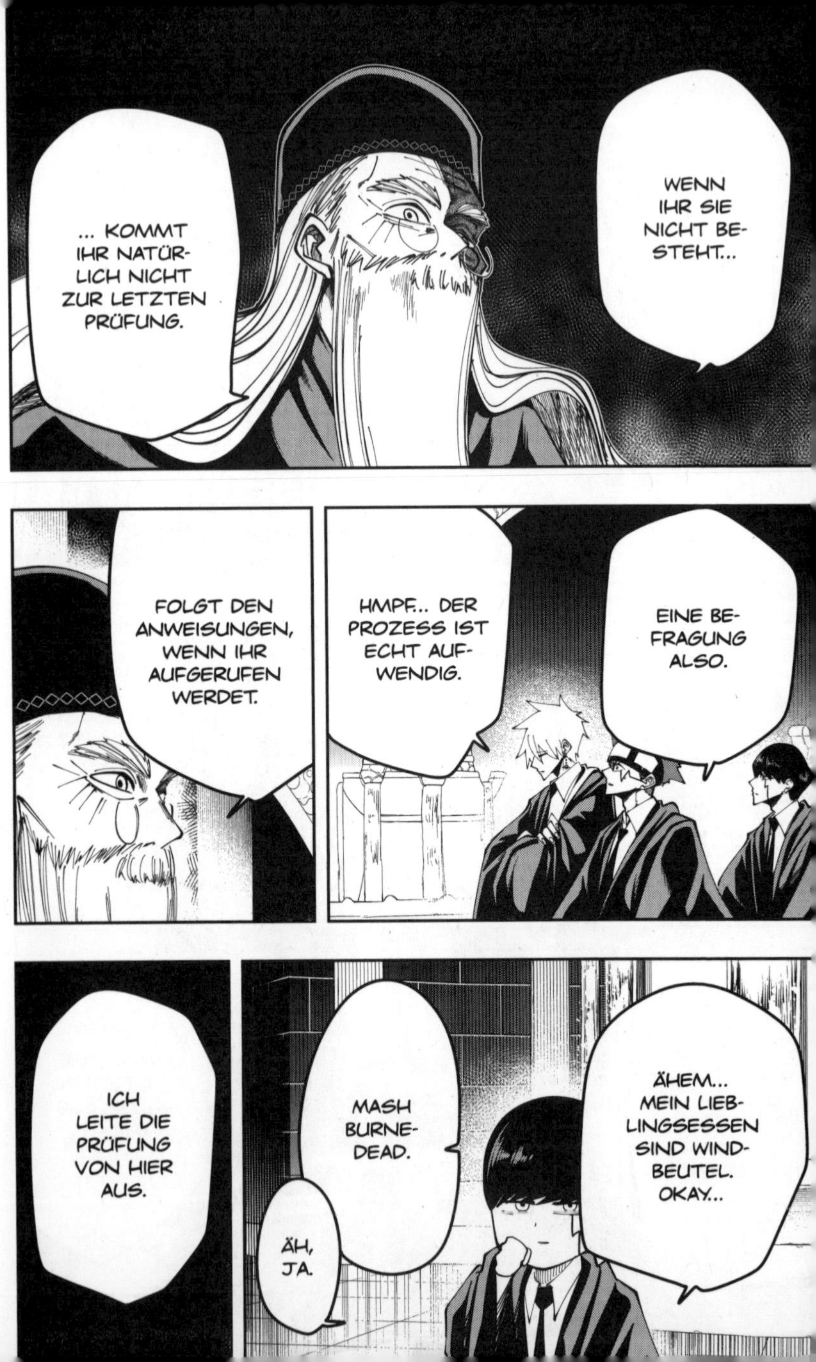

WENN IHR SIE NICHT BE-STEHT...
... KOMMT IHR NATÜR-LICH NICHT ZUR LETZTEN PRÜFUNG.
EINE BE-FRAGUNG ALSO.
HMPF... DER PROZESS IST ECHT AUF-WENDIG.
FOLGT DEN ANWEISUNGEN, WENN IHR AUFGERUFEN WERDET.
ÄHEM... MEIN LIEB-LINGSESSEN SIND WIND-BEUTEL. OKAY...
MASH BURNE-DEAD.
ÄH, JA.
ICH LEITE DIE PRÜFUNG VON HIER AUS.

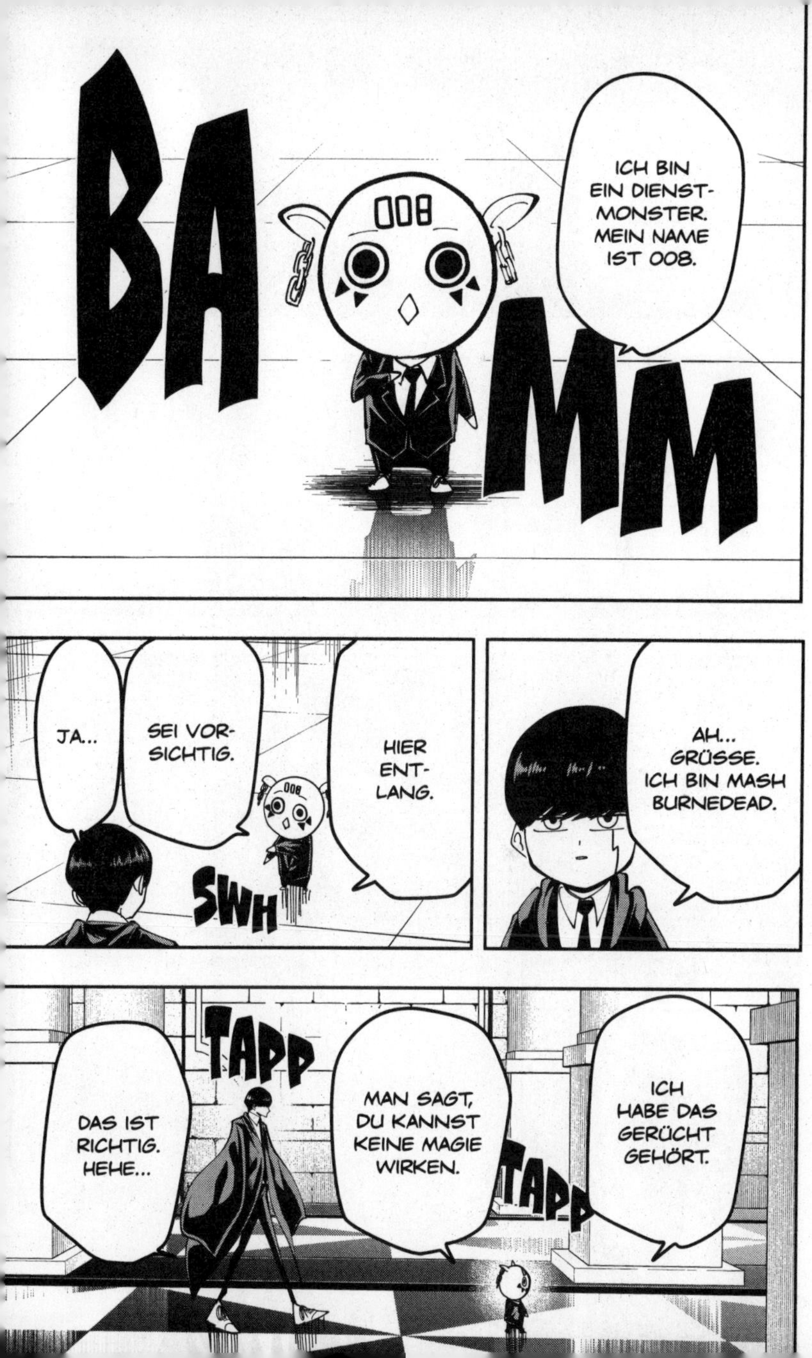

ICH BIN EIN DIENST-MONSTER. MEIN NAME IST 008.
BAMM
008
AH... GRÜSSE. ICH BIN MASH BURNEDEAD.
HIER ENT-LANG.
SWH
SEI VOR-SICHTIG.
JA...
ICH HABE DAS GERÜCHT GEHÖRT.
TAPP
MAN SAGT, DU KANNST KEINE MAGIE WIRKEN.
TAPP
DAS IST RICHTIG. HEHE...

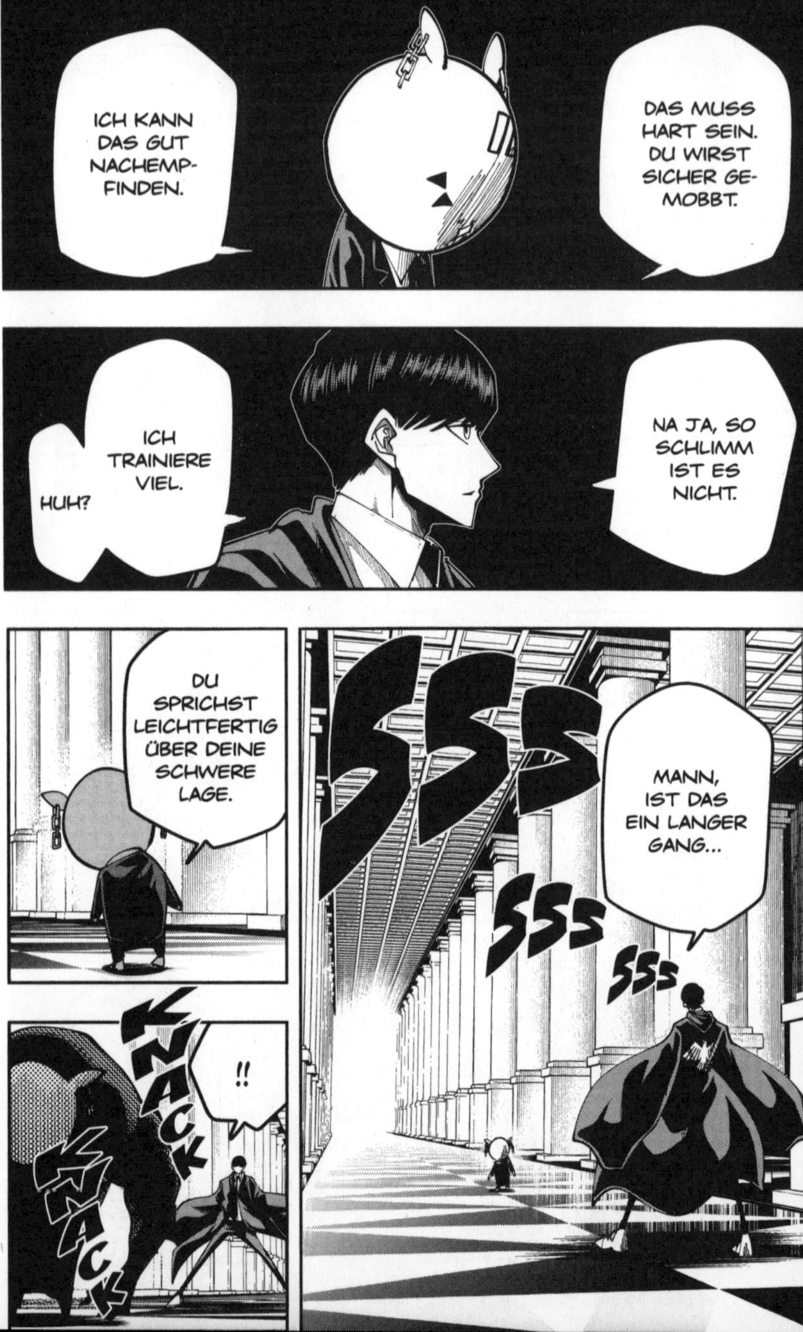
DAS MUSS HART SEIN. DU WIRST SICHER GE-MOBBT.
ICH KANN DAS GUT NACHEMP-FINDEN.
NA JA, SO SCHLIMM IST ES NICHT.
ICH TRAINIERE VIEL.
HUH?
SSS
SSS
SSS
MANN, IST DAS EIN LANGER GANG...
DU SPRICHST LEICHTFERTIG ÜBER DEINE SCHWERE LAGE.
!!
KNACK
KNACK

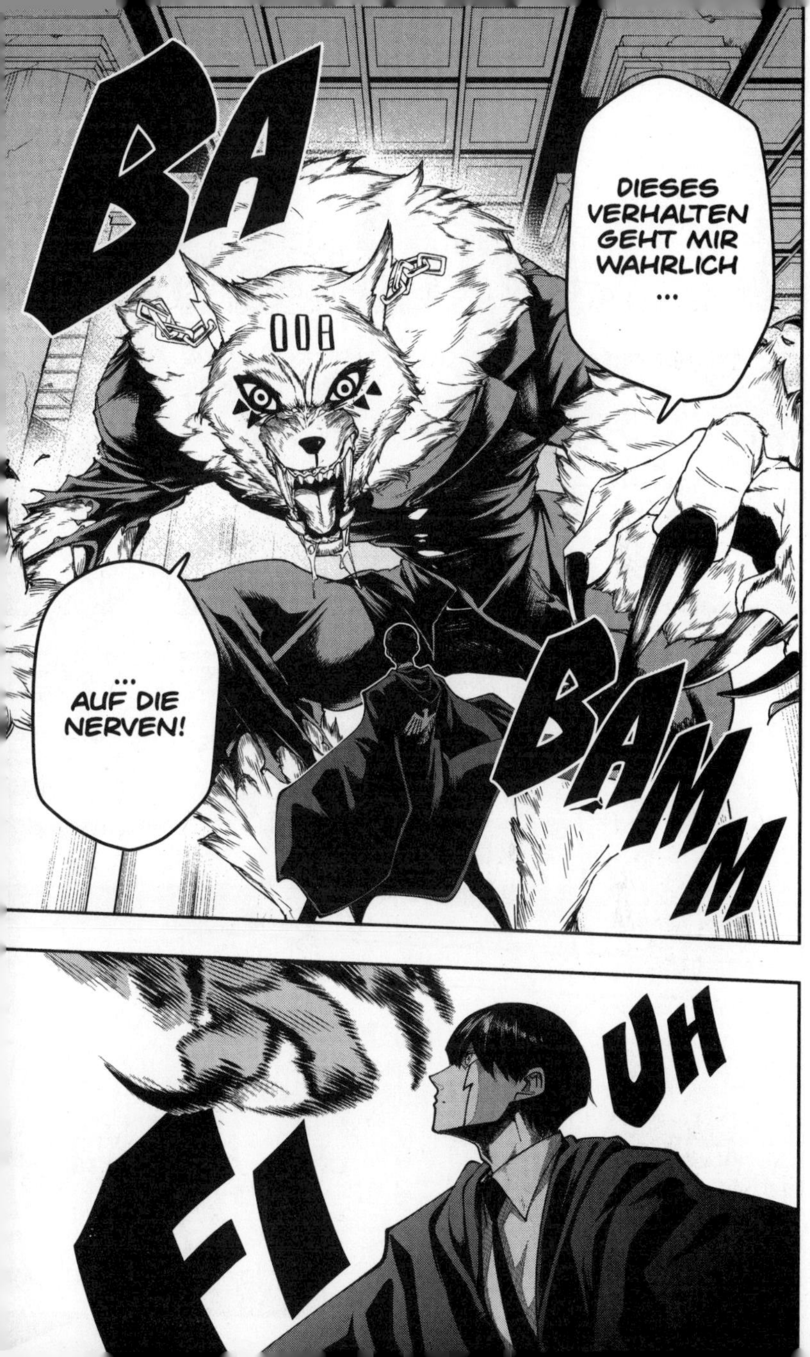
BA
DIESES VERHALTEN GEHT MIR WAHRLICH ...
... AUF DIE NERVEN!
BAMM
FUH

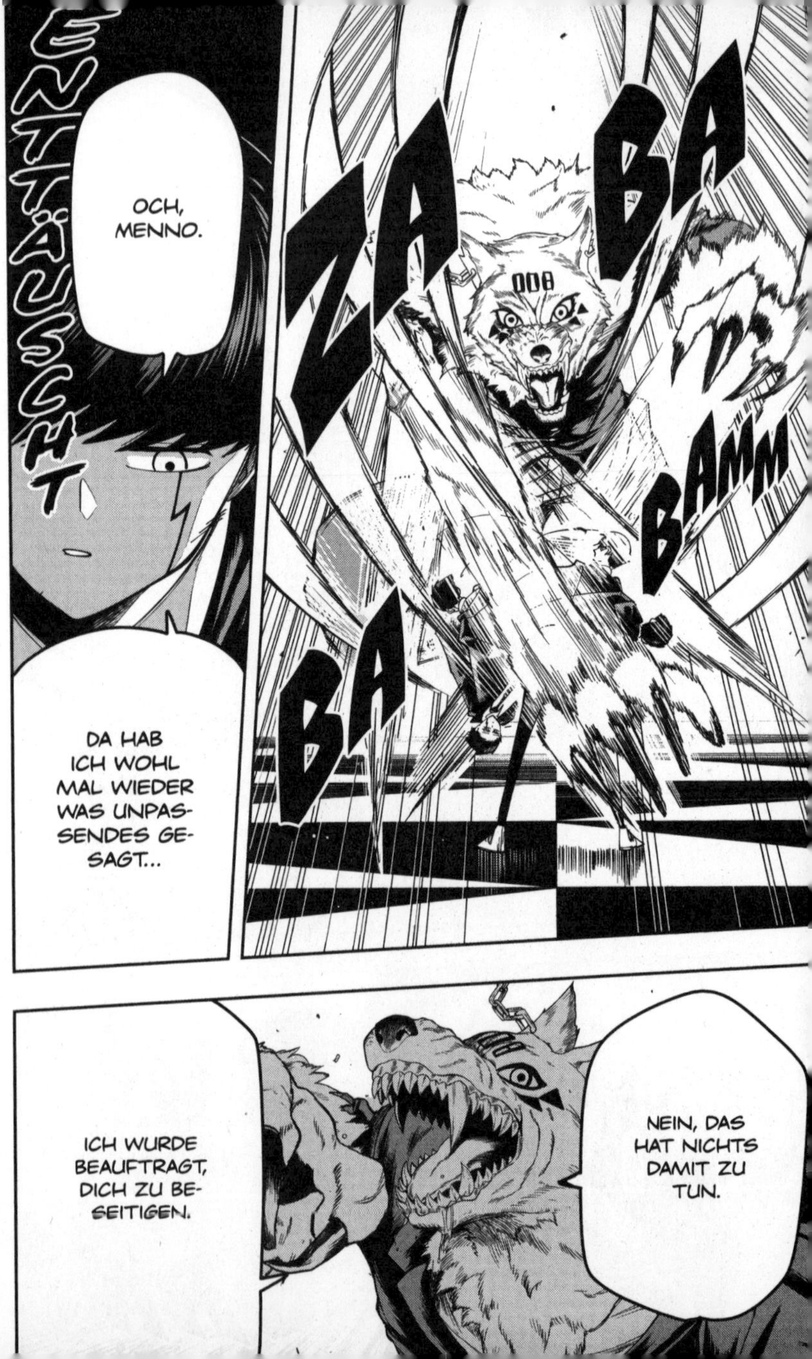
ZA
BA
BAMM
BA
BA
ENTTÄUSCHT
OCH, MENNO.
DA HAB ICH WOHL MAL WIEDER WAS UNPASSENDES GESAGT...
NEIN, DAS HAT NICHTS DAMIT ZU TUN.
ICH WURDE BEAUFTRAGT, DICH ZU BESEITIGEN.

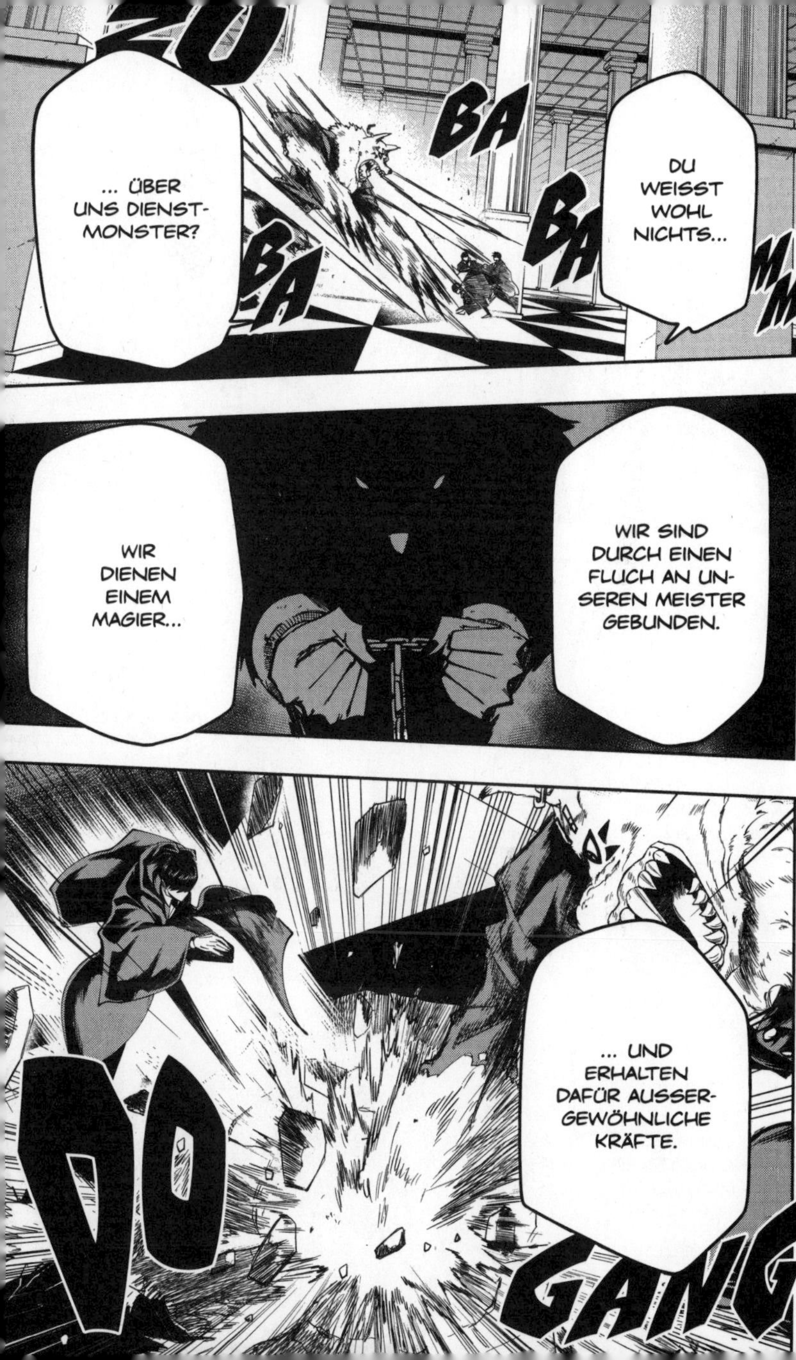

ZU
BA
DU WEISST WOHL NICHTS...
... ÜBER UNS DIENST-MONSTER?
WIR SIND DURCH EINEN FLUCH AN UN-SEREN MEISTER GEBUNDEN.
WIR DIENEN EINEM MAGIER...
... UND ERHALTEN DAFÜR AUSSER-GEWÖHNLICHE KRÄFTE.
GANG
DO

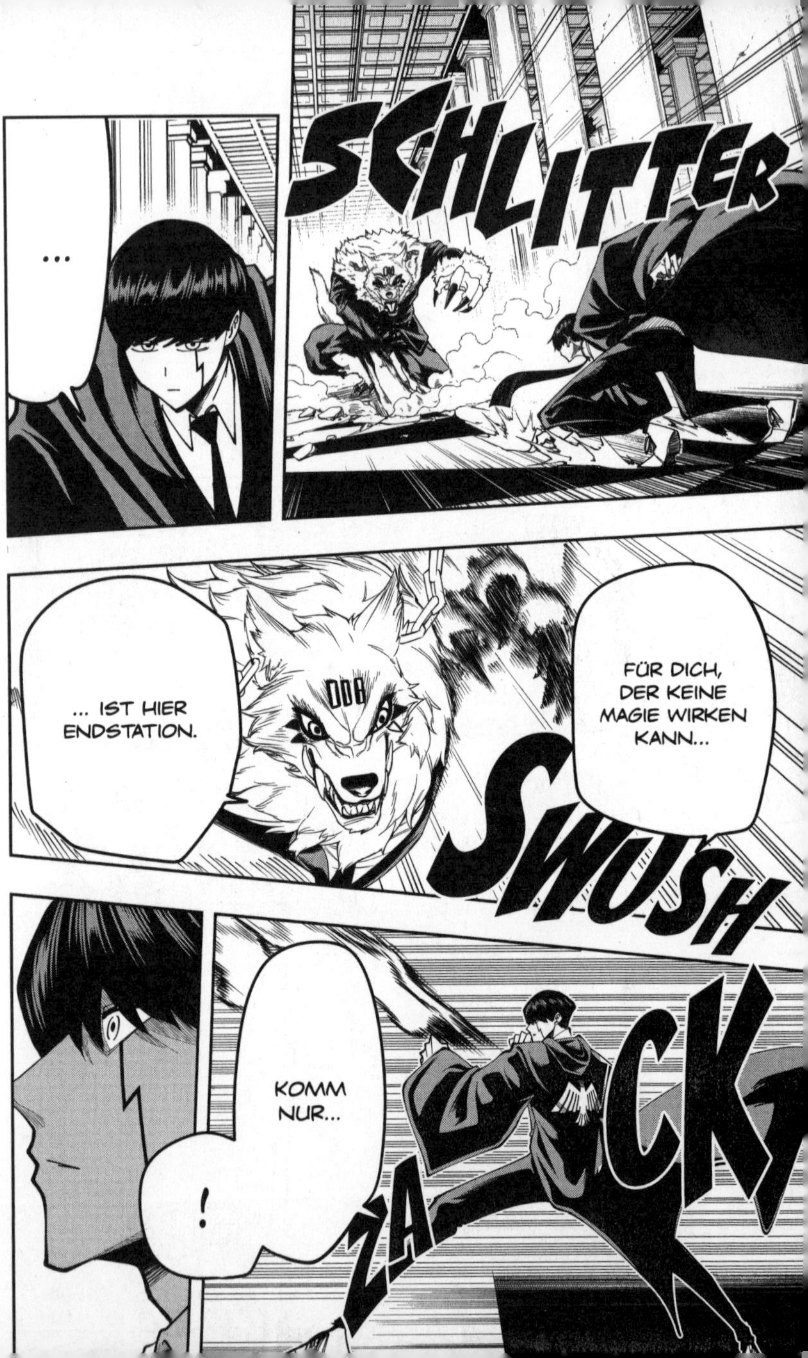
SCHLITTER
...
FÜR DICH, DER KEINE MAGIE WIRKEN KANN...
... IST HIER ENDSTATION.
SWUSH
ZACK
KOMM NUR...
!

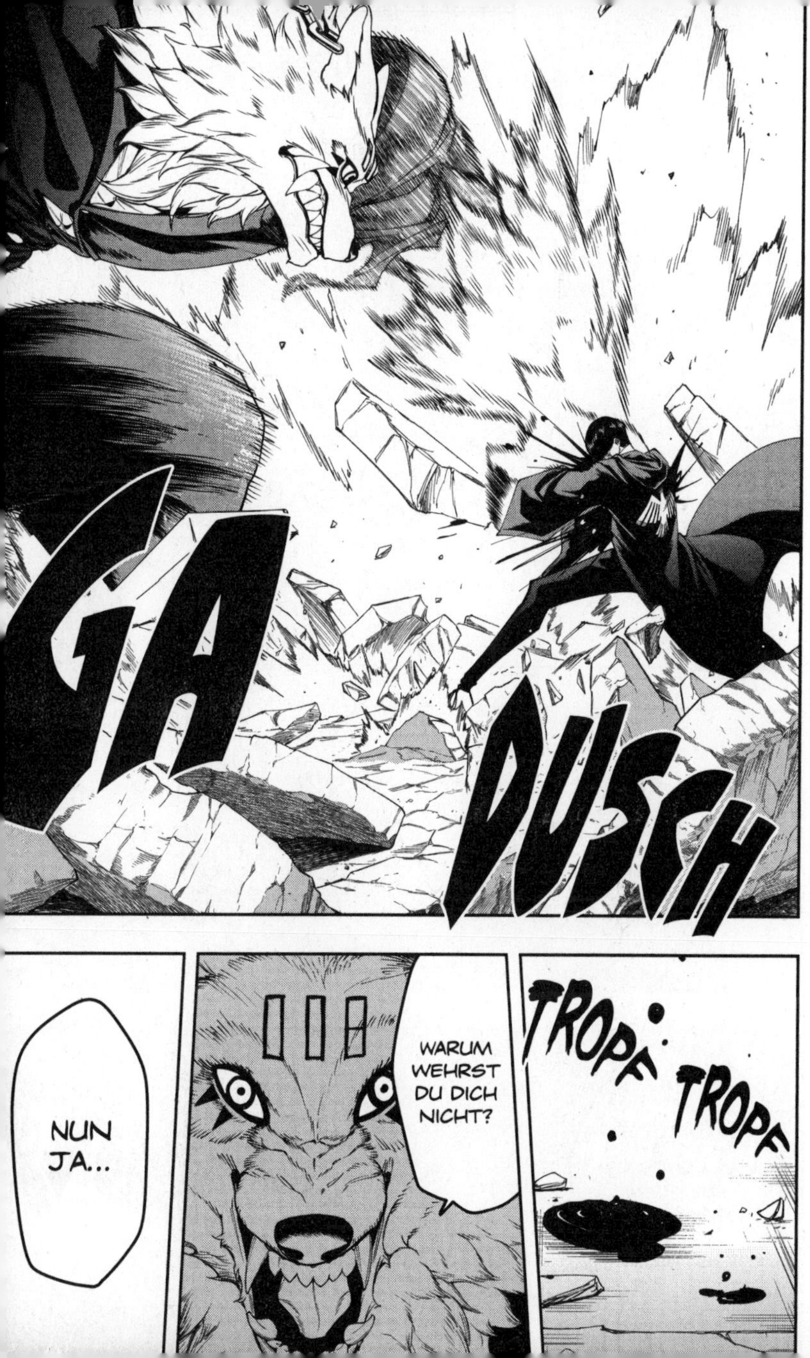
GA
DUSCH
TROPF TROPF
WARUM WEHRST DU DICH NICHT?
NUN JA...

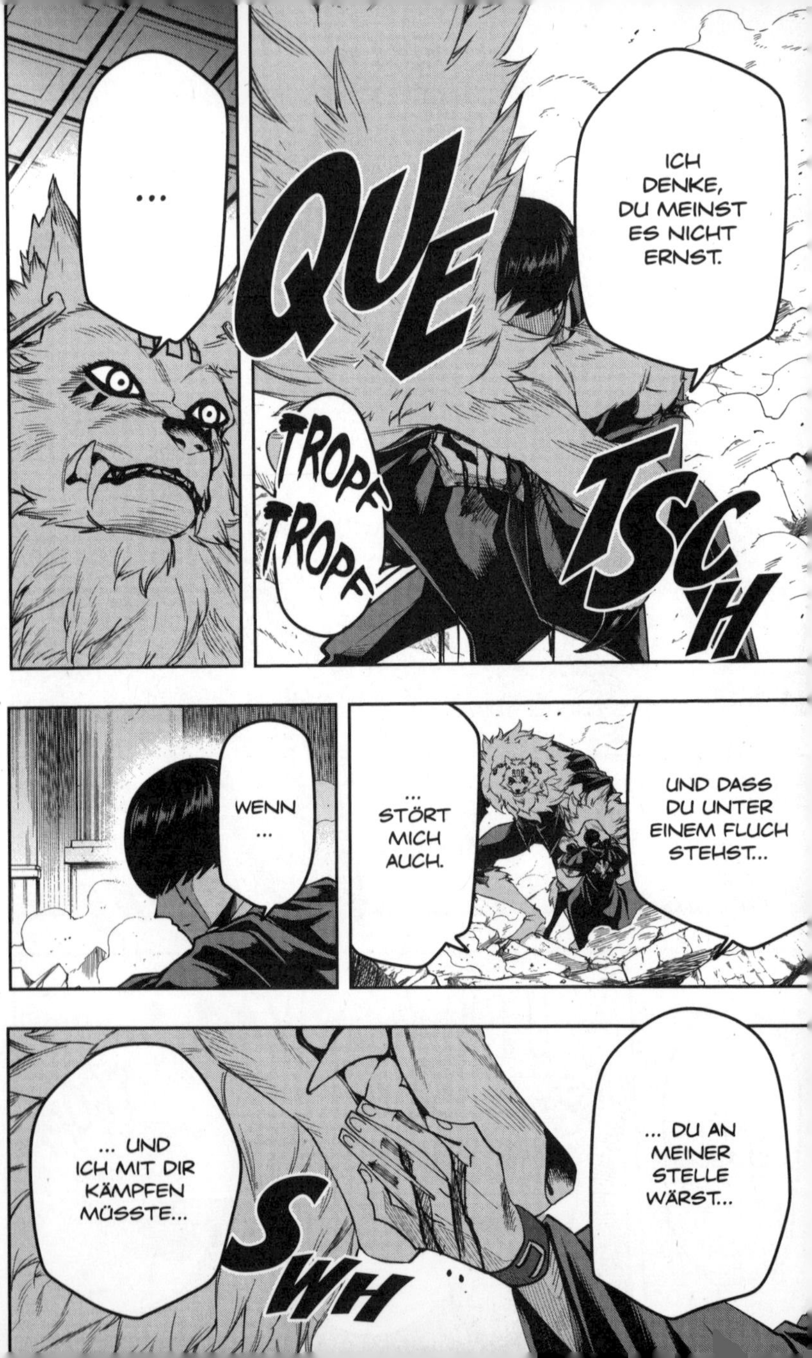
ICH DENKE, DU MEINST ES NICHT ERNST.
QUETSCH
TROPF TROPF
...
UND DASS DU UNTER EINEM FLUCH STEHST...
... STÖRT MICH AUCH.
WENN ...
... DU AN MEINER STELLE WÄRST...
... UND ICH MIT DIR KÄMPFEN MÜSSTE...
SWH

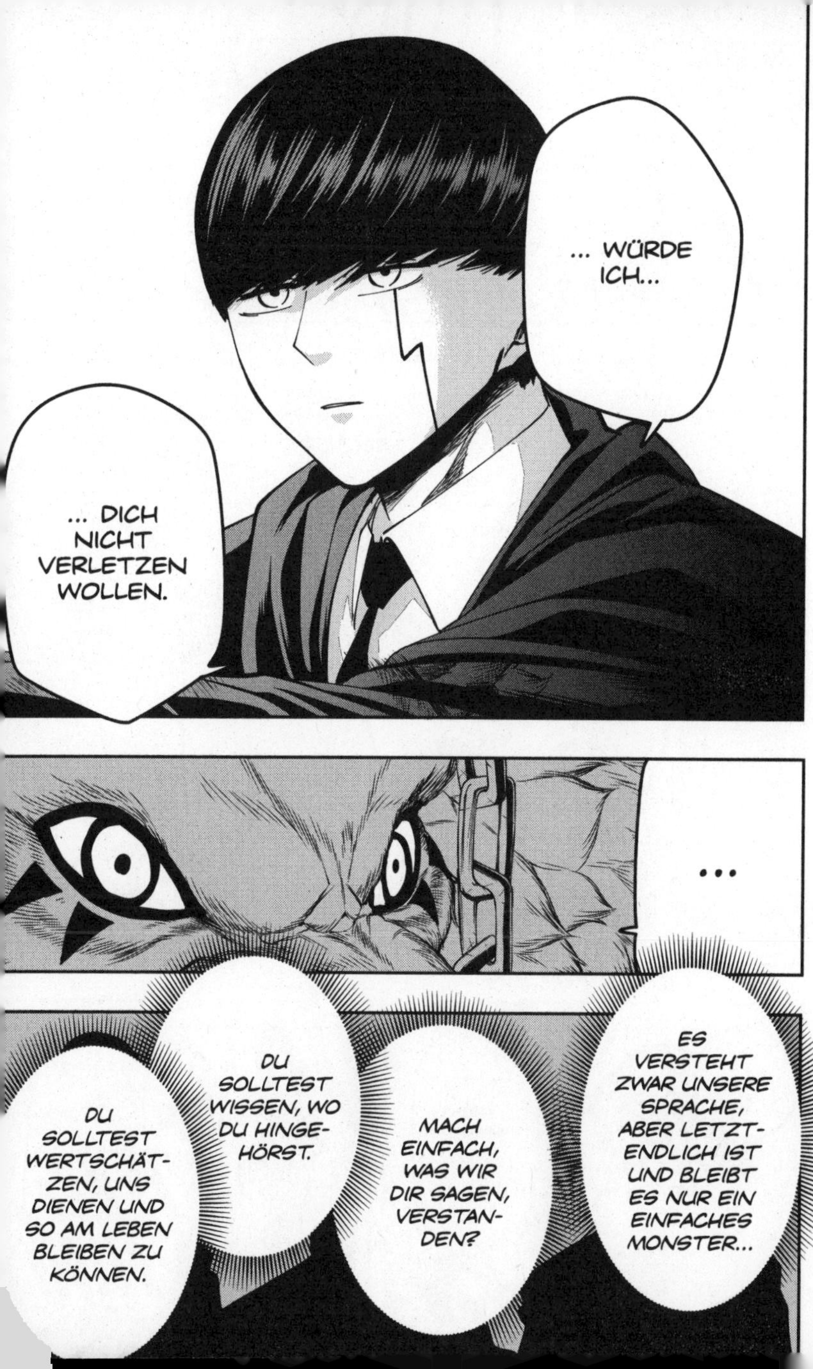
... WÜRDE ICH...
... DICH NICHT VERLETZEN WOLLEN.
...
ES VERSTEHT ZWAR UNSERE SPRACHE, ABER LETZT-ENDLICH IST UND BLEIBT ES NUR EIN EINFACHES MONSTER...
MACH EINFACH, WAS WIR DIR SAGEN, VERSTAN-DEN?
DU SOLLTEST WISSEN, WO DU HINGE-HÖRST.
DU SOLLTEST WERTSCHÄT-ZEN, UNS DIENEN UND SO AM LEBEN BLEIBEN ZU KÖNNEN.

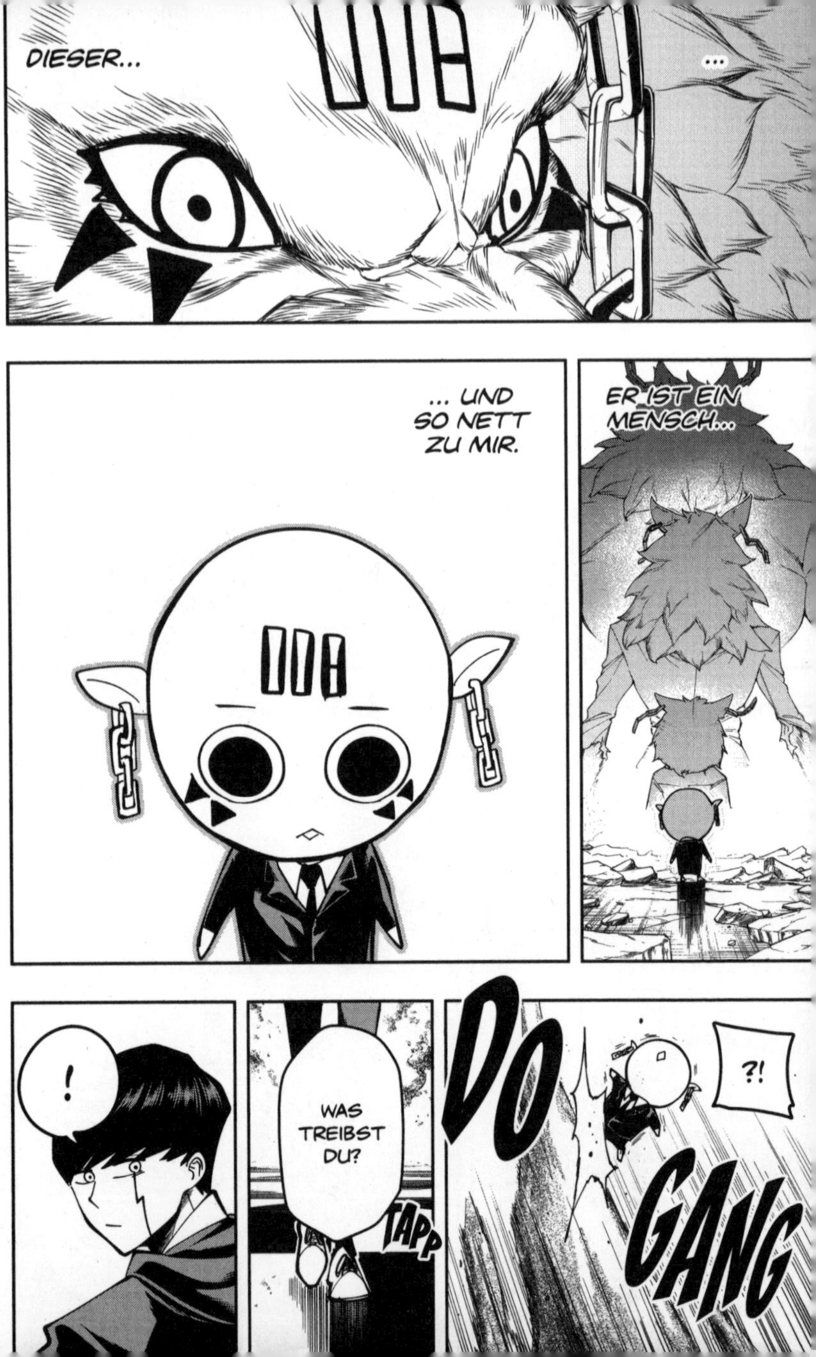
...
DIESER...
ER IST EIN MENSCH...
... UND SO NETT ZU MIR.
DO
GANG
?!
WAS TREIBST DU?
TAPP
!

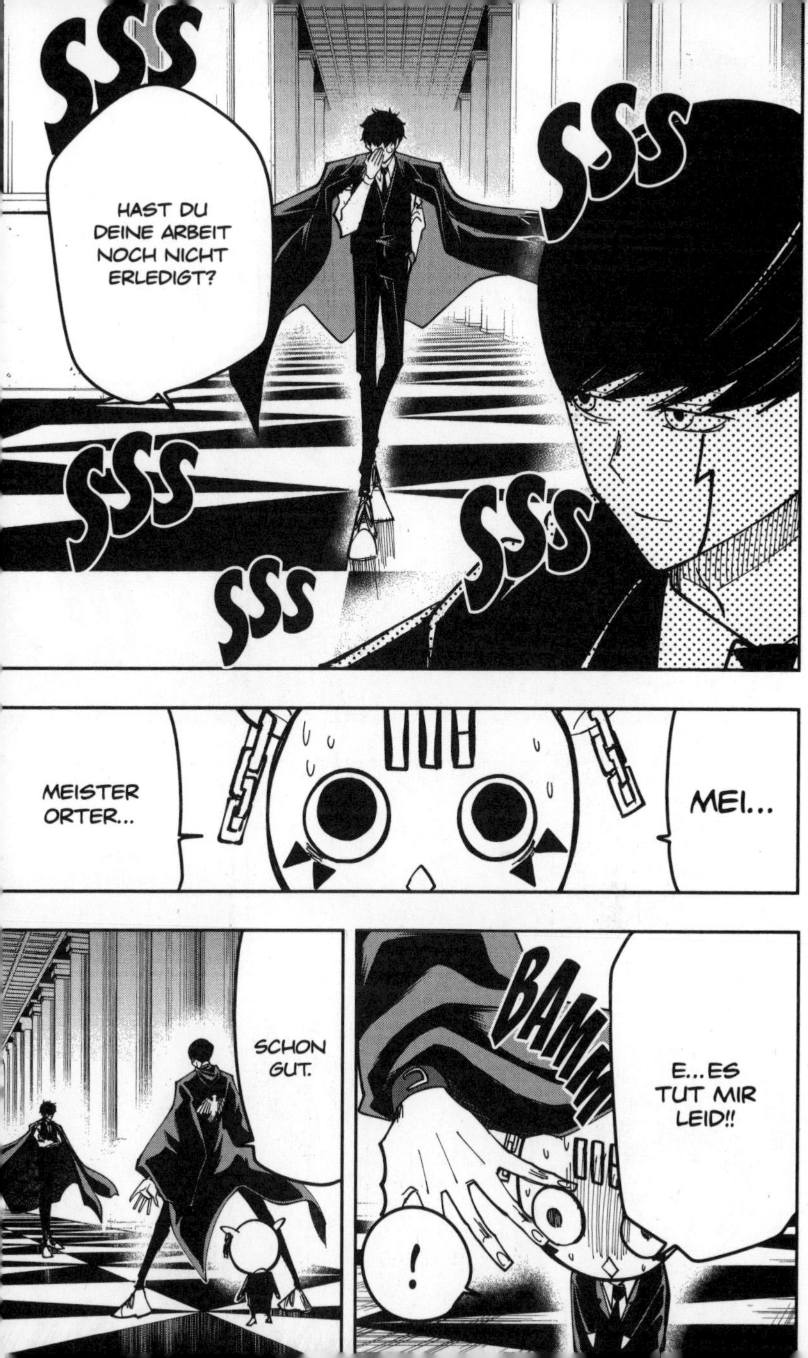
SSS
HAST DU DEINE ARBEIT NOCH NICHT ERLEDIGT?
SSS
SSS
SSS
SSS
SSS
MEI...
MEISTER ORTER...
E...ES TUT MIR LEID!!
BAMM
!
SCHON GUT.

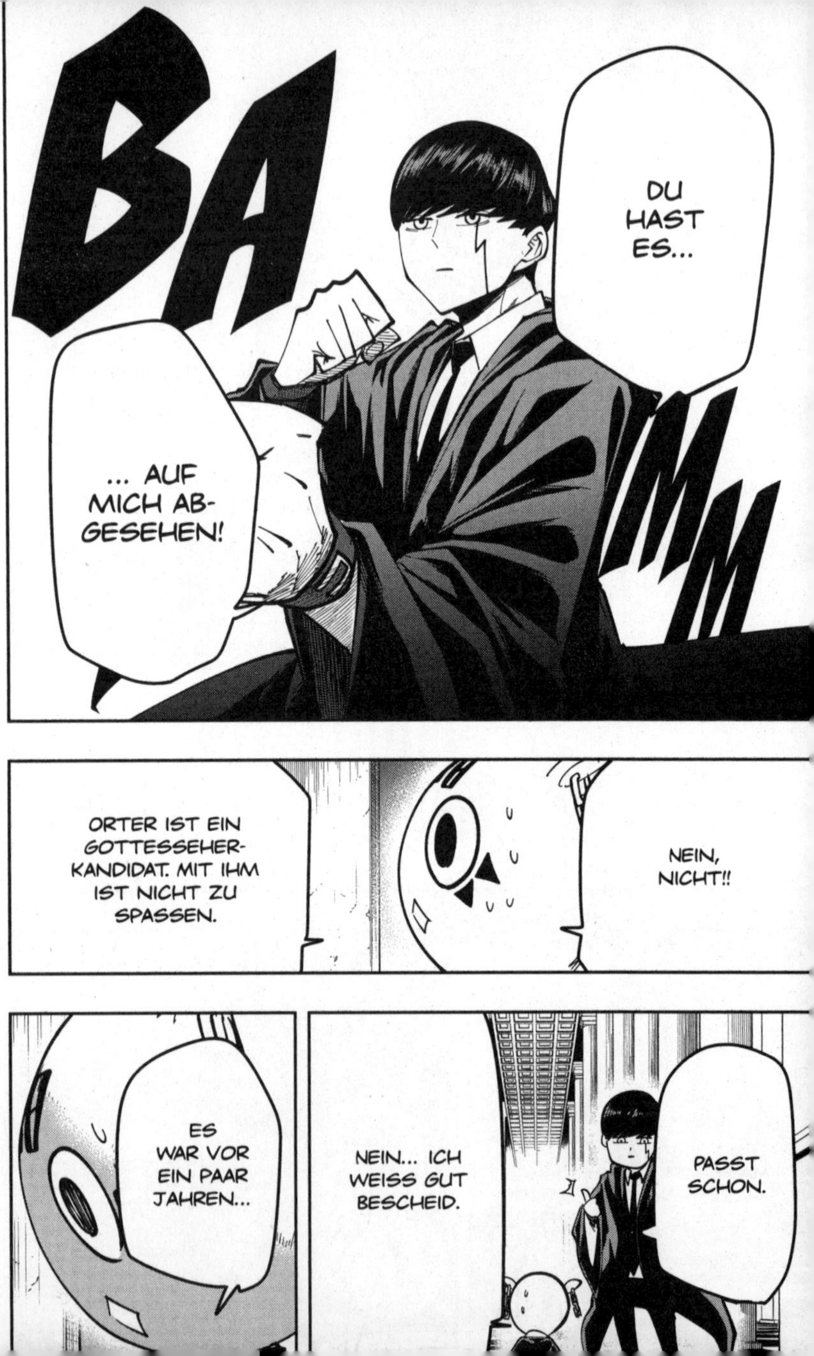
BA
MM
DU HAST ES...
... AUF MICH AB-GESEHEN!
NEIN, NICHT!!
ORTER IST EIN GOTTESSEHER-KANDIDAT. MIT IHM IST NICHT ZU SPASSEN.
PASST SCHON.
NEIN... ICH WEISS GUT BESCHEID.
ES WAR VOR EIN PAAR JAHREN...

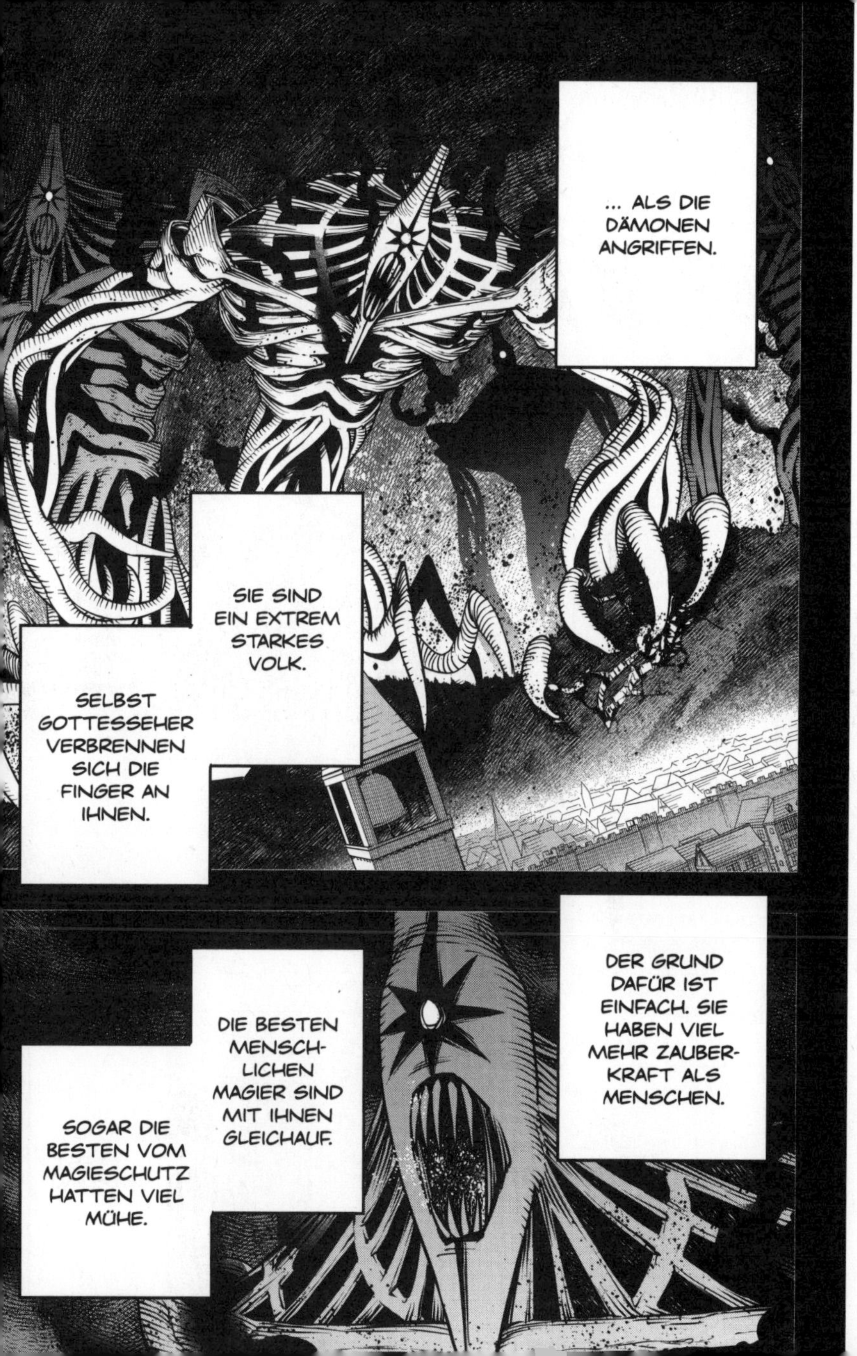
… ALS DIE DÄMONEN ANGRIFFEN.
SIE SIND EIN EXTREM STARKES VOLK.
SELBST GOTTESSEHER VERBRENNEN SICH DIE FINGER AN IHNEN.
DER GRUND DAFÜR IST EINFACH. SIE HABEN VIEL MEHR ZAUBER-KRAFT ALS MENSCHEN.
DIE BESTEN MENSCH-LICHEN MAGIER SIND MIT IHNEN GLEICHAUF.
SOGAR DIE BESTEN VOM MAGIESCHUTZ HATTEN VIEL MÜHE.

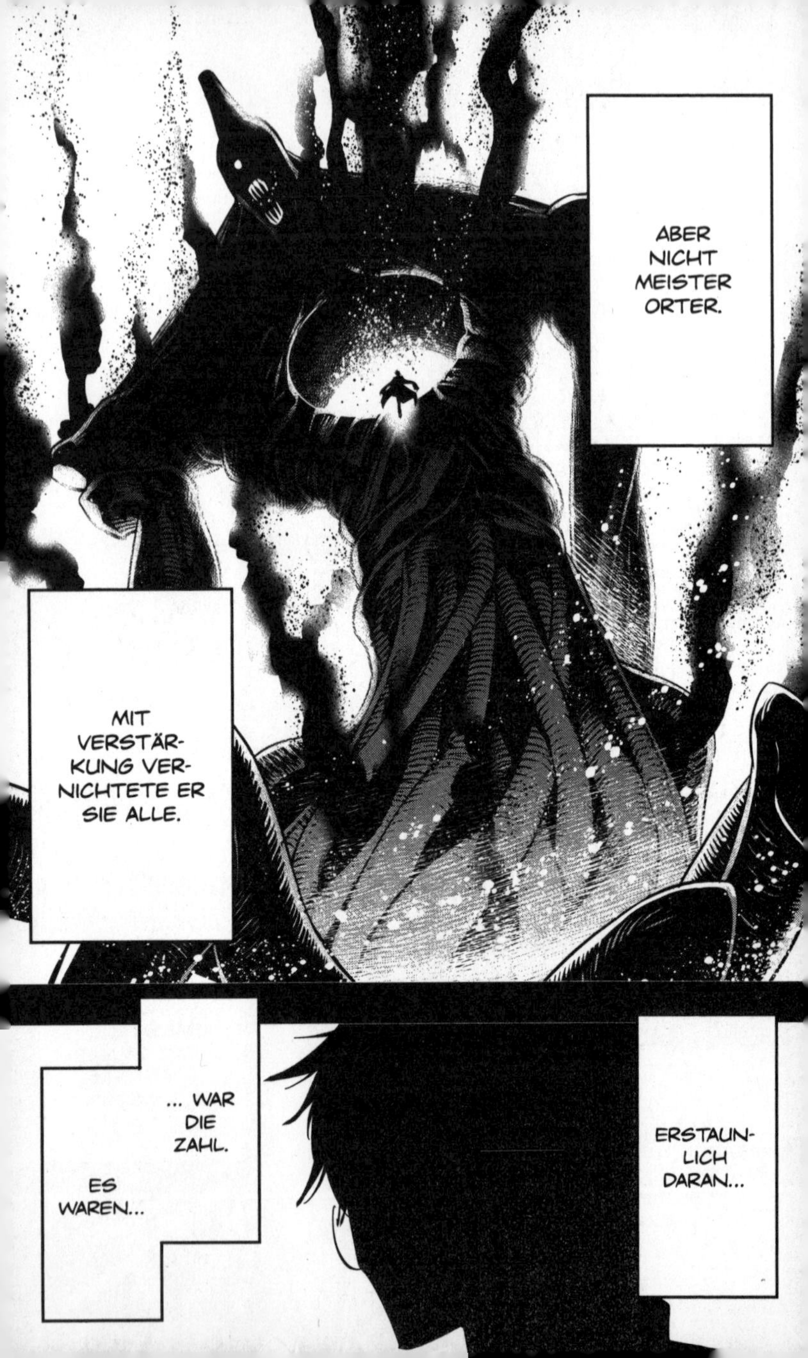
ABER NICHT MEISTER ORTER.
MIT VERSTÄR-KUNG VER-NICHTETE ER SIE ALLE.
ERSTAUN-LICH DARAN...
... WAR DIE ZAHL.
ES WAREN...

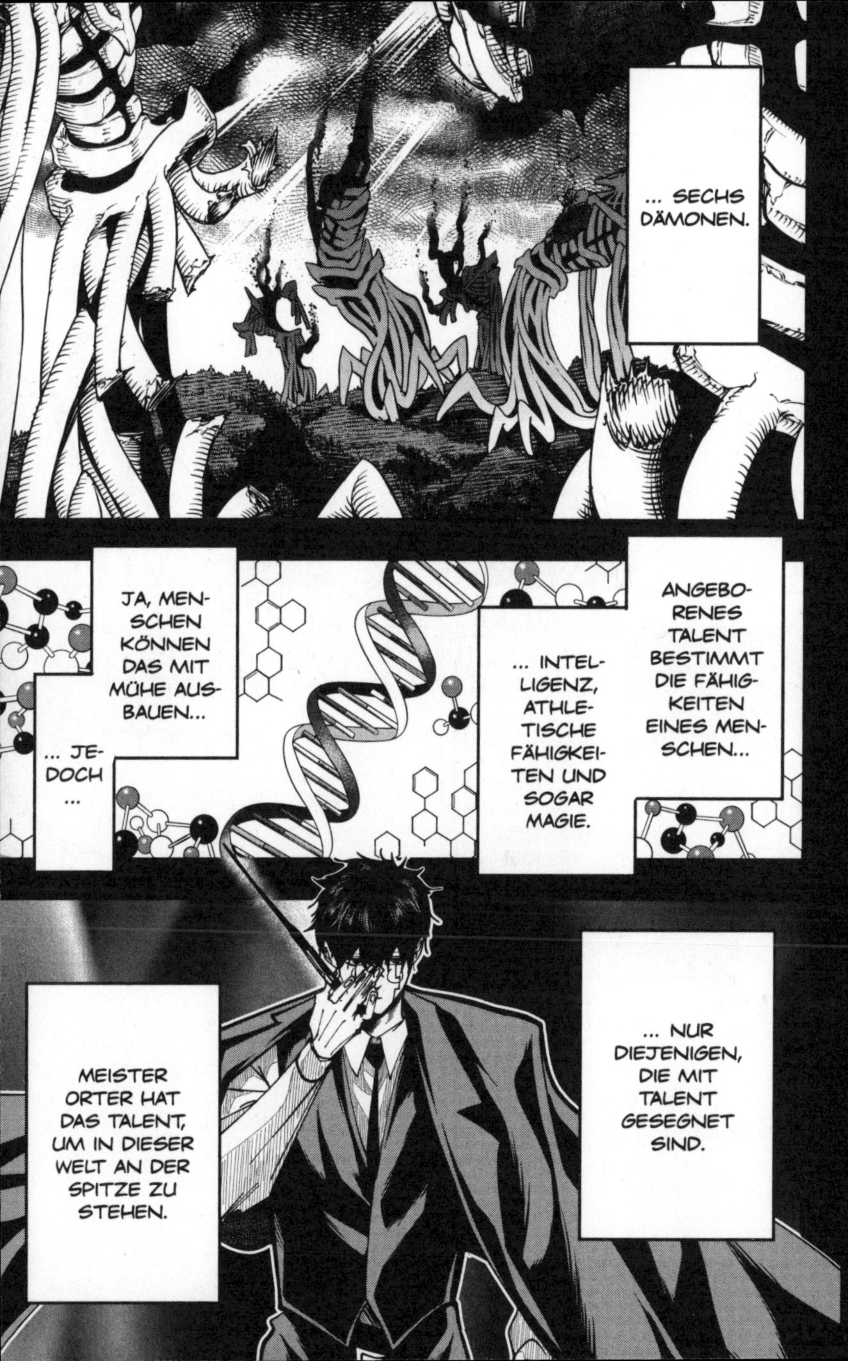
... SECHS DÄMONEN.
ANGEBORENES TALENT BESTIMMT DIE FÄHIGKEITEN EINES MENSCHEN...
... INTELLIGENZ, ATHLETISCHE FÄHIGKEITEN UND SOGAR MAGIE.
JA, MENSCHEN KÖNNEN DAS MIT MÜHE AUSBAUEN...
... JEDOCH ...
... NUR DIEJENIGEN, DIE MIT TALENT GESEGNET SIND.
MEISTER ORTER HAT DAS TALENT, UM IN DIESER WELT AN DER SPITZE ZU STEHEN.

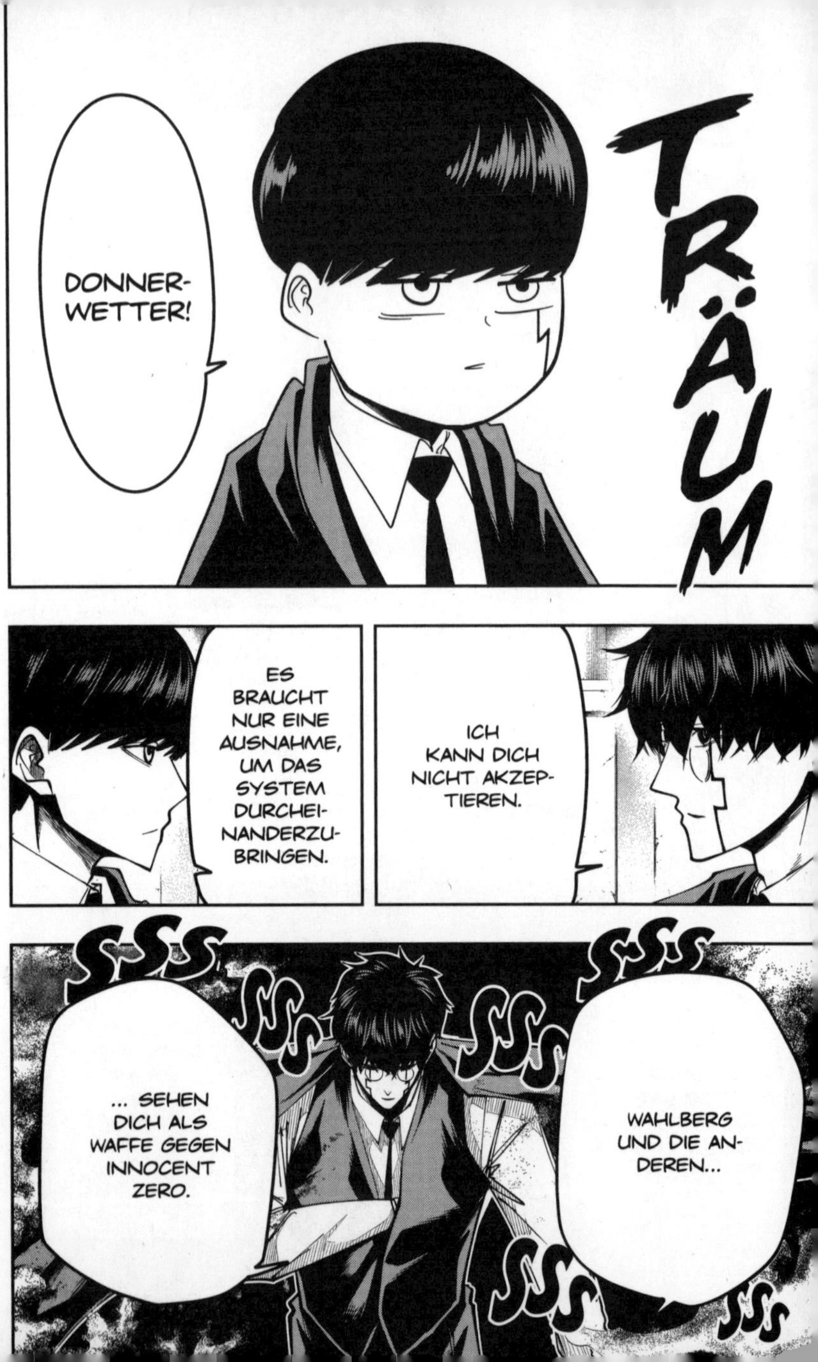
TRÄUM
DONNER-WETTER!
ICH KANN DICH NICHT AKZEP-TIEREN.
ES BRAUCHT NUR EINE AUSNAHME, UM DAS SYSTEM DURCHEI-NANDERZU-BRINGEN.
SSS
WAHLBERG UND DIE AN-DEREN...
... SEHEN DICH ALS WAFFE GEGEN INNOCENT ZERO.

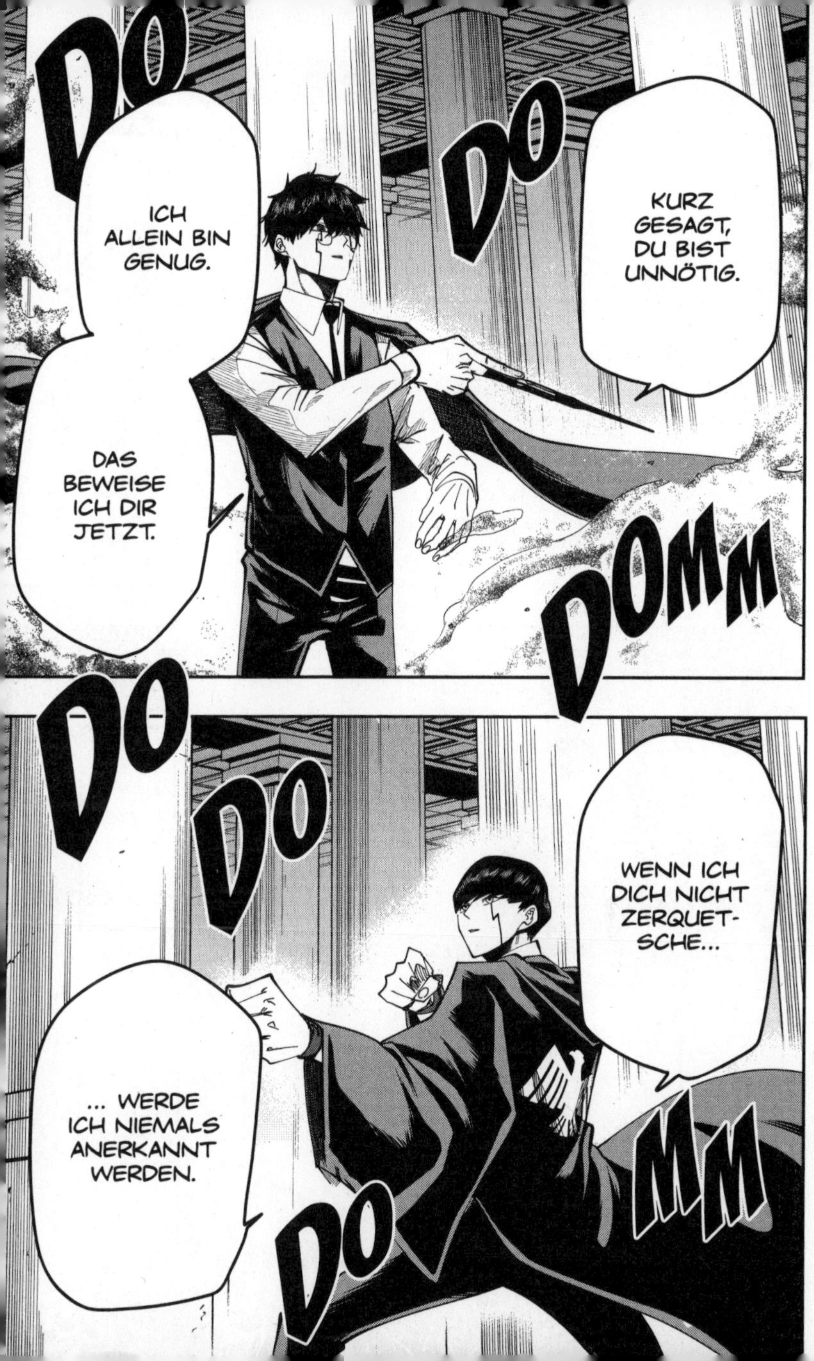
DO
DO
KURZ GESAGT, DU BIST UNNÖTIG.
ICH ALLEIN BIN GENUG.
DAS BEWEISE ICH DIR JETZT.
DOMM
DO
DO
WENN ICH DICH NICHT ZERQUETSCHE...
... WERDE ICH NIEMALS ANERKANNT WERDEN.
DOMM

Morning-Routine ❶ -2

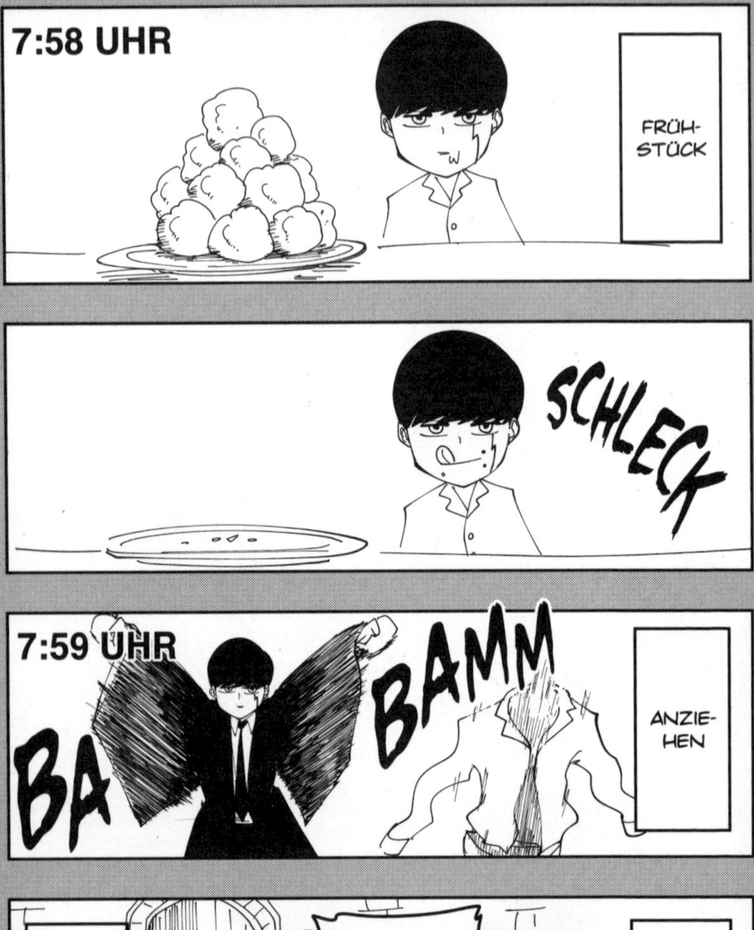

Fortsetzung auf Seite 88

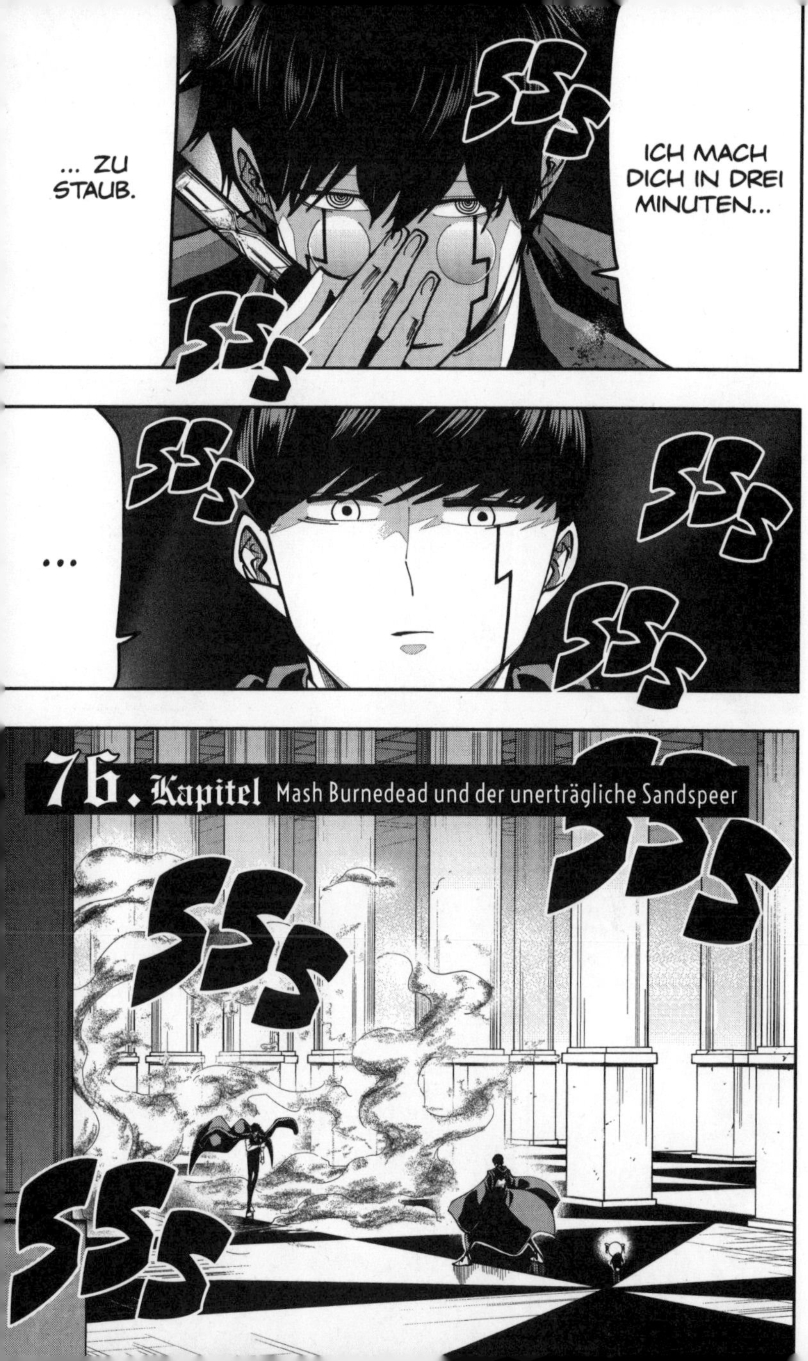
ICH MACH DICH IN DREI MINUTEN...
... ZU STAUB.
SSS
SSS
...
SSS
SSS
SSS
76. Kapitel Mash Burnedead und der unerträgliche Sandspeer
SSS
SSS
SSS

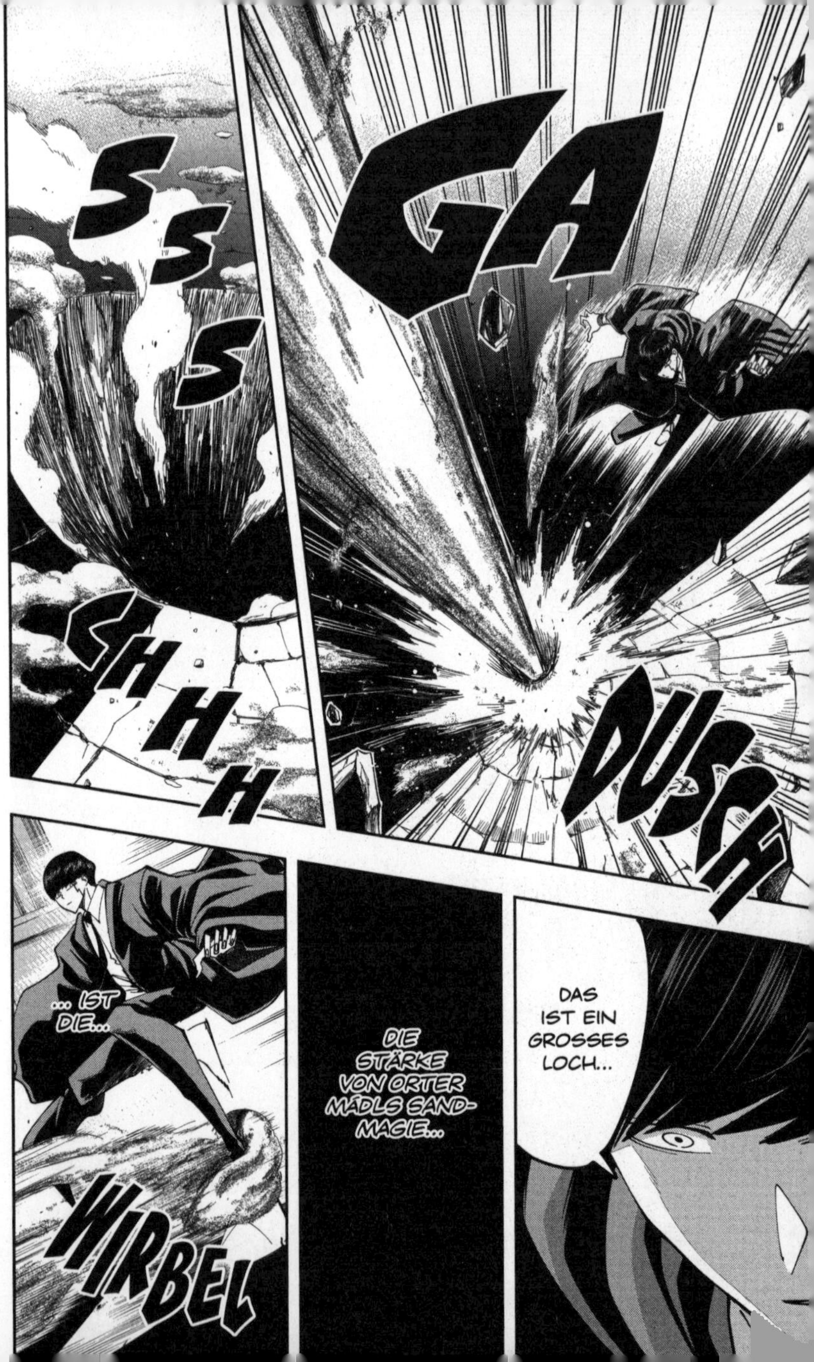
GA
DUSCH
SSS
CHHHH
DAS IST EIN GROSSES LOCH...
DIE STÄRKE VON ORTER MÄDLS SAND-MAGIE...
... IST DIE...
WIRBEL

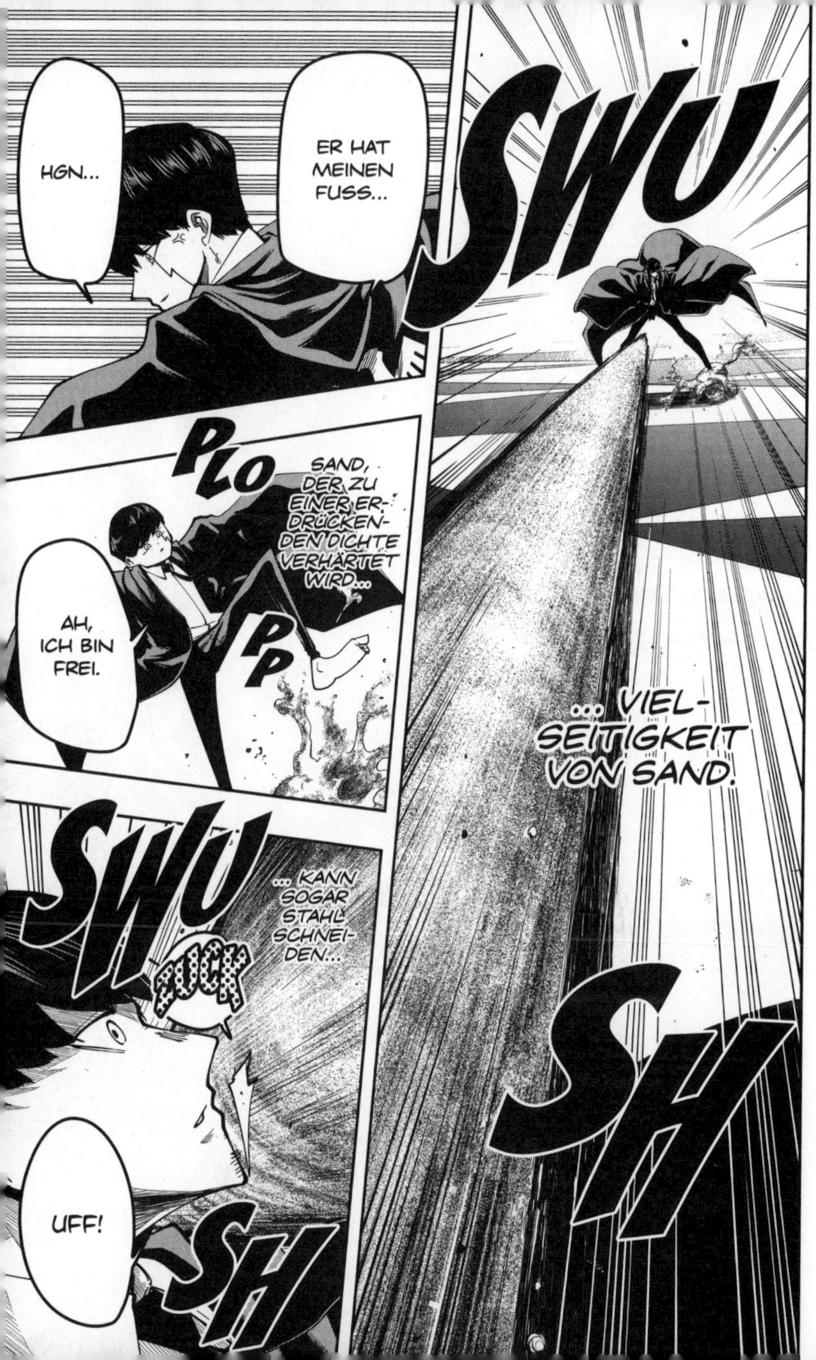
SWU
ER HAT MEINEN FUSS...
HGN...
PLO
SAND, DER ZU EINER ER-DRÜCKEN-DEN DICHTE VERHÄRTET WIRD...
AH, ICH BIN FREI.
PP
... VIEL-SEITIGKEIT VON SAND.
SH
SWU
... KANN SOGAR STAHL SCHNEI-DEN...
UFF!
SH

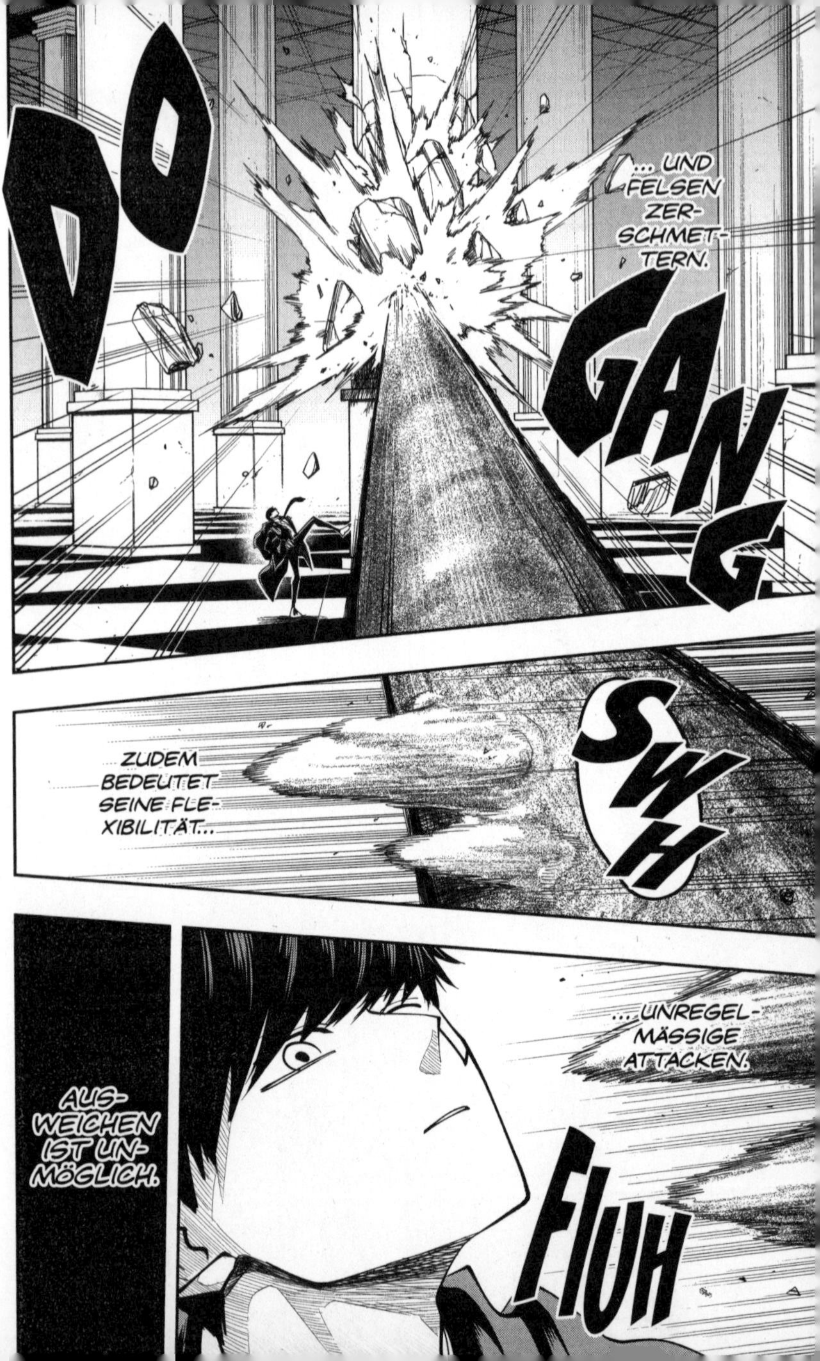
... UND FELSEN ZER-SCHMET-TERN.
GANG.
DO
SWH
... ZUDEM BEDEUTET SEINE FLE-XIBILITÄT ...
... UNREGEL-MÄSSIGE ATTACKEN.
FLUH
AUS-WEICHEN IST UN-MÖGLICH.

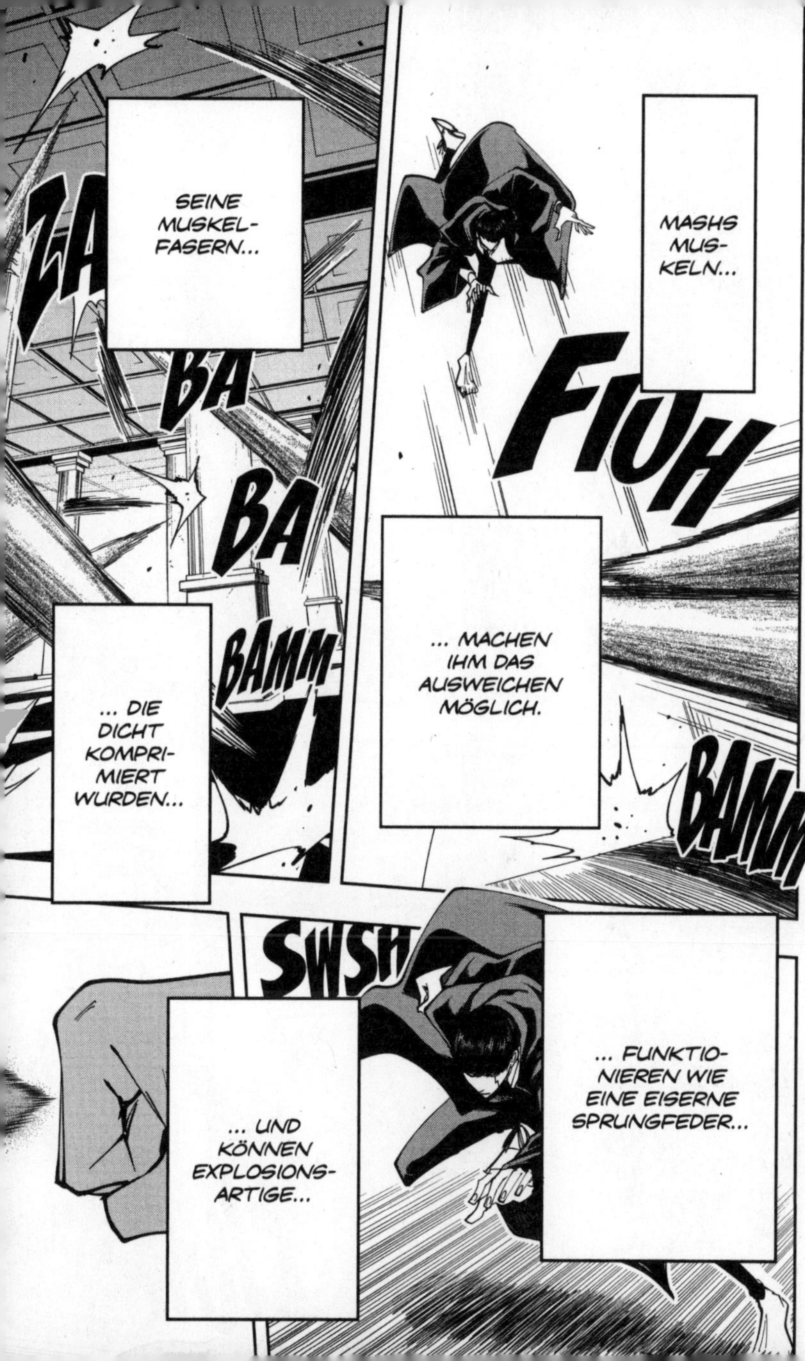
MASHS MUS-KELN...
FIUH
... MACHEN IHM DAS AUSWEICHEN MÖGLICH.
BAMM
ZA
BA
BA
BAMM
SEINE MUSKEL-FASERN...
... DIE DICHT KOMPRI-MIERT WURDEN...
SWSH
... FUNKTIO-NIEREN WIE EINE EISERNE SPRUNGFEDER...
... UND KÖNNEN EXPLOSIONS-ARTIGE...

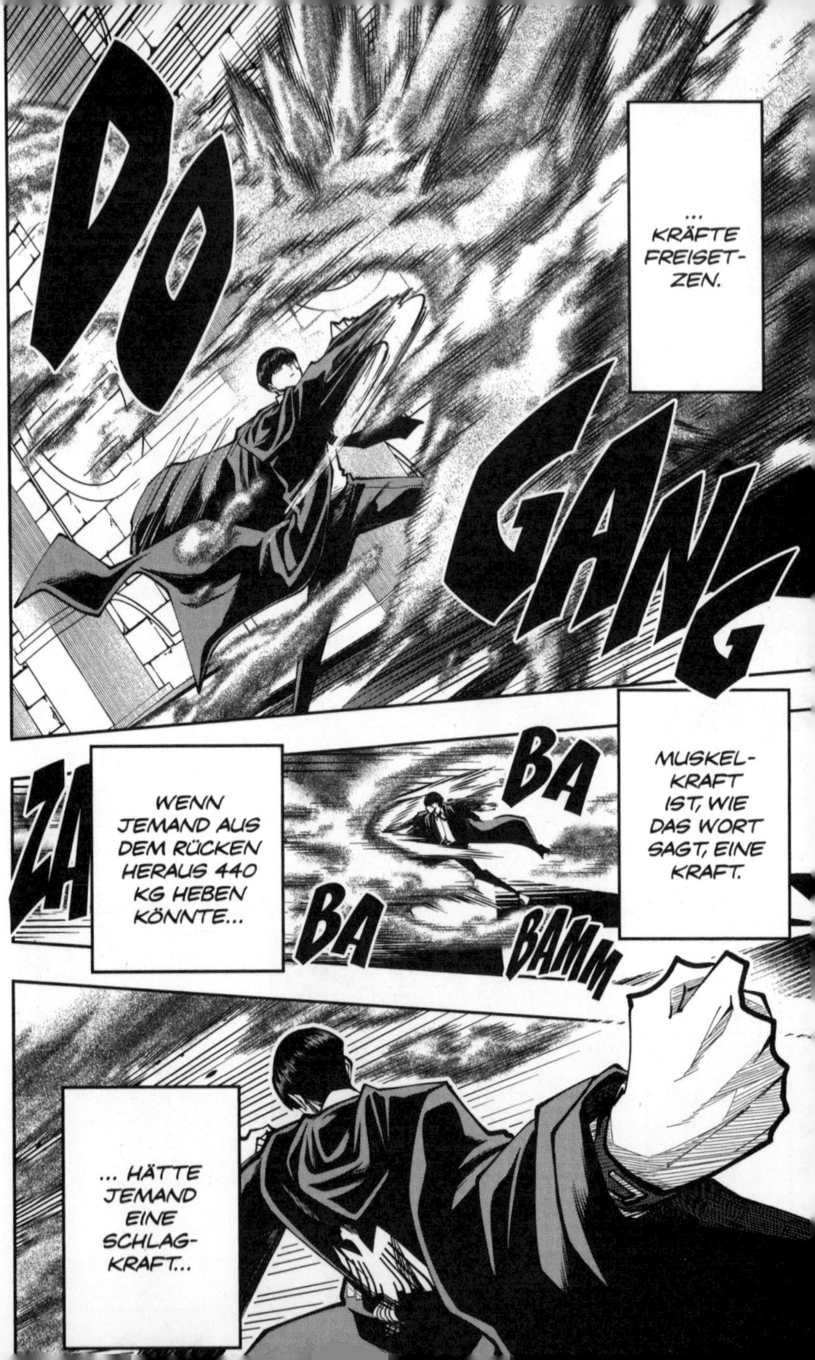
DO
... KRÄFTE FREISET- ZEN.
GAN
MUSKEL- KRAFT IST, WIE DAS WORT SAGT, EINE KRAFT.
BA
BAMM
BA
WENN JEMAND AUS DEM RÜCKEN HERAUS 440 KG HEBEN KÖNNTE...
ZA
... HÄTTE JEMAND EINE SCHLAG- KRAFT...

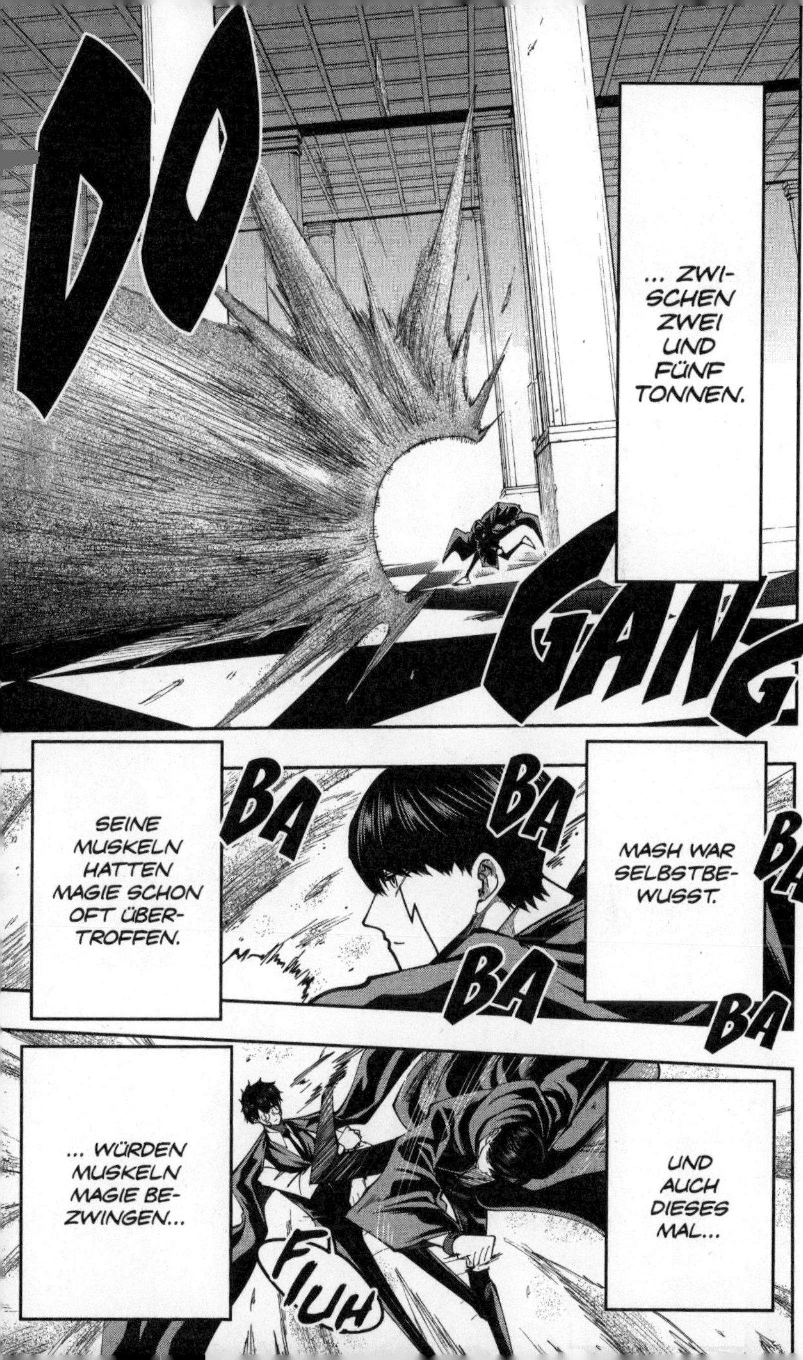
DO
... ZWISCHEN ZWEI UND FÜNF TONNEN.
GANG
MASH WAR SELBSTBEWUSST.
BA BA BA BA BA
SEINE MUSKELN HATTEN MAGIE SCHON OFT ÜBERTROFFEN.
UND AUCH DIESES MAL...
FIUH
... WÜRDEN MUSKELN MAGIE BEZWINGEN...

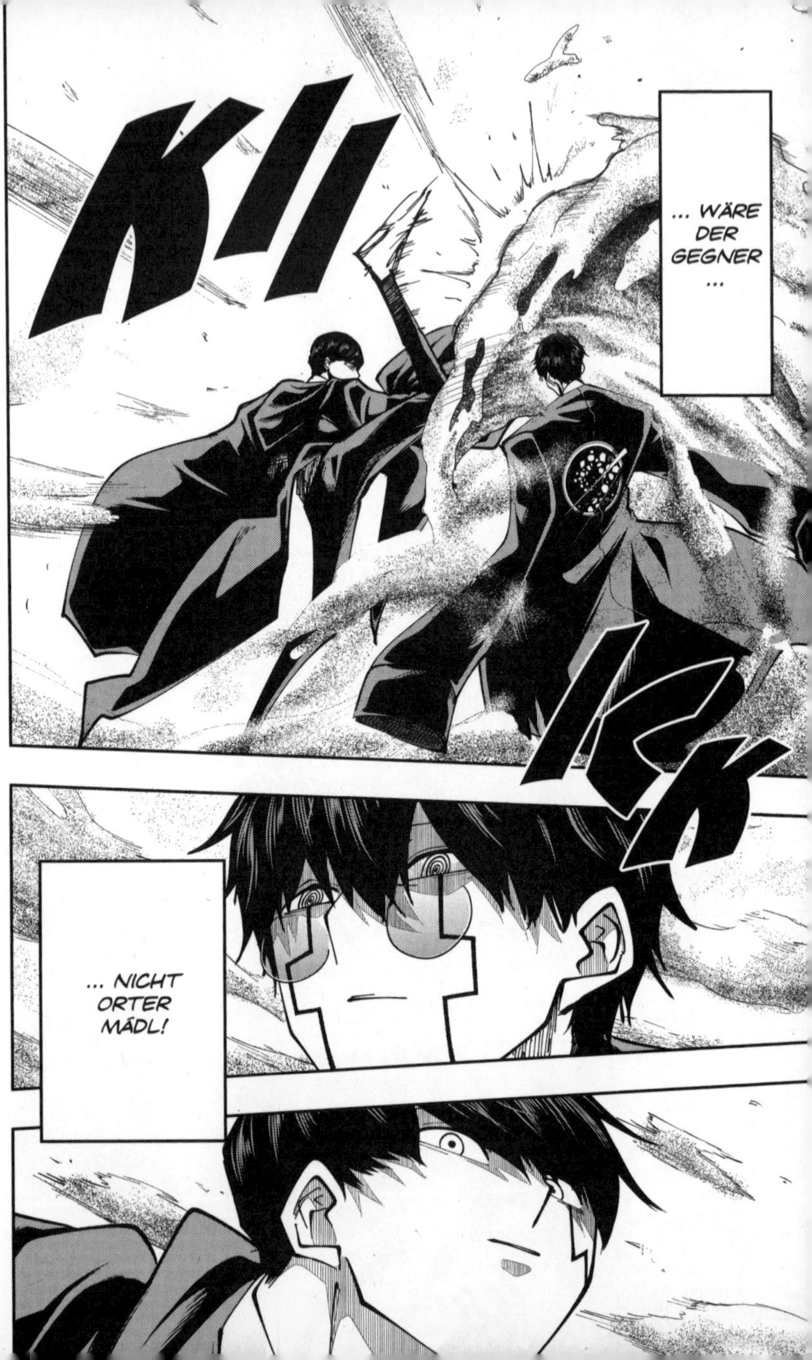
KLI
... WÄRE DER GEGNER ...
ICK
... NICHT ORTER MÄDL!

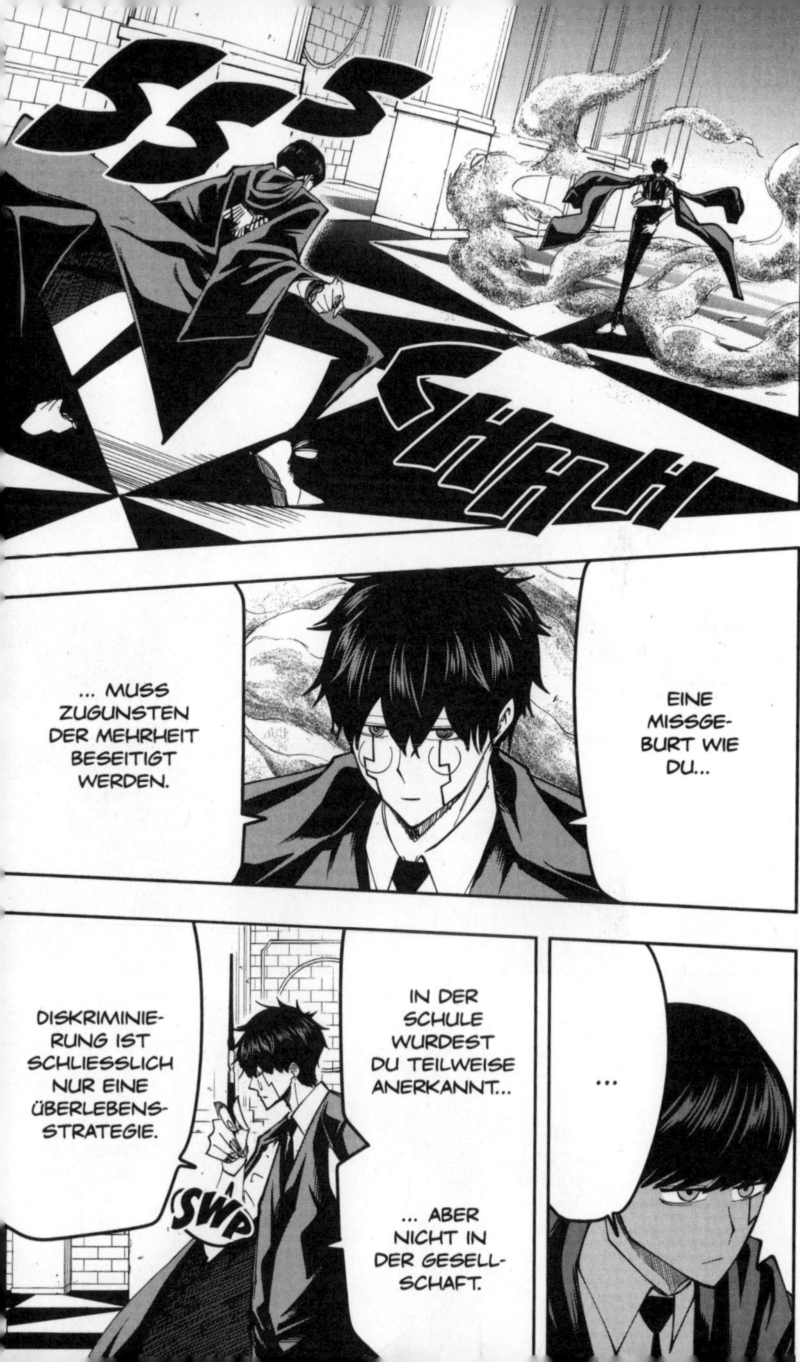
SSS
EINE MISSGE-BURT WIE DU...
... MUSS ZUGUNSTEN DER MEHRHEIT BESEITIGT WERDEN.
...
IN DER SCHULE WURDEST DU TEILWEISE ANERKANNT...
... ABER NICHT IN DER GESELL-SCHAFT.
DISKRIMINIE-RUNG IST SCHLIESSLICH NUR EINE ÜBERLEBENS-STRATEGIE.
SWP

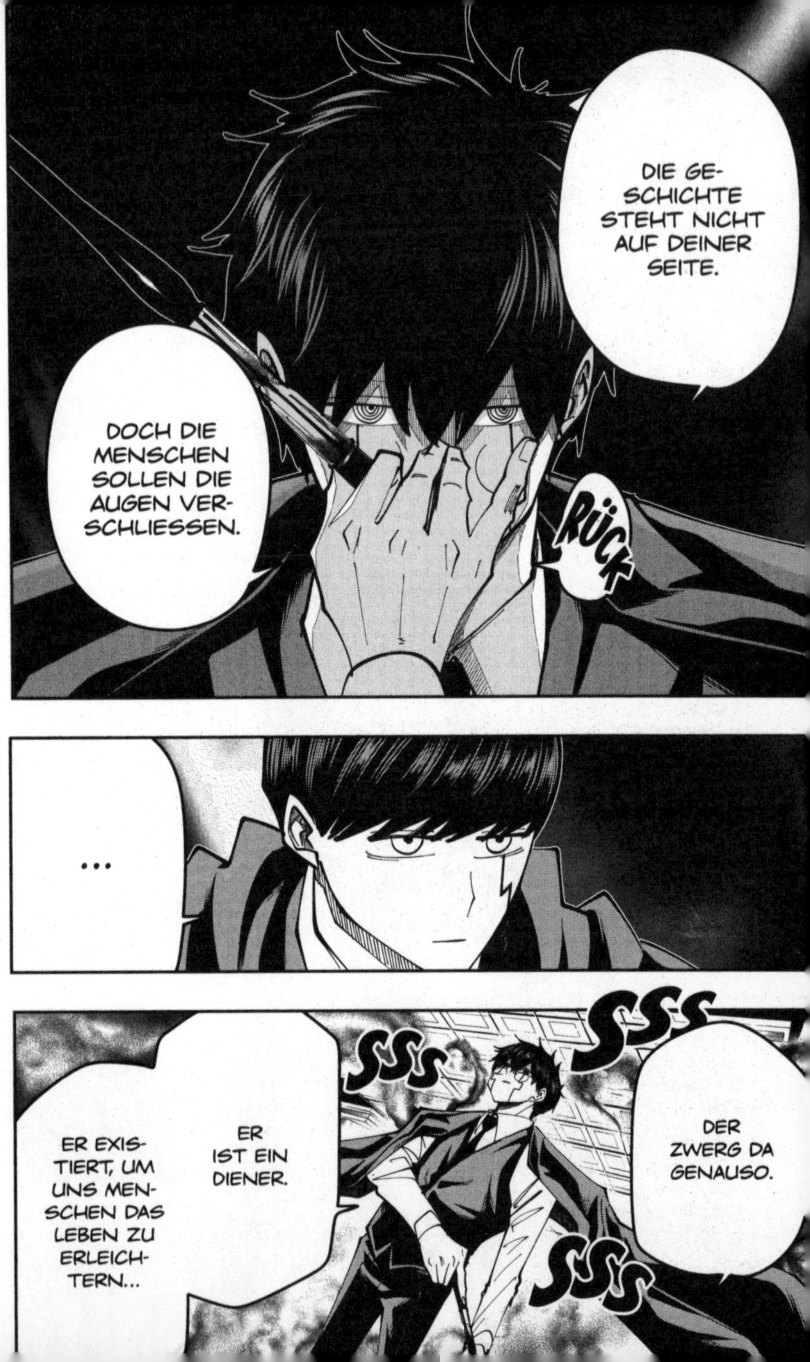
DIE GESCHICHTE STEHT NICHT AUF DEINER SEITE.
DOCH DIE MENSCHEN SOLLEN DIE AUGEN VERSCHLIESSEN.
RÜCK
...
SSS
DER ZWERG DA GENAUSO.
SSS
ER IST EIN DIENER.
ER EXISTIERT, UM UNS MENSCHEN DAS LEBEN ZU ERLEICHTERN...
SSS

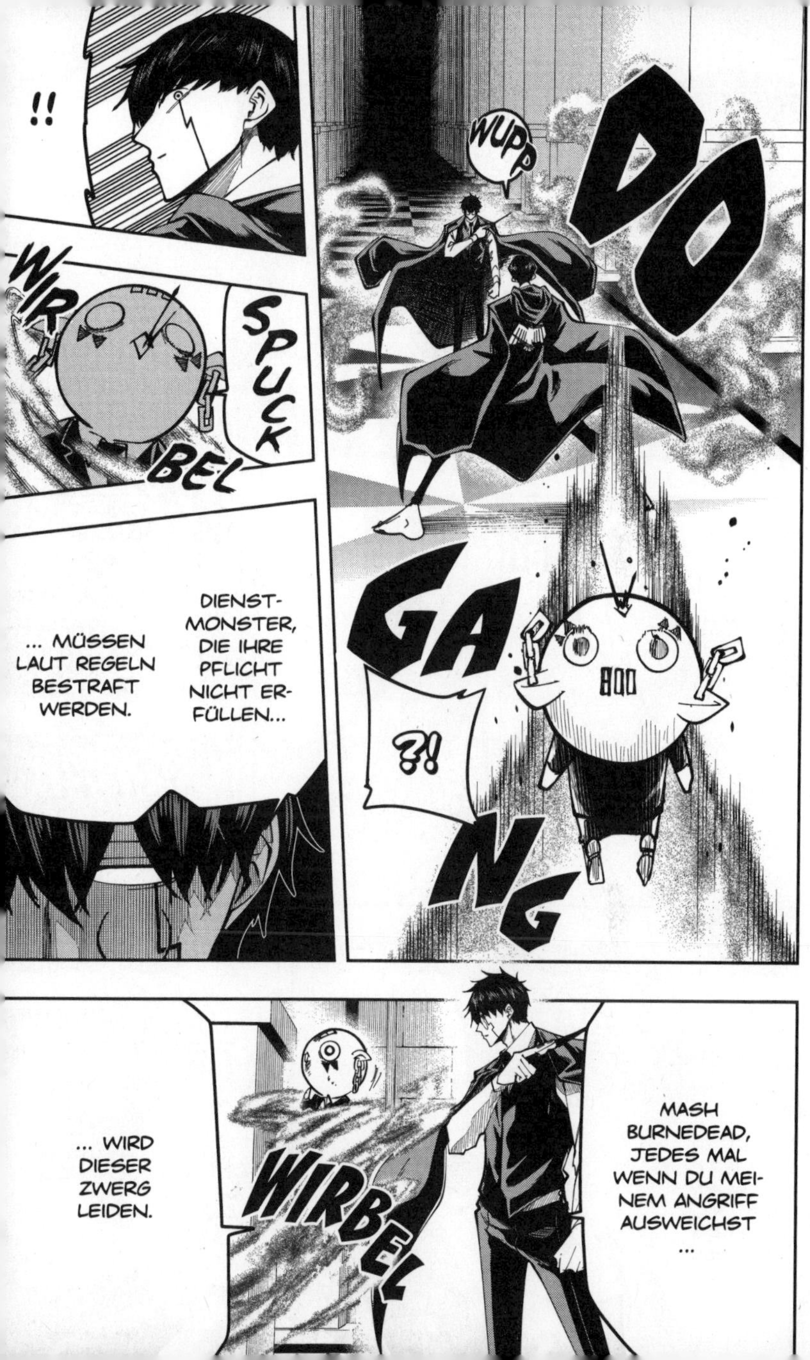

WUPP
DO
!!
SPUCK
WIR
BEL
GA
NG
?!
DIENST-MONSTER, DIE IHRE PFLICHT NICHT ER-FÜLLEN...
... MÜSSEN LAUT REGELN BESTRAFT WERDEN.
MASH BURNEDEAD, JEDES MAL WENN DU MEI-NEM ANGRIFF AUSWEICHST ...
... WIRD DIESER ZWERG LEIDEN.
WIRBEL

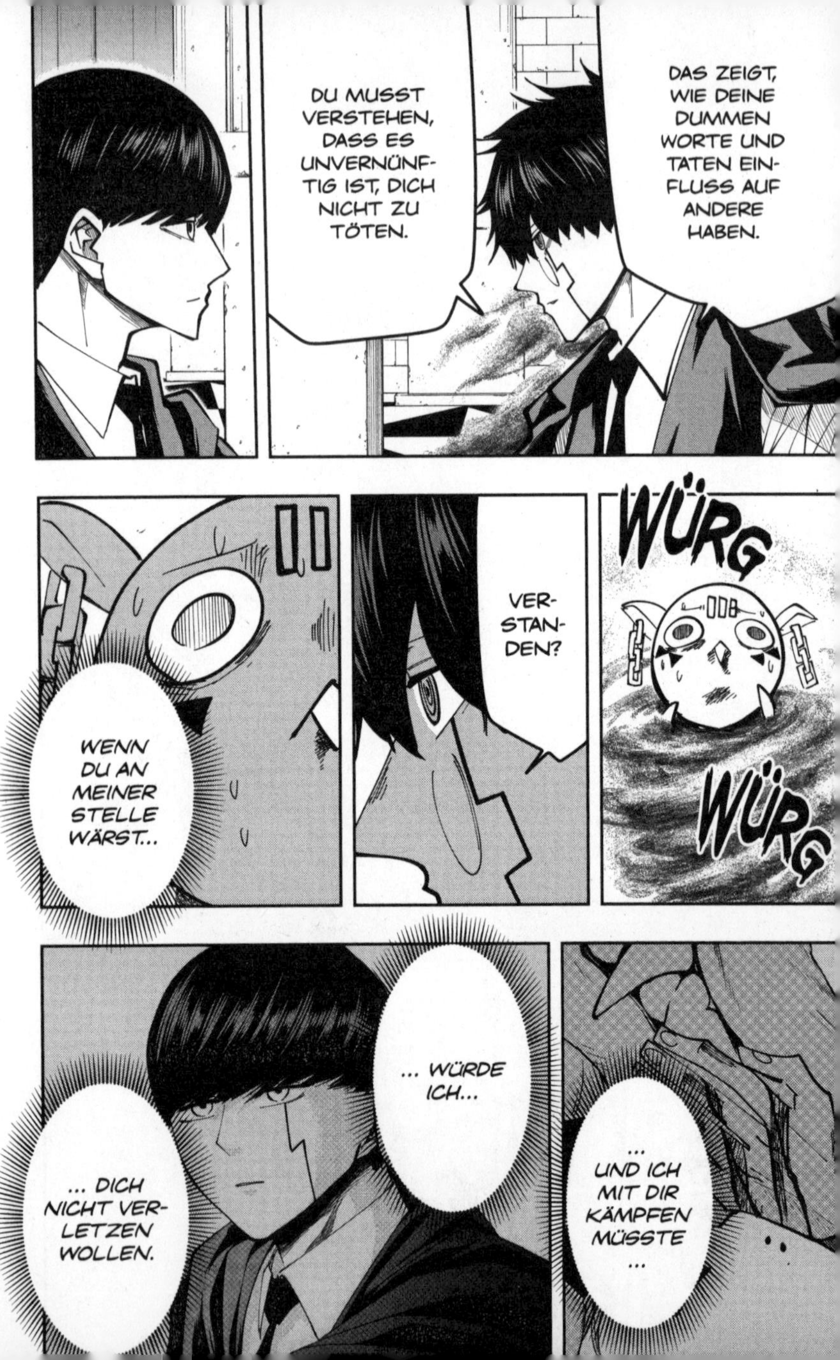
DAS ZEIGT, WIE DEINE DUMMEN WORTE UND TATEN EINFLUSS AUF ANDERE HABEN.
DU MUSST VERSTEHEN, DASS ES UNVERNÜNFTIG IST, DICH NICHT ZU TÖTEN.
WÜRG
WÜRG
VERSTANDEN?
WENN DU AN MEINER STELLE WÄRST...
... UND ICH MIT DIR KÄMPFEN MÜSSTE ...
... WÜRDE ICH...
... DICH NICHT VERLETZEN WOLLEN.

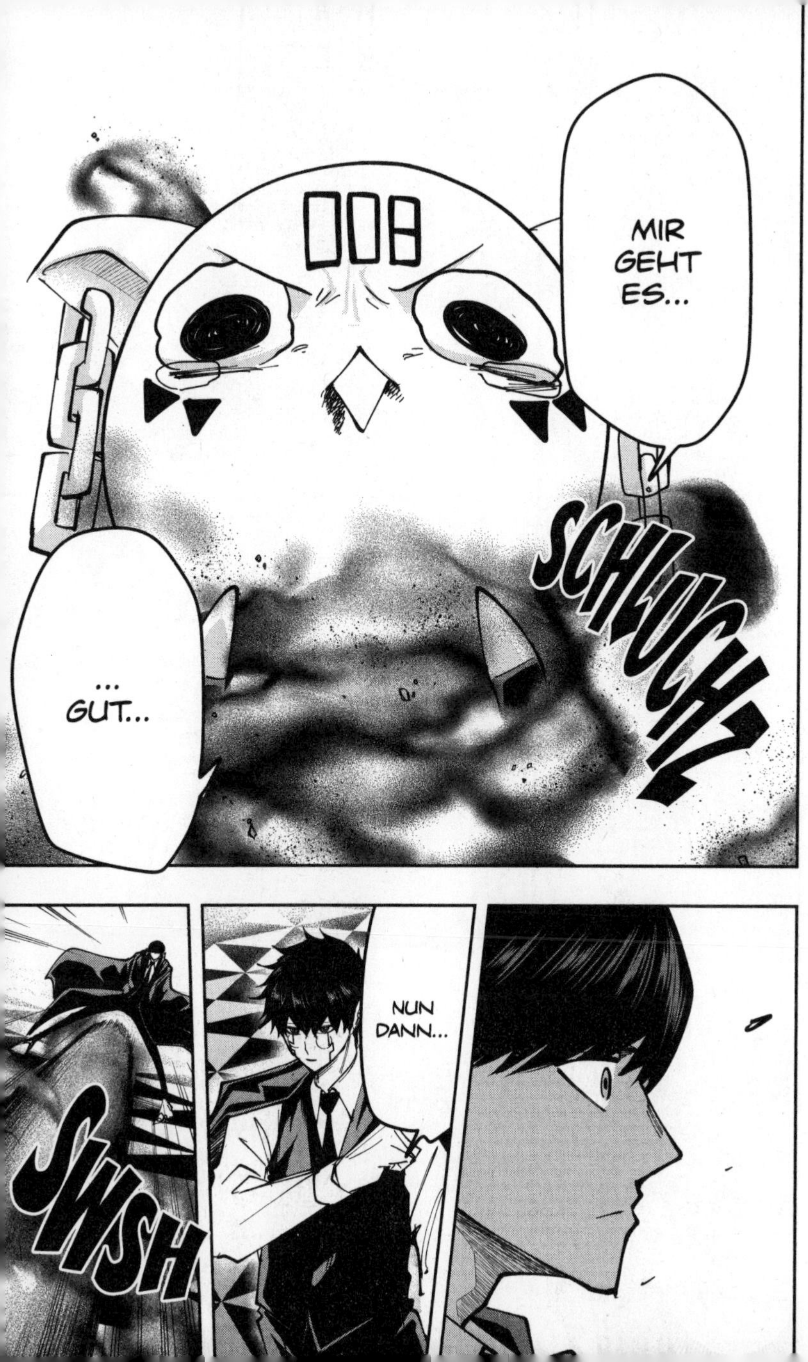
MIR GEHT ES...
... GUT...
SCHLUCHZ
NUN DANN...
SWSH

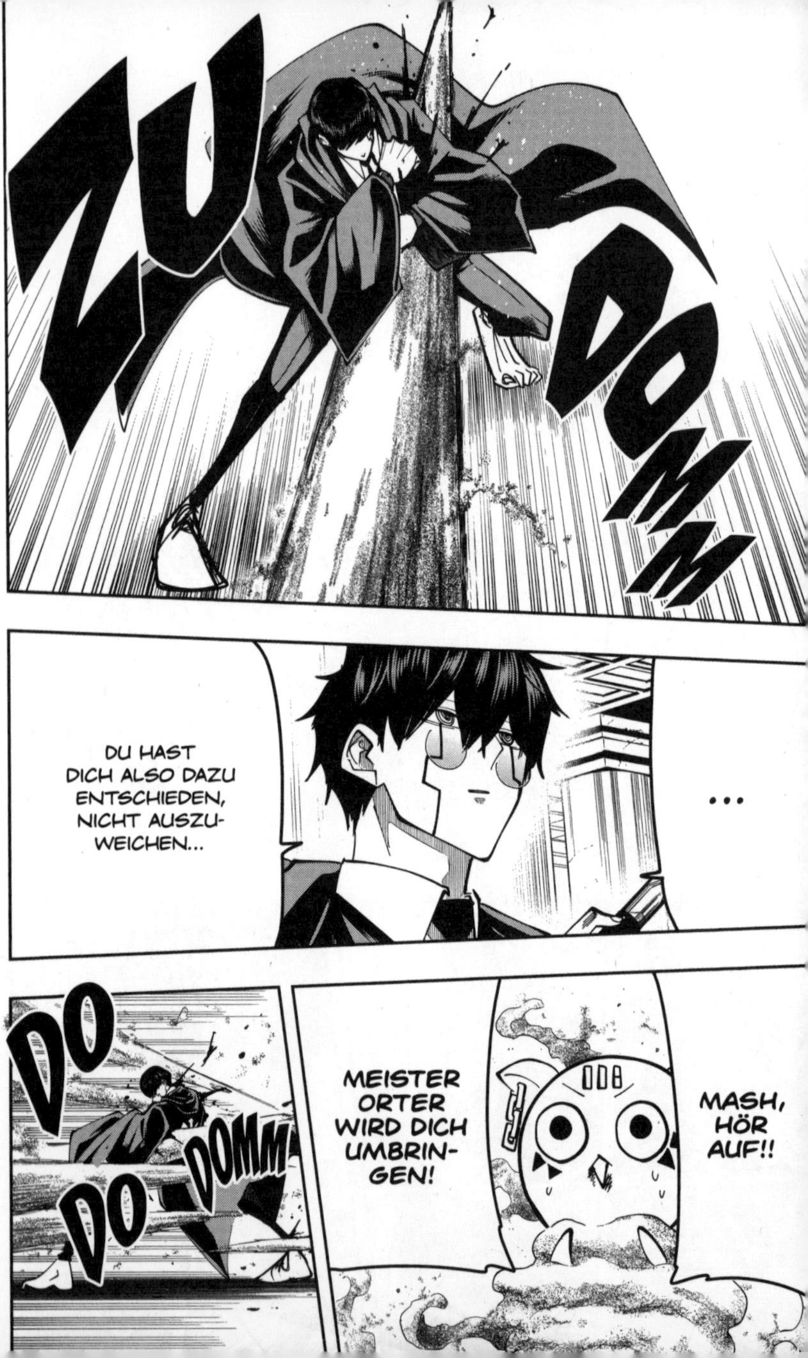
ZU
DOMM
...
DU HAST DICH ALSO DAZU ENTSCHIEDEN, NICHT AUSZUWEICHEN...
MASH, HÖR AUF!!
MEISTER ORTER WIRD DICH UMBRINGEN!
DO
DO
DOMM

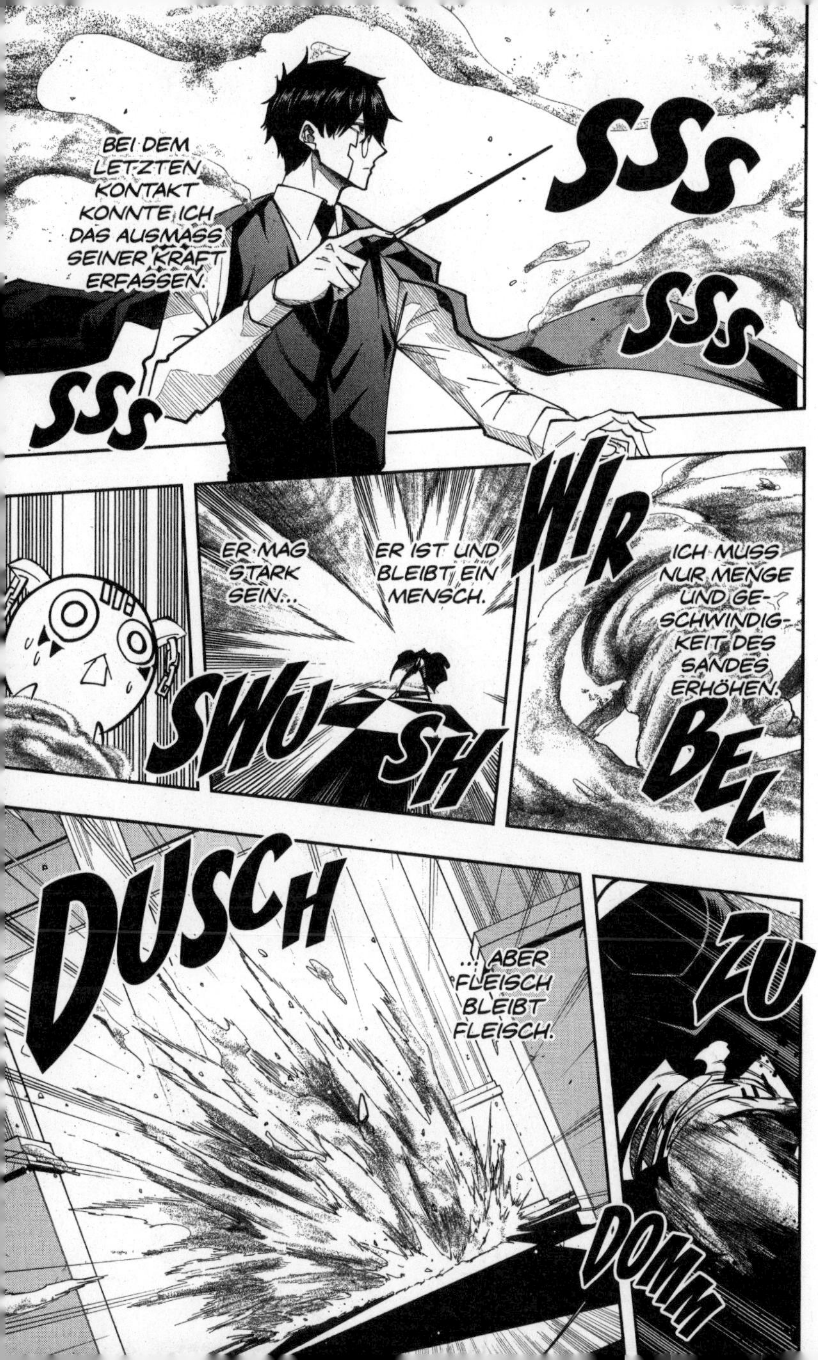
SSS
SSS
BEI DEM LETZTEN KONTAKT KONNTE ICH DAS AUSMASS SEINER KRAFT ERFASSEN.
SSS
WIRBEL
ICH MUSS NUR MENGE UND GE-SCHWINDIG-KEIT DES SANDES ERHÖHEN.
ER IST UND BLEIBT EIN MENSCH.
ER MAG STARK SEIN...
SWUSH
ZU
DOMM
...ABER FLEISCH BLEIBT FLEISCH.
DUSCH

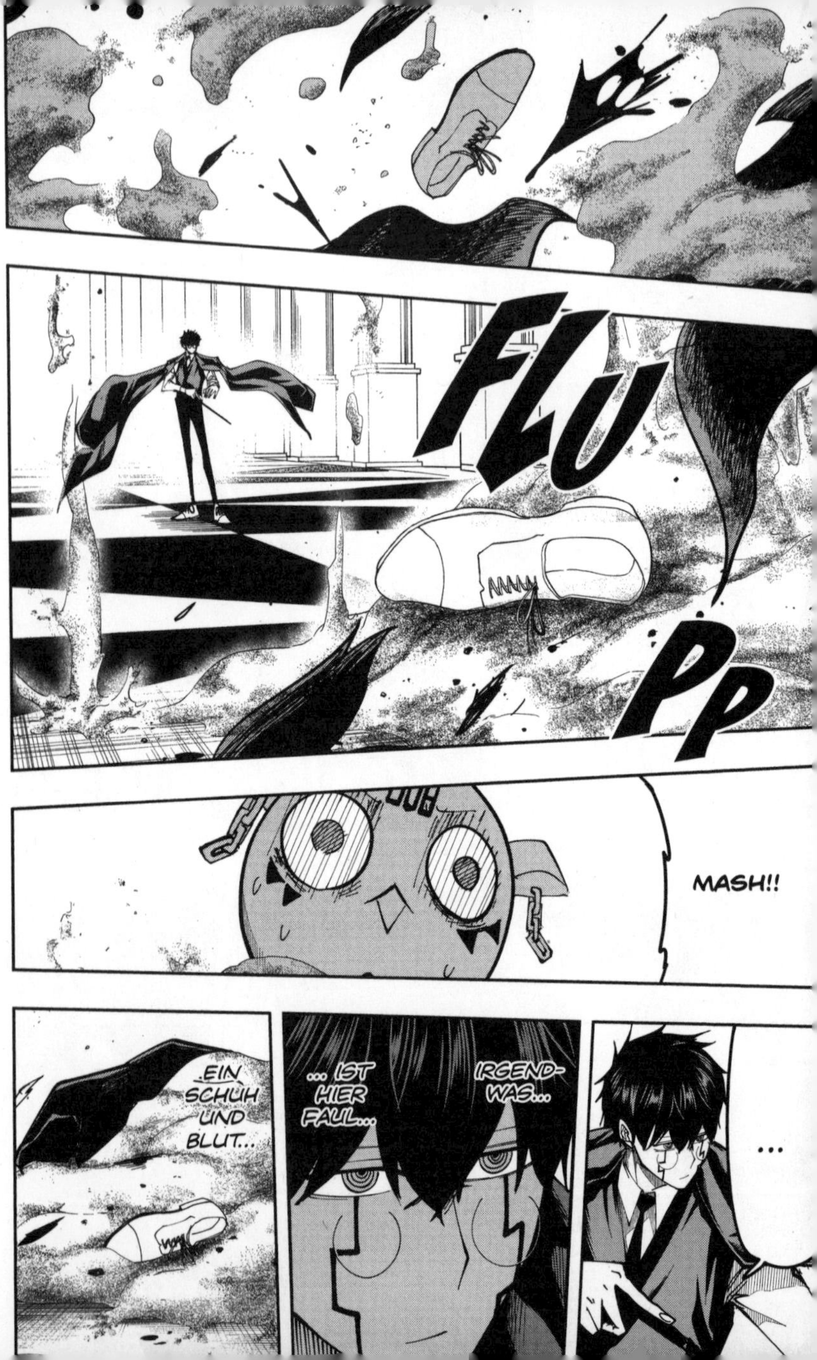
FLUPP
MASH!!
...
IRGEND-WAS...
... IST HIER FAUL...
EIN SCHUH UND BLUT...

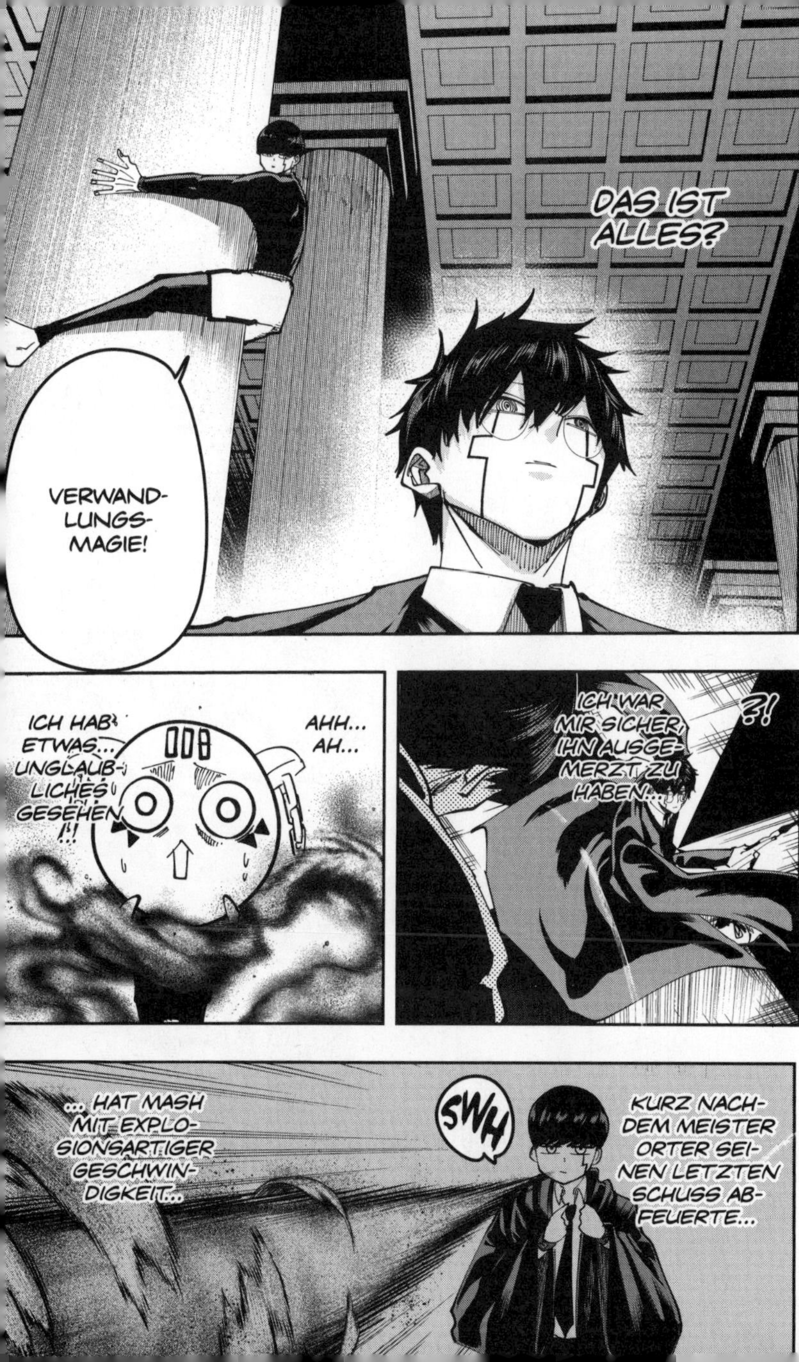
DAS IST ALLES?
VERWANDLUNGSMAGIE!
?!
ICH WAR MIR SICHER, IHN AUSGEMERZT ZU HABEN...
AHH... AH...
ICH HAB' ETWAS... UNGLAUBLICHES GESEHEN!!
KURZ NACHDEM MEISTER ORTER SEINEN LETZTEN SCHUSS ABFEUERTE...
SWH
... HAT MASH MIT EXPLOSIONSARTIGER GESCHWINDIGKEIT...

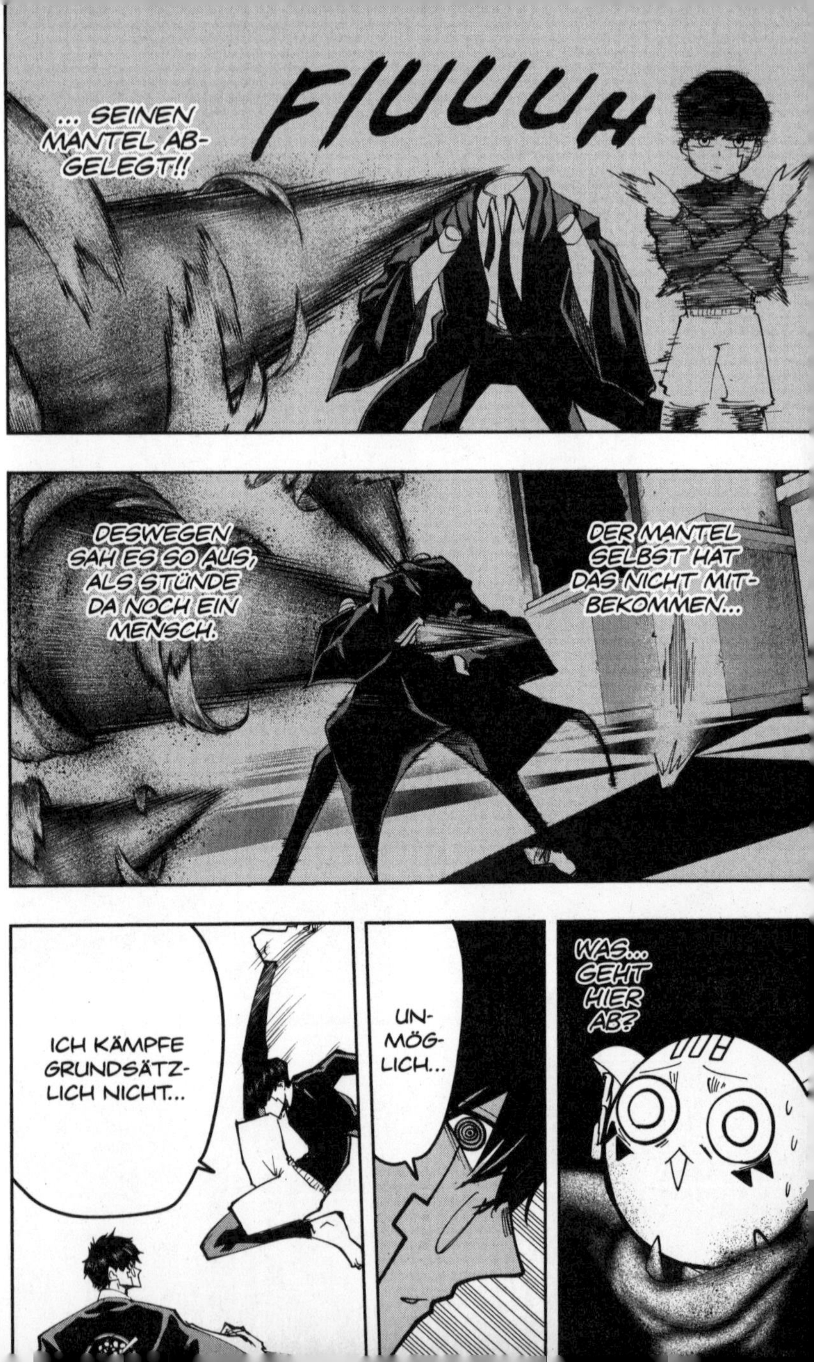
FIUUUH
... SEINEN MANTEL AB-GELEGT!!
DER MANTEL SELBST HAT DAS NICHT MIT-BEKOMMEN...
DESWEGEN SAH ES SO AUS, ALS STÜNDE DA NOCH EIN MENSCH.
WAS... GEHT HIER AB?
UN-MÖG-LICH...
ICH KÄMPFE GRUNDSÄTZ-LICH NICHT...

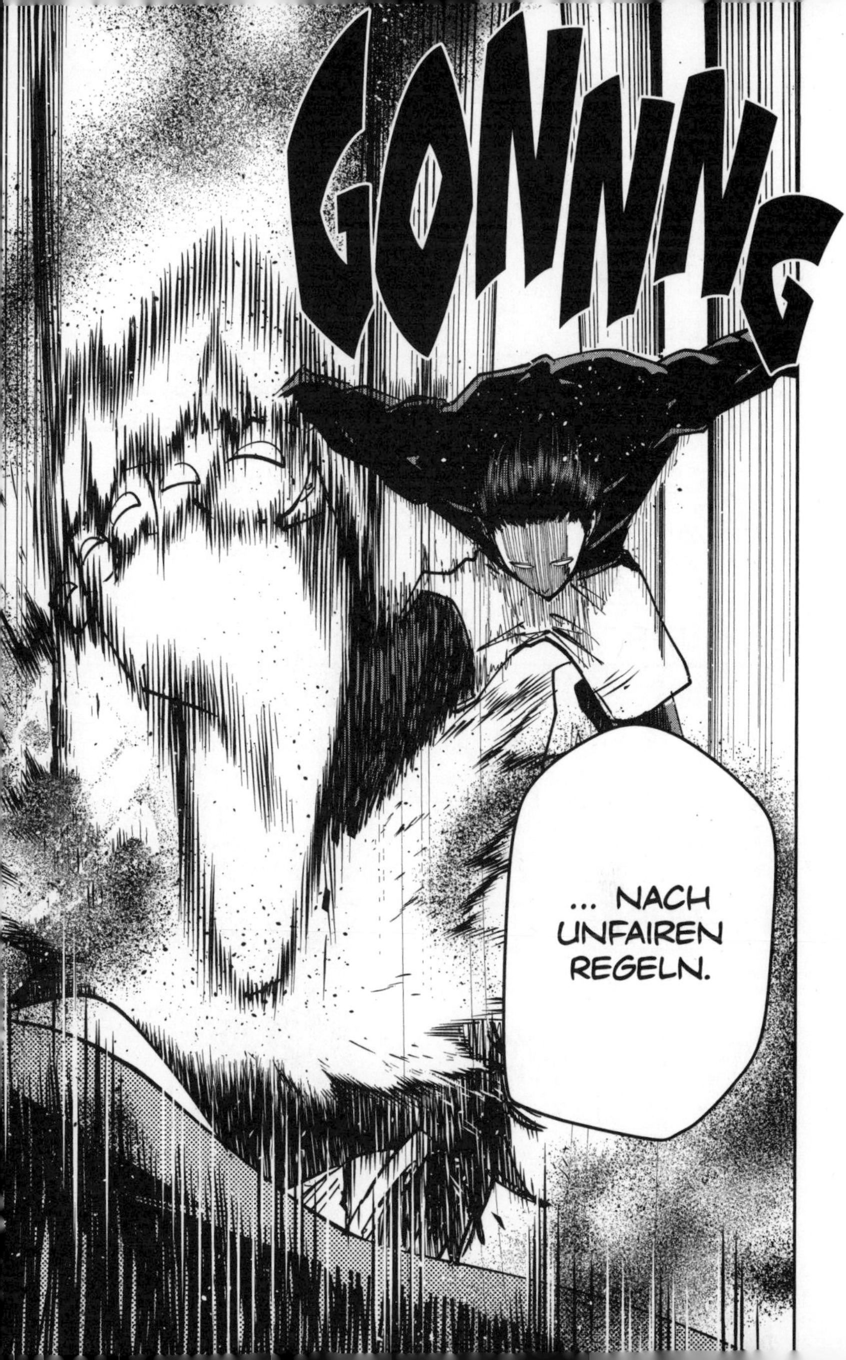
GONNNG
... NACH UNFAIREN REGELN.

Morning-Routine ② -1

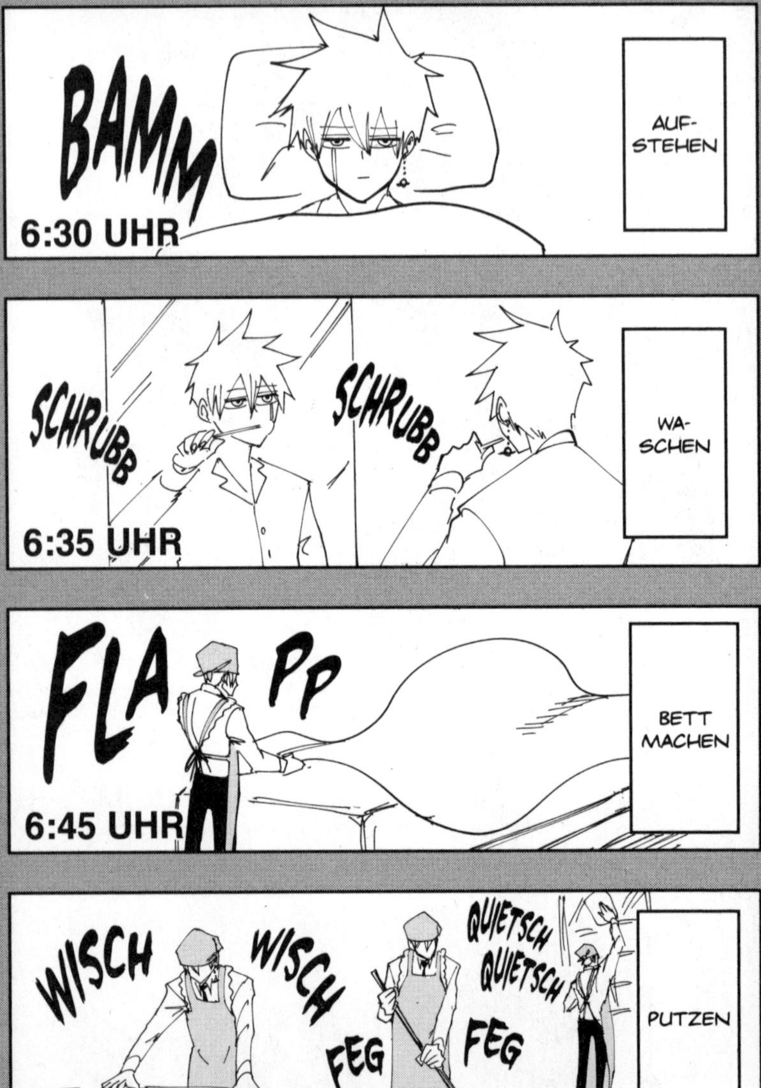

Fortsetzung auf Seite 108

77. Kapitel Mash Burnedead und die nächste Prüfung

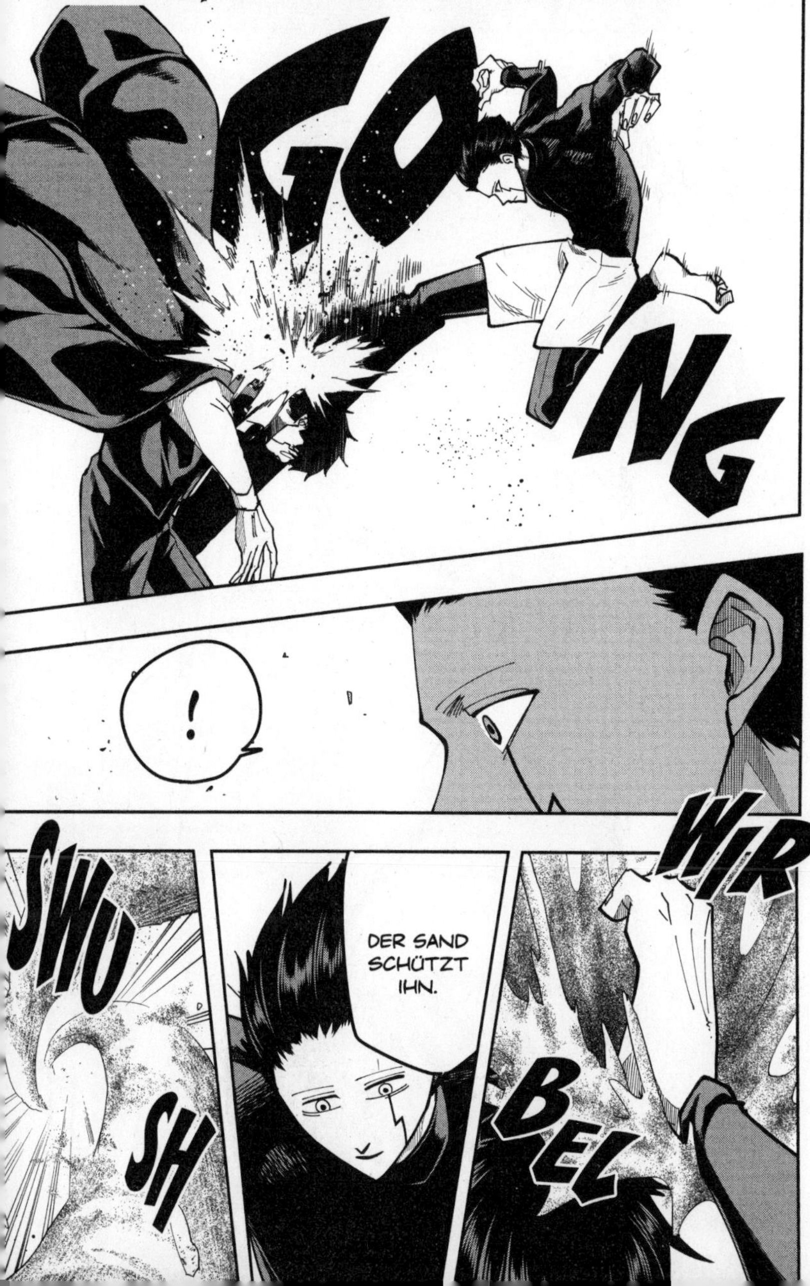

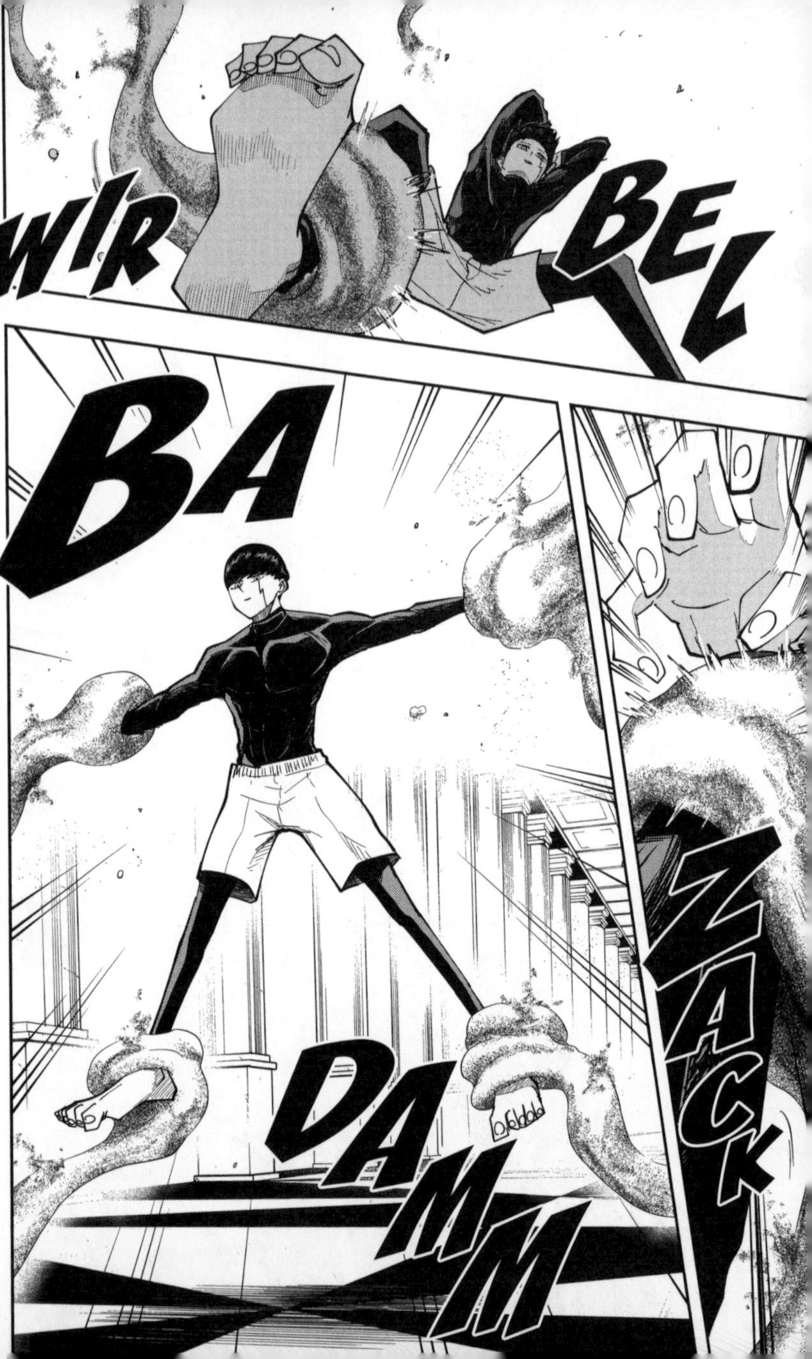
WIR
BEL
BA
ZACK
DAMM

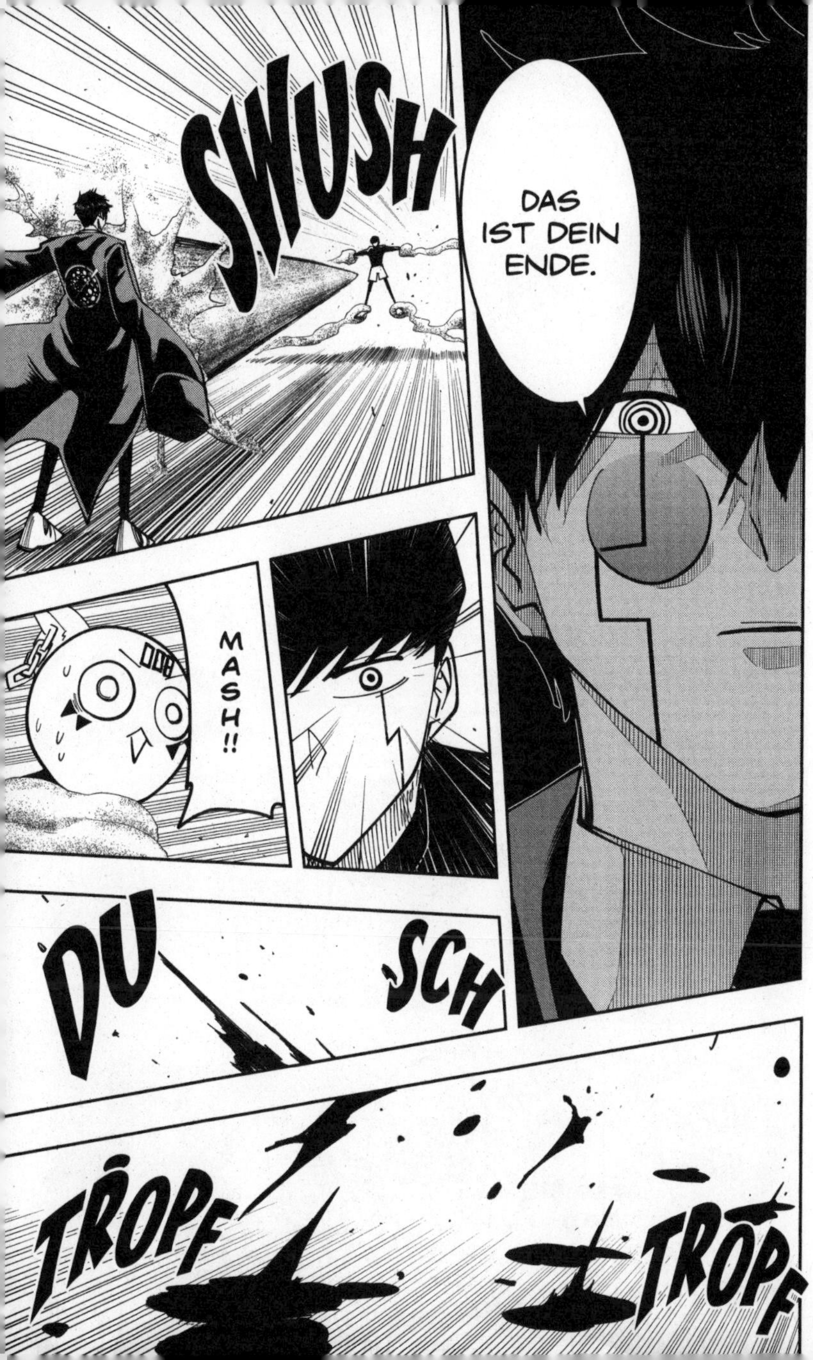
DAS IST DEIN ENDE.
SWUSH
MASH!!
DUSCH
TROPF
TROPF

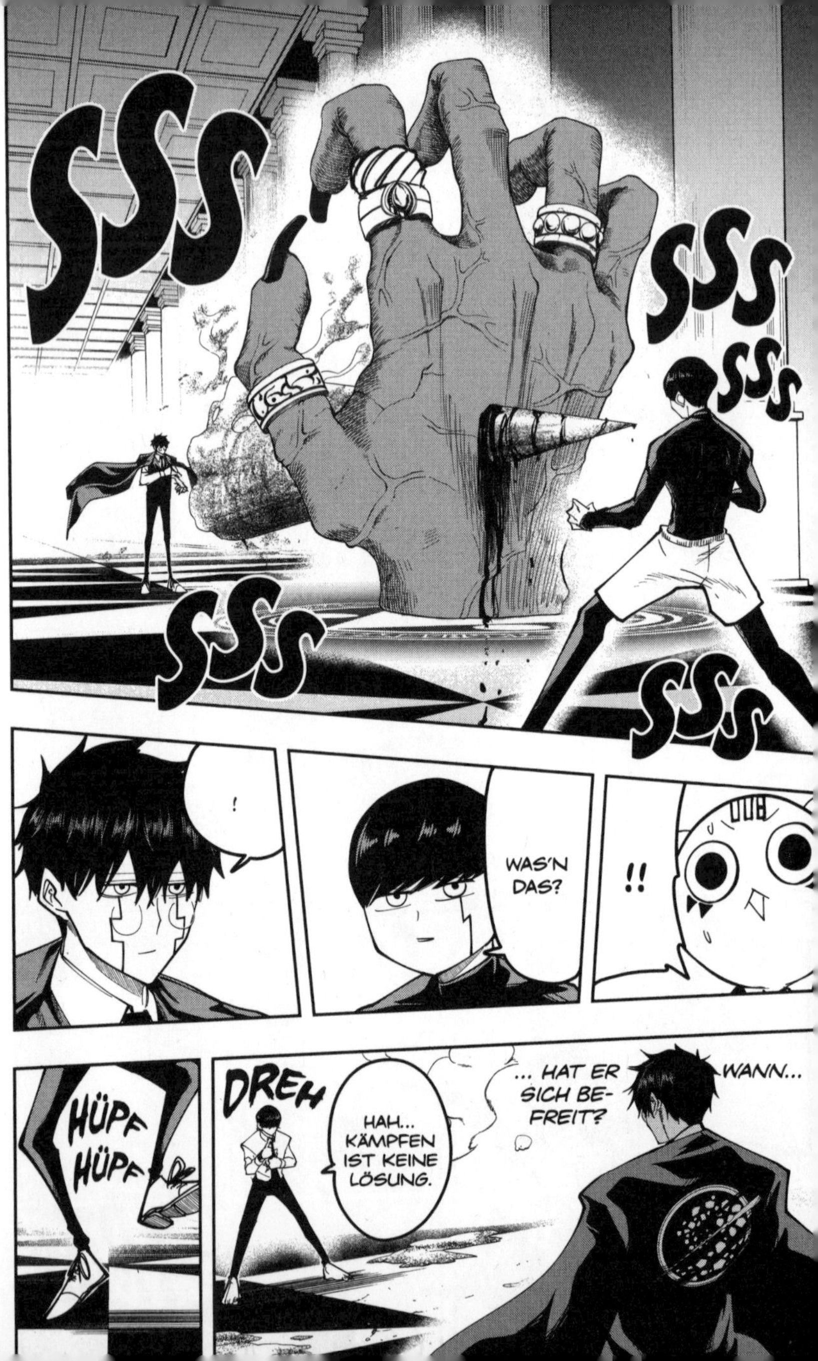
SSS
SSS
SSS
SSS
SSS
!!
WAS'N DAS?
!
WANN...
... HAT ER SICH BE- FREIT?
HAH... KÄMPFEN IST KEINE LÖSUNG.
DREH
HÜPF HÜPF

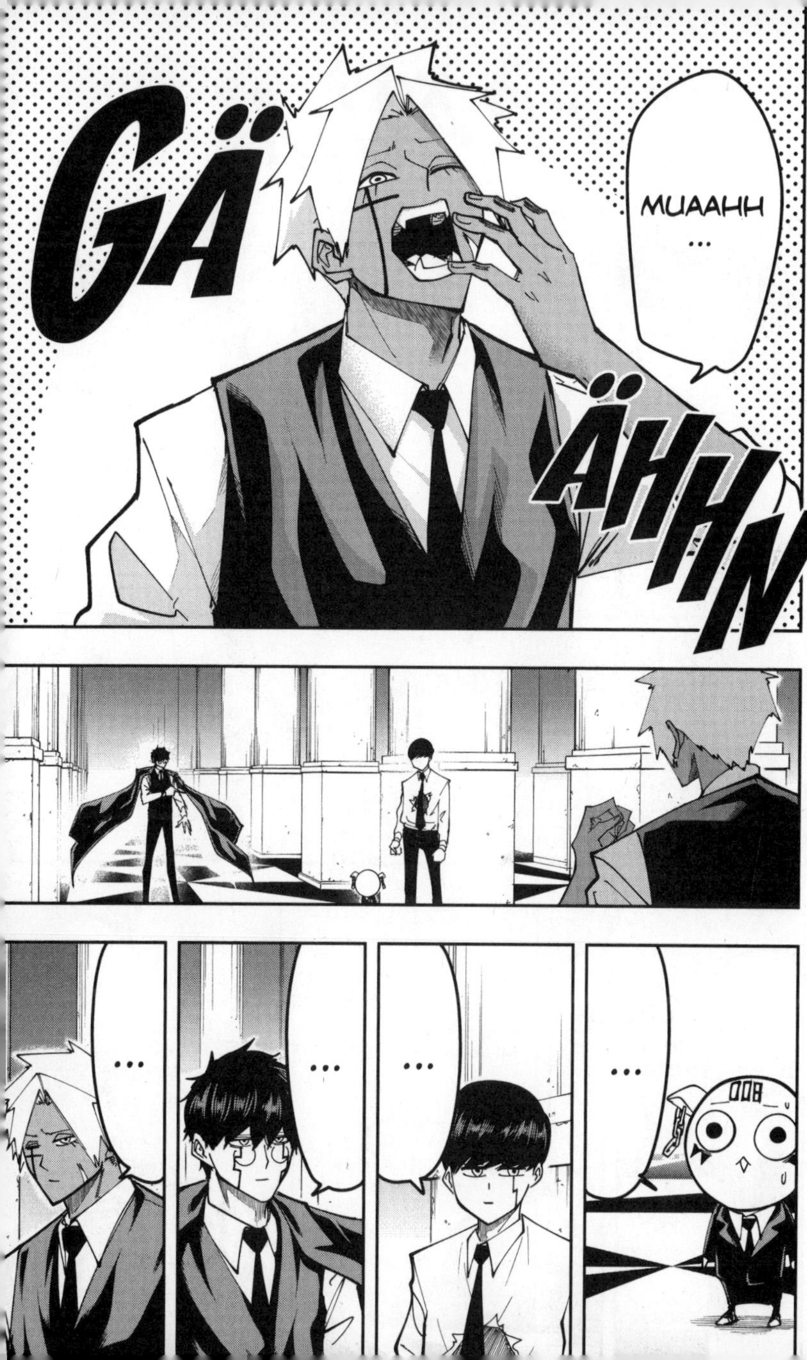
GÄ
MUAAHH …
ÄHHN
…
…
…
…
008

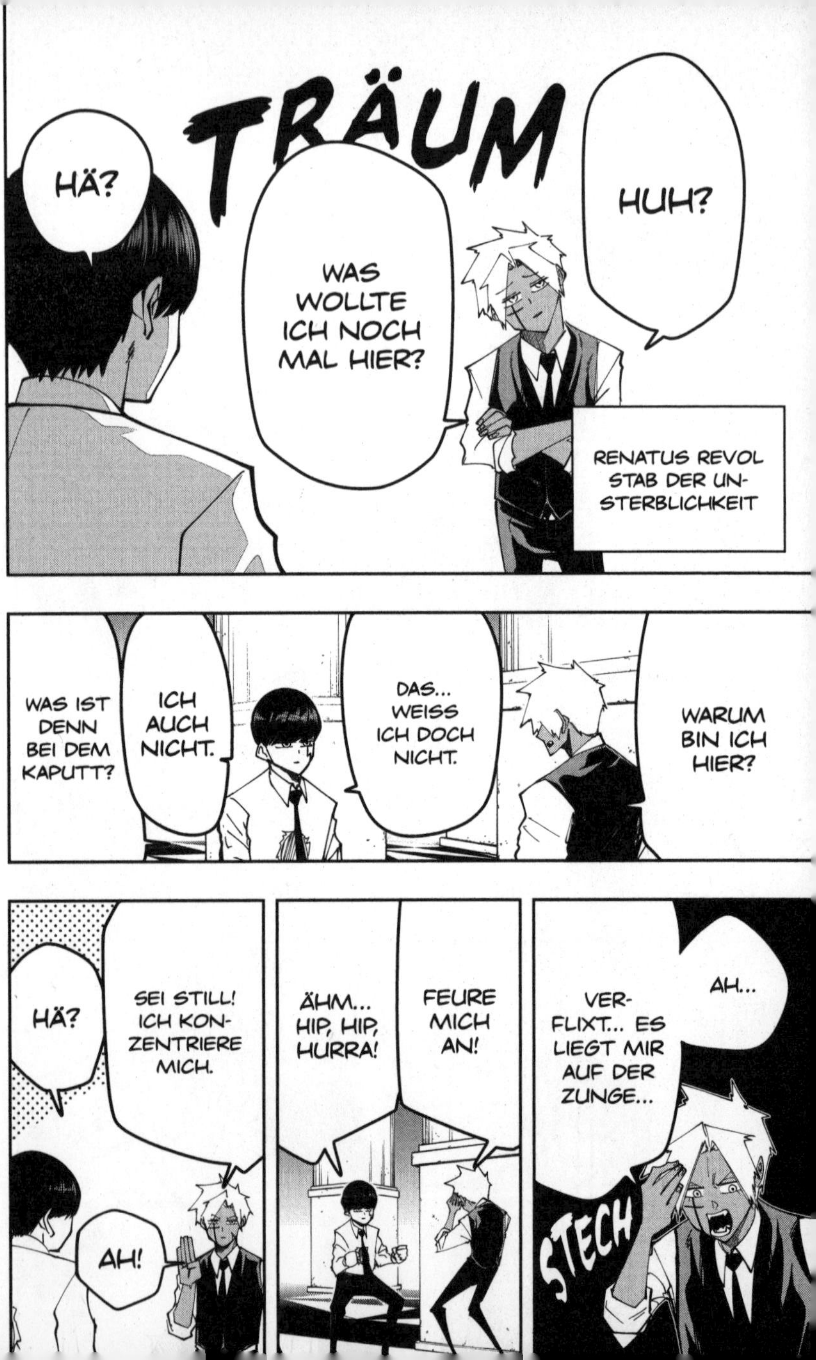
TRÄUM
HUH?
WAS WOLLTE ICH NOCH MAL HIER?
HÄ?
RENATUS REVOL
STAB DER UNSTERBLICHKEIT
WARUM BIN ICH HIER?
DAS... WEISS ICH DOCH NICHT.
ICH AUCH NICHT.
WAS IST DENN BEI DEM KAPUTT?
AH...
VERFLIXT... ES LIEGT MIR AUF DER ZUNGE...
STECH
FEURE MICH AN!
ÄHM... HIP, HIP, HURRA!
SEI STILL! ICH KONZENTRIERE MICH.
HÄ?
AH!

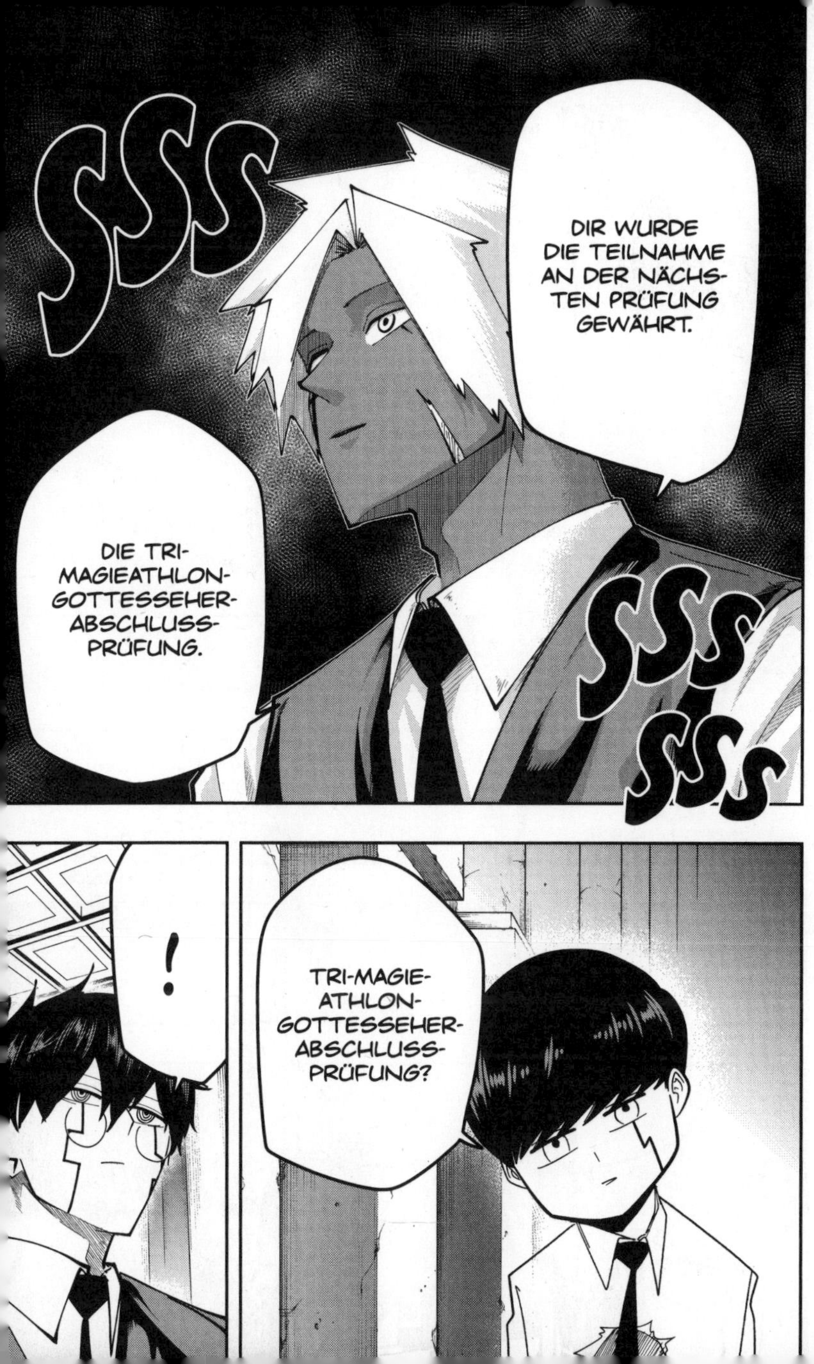
SSS
DIR WURDE DIE TEILNAHME AN DER NÄCHS-TEN PRÜFUNG GEWÄHRT.
DIE TRI-MAGIEATHLON-GOTTESSEHER-ABSCHLUSS-PRÜFUNG.
SSS
SSS
TRI-MAGIE-ATHLON-GOTTESSEHER-ABSCHLUSS-PRÜFUNG?
!

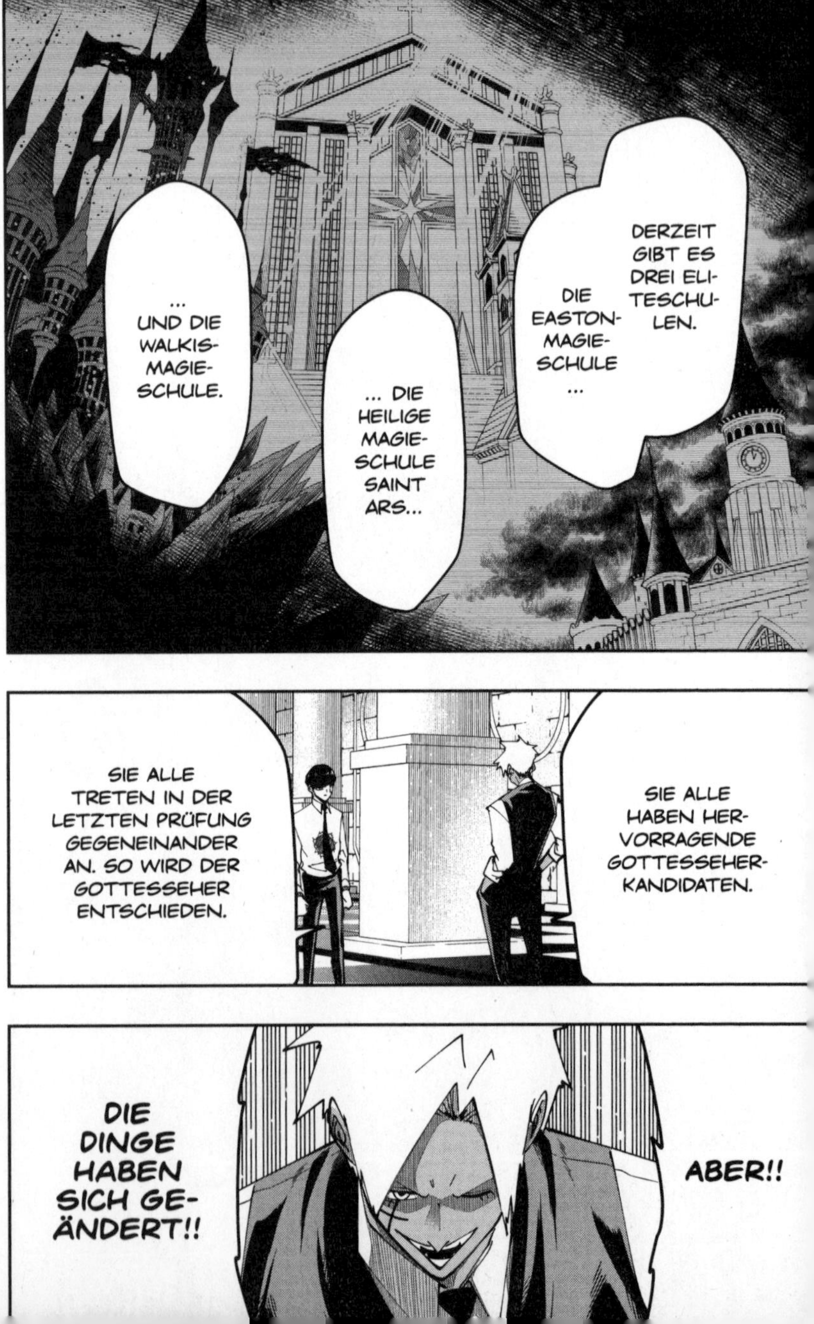
DERZEIT GIBT ES DREI ELITESCHU-LEN.
DIE EASTON-MAGIESCHULE ...
... DIE HEILIGE MAGIESCHULE SAINT ARS...
... UND DIE WALKIS-MAGIESCHULE.
SIE ALLE HABEN HER-VORRAGENDE GOTTESSEHER-KANDIDATEN.
SIE ALLE TRETEN IN DER LETZTEN PRÜFUNG GEGENEINANDER AN. SO WIRD DER GOTTESSEHER ENTSCHIEDEN.
ABER!!
DIE DINGE HABEN SICH GE-ÄNDERT!!

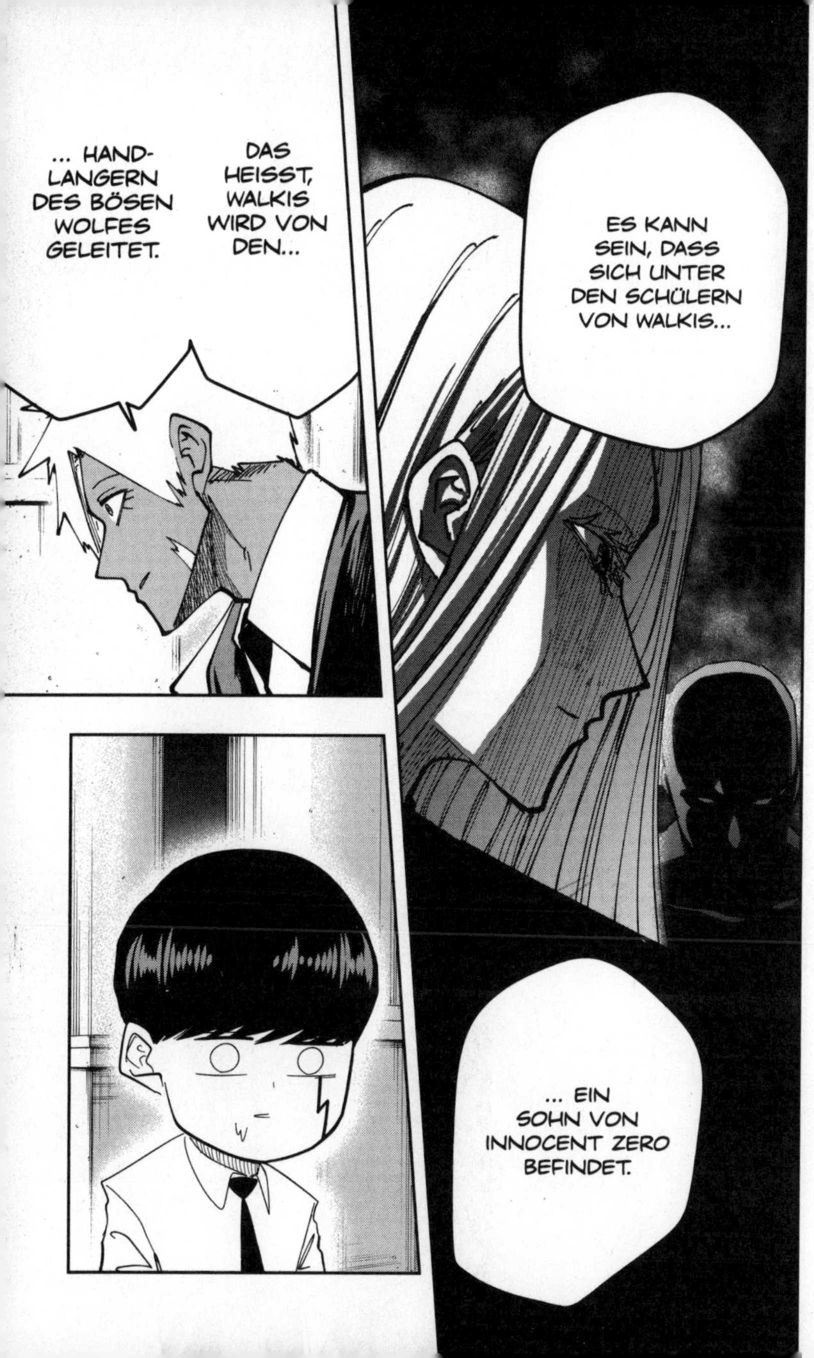
ES KANN SEIN, DASS SICH UNTER DEN SCHÜLERN VON WALKIS...
... EIN SOHN VON INNOCENT ZERO BEFINDET.
DAS HEISST, WALKIS WIRD VON DEN...
... HAND-LANGERN DES BÖSEN WOLFES GELEITET.

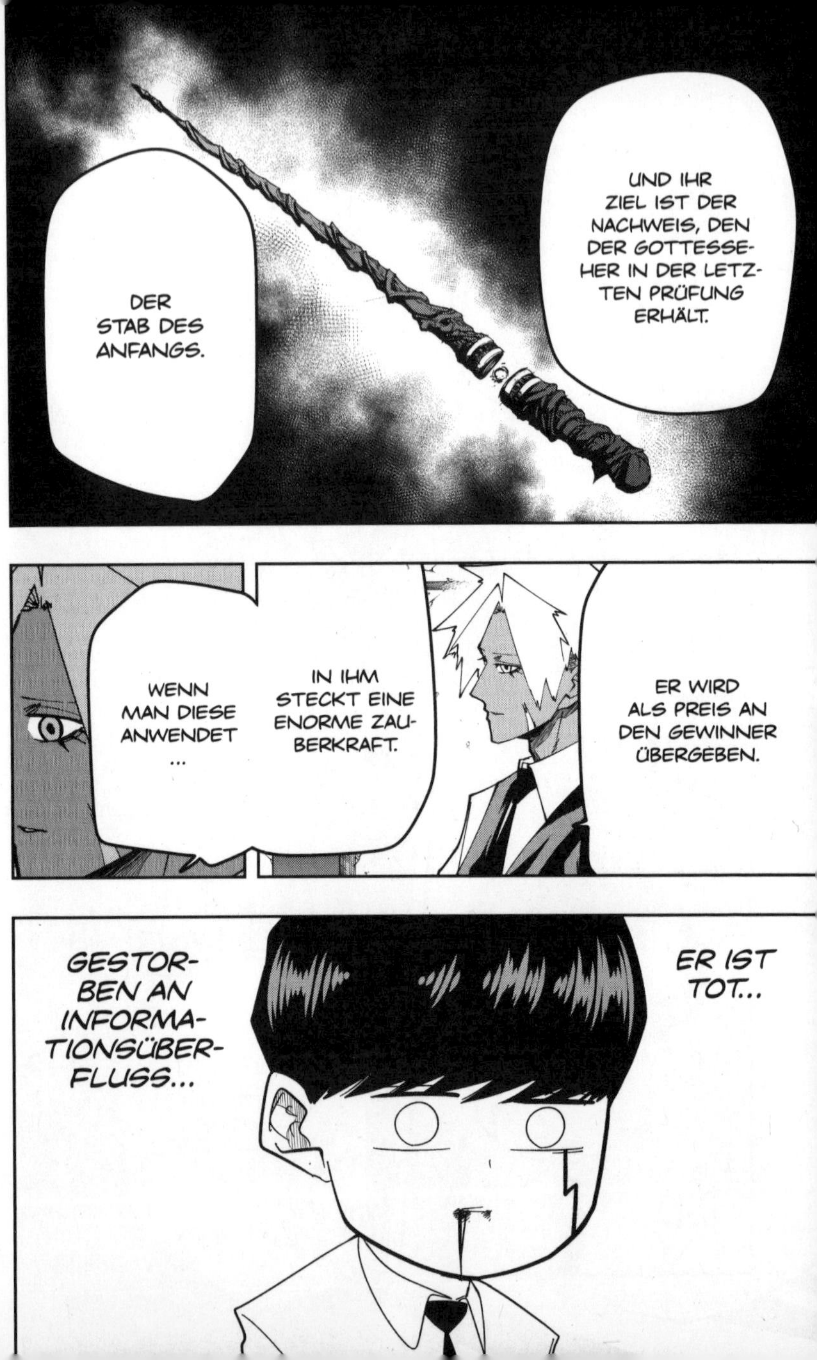
UND IHR ZIEL IST DER NACHWEIS, DEN DER GOTTESSEHER IN DER LETZTEN PRÜFUNG ERHÄLT.
DER STAB DES ANFANGS.
ER WIRD ALS PREIS AN DEN GEWINNER ÜBERGEBEN.
IN IHM STECKT EINE ENORME ZAUBERKRAFT.
WENN MAN DIESE ANWENDET ...
ER IST TOT...
GESTORBEN AN INFORMATIONSÜBERFLUSS...

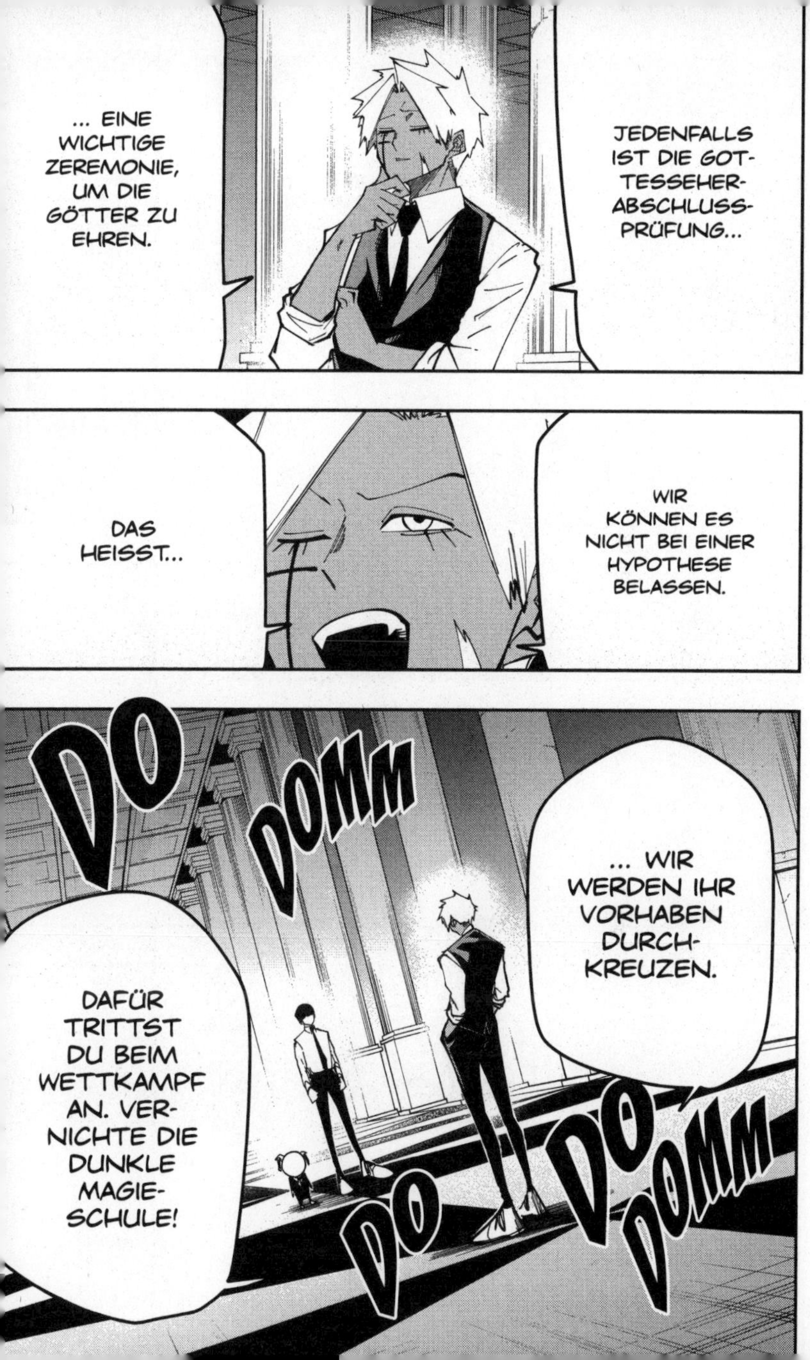
JEDENFALLS IST DIE GOTT- ESSEHER- ABSCHLUSS- PRÜFUNG...
... EINE WICHTIGE ZEREMONIE, UM DIE GÖTTER ZU EHREN.
WIR KÖNNEN ES NICHT BEI EINER HYPOTHESE BELASSEN.
DAS HEISST...
... WIR WERDEN IHR VORHABEN DURCH- KREUZEN.
DO
DOMM
DAFÜR TRITTST DU BEIM WETTKAMPF AN. VER- NICHTE DIE DUNKLE MAGIE- SCHULE!
DO
DO
DOMM

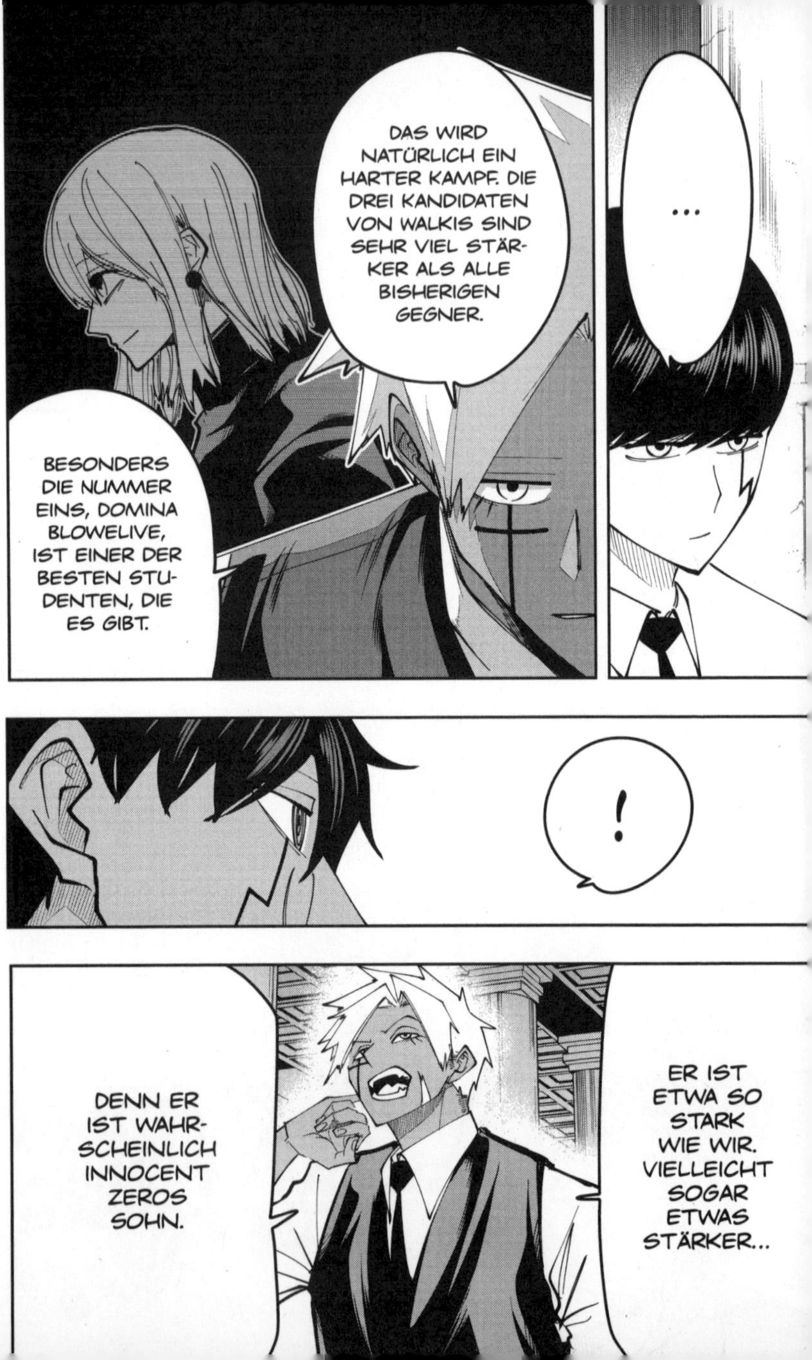
...
DAS WIRD NATÜRLICH EIN HARTER KAMPF. DIE DREI KANDIDATEN VON WALKIS SIND SEHR VIEL STÄR-KER ALS ALLE BISHERIGEN GEGNER.
BESONDERS DIE NUMMER EINS, DOMINA BLOWELIVE, IST EINER DER BESTEN STU-DENTEN, DIE ES GIBT.
!
ER IST ETWA SO STARK WIE WIR. VIELLEICHT SOGAR ETWAS STÄRKER...
DENN ER IST WAHR-SCHEINLICH INNOCENT ZEROS SOHN.

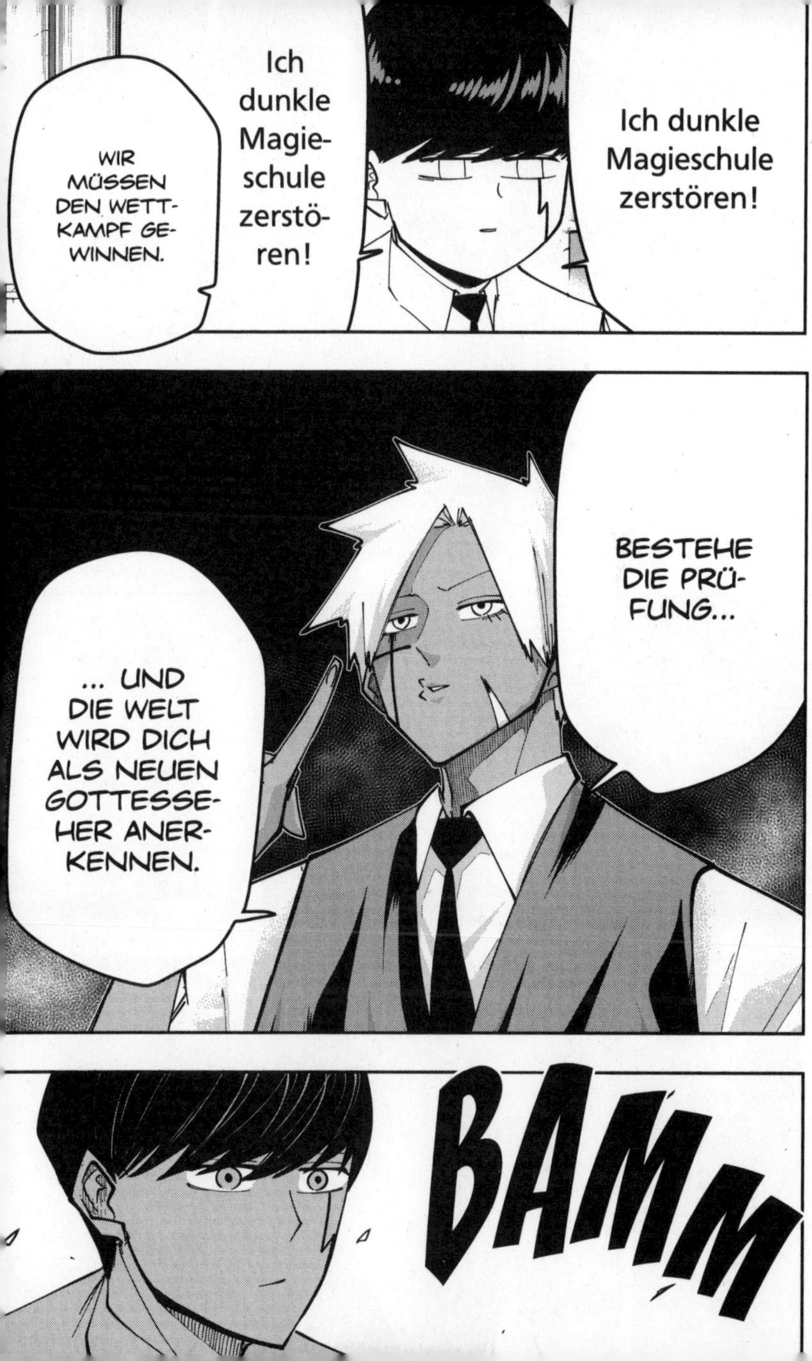
Ich dunkle Magieschule zerstören!
Ich dunkle Magieschule zerstören!
WIR MÜSSEN DEN WETTKAMPF GEWINNEN.
BESTEHE DIE PRÜFUNG...
... UND DIE WELT WIRD DICH ALS NEUEN GOTTESSEHER ANERKENNEN.
BAMM

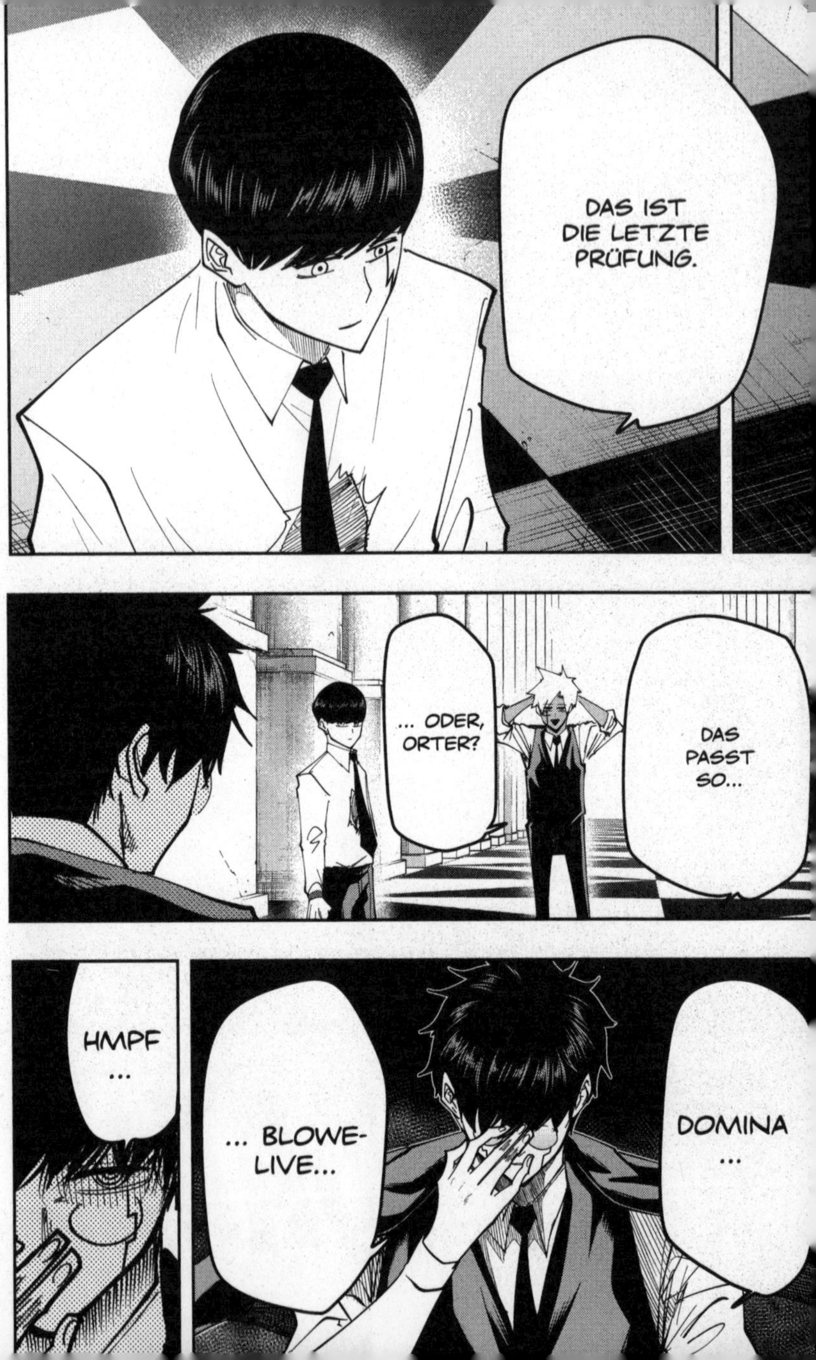
DAS IST DIE LETZTE PRÜFUNG.
DAS PASST SO...
... ODER, ORTER?
DOMINA ...
... BLOWE-LIVE...
HMPF ...

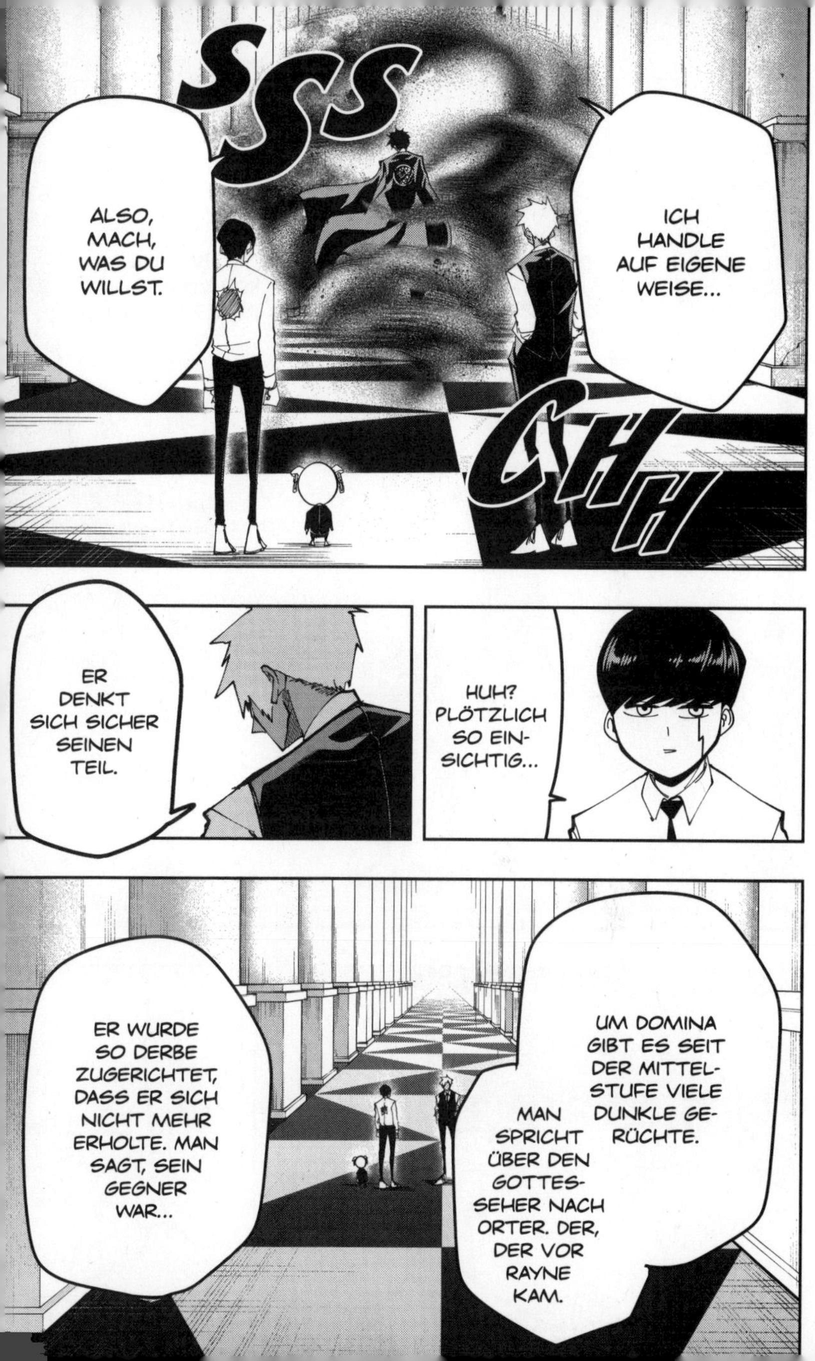
SSS
ICH HANDLE AUF EIGENE WEISE...
ALSO, MACH, WAS DU WILLST.
CHH
HUH? PLÖTZLICH SO EIN-SICHTIG...
ER DENKT SICH SICHER SEINEN TEIL.
UM DOMINA GIBT ES SEIT DER MITTEL-STUFE VIELE DUNKLE GE-RÜCHTE.
MAN SPRICHT ÜBER DEN GOTTES-SEHER NACH ORTER. DER, DER VOR RAYNE KAM.
ER WURDE SO DERBE ZUGERICHTET, DASS ER SICH NICHT MEHR ERHOLTE. MAN SAGT, SEIN GEGNER WAR...

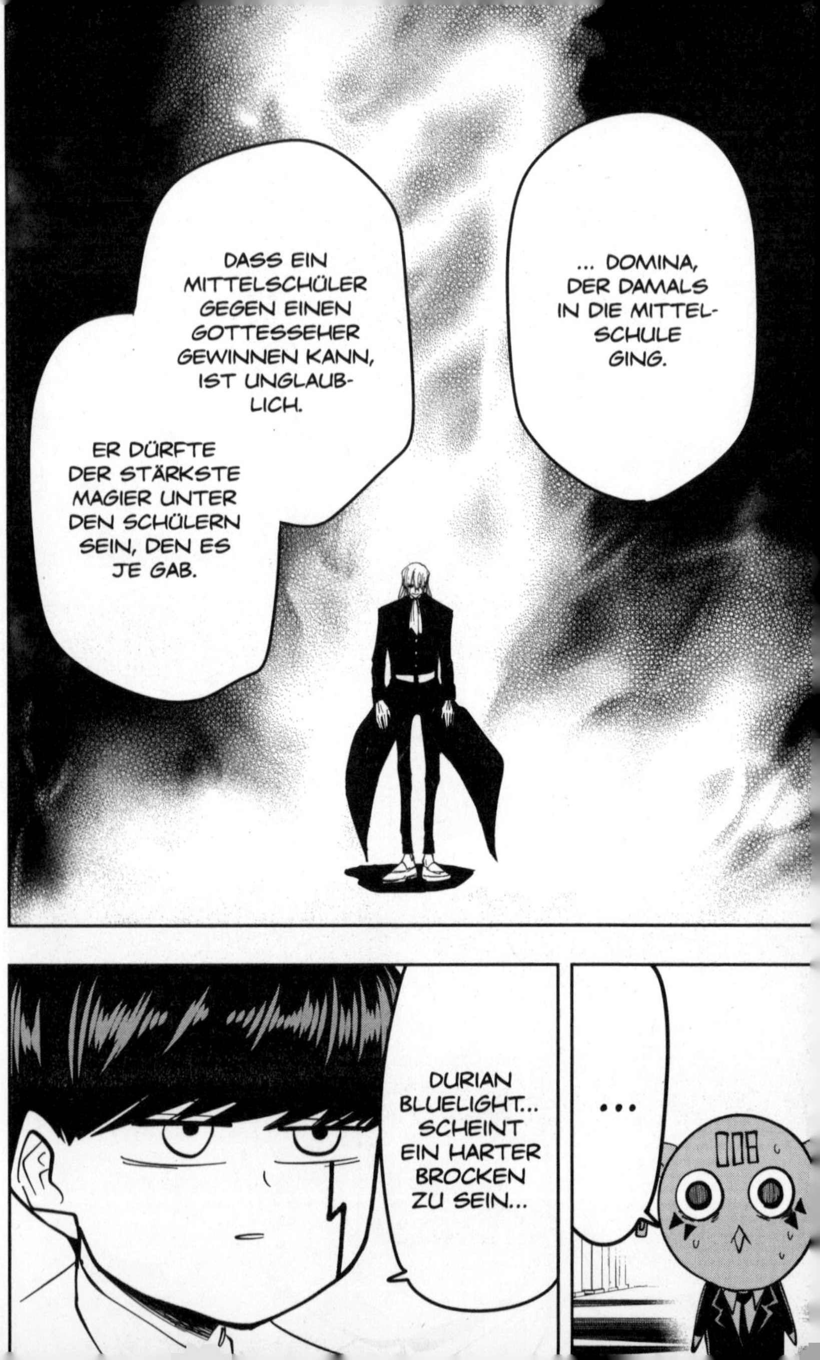
... DOMINA, DER DAMALS IN DIE MITTEL-SCHULE GING.
DASS EIN MITTELSCHÜLER GEGEN EINEN GOTTESSEHER GEWINNEN KANN, IST UNGLAUB-LICH.
ER DÜRFTE DER STÄRKSTE MAGIER UNTER DEN SCHÜLERN SEIN, DEN ES JE GAB.
...
DURIAN BLUELIGHT... SCHEINT EIN HARTER BROCKEN ZU SEIN...

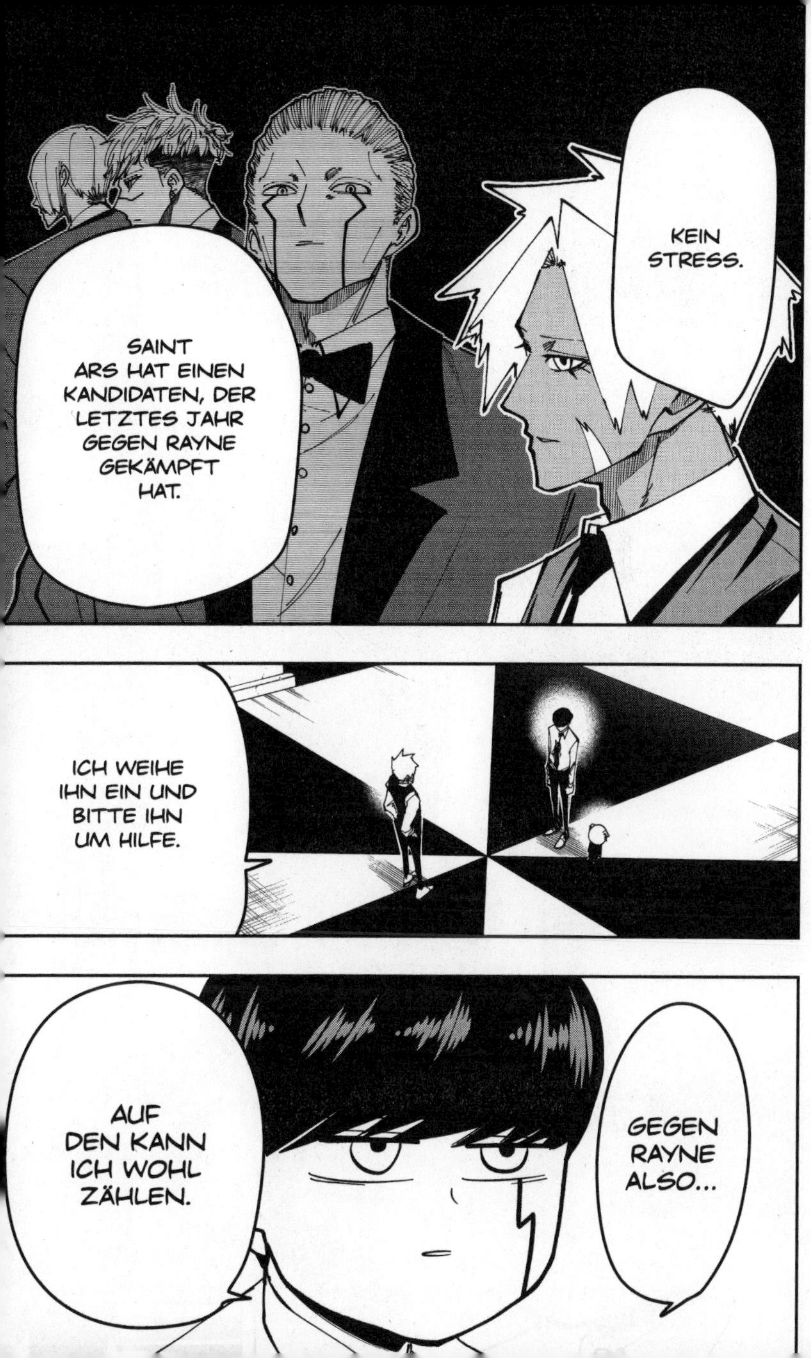
KEIN STRESS.
SAINT ARS HAT EINEN KANDIDATEN, DER LETZTES JAHR GEGEN RAYNE GEKÄMPFT HAT.
ICH WEIHE IHN EIN UND BITTE IHN UM HILFE.
GEGEN RAYNE ALSO...
AUF DEN KANN ICH WOHL ZÄHLEN.

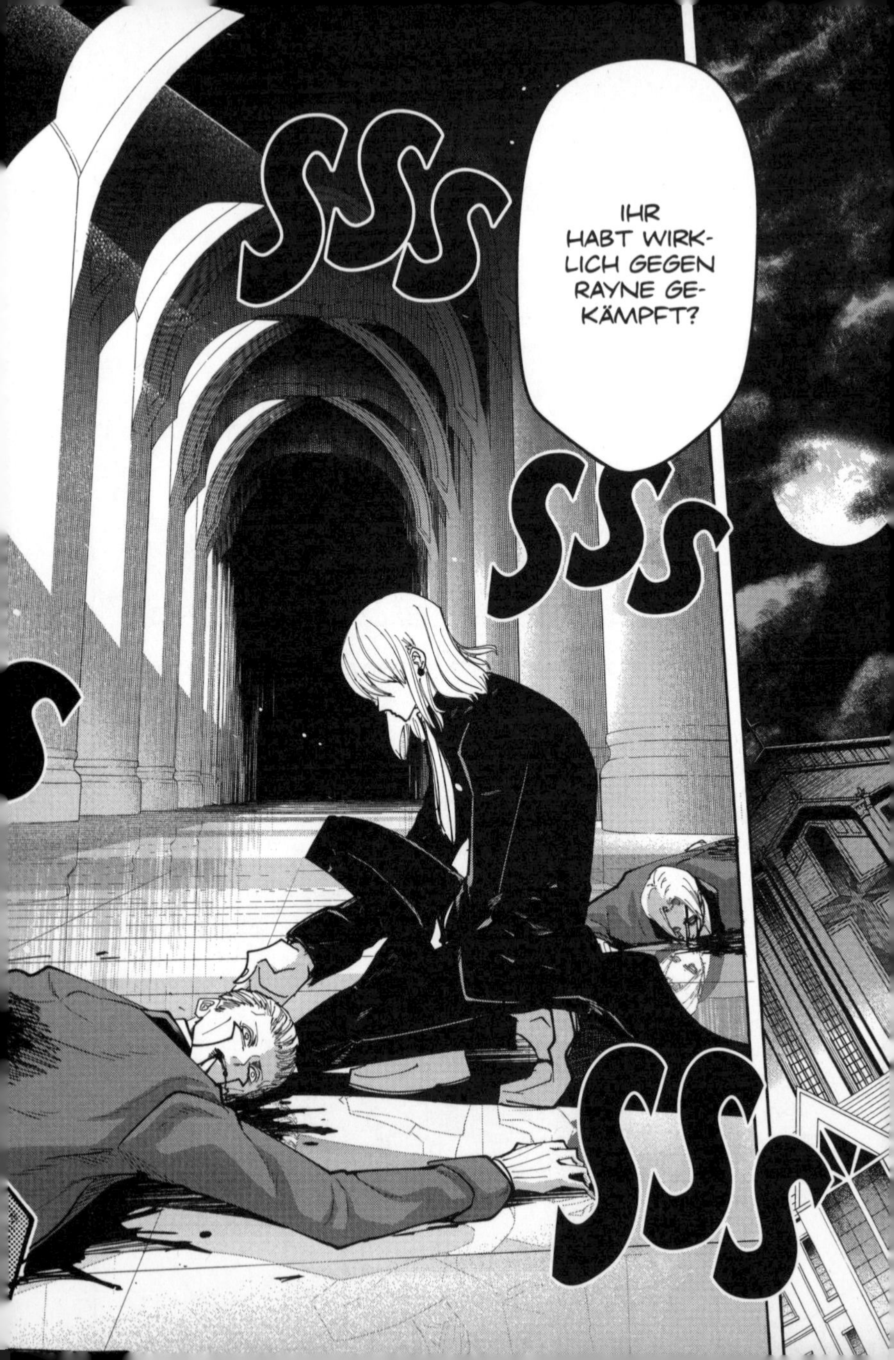
IHR HABT WIRK-LICH GEGEN RAYNE GE-KÄMPFT?
SSS
SSS
SSS

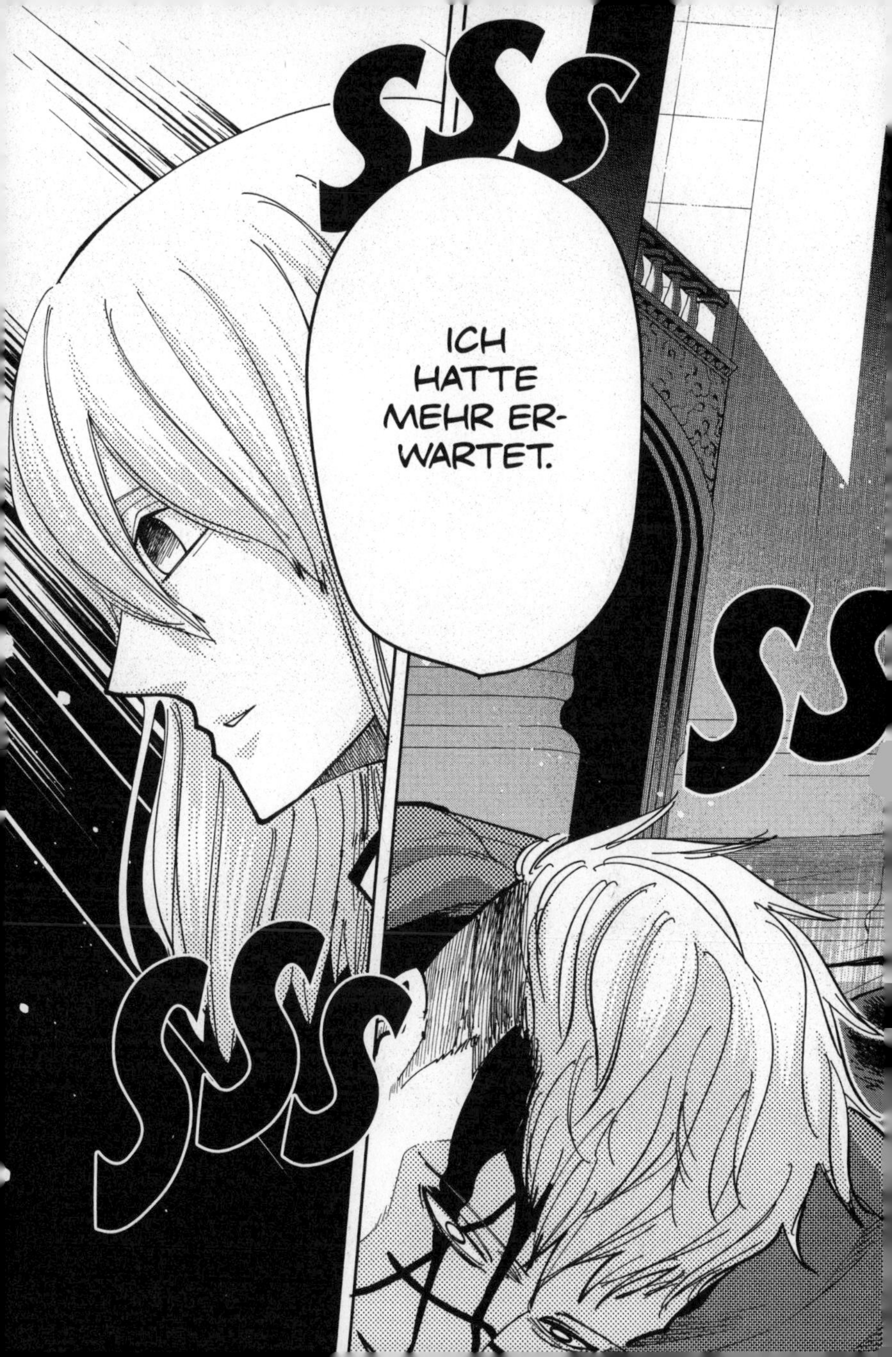
SSS
ICH HATTE MEHR ER-WARTET.
SS
SSS

Morning-Routine ② -2

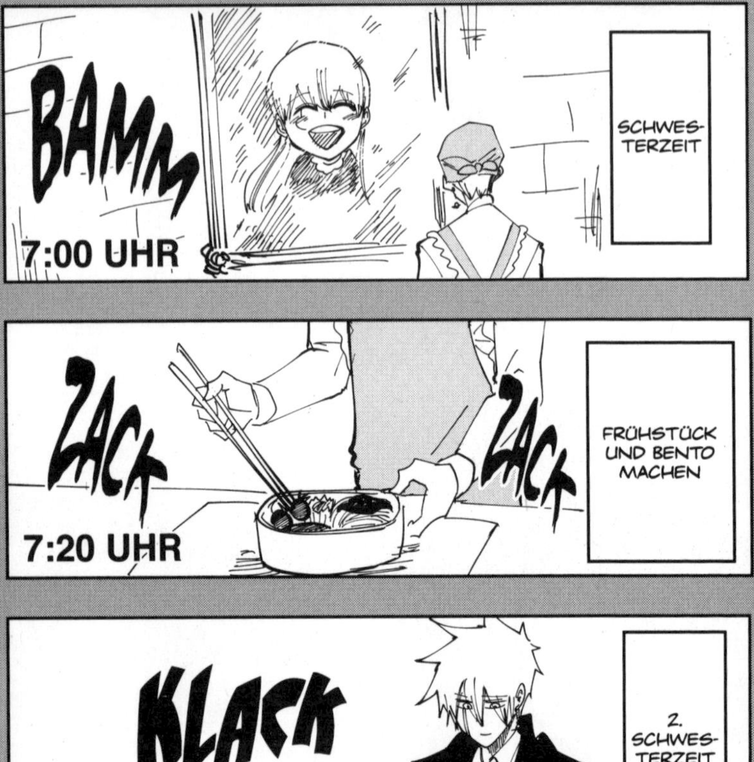

Fortsetzung auf Seite 128

78. Kapitel Mash Burnedead und die Tri-Magieathlon-Gottesseher-Abschlussprüfung

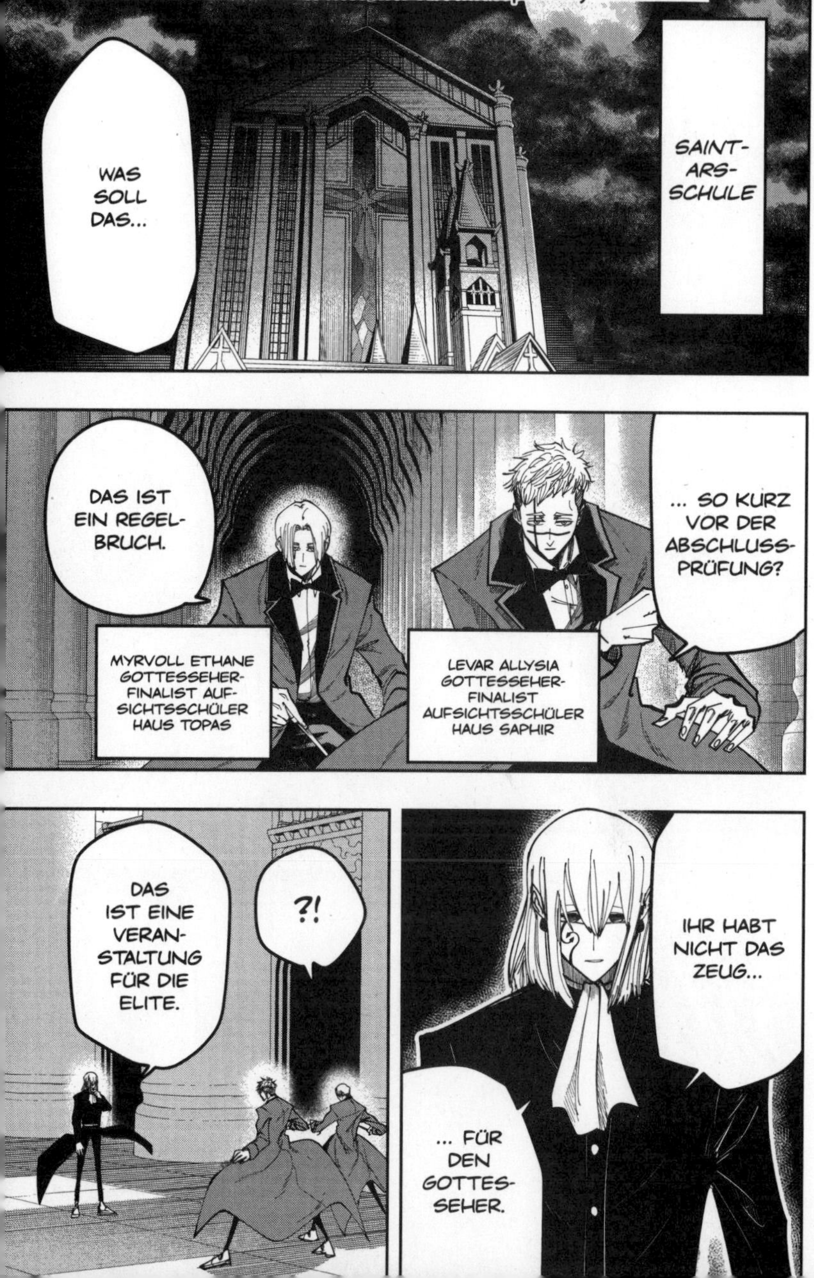

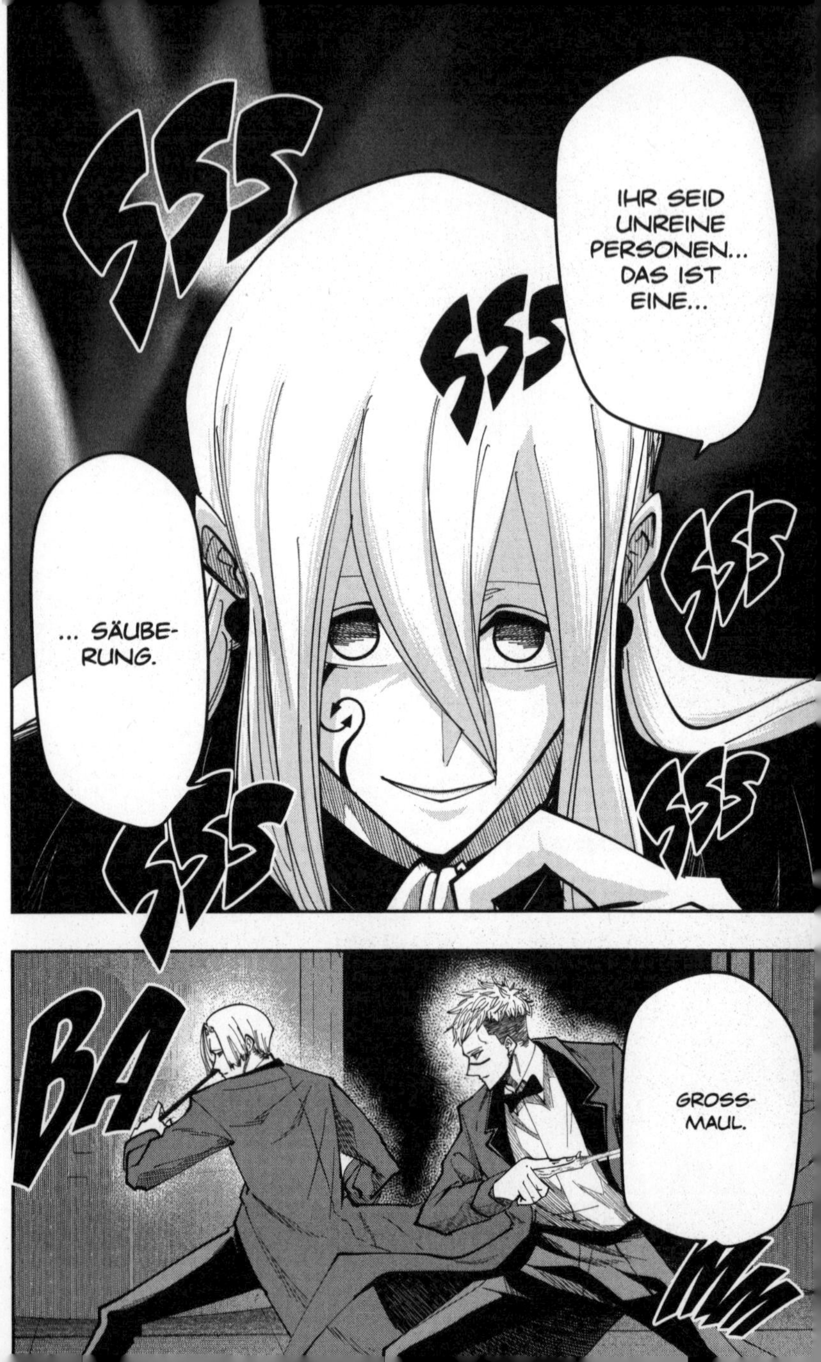
IHR SEID UNREINE PERSONEN... DAS IST EINE...
SSS
... SÄUBE-RUNG.
SSS
SSS
SSS
SSS
GROSS-MAUL.
BA
MM

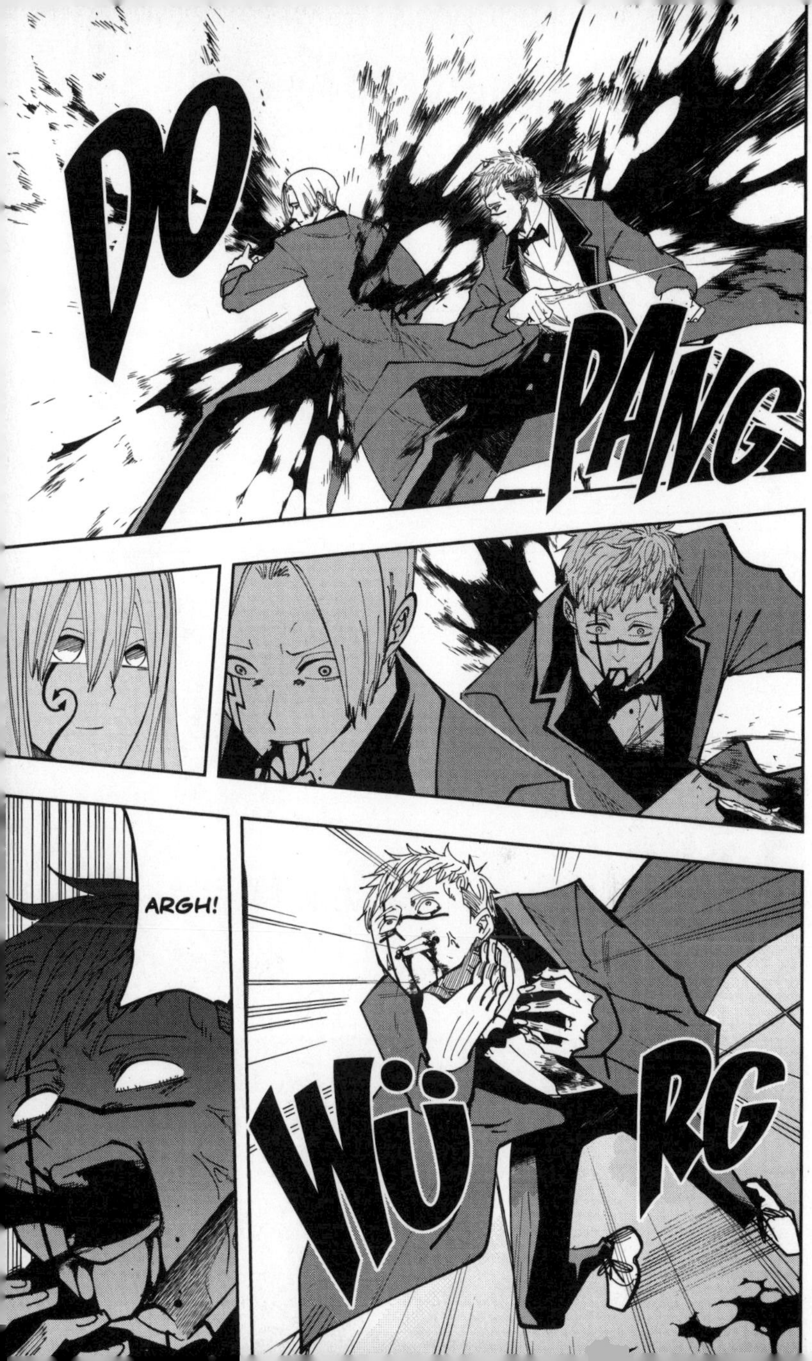
DO
PANG
ARGH!
WÜRG

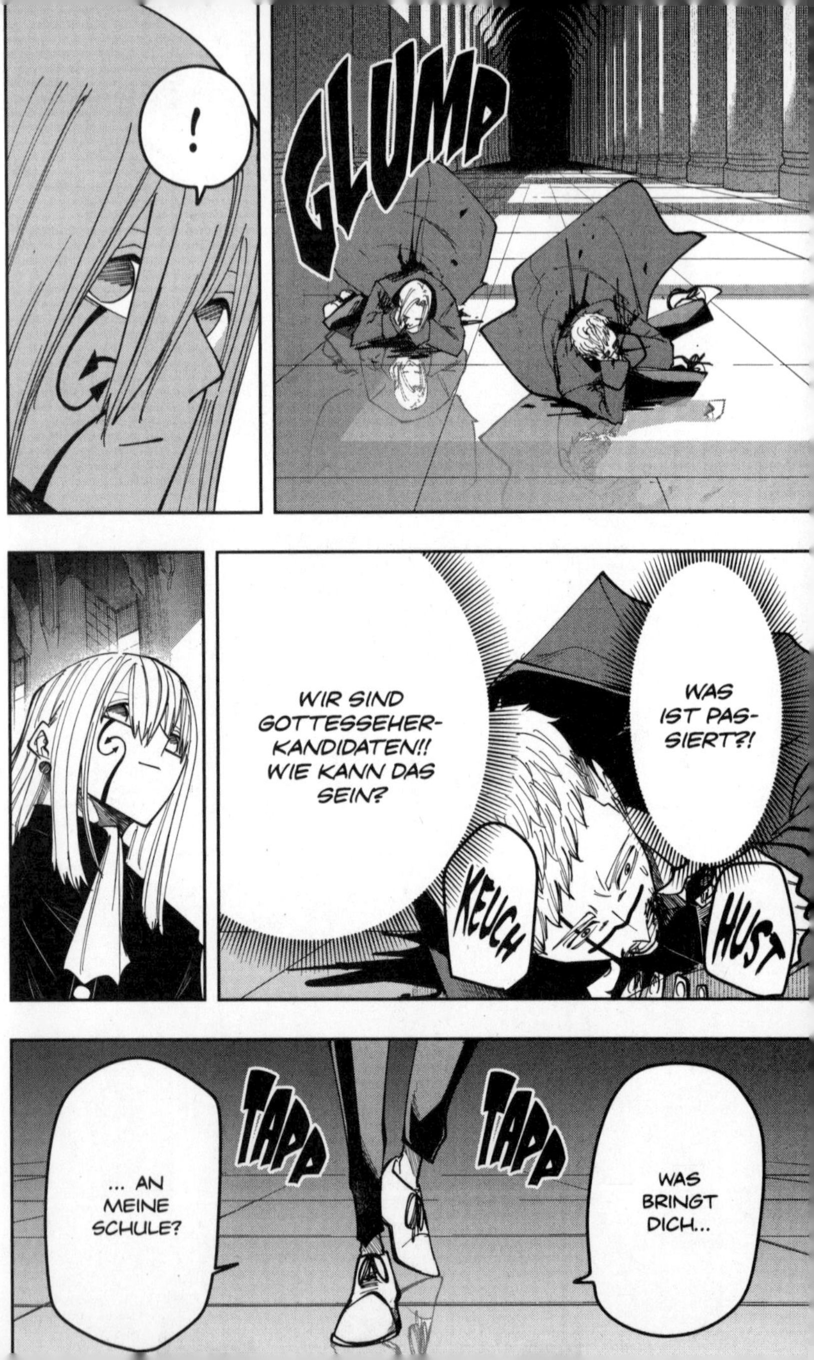
GLUMP
!
WAS IST PAS-SIERT?!
WIR SIND GOTTESSEHER-KANDIDATEN!! WIE KANN DAS SEIN?
HUST
KEUCH
TAPP
TAPP
WAS BRINGT DICH...
... AN MEINE SCHULE?

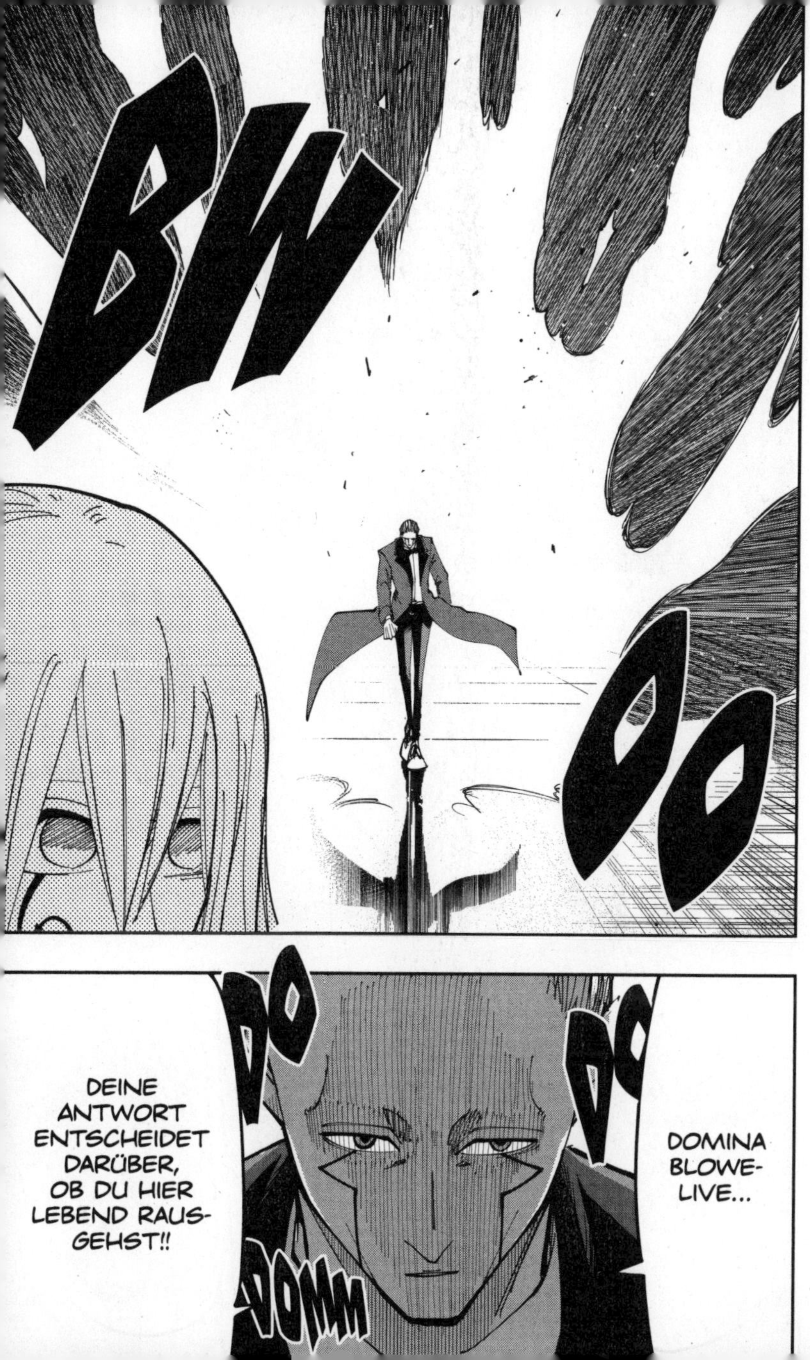
BW
DO
DO
DO
DOMINA BLOWE-LIVE...
DEINE ANTWORT ENTSCHEIDET DARÜBER, OB DU HIER LEBEND RAUS-GEHST!!
DOMM

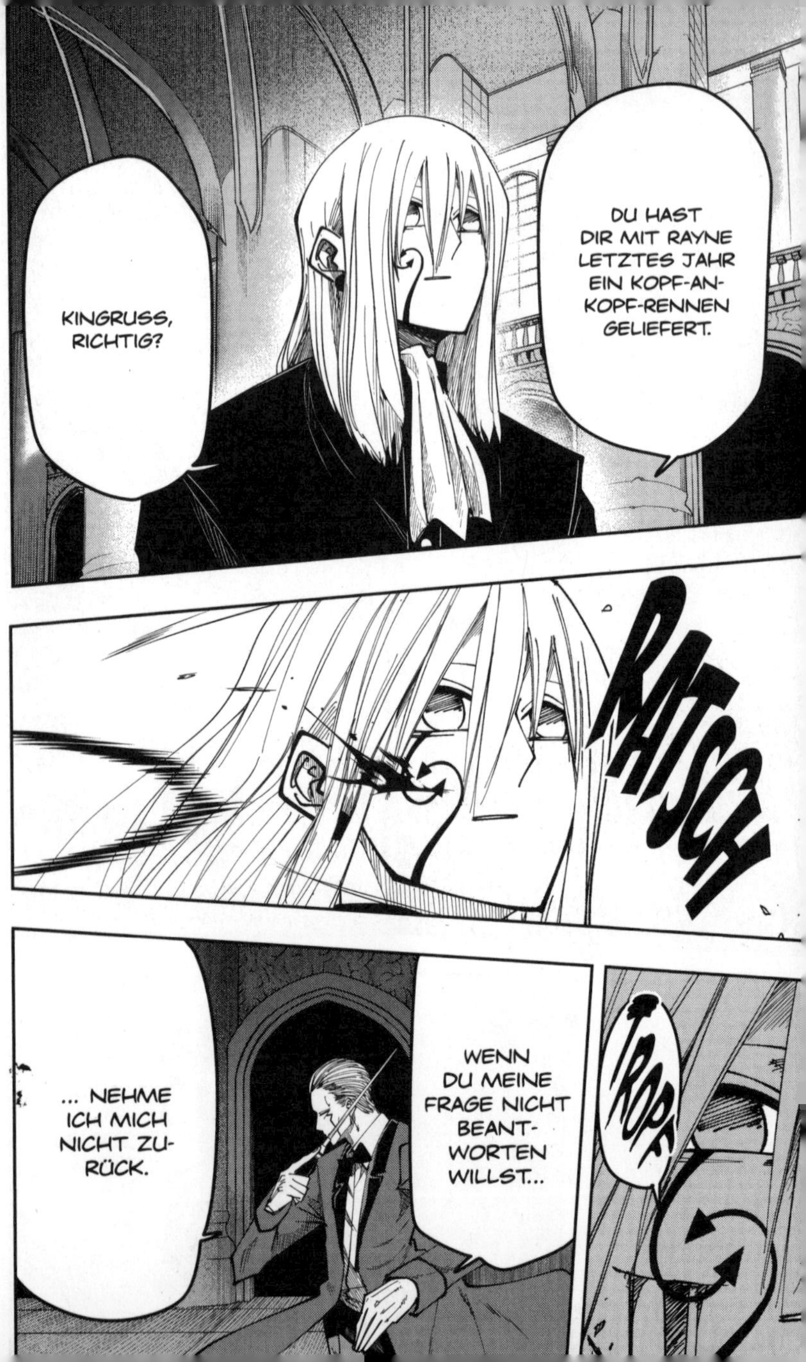
DU HAST DIR MIT RAYNE LETZTES JAHR EIN KOPF-AN-KOPF-RENNEN GELIEFERT.
KINGRUSS, RICHTIG?
RATSCH
TROPF
WENN DU MEINE FRAGE NICHT BEANT-WORTEN WILLST...
... NEHME ICH MICH NICHT ZU-RÜCK.

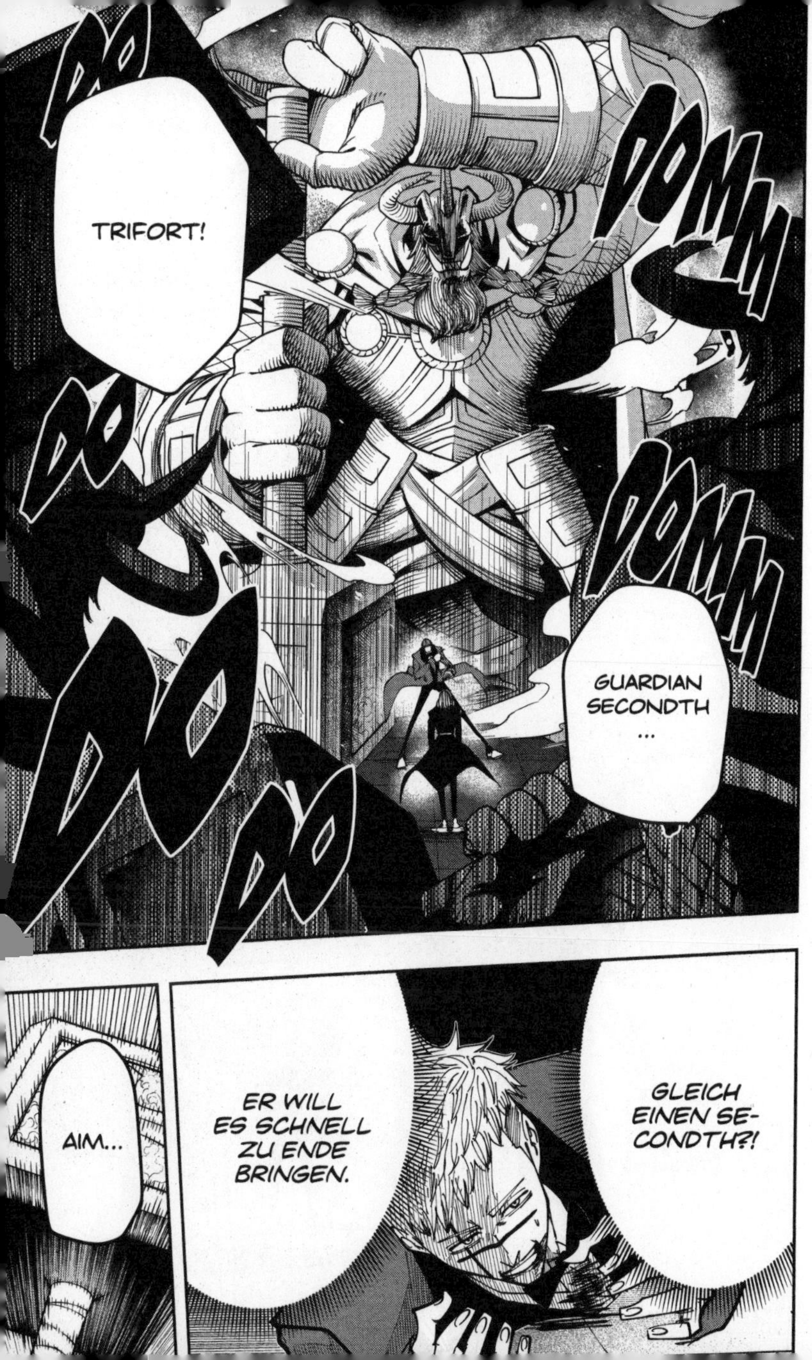
DOMMM
DOMMM
GUARDIAN SECONDTH ...
TRIFORT!
GLEICH EINEN SE-CONDTH?!
ER WILL ES SCHNELL ZU ENDE BRINGEN.
AIM...

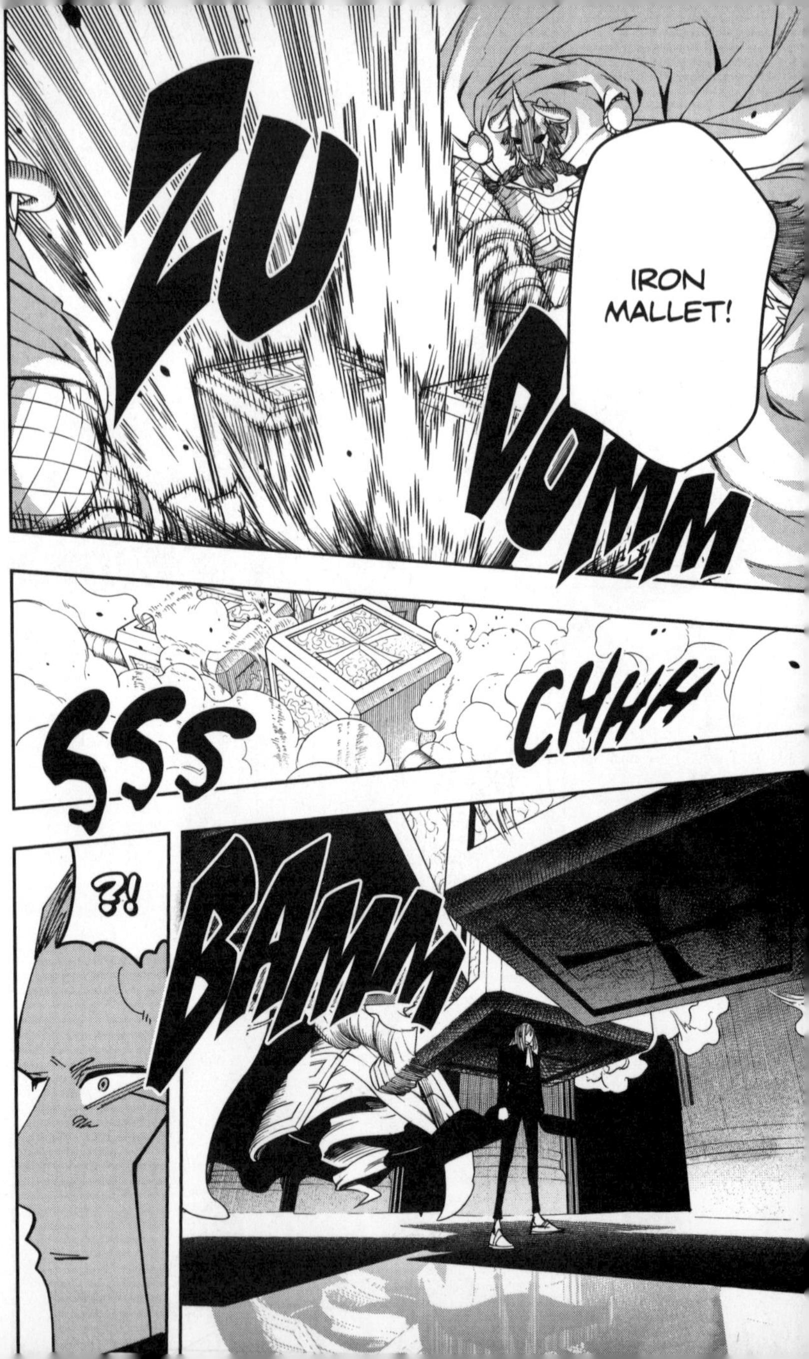

ZU
DOMM
IRON MALLET!
SSS
CHHH
BAMM
?!

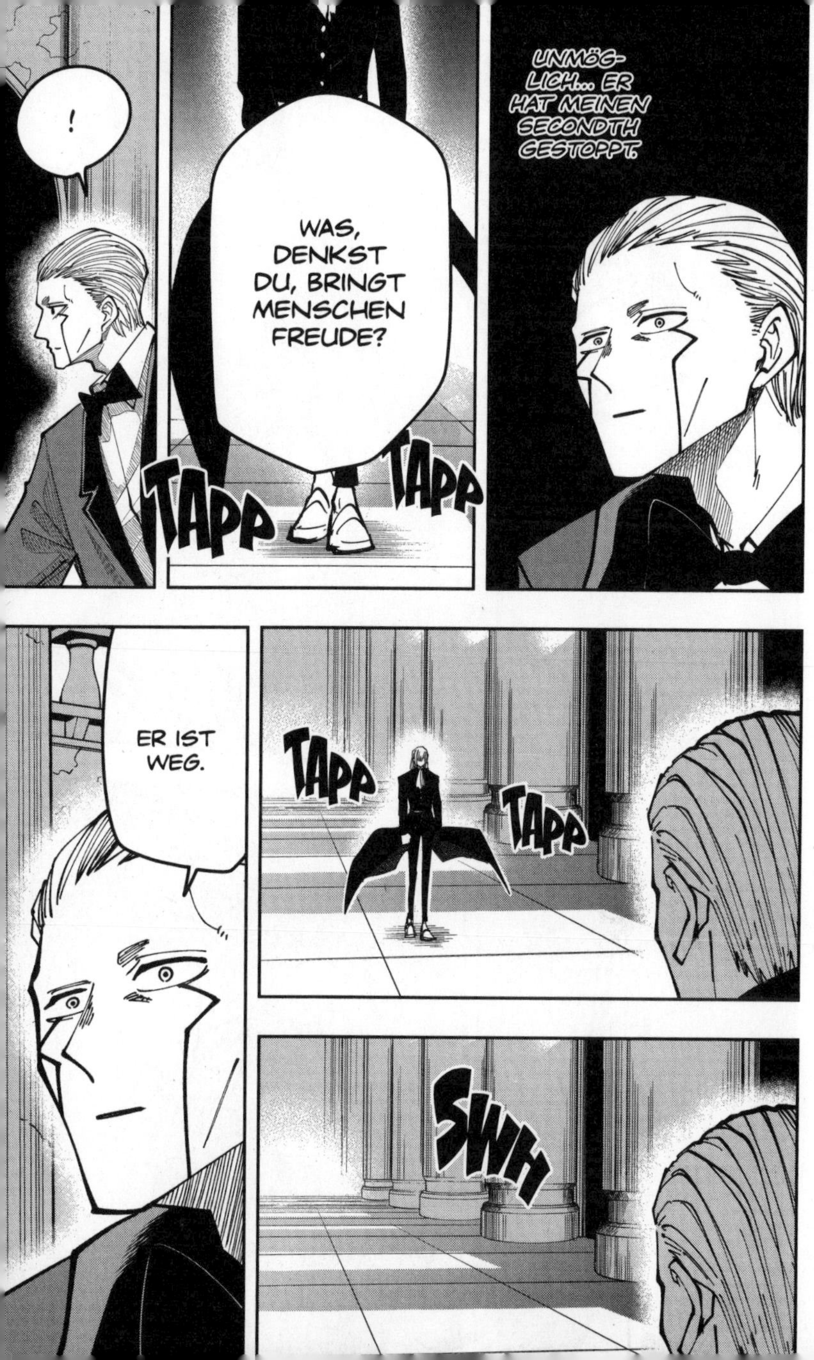
UNMÖG-LICH... ER HAT MEINEN SECONDTH GESTOPPT.
WAS, DENKST DU, BRINGT MENSCHEN FREUDE?
TAPP
TAPP
!
TAPP
TAPP
SWH
ER IST WEG.

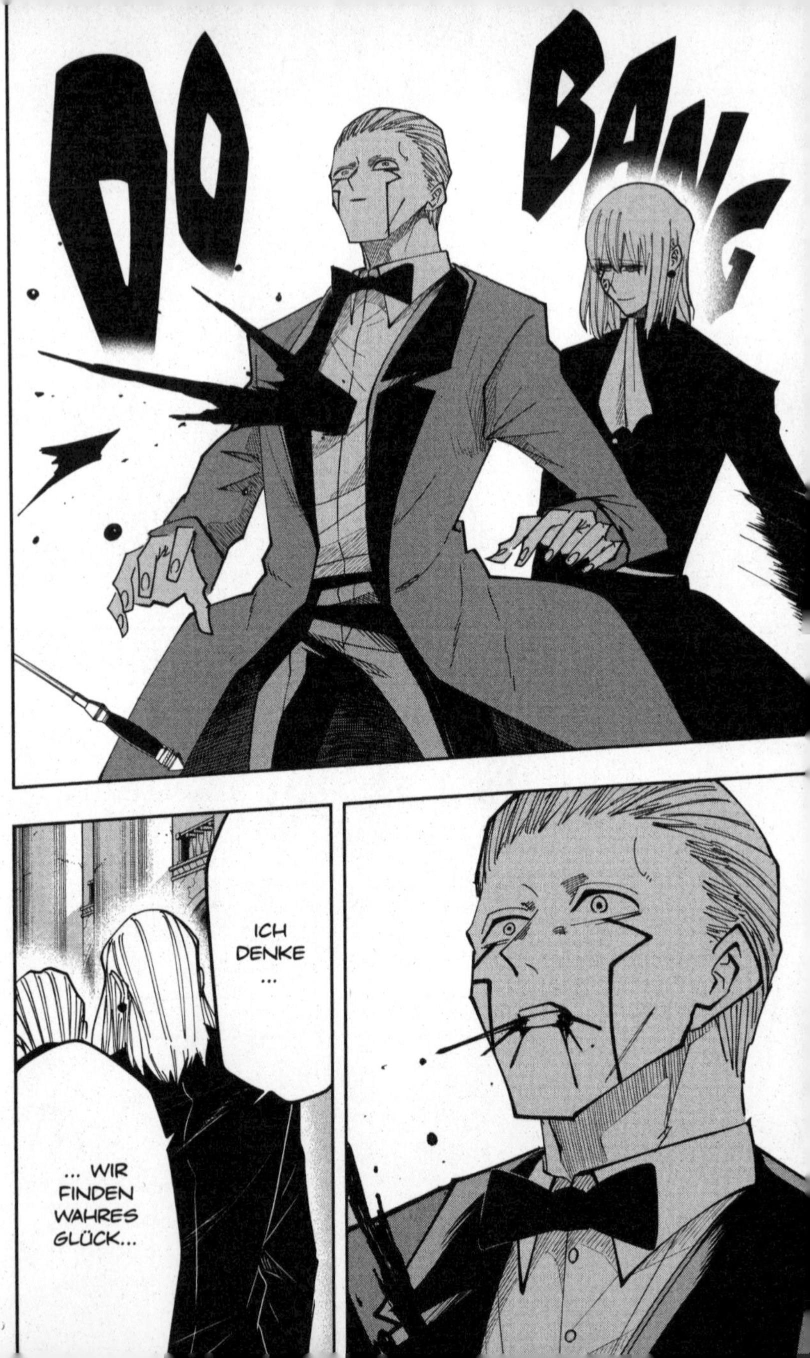
DO
BANG
ICH DENKE ...
... WIR FINDEN WAHRES GLÜCK...

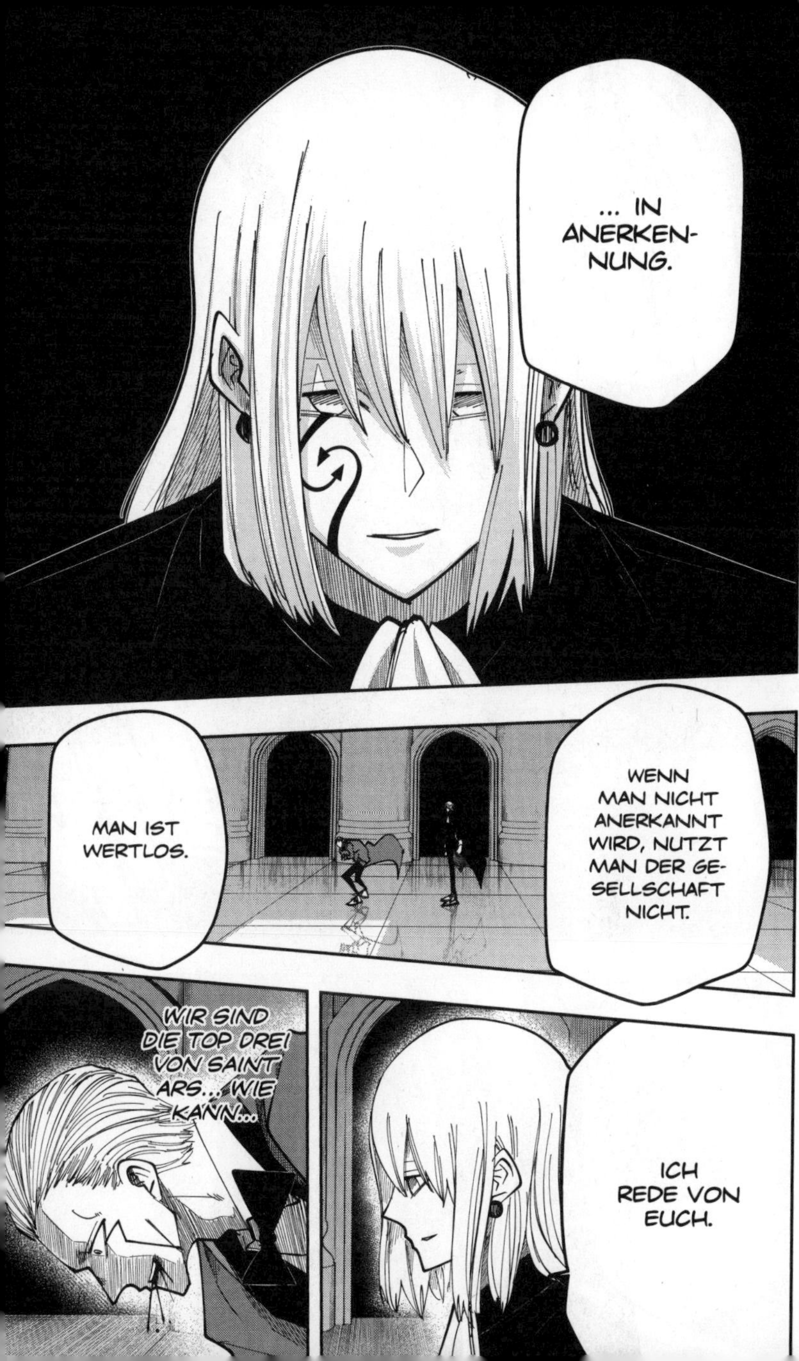

... IN ANERKEN-NUNG.
WENN MAN NICHT ANERKANNT WIRD, NUTZT MAN DER GE-SELLSCHAFT NICHT.
MAN IST WERTLOS.
ICH REDE VON EUCH.
WIR SIND DIE TOP DREI VON SAINT ARS... WIE KANN...

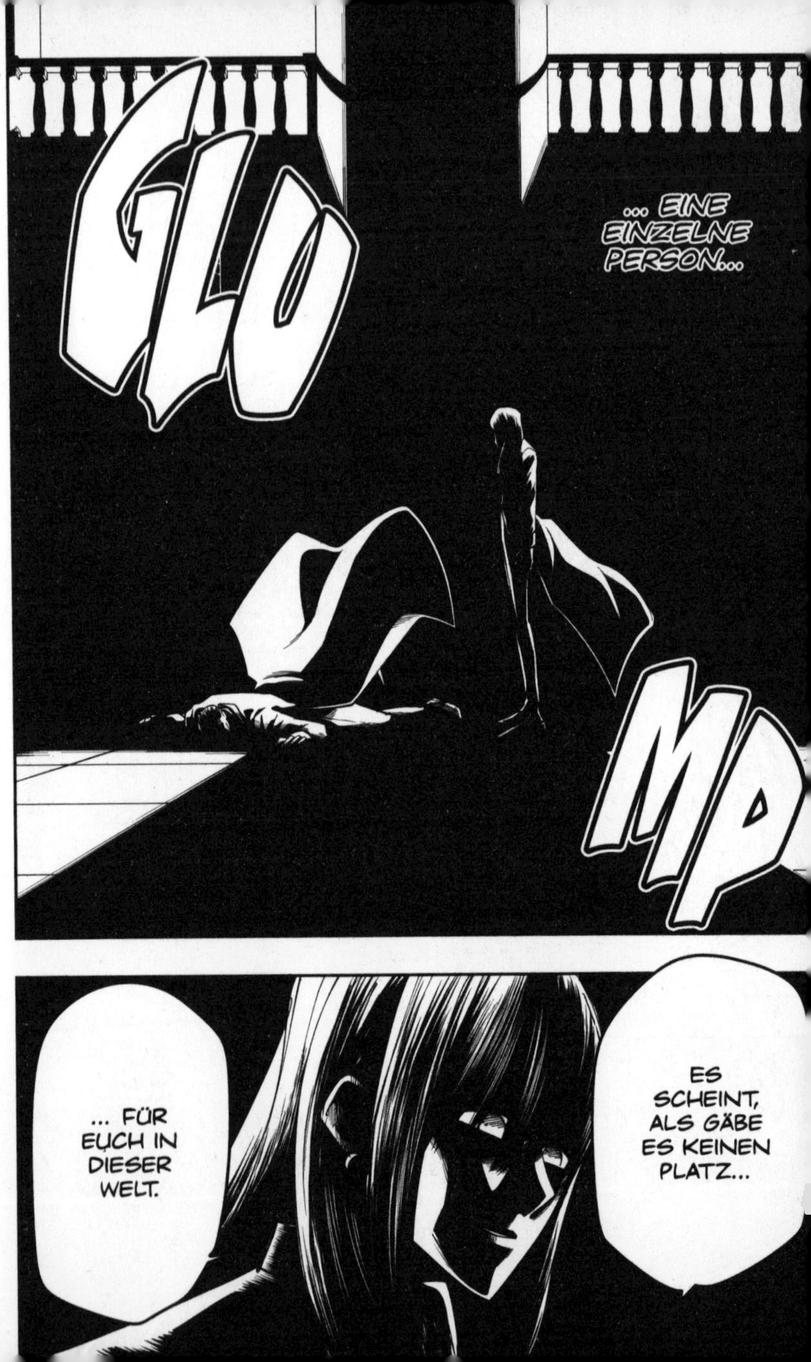
... EINE EINZELNE PERSON...
GLO
MP
ES SCHEINT, ALS GÄBE ES KEINEN PLATZ...
... FÜR EUCH IN DIESER WELT.

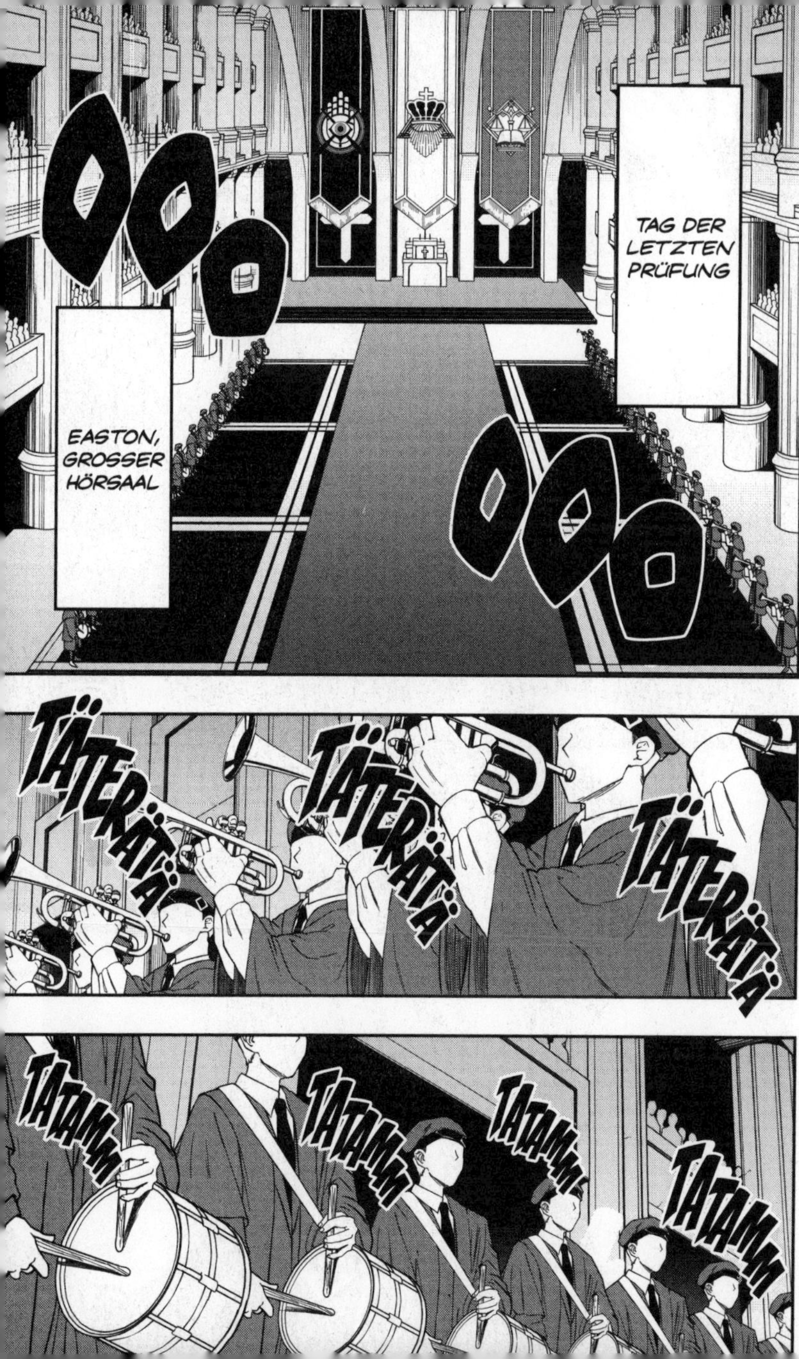
TAG DER LETZTEN PRÜFUNG
EASTON, GROSSER HÖRSAAL
TÄTERÄTÄ
TÄTERÄTÄ
TÄTERÄTÄ
TATAMM
TATAMM
TATAMM
TATAMM

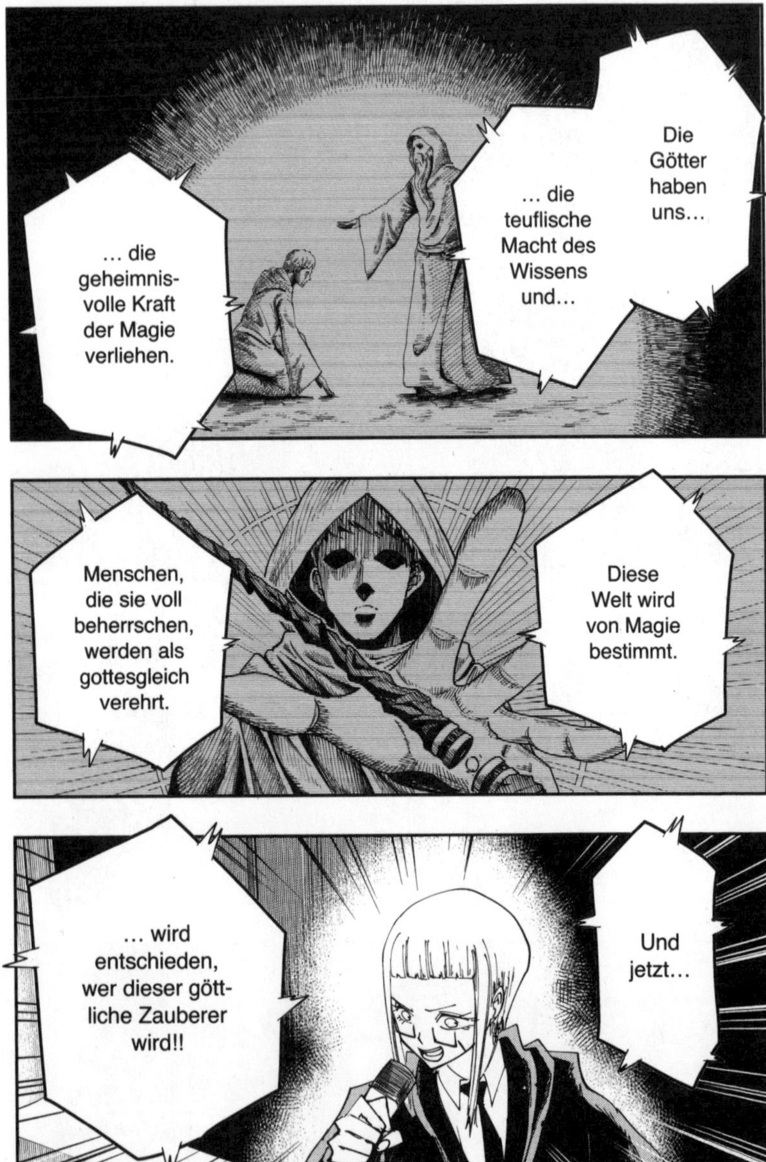
Die Götter haben uns…
… die teuflische Macht des Wissens und…
… die geheimnisvolle Kraft der Magie verliehen.
Diese Welt wird von Magie bestimmt.
Menschen, die sie voll beherrschen, werden als gottesgleich verehrt.
Und jetzt…
… wird entschieden, wer dieser göttliche Zauberer wird!!

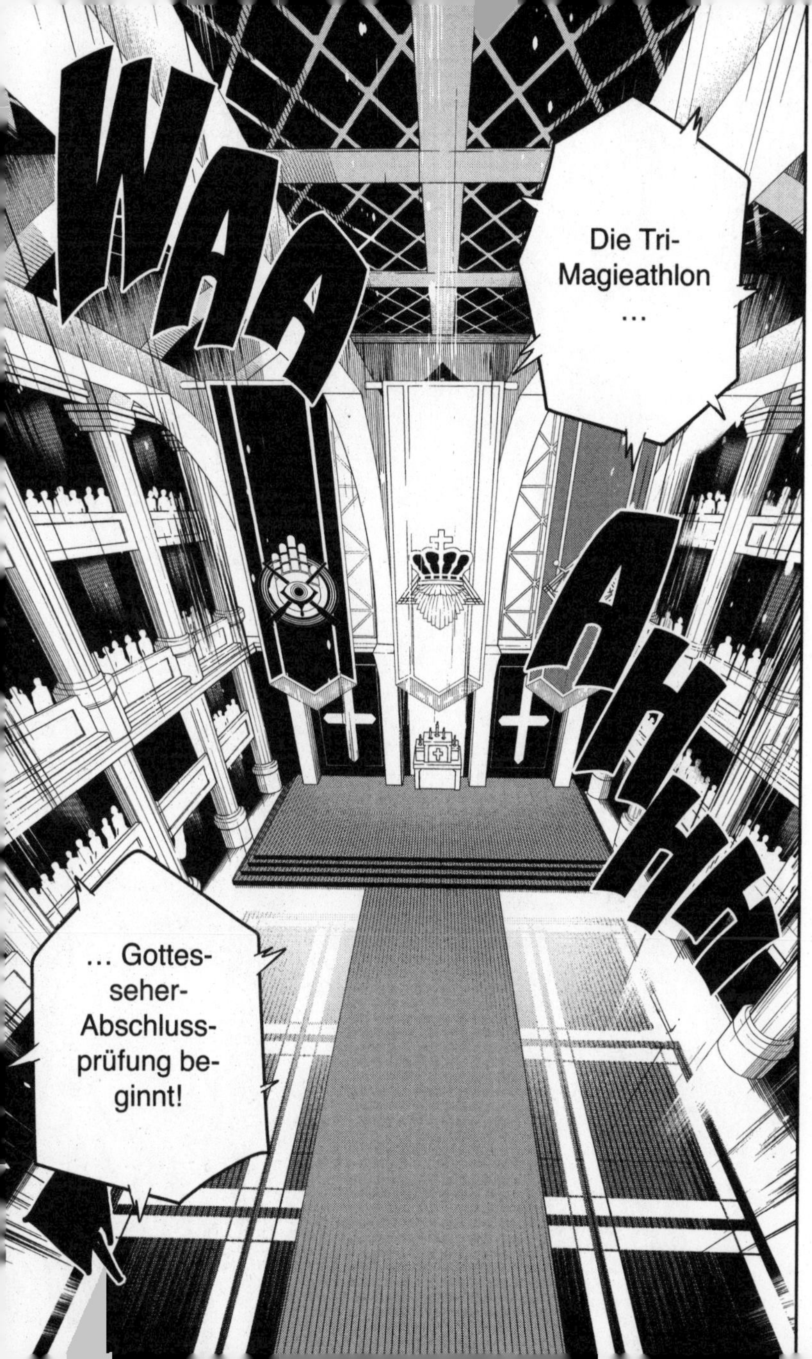
WAA
Die Tri-Magieathlon …
AAAH
… Gottesseher-Abschlussprüfung beginnt!

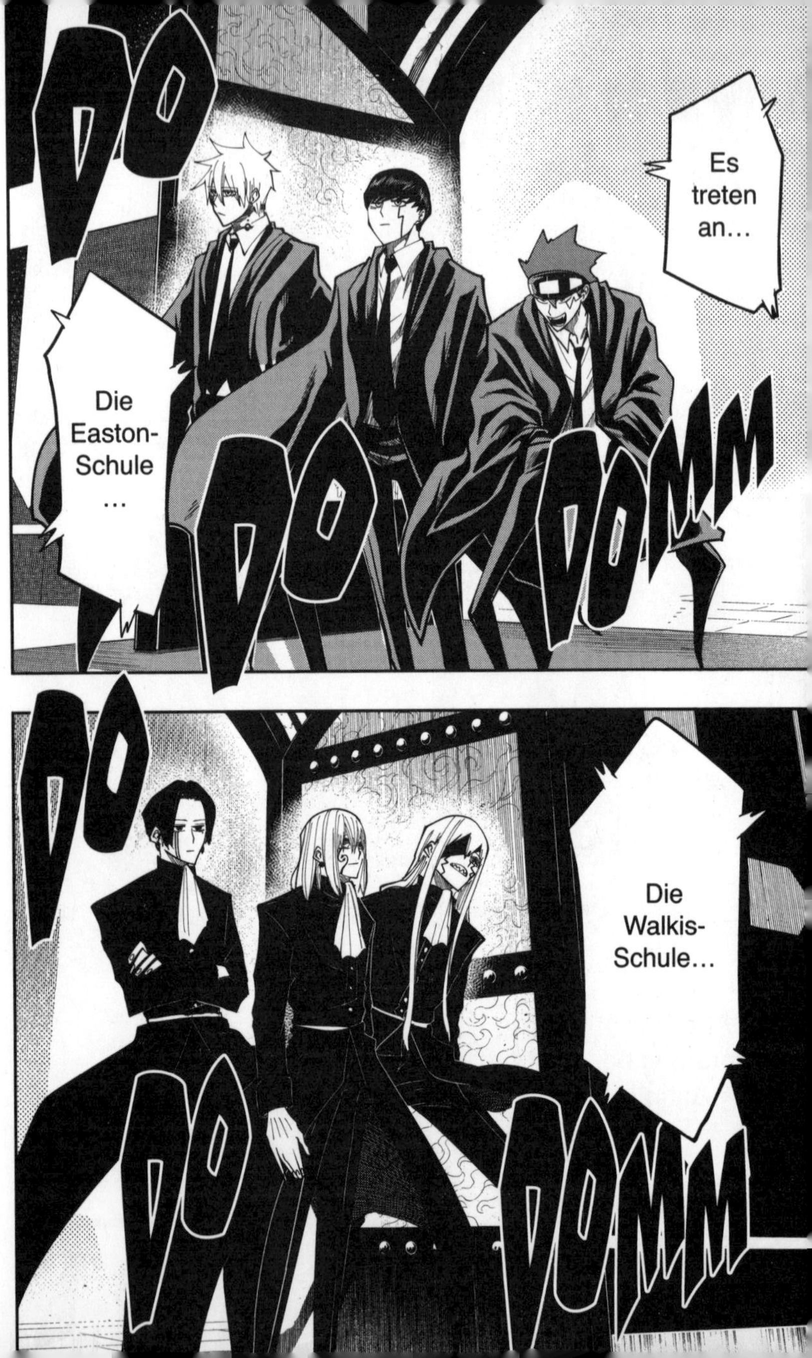
Es treten an…
DOMM
DO
Die Easton-Schule …
DO
DOMM
Die Walkis-Schule…
DO
DO

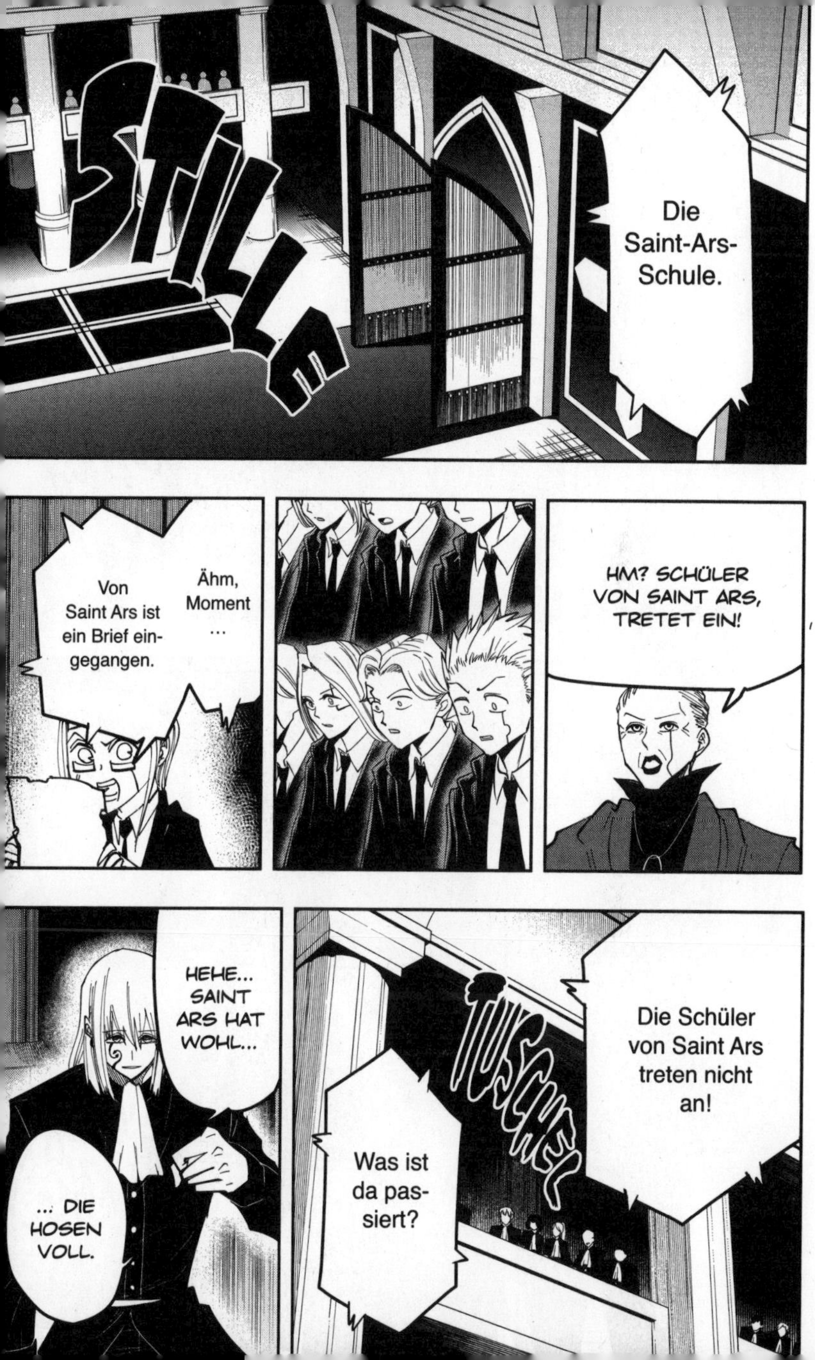
Die Saint-Ars-Schule.
STILLE
HM? SCHÜLER VON SAINT ARS, TRETET EIN!
Ähm, Moment …
Von Saint Ars ist ein Brief eingegangen.
Die Schüler von Saint Ars treten nicht an!
TUSCHEL
Was ist da passiert?
HEHE... SAINT ARS HAT WOHL...
...: DIE HOSEN VOLL.

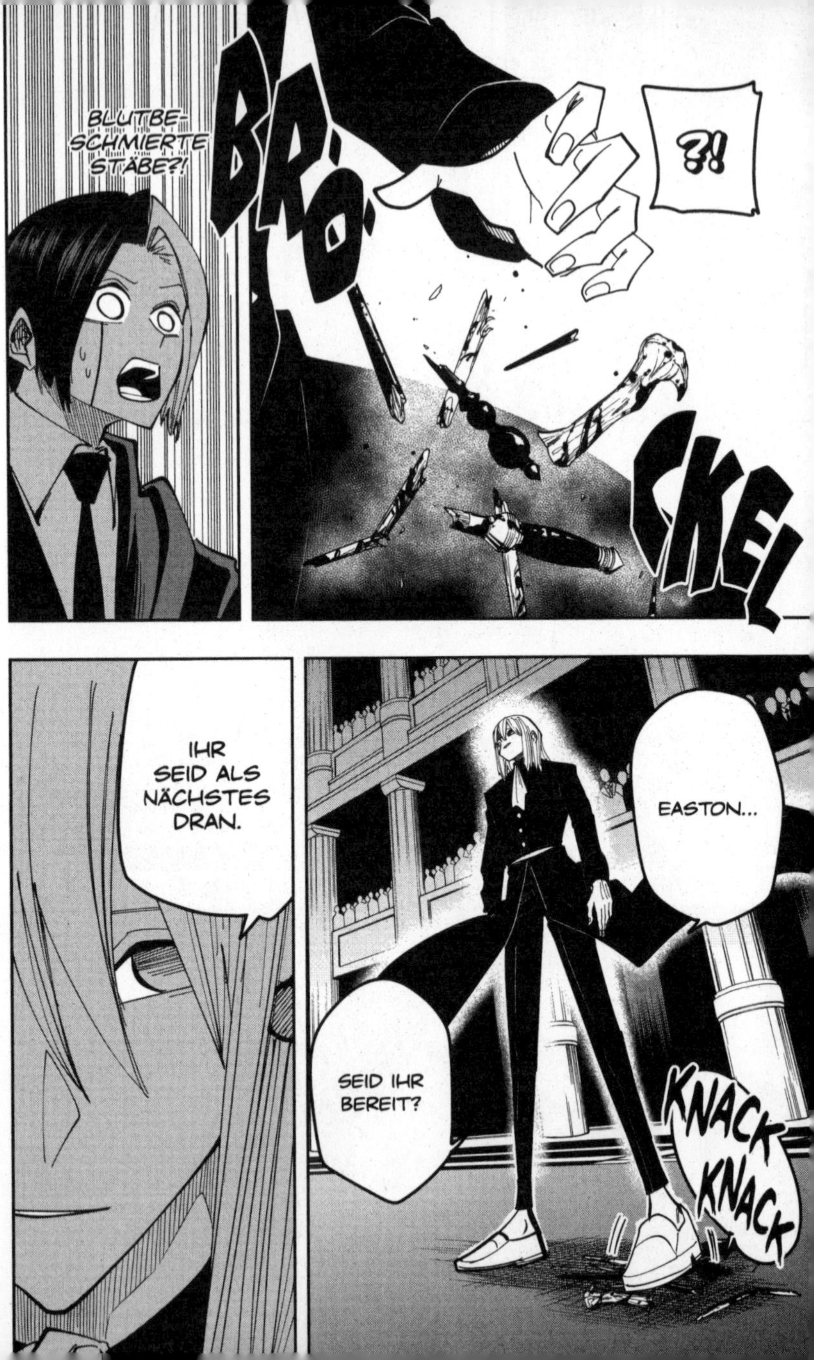
?!
BRÖ
CKEL
BLUTBE-
SCHMIERTE
STÄBE?!
EASTON...
SEID IHR
BEREIT?
KNACK
KNACK
IHR
SEID ALS
NÄCHSTES
DRAN.

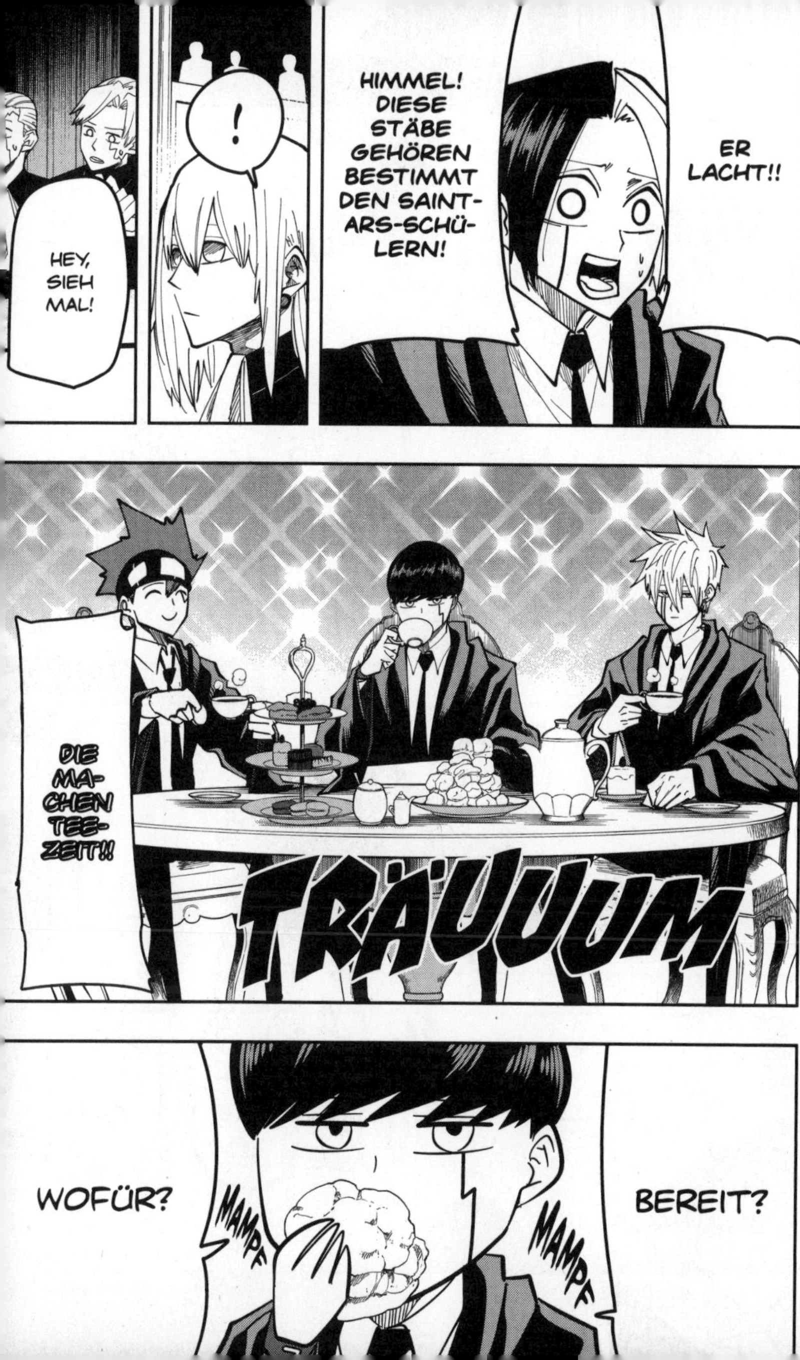
ER LACHT!!
HIMMEL! DIESE STÄBE GEHÖREN BESTIMMT DEN SAINT-ARS-SCHÜLERN!
!
HEY, SIEH MAL!
DIE MACHEN TEEZEIT!!
TRÄUUUM
BEREIT?
MAMPF
MAMPF
WOFÜR?

Morning-Routine ③ -1

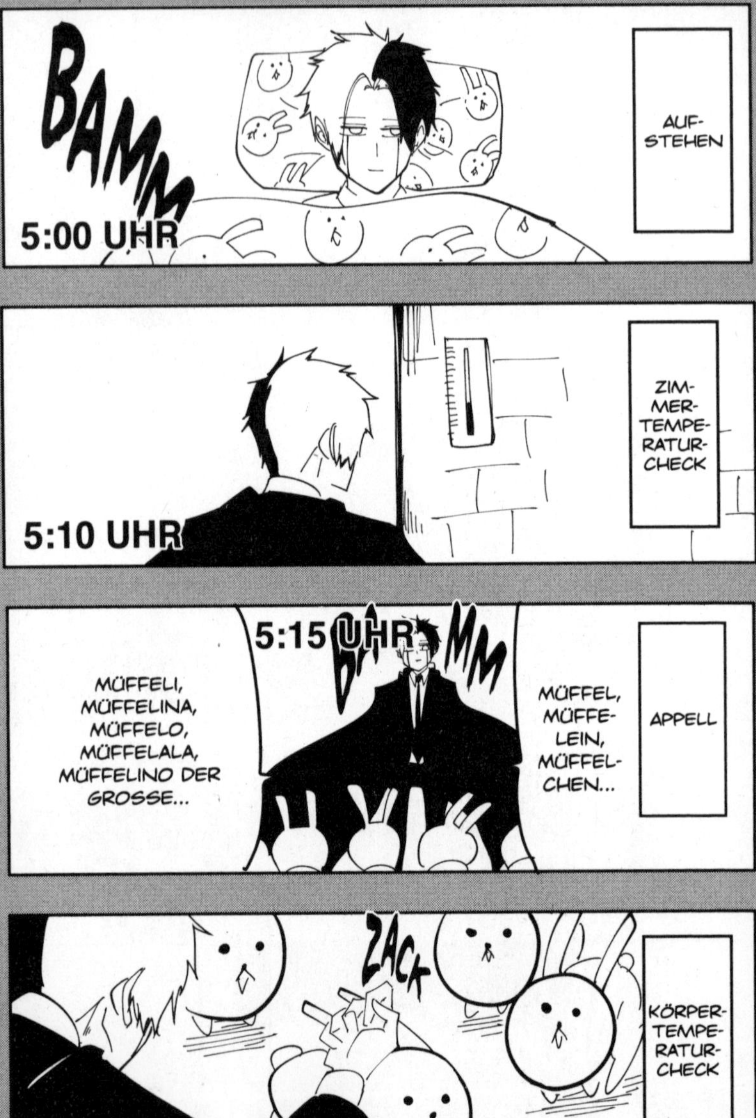

Fortsetzung auf Seite 148

79. Kapitel Mash Burnedead und die leistungsbasierte Magieschule

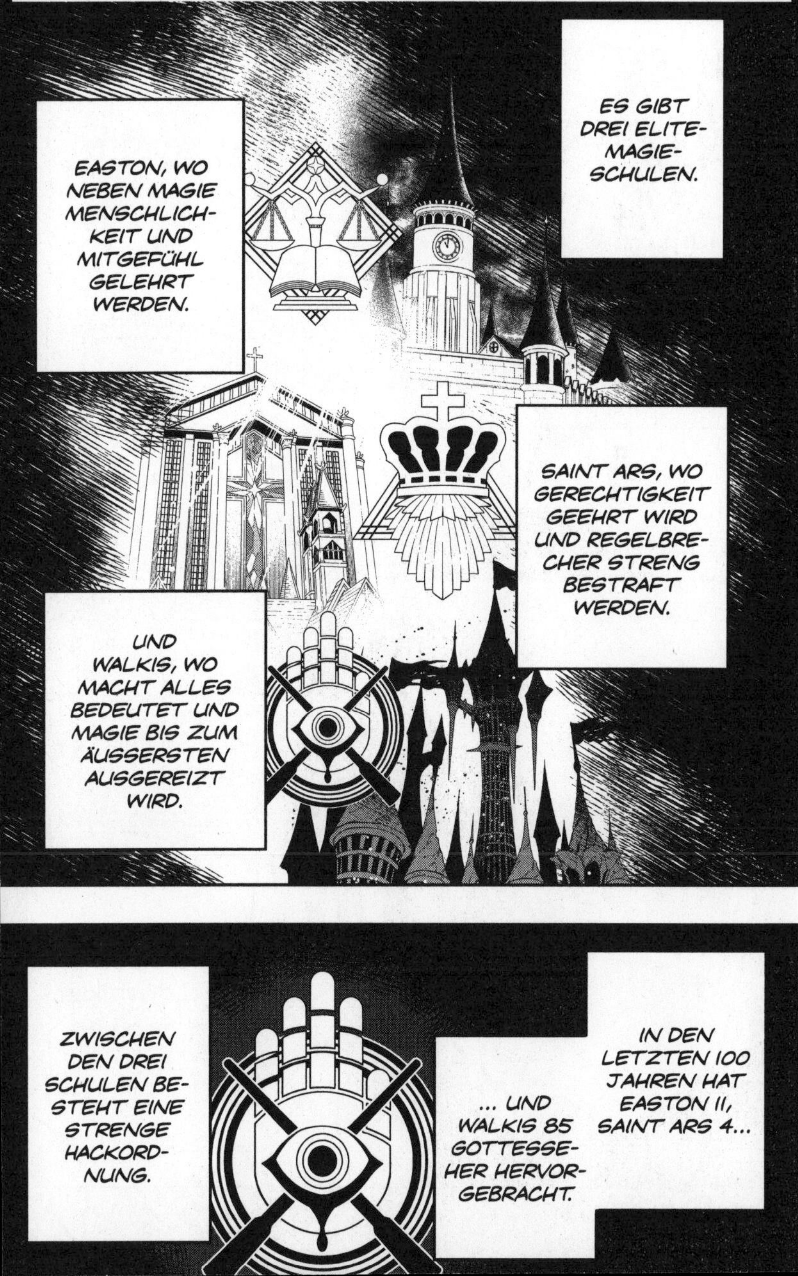

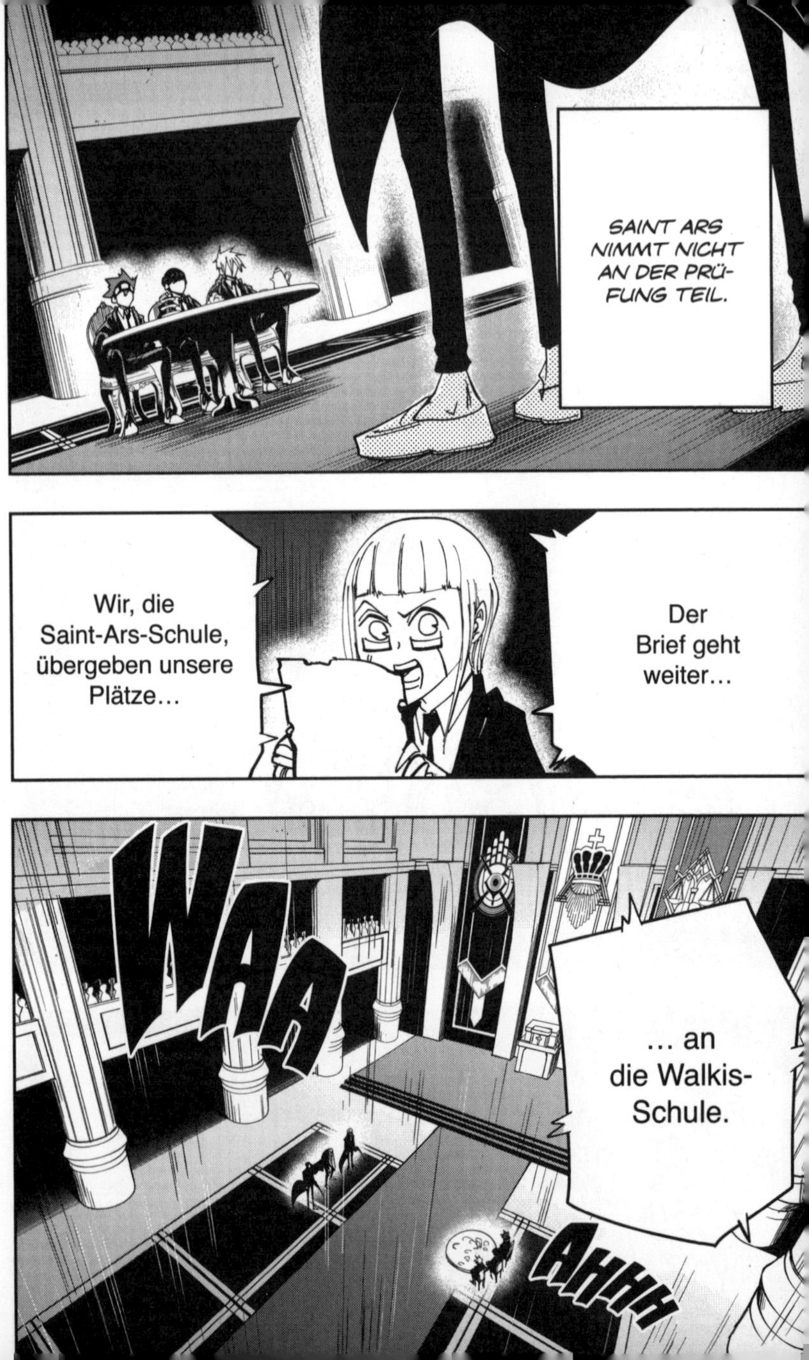
SAINT ARS NIMMT NICHT AN DER PRÜFUNG TEIL.
Der Brief geht weiter…
Wir, die Saint-Ars-Schule, übergeben unsere Plätze…
… an die Walkis-Schule.
WAA
AHHH

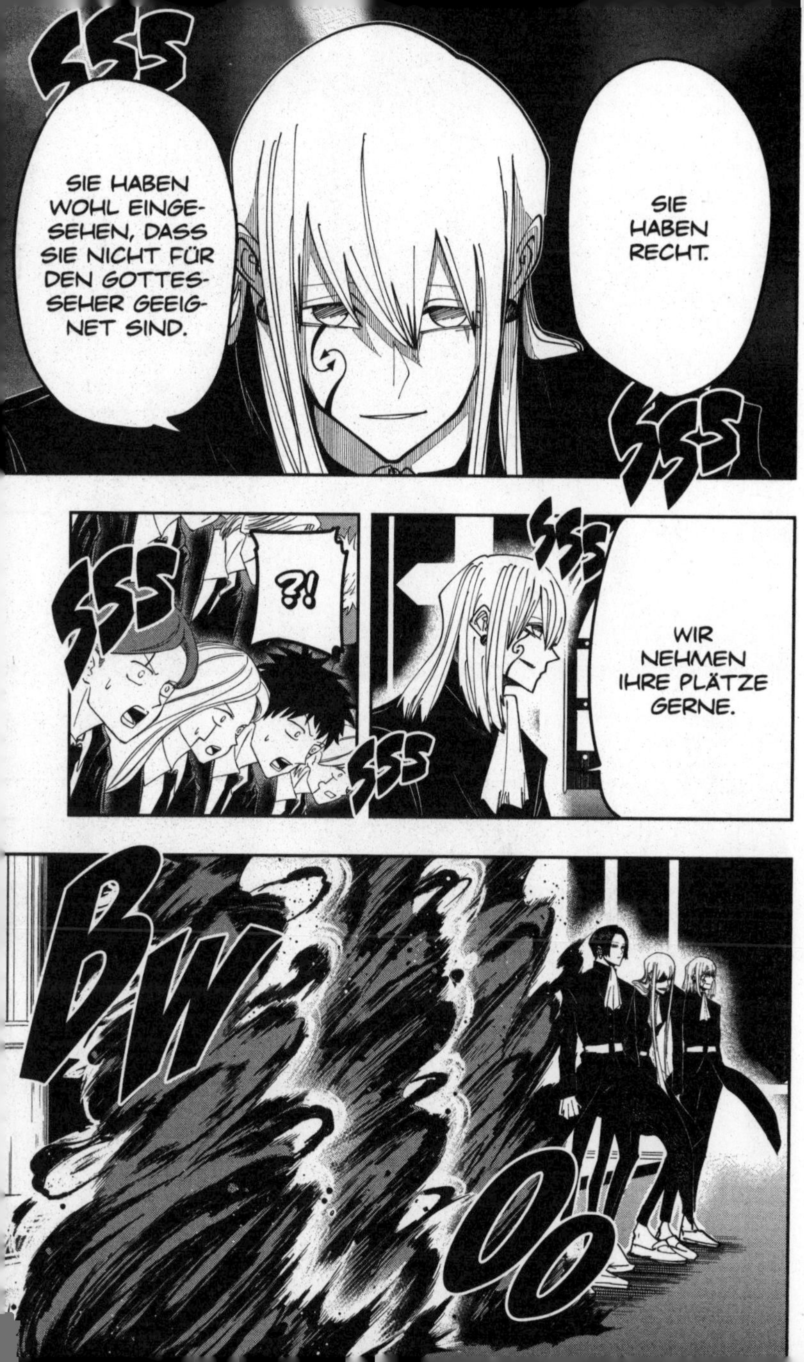
SSS
SIE HABEN RECHT.
SIE HABEN WOHL EINGE-SEHEN, DASS SIE NICHT FÜR DEN GOTTES-SEHER GEEIG-NET SIND.
SSS
SSS
WIR NEHMEN IHRE PLÄTZE GERNE.
SSS
?!
SSS
BWOOO

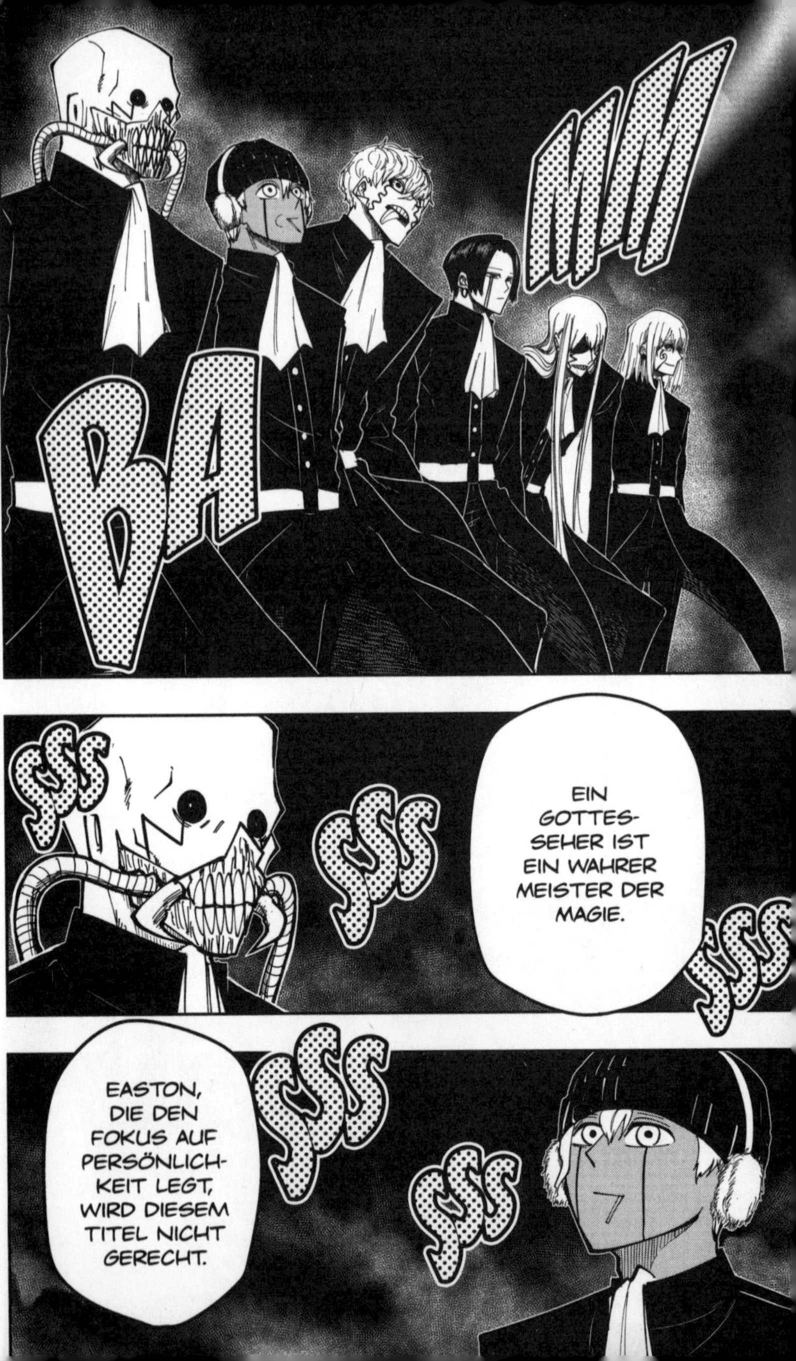

MMM
BA
SSSS
EIN GOTTES-SEHER IST EIN WAHRER MEISTER DER MAGIE.
SSSS
SSSS
SSSS
EASTON, DIE DEN FOKUS AUF PERSÖNLICH-KEIT LEGT, WIRD DIESEM TITEL NICHT GERECHT.
SSSS

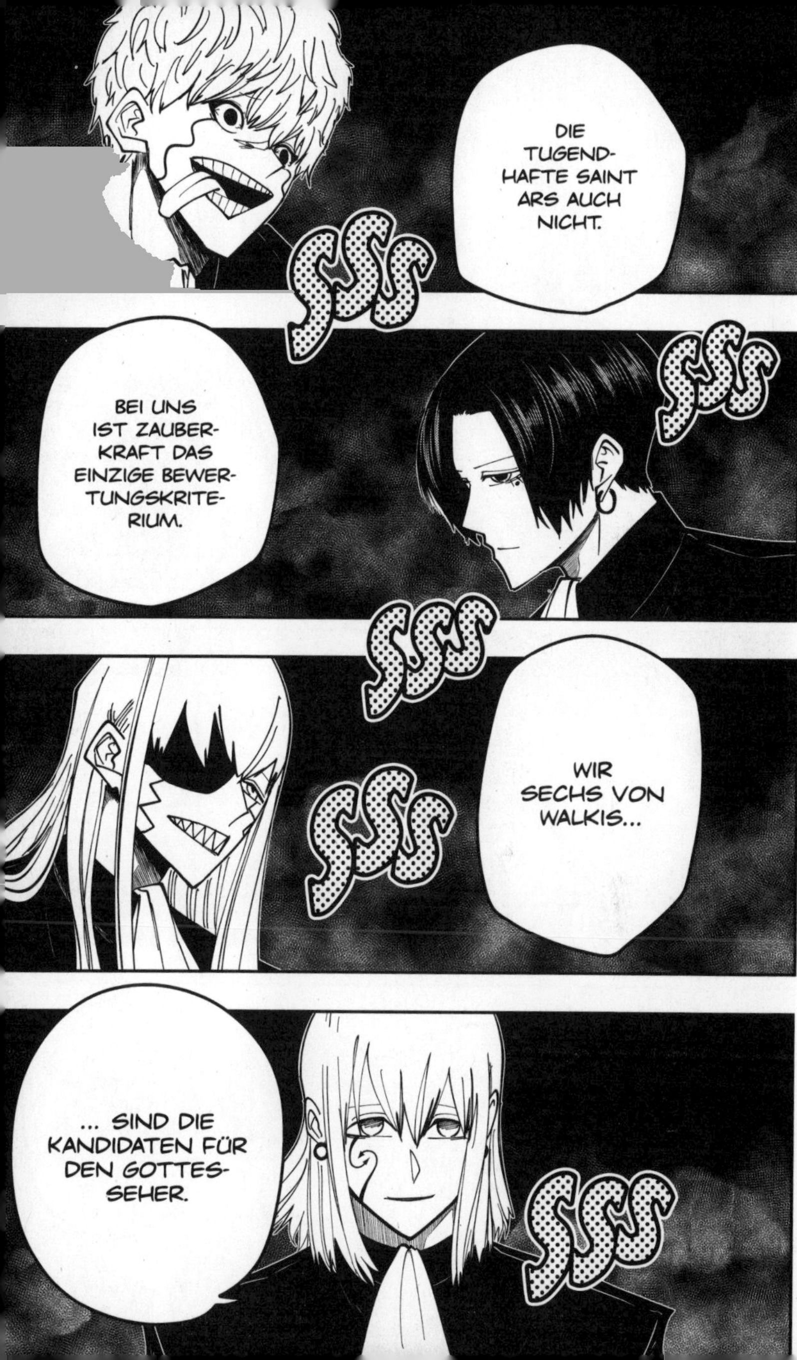
DIE TUGEND-HAFTE SAINT ARS AUCH NICHT.
BEI UNS IST ZAUBER-KRAFT DAS EINZIGE BEWER-TUNGSKRITE-RIUM.
WIR SECHS VON WALKIS...
... SIND DIE KANDIDATEN FÜR DEN GOTTES-SEHER.

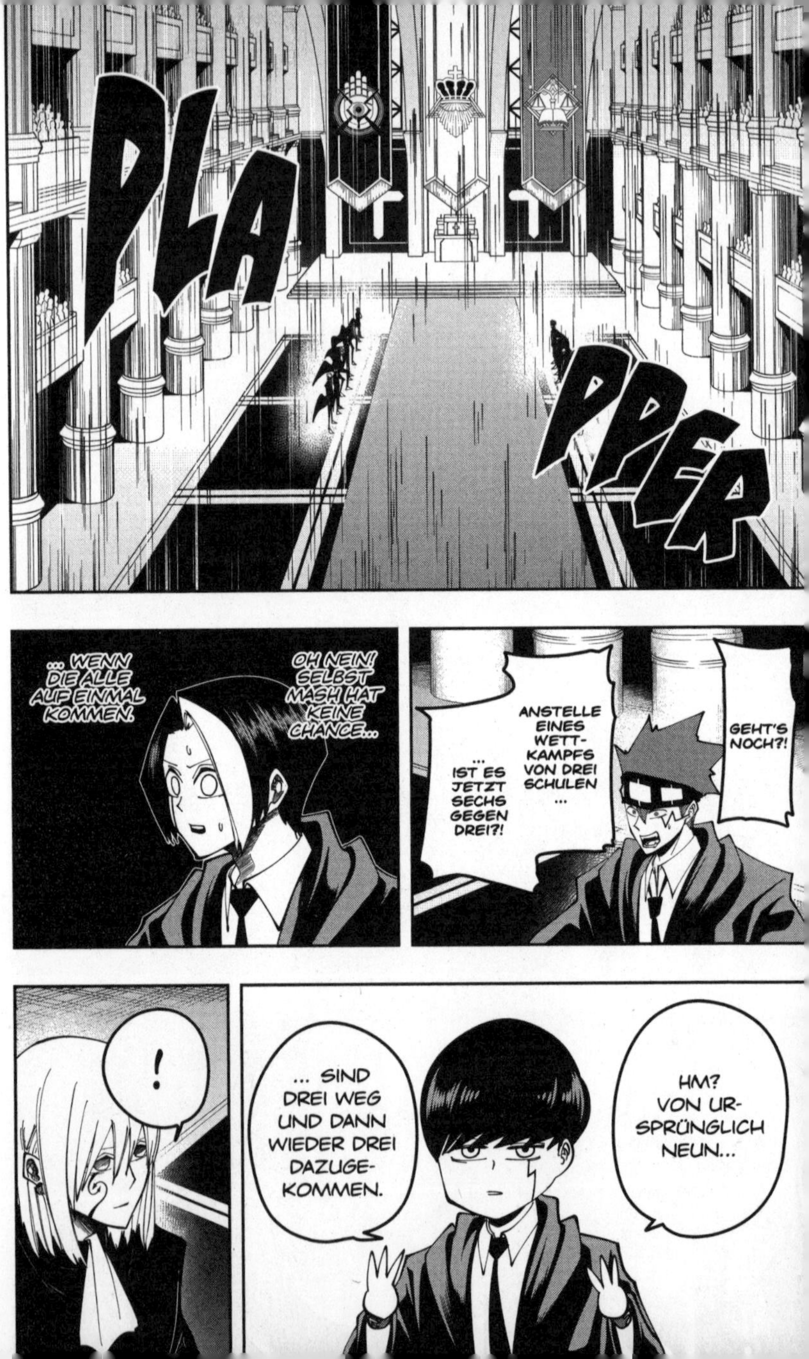

PLA
PPER
GEHT'S NOCH?!
ANSTELLE EINES WETTKAMPFS VON DREI SCHULEN ...
... IST ES JETZT SECHS GEGEN DREI?!
OH NEIN! SELBST MASH HAT KEINE CHANCE...
... WENN DIE ALLE AUF EINMAL KOMMEN.
HM? VON URSPRÜNGLICH NEUN...
... SIND DREI WEG UND DANN WIEDER DREI DAZUGEKOMMEN.
!

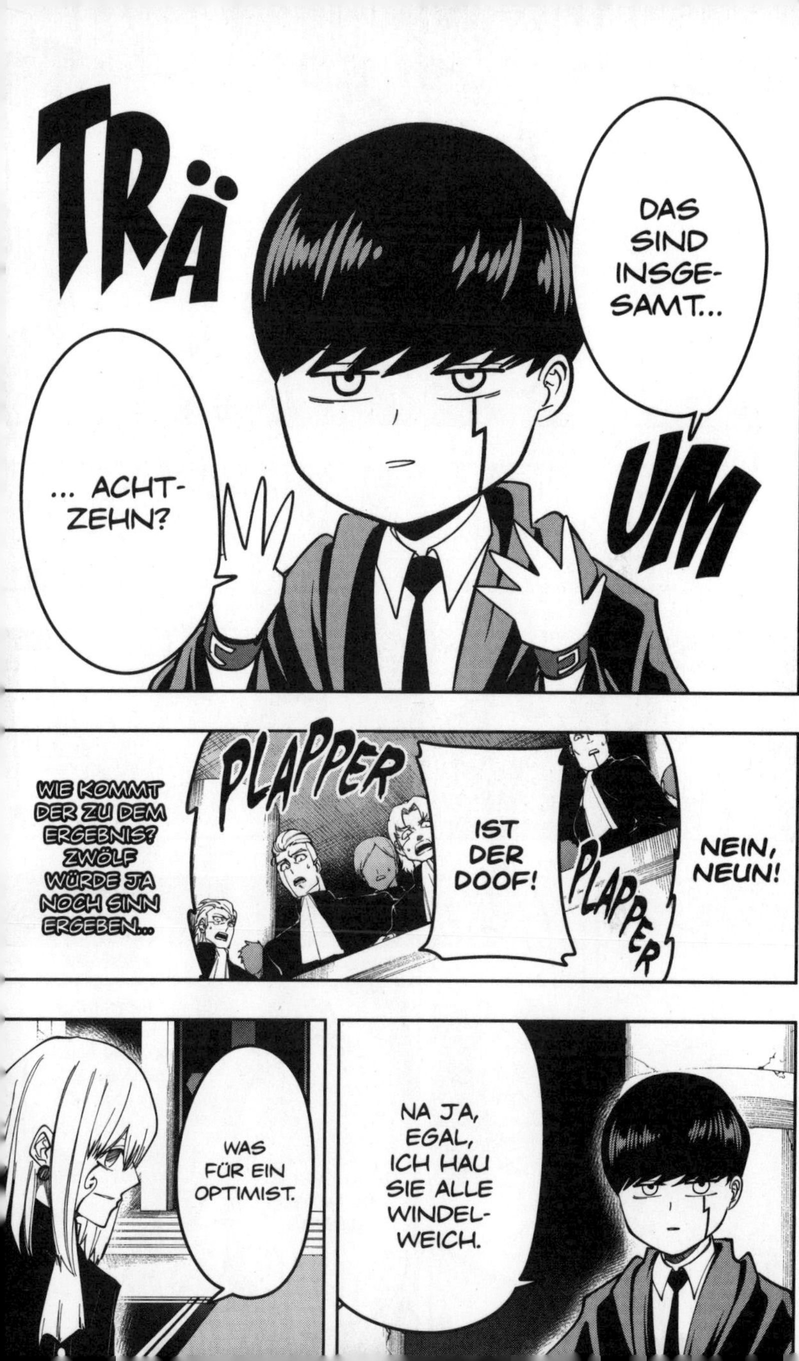
DAS SIND INSGESAMT...
UM
TRÄ
... ACHTZEHN?
NEIN, NEUN!
PLAPPER
IST DER DOOF!
PLAPPER
WIE KOMMT DER ZU DEM ERGEBNIS? ZWÖLF WÜRDE JA NOCH SINN ERGEBEN...
NA JA, EGAL, ICH HAU SIE ALLE WINDELWEICH.
WAS FÜR EIN OPTIMIST.

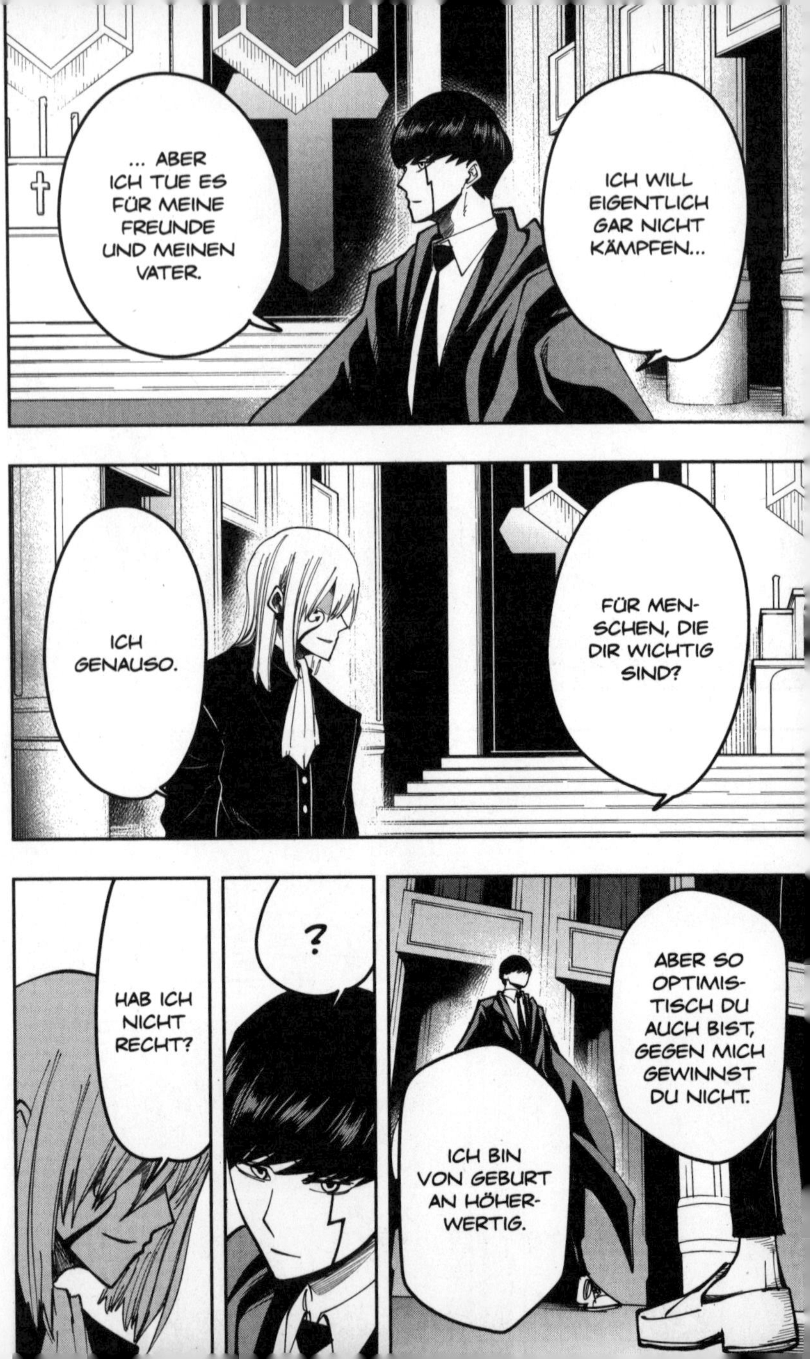
ICH WILL EIGENTLICH GAR NICHT KÄMPFEN...
... ABER ICH TUE ES FÜR MEINE FREUNDE UND MEINEN VATER.
FÜR MENSCHEN, DIE DIR WICHTIG SIND?
ICH GENAUSO.
ABER SO OPTIMISTISCH DU AUCH BIST, GEGEN MICH GEWINNST DU NICHT.
ICH BIN VON GEBURT AN HÖHERWERTIG.
?
HAB ICH NICHT RECHT?

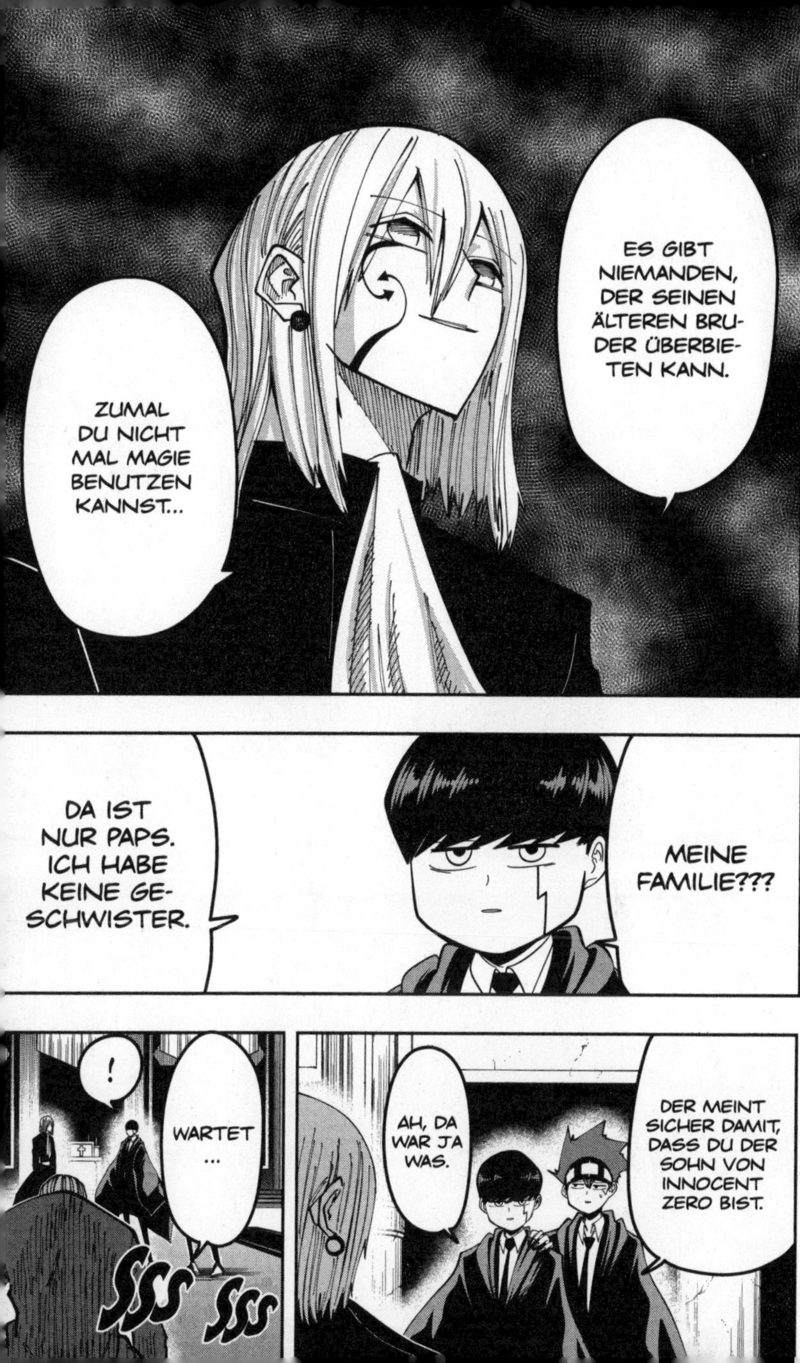
ES GIBT NIEMANDEN, DER SEINEN ÄLTEREN BRUDER ÜBERBIETEN KANN.
ZUMAL DU NICHT MAL MAGIE BENUTZEN KANNST...
MEINE FAMILIE???
DA IST NUR PAPS. ICH HABE KEINE GESCHWISTER.
DER MEINT SICHER DAMIT, DASS DU DER SOHN VON INNOCENT ZERO BIST.
AH, DA WAR JA WAS.
!
WARTET ...
SSS
SSS

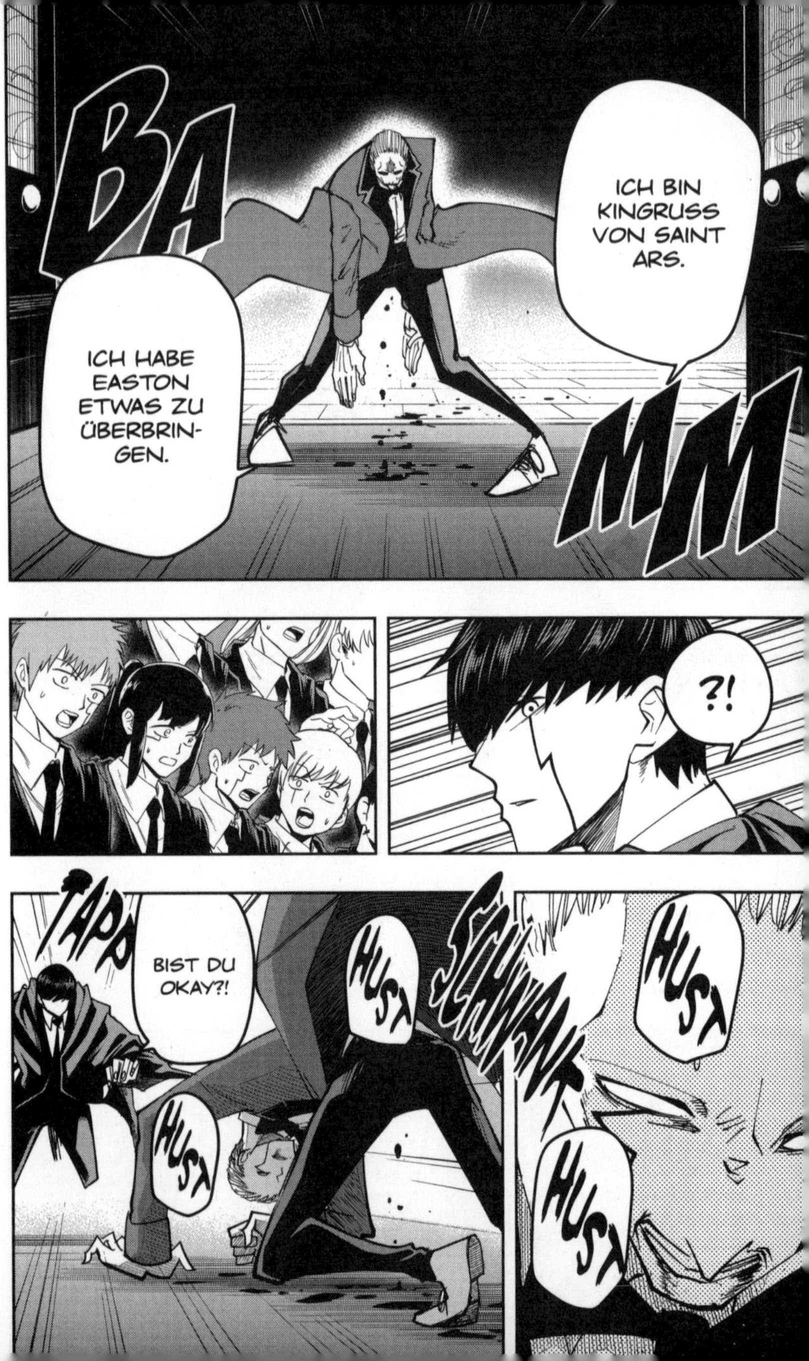
BA
MM
ICH BIN KINGRUSS VON SAINT ARS.
ICH HABE EASTON ETWAS ZU ÜBERBRIN-GEN.
?!
HUST
HUST
SCHWANK
BIST DU OKAY?!
HUST
HUST
TAPP

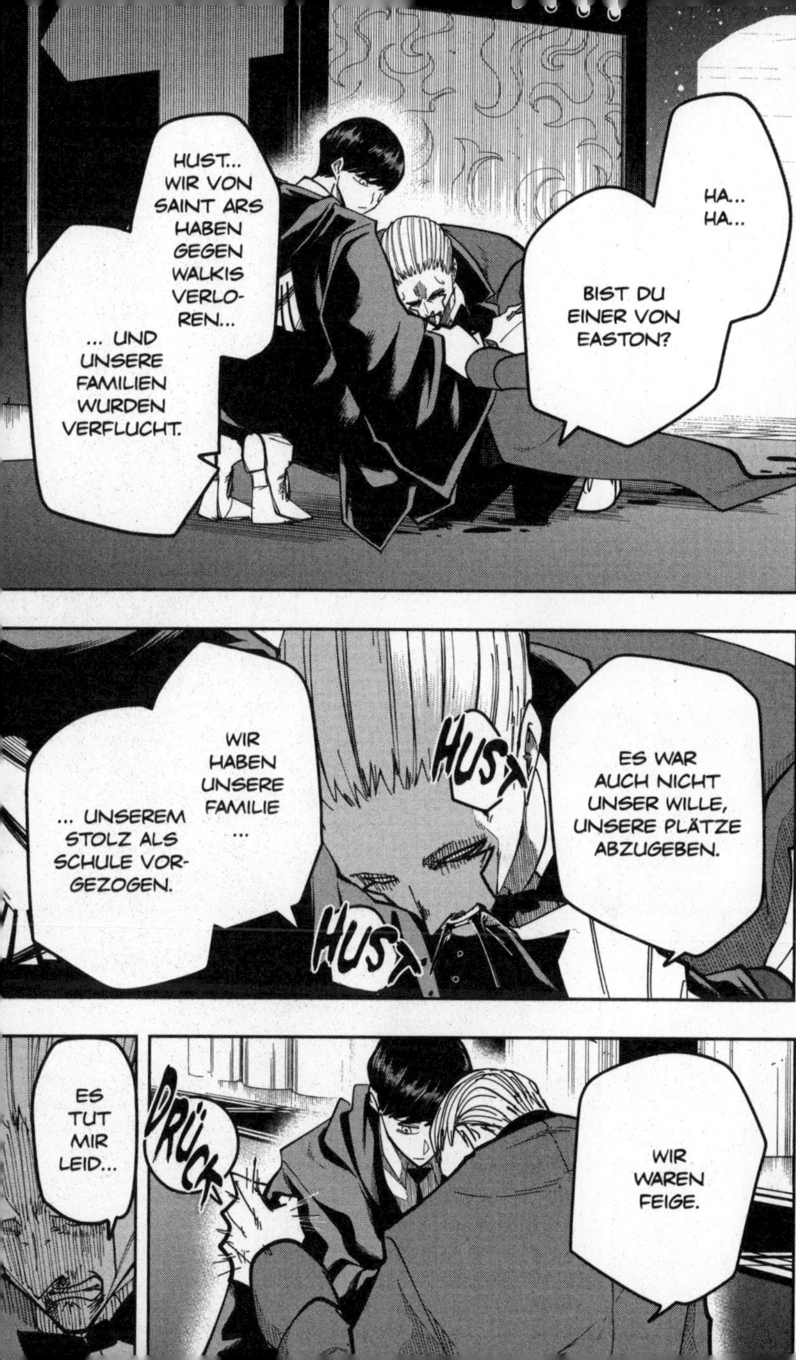
HA... HA...
BIST DU EINER VON EASTON?
HUST... WIR VON SAINT ARS HABEN GEGEN WALKIS VERLO-REN...
... UND UNSERE FAMILIEN WURDEN VERFLUCHT.
ES WAR AUCH NICHT UNSER WILLE, UNSERE PLÄTZE ABZUGEBEN.
HUST
HUST
WIR HABEN UNSERE FAMILIE ...
... UNSEREM STOLZ ALS SCHULE VOR-GEZOGEN.
WIR WAREN FEIGE.
DRÜCK
ES TUT MIR LEID...

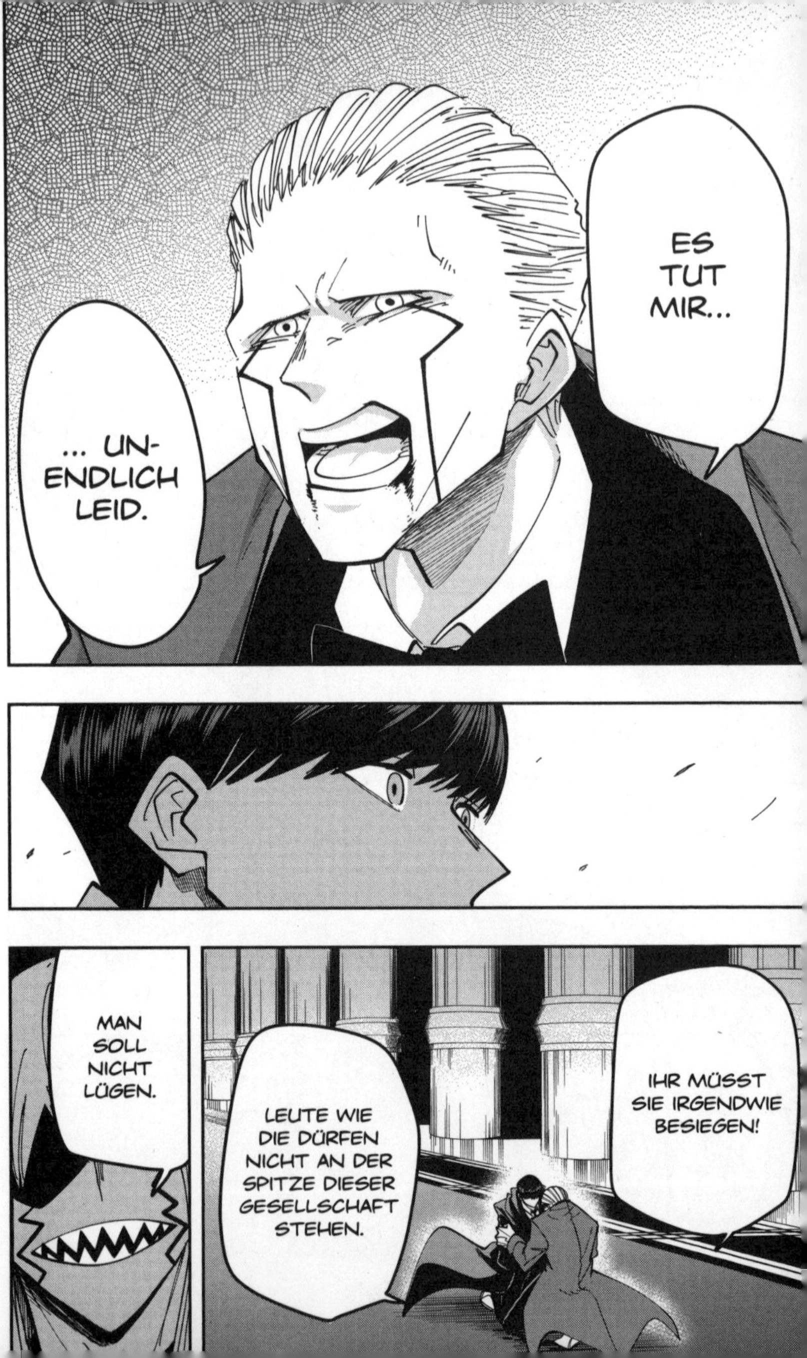
ES TUT MIR...
... UN-ENDLICH LEID.
IHR MÜSST SIE IRGENDWIE BESIEGEN!
LEUTE WIE DIE DÜRFEN NICHT AN DER SPITZE DIESER GESELLSCHAFT STEHEN.
MAN SOLL NICHT LÜGEN.

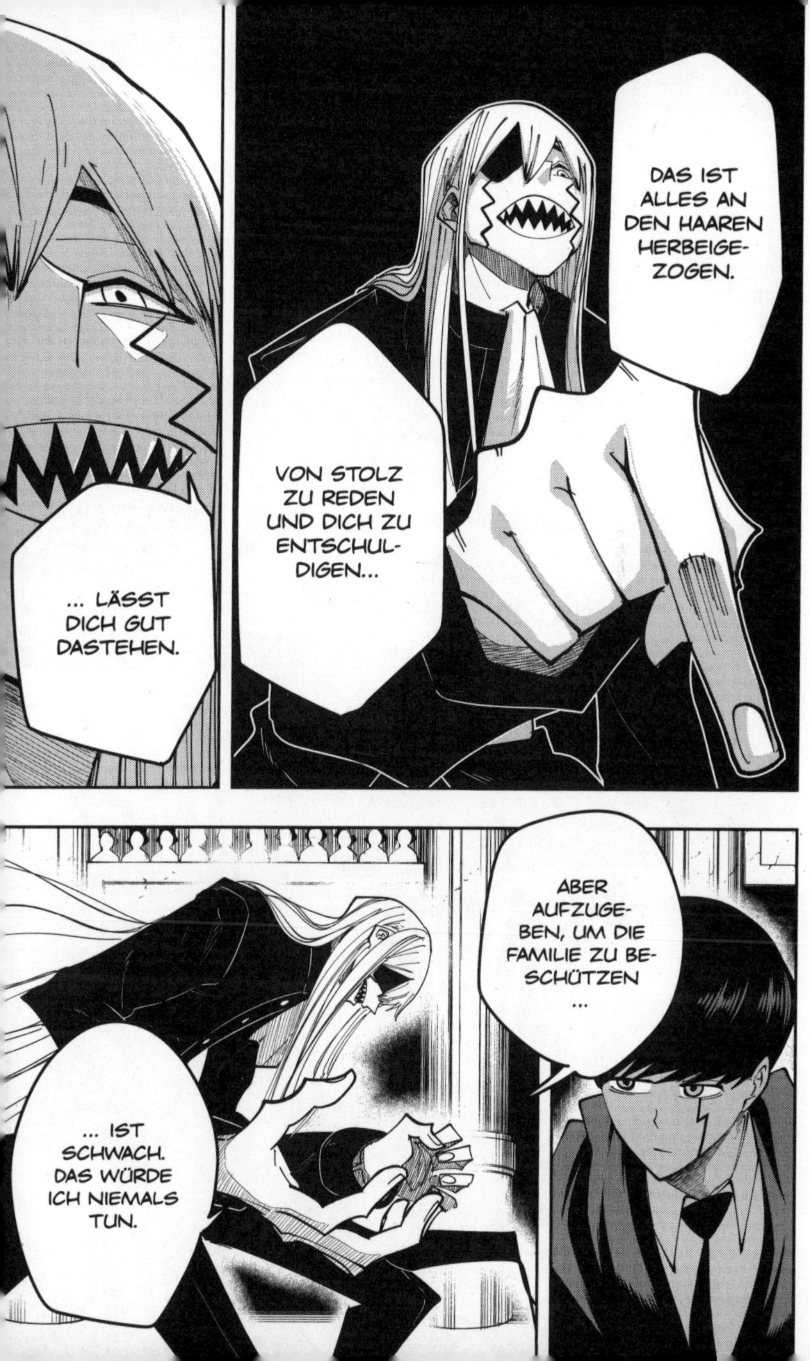
DAS IST ALLES AN DEN HAAREN HERBEIGE-ZOGEN.
VON STOLZ ZU REDEN UND DICH ZU ENTSCHUL-DIGEN...
... LÄSST DICH GUT DASTEHEN.
ABER AUFZUGE-BEN, UM DIE FAMILIE ZU BE-SCHÜTZEN ...
... IST SCHWACH. DAS WÜRDE ICH NIEMALS TUN.

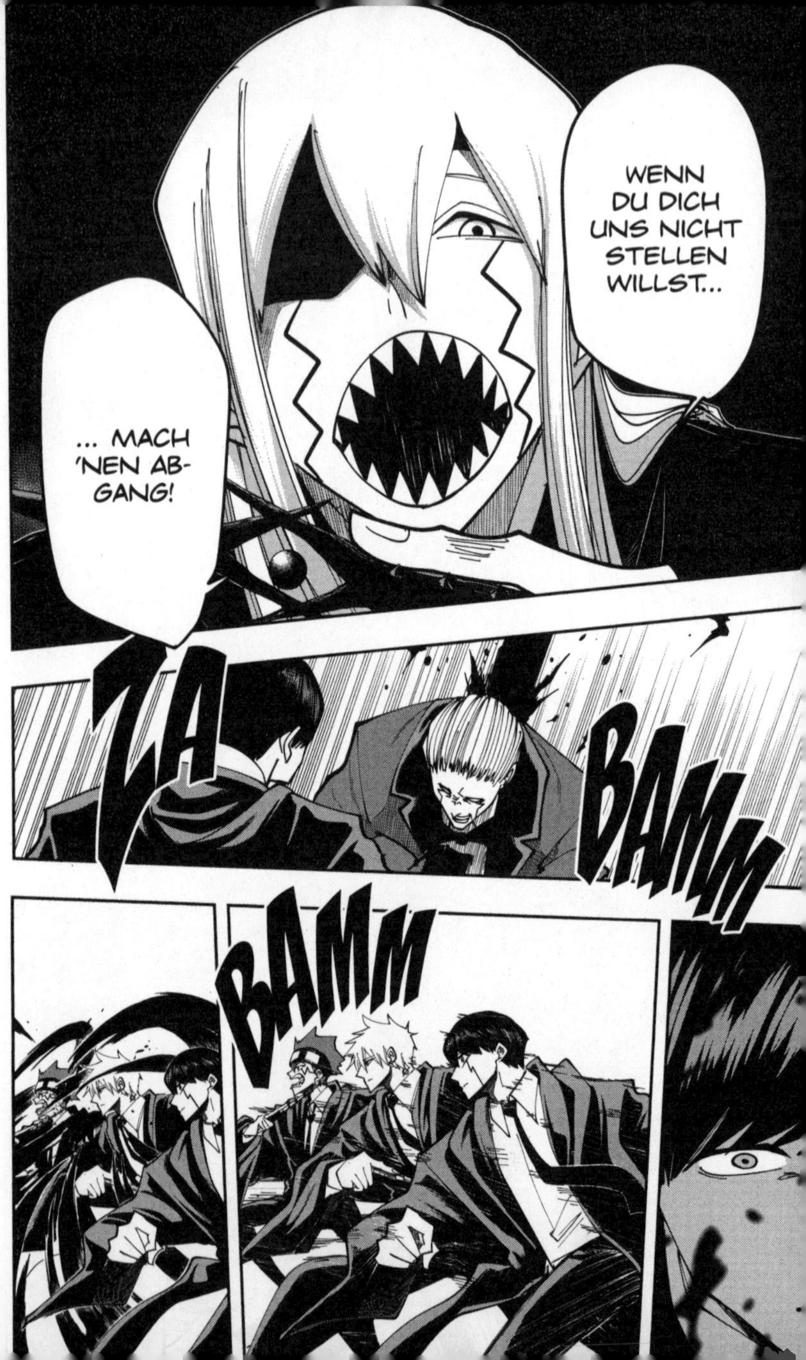
WENN DU DICH UNS NICHT STELLEN WILLST...
... MACH 'NEN AB-GANG!
ZA
BAMM
BAMM

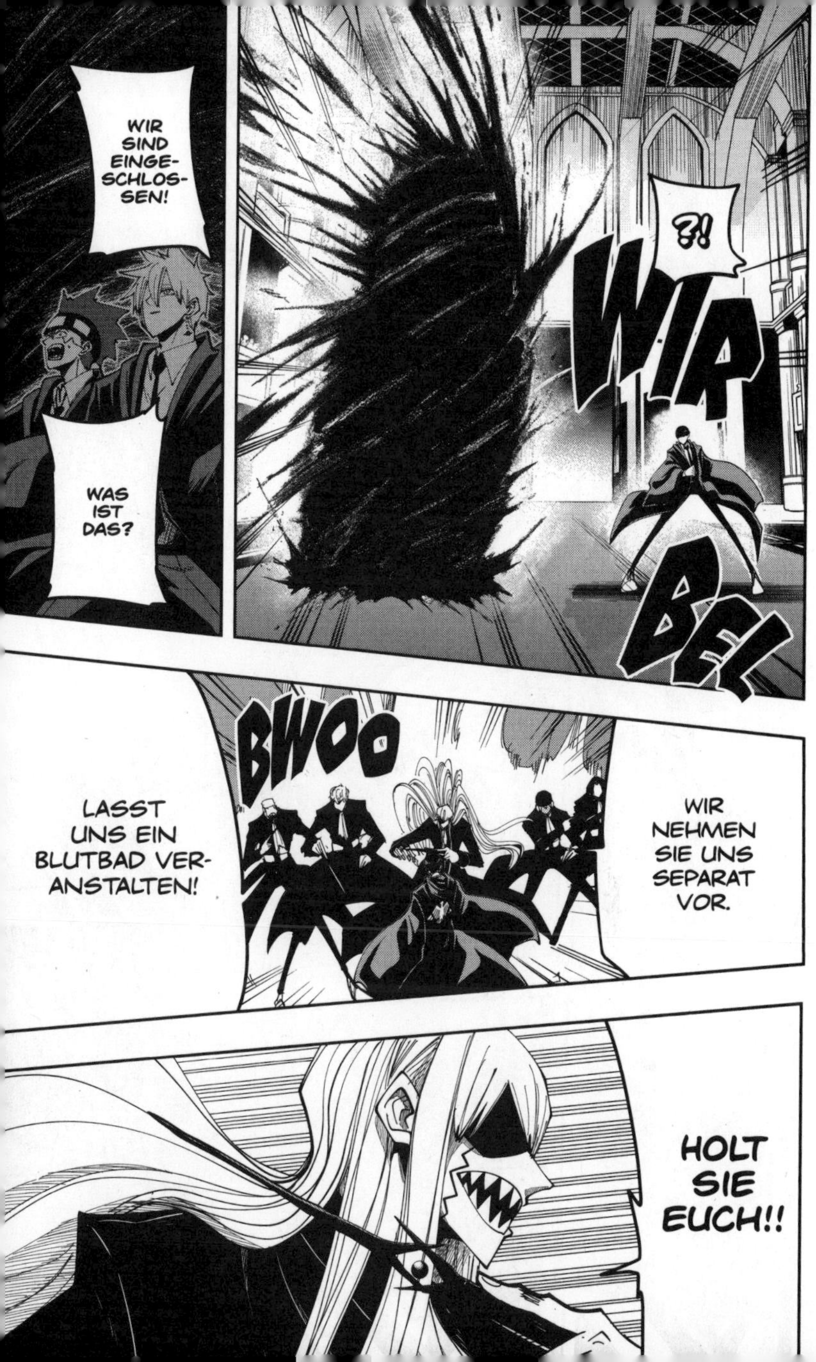
?!
WIRBEL
WIR SIND EINGE-SCHLOS-SEN!
WAS IST DAS?
BWOO
WIR NEHMEN SIE UNS SEPARAT VOR.
LASST UNS EIN BLUTBAD VER-ANSTALTEN!
HOLT SIE EUCH!!

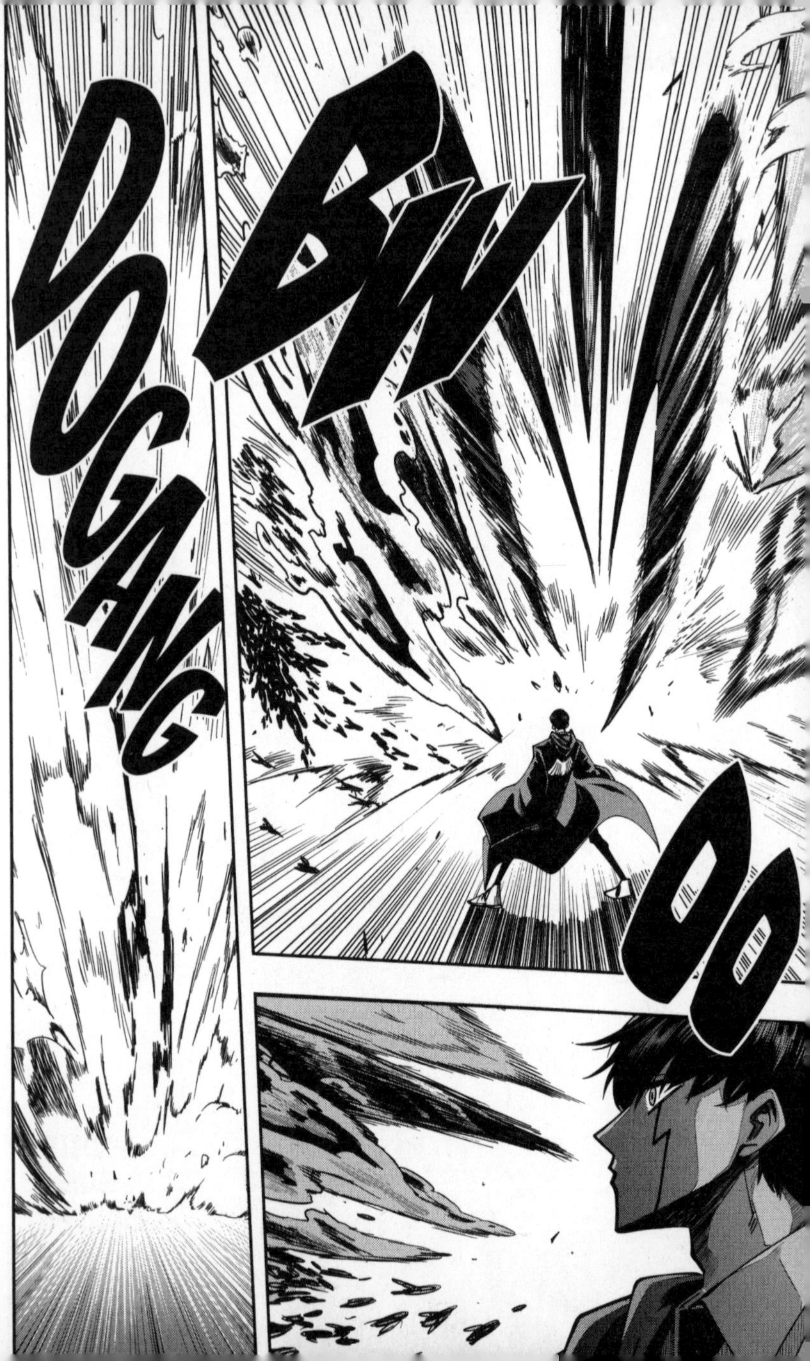
DOGANG

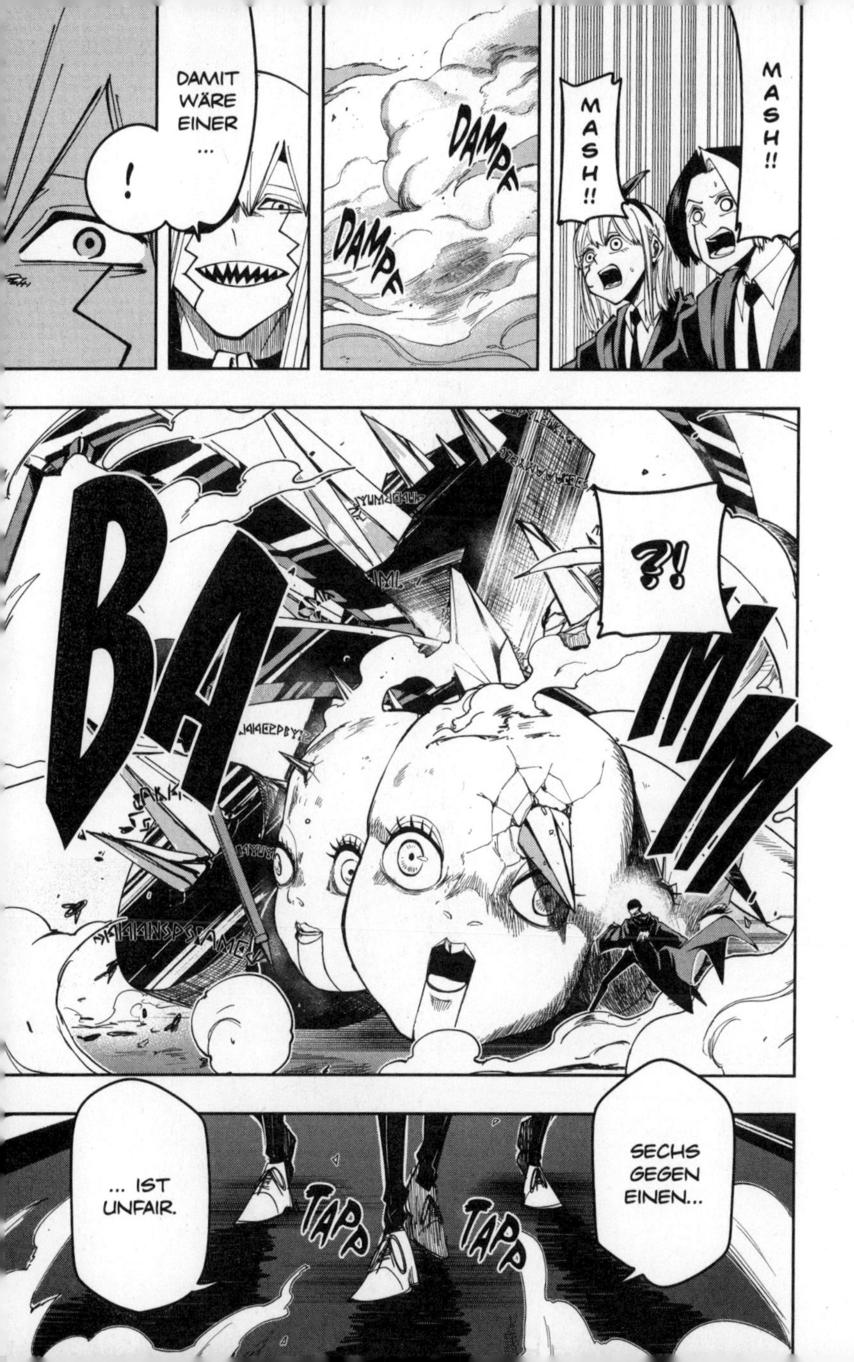
MASH!!
MASH!!
DAMPF
DAMPF
DAMIT WÄRE EINER ...
!
?!
BAMM
SECHS GEGEN EINEN...
TAPP
TAPP
... IST UNFAIR.

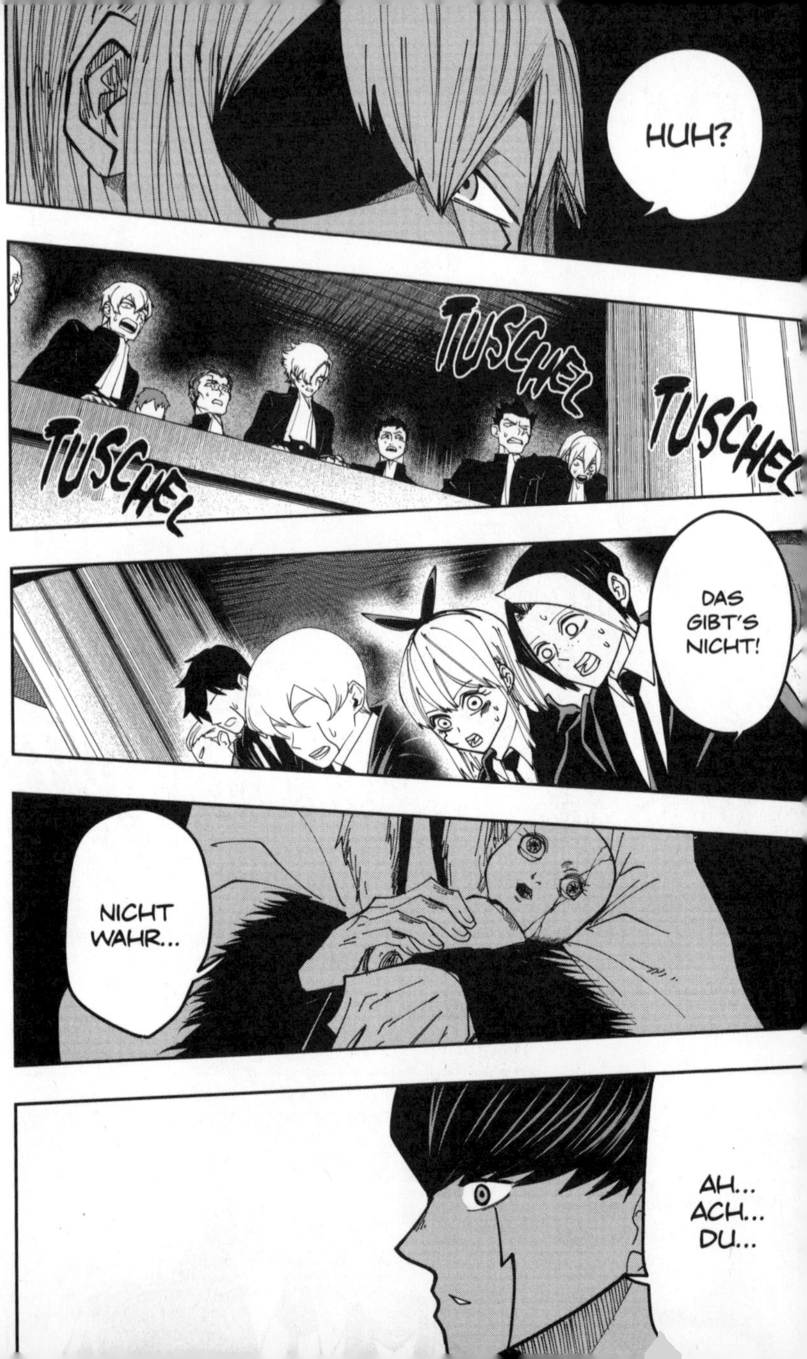
HUH?
TUSCHEL
TUSCHEL
TUSCHEL
DAS GIBT'S NICHT!
NICHT WAHR...
AH... ACH... DU...

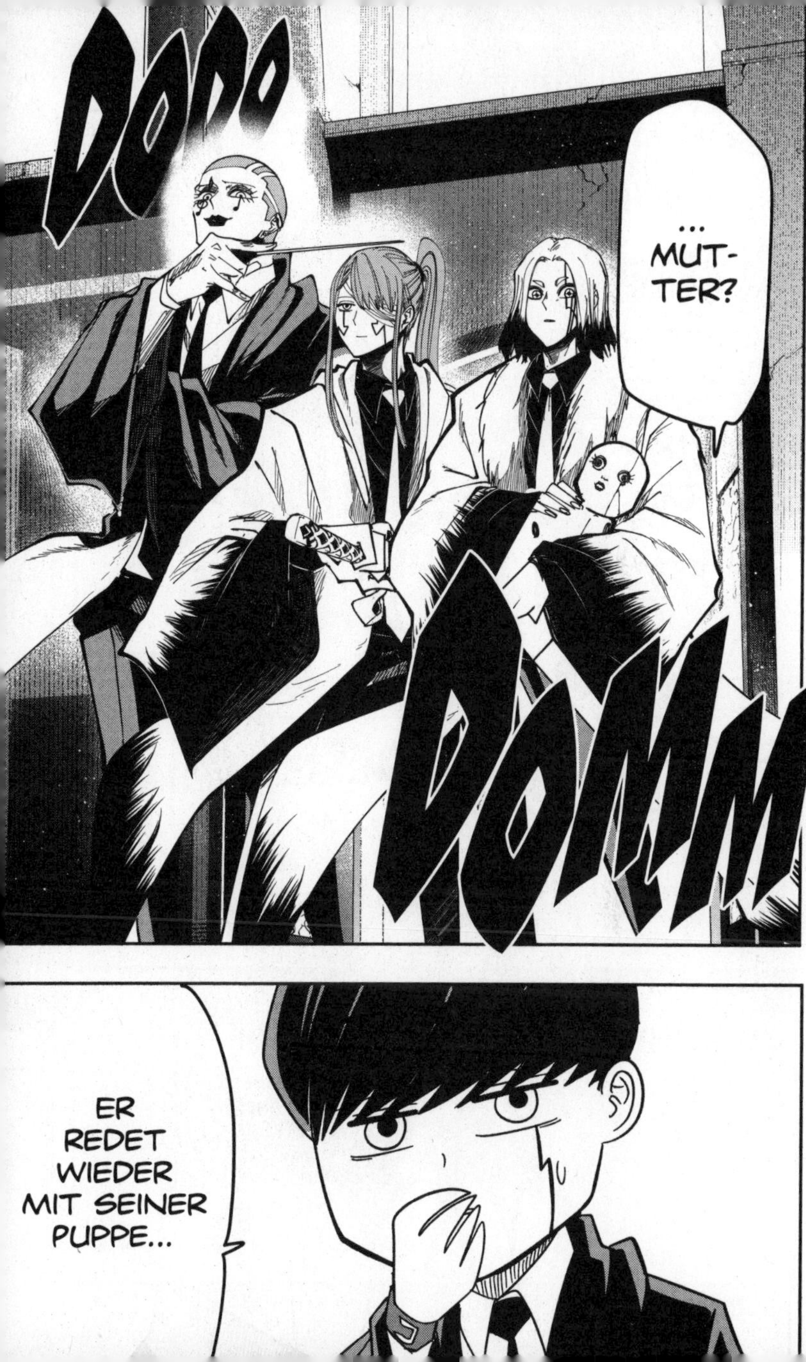
DODO
... MÜT-
TER?
DOMM!
ER
REDET
WIEDER
MIT SEINER
PUPPE...

Morning-Routine ③ - 2

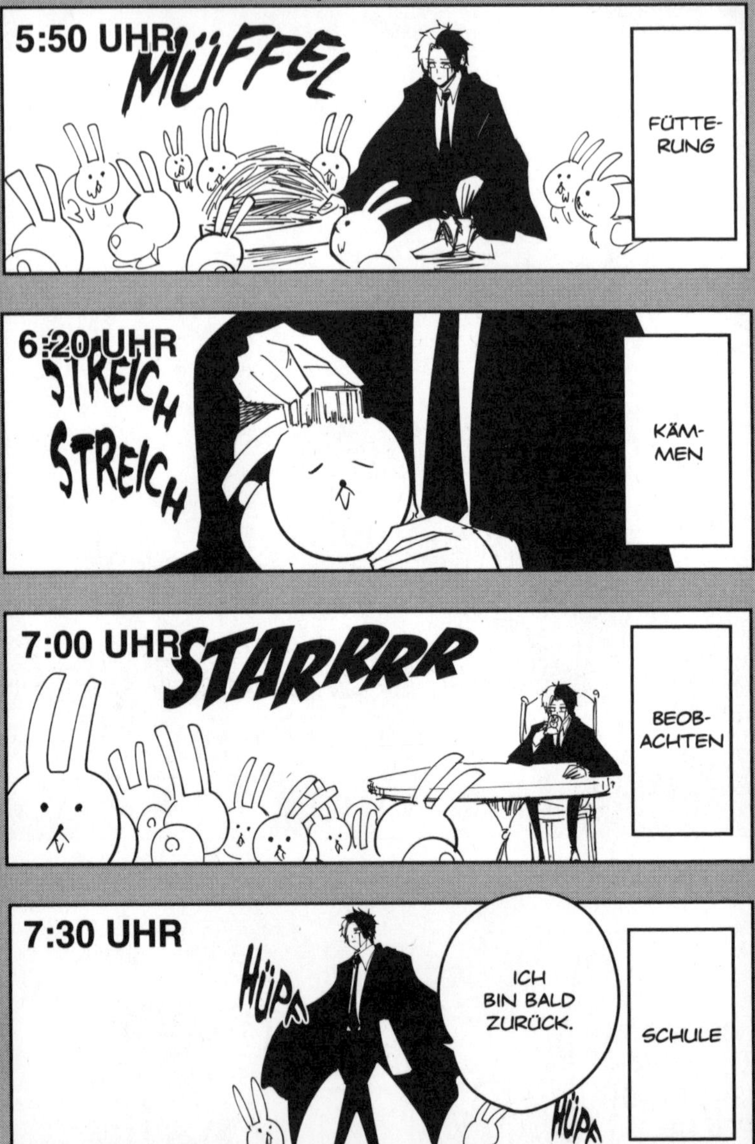

Ende des Extras

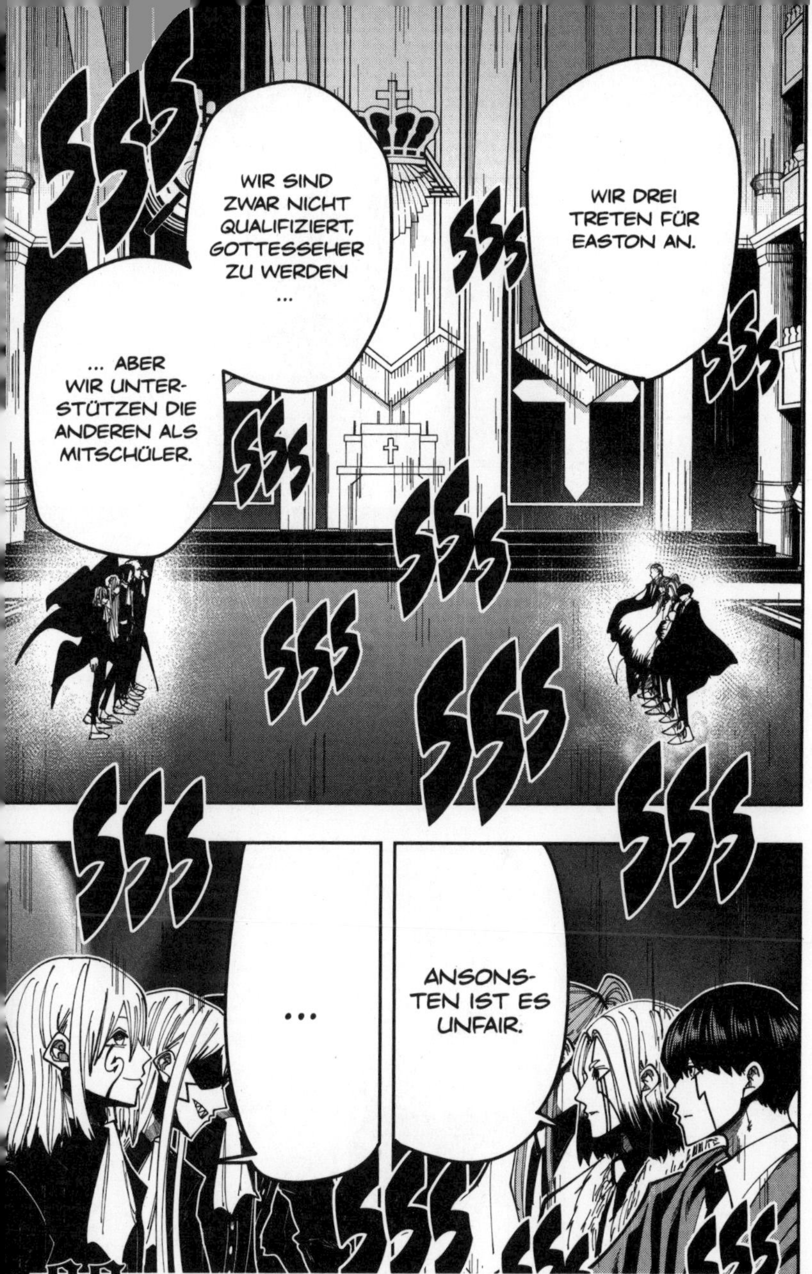

80. Kapitel Mash Burnedead und das Kartenspiel mit Freunden

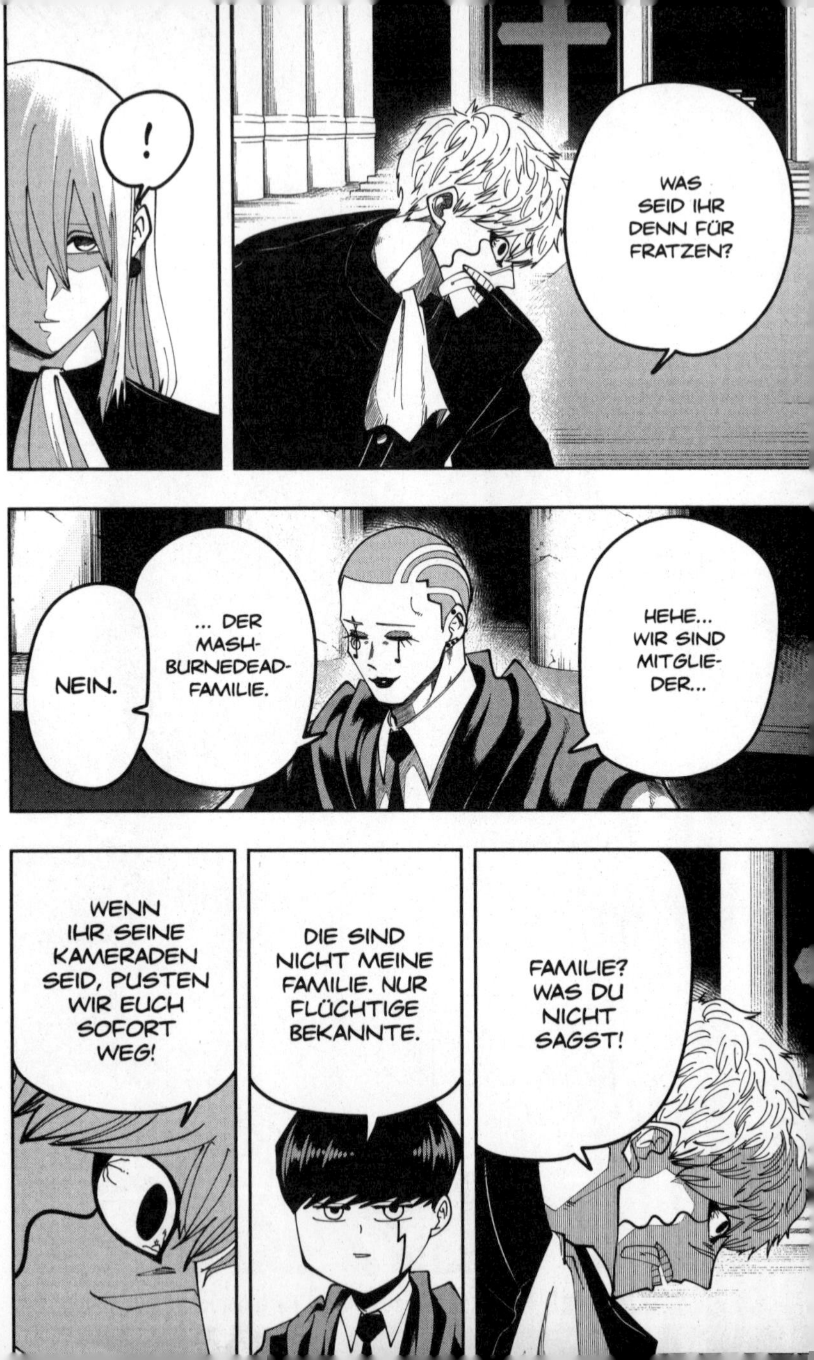
WAS SEID IHR DENN FÜR FRATZEN?
!
HEHE... WIR SIND MITGLIE-DER...
... DER MASH-BURNEDEAD-FAMILIE.
NEIN.
FAMILIE? WAS DU NICHT SAGST!
DIE SIND NICHT MEINE FAMILIE. NUR FLÜCHTIGE BEKANNTE.
WENN IHR SEINE KAMERADEN SEID, PUSTEN WIR EUCH SOFORT WEG!

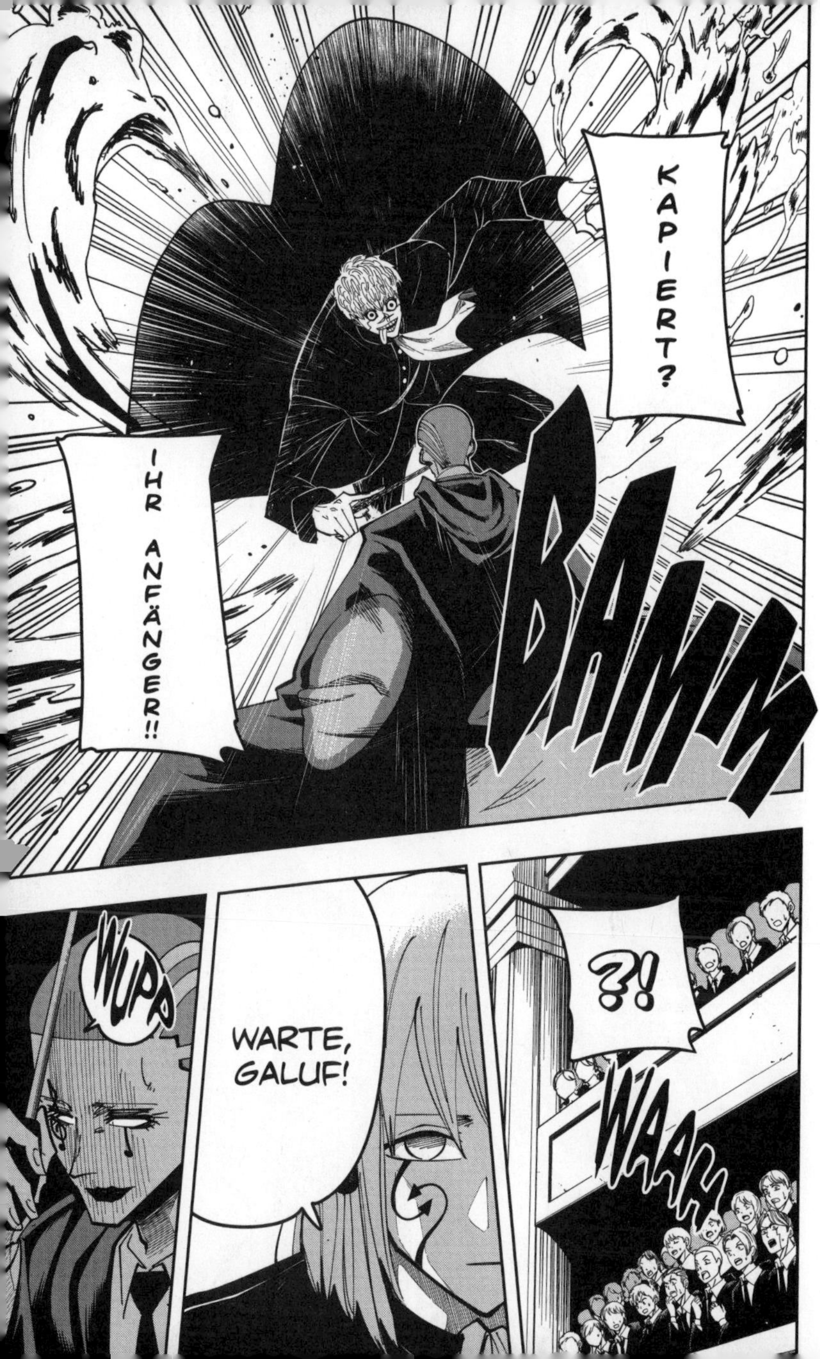
KAPIERT?
IHR ANFÄNGER!!
BAMM
?!
WAAH
WARTE, GALUF!
WUPP

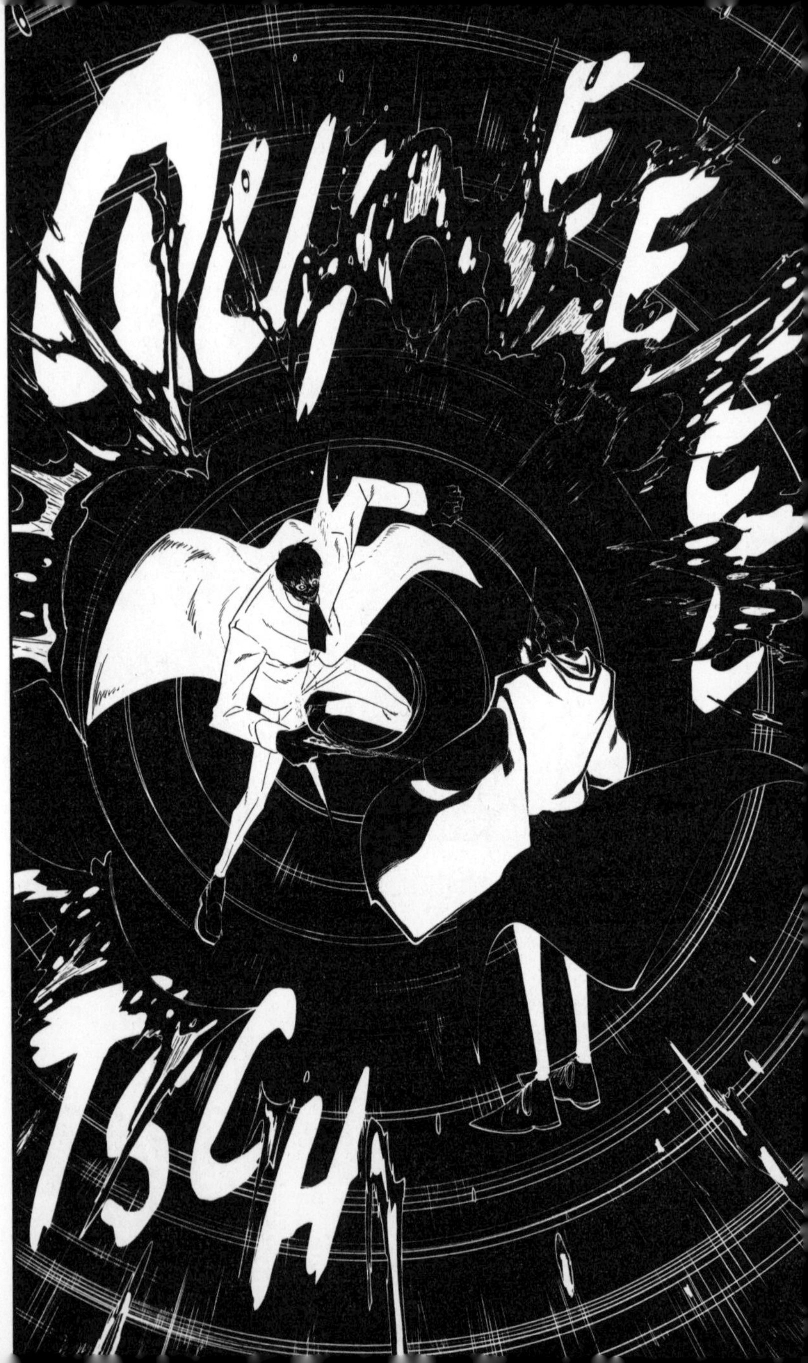
TSCH

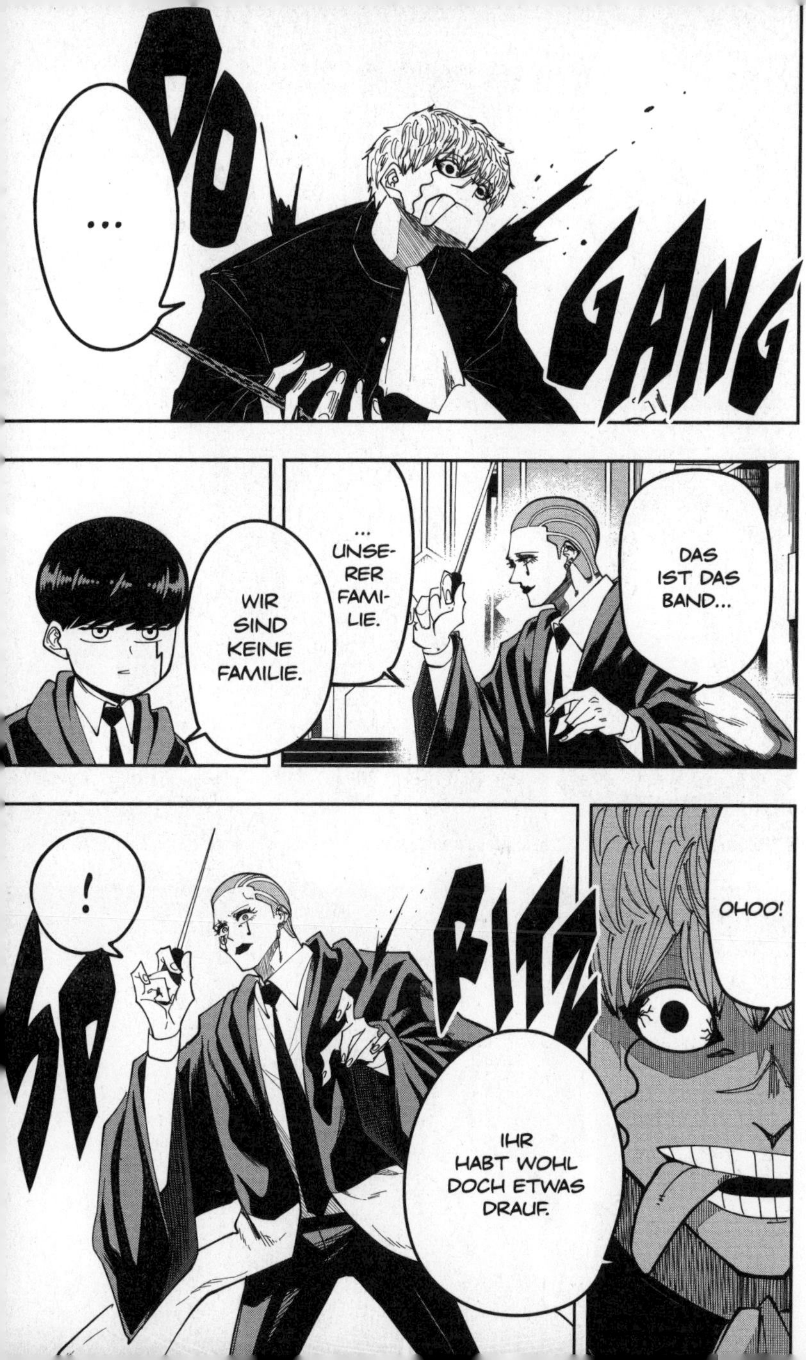
GANG
...
DAS IST DAS BAND...
... UNSERER FAMILIE.
WIR SIND KEINE FAMILIE.
OHOO!
IHR HABT WOHL DOCH ETWAS DRAUF.
BITZ
!

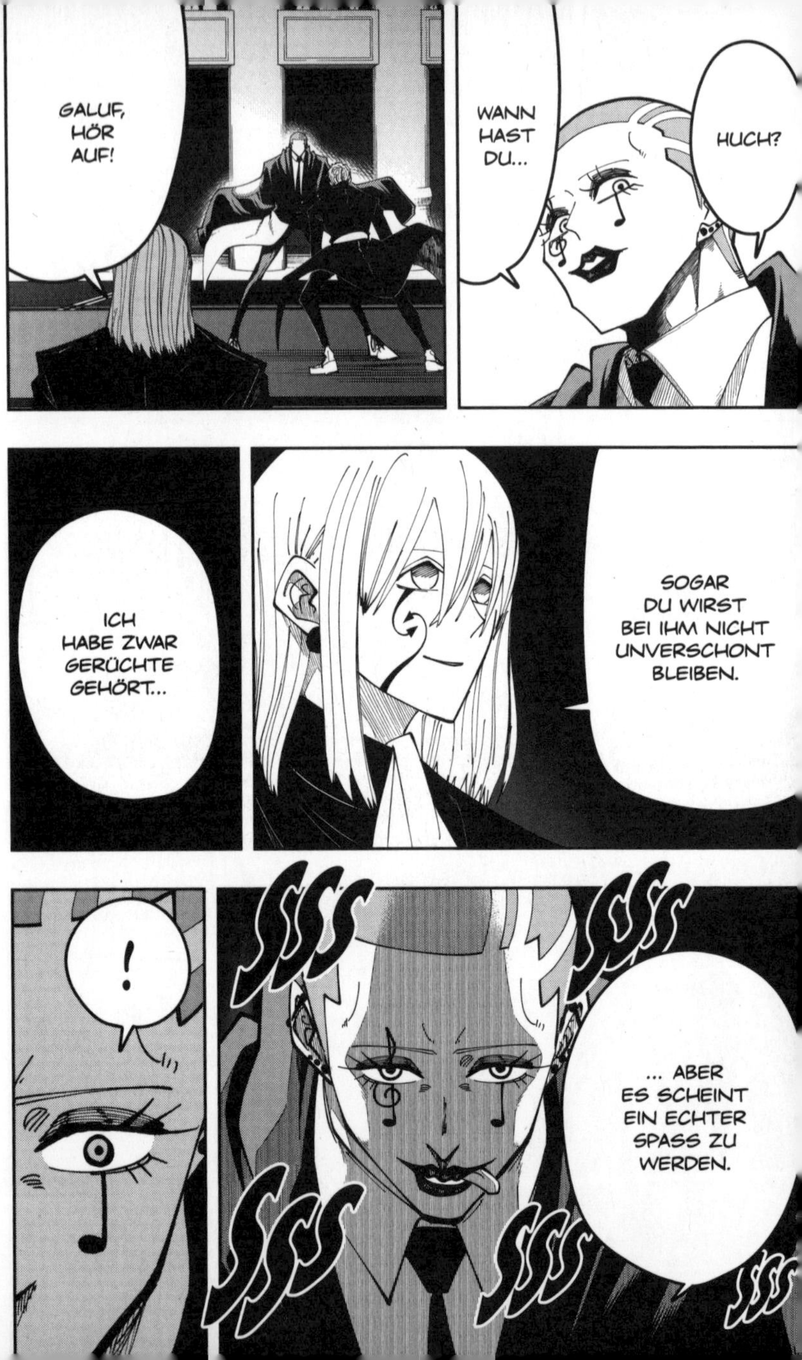
HUCH?
WANN HAST DU...
GALUF, HÖR AUF!
SOGAR DU WIRST BEI IHM NICHT UNVERSCHONT BLEIBEN.
ICH HABE ZWAR GERÜCHTE GEHÖRT...
... ABER ES SCHEINT EIN ECHTER SPASS ZU WERDEN.
!

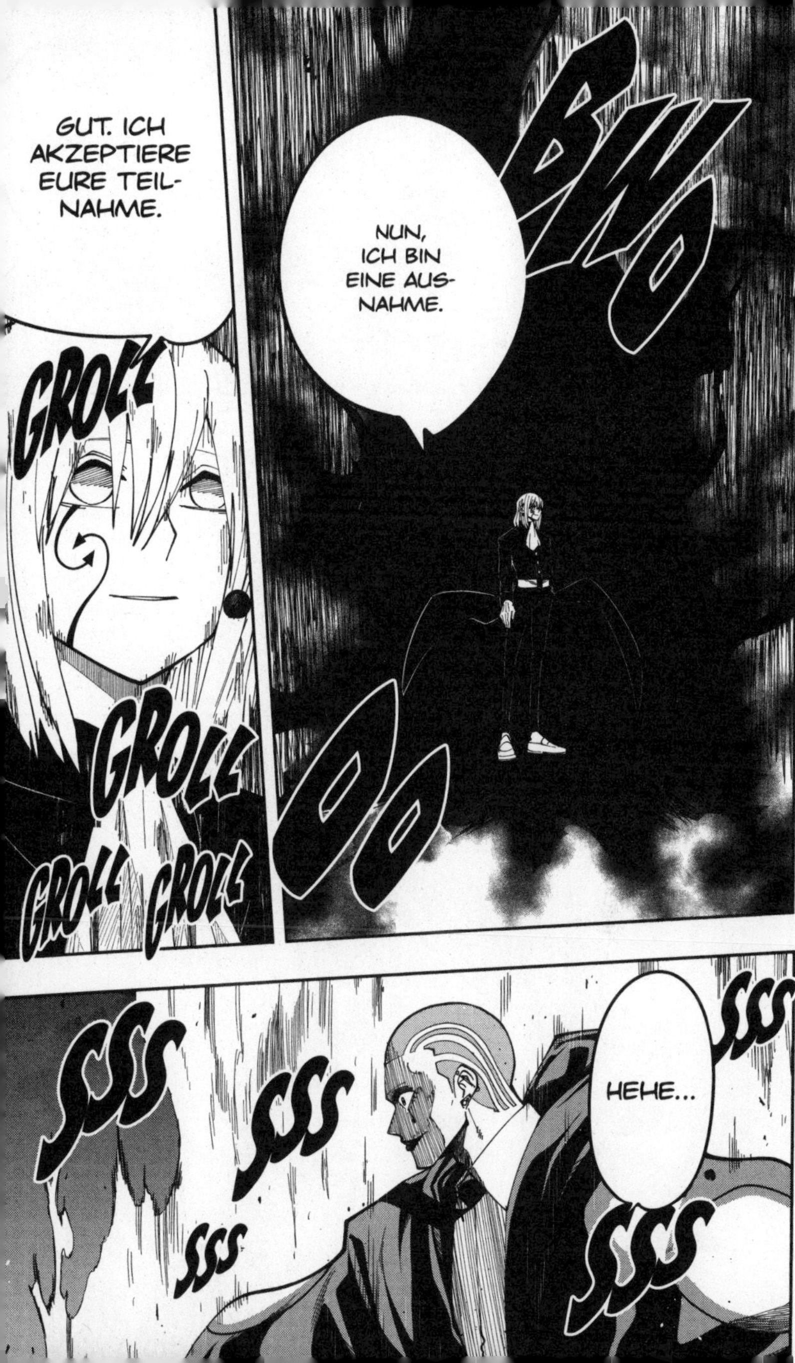
NUN, ICH BIN EINE AUS-NAHME.
GUT. ICH AKZEPTIERE EURE TEIL-NAHME.
GROLL
GROLL
GROLL
GROLL
SSS
SSS
SSS
HEHE...
SSS
SSS

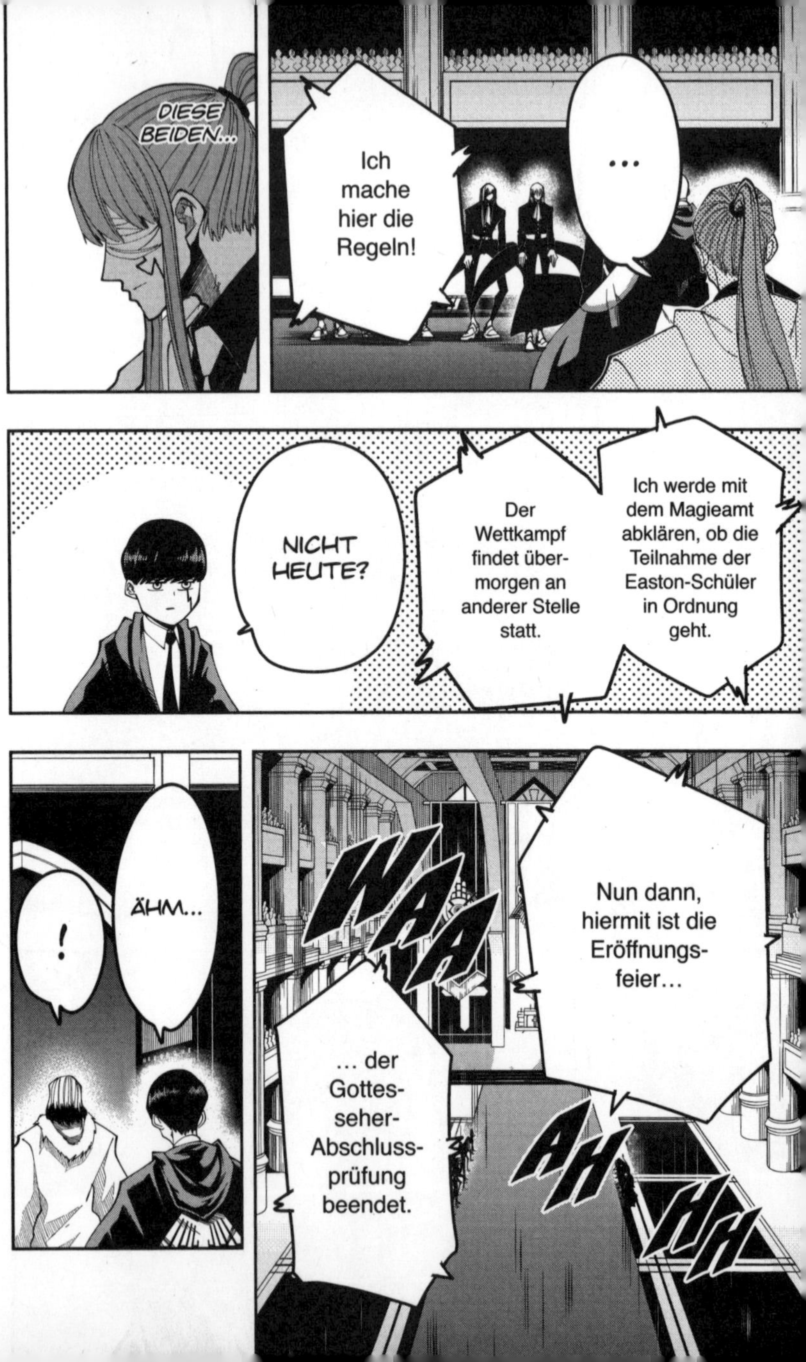
...
Ich mache hier die Regeln!
DIESE BEIDEN...
Ich werde mit dem Magieamt abklären, ob die Teilnahme der Easton-Schüler in Ordnung geht.
Der Wettkampf findet übermorgen an anderer Stelle statt.
NICHT HEUTE?
Nun dann, hiermit ist die Eröffnungsfeier...
... der Gottesseher-Abschlussprüfung beendet.
WAA
AHHH
ÄHM...
!

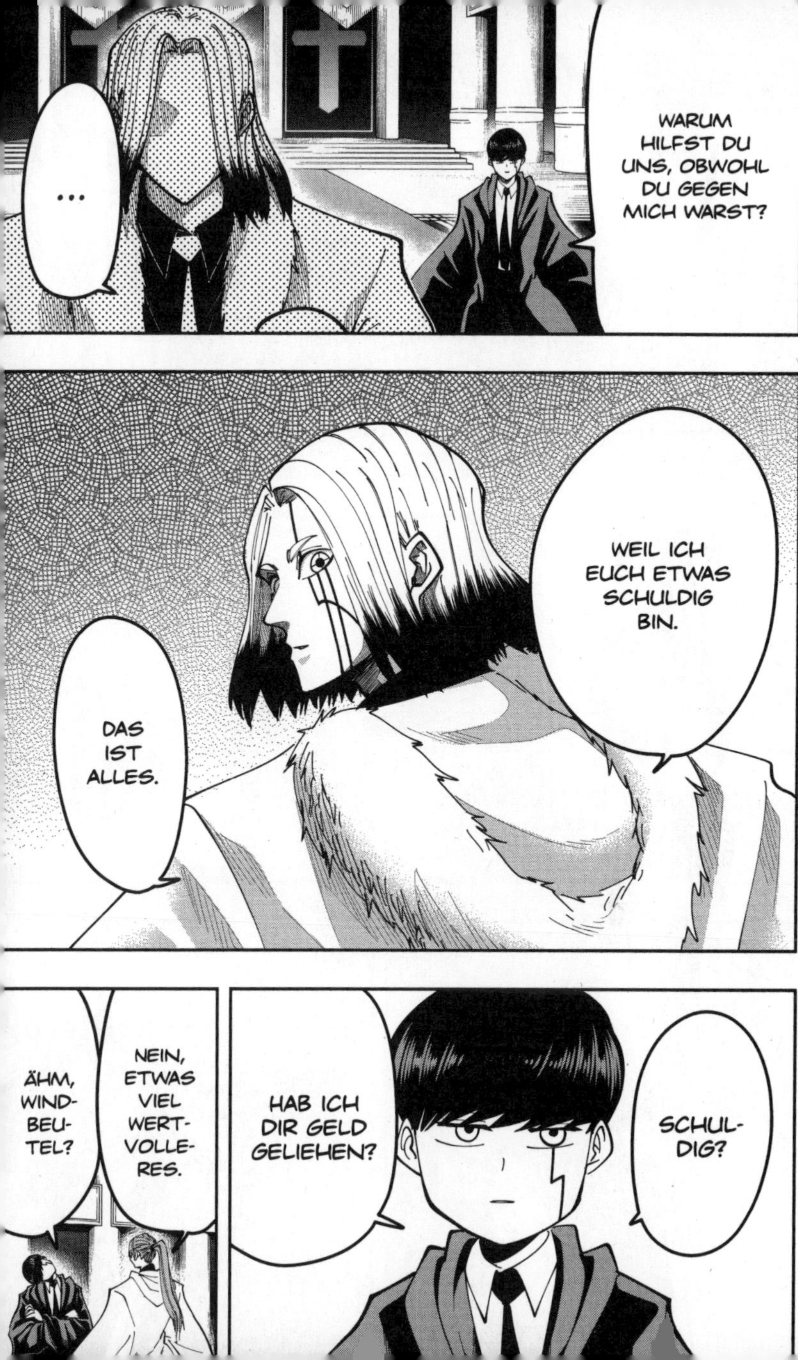
WARUM HILFST DU UNS, OBWOHL DU GEGEN MICH WARST?
...
WEIL ICH EUCH ETWAS SCHULDIG BIN.
DAS IST ALLES.
SCHUL-DIG?
HAB ICH DIR GELD GELIEHEN?
NEIN, ETWAS VIEL WERT-VOLLE-RES.
ÄHM, WIND-BEU-TEL?

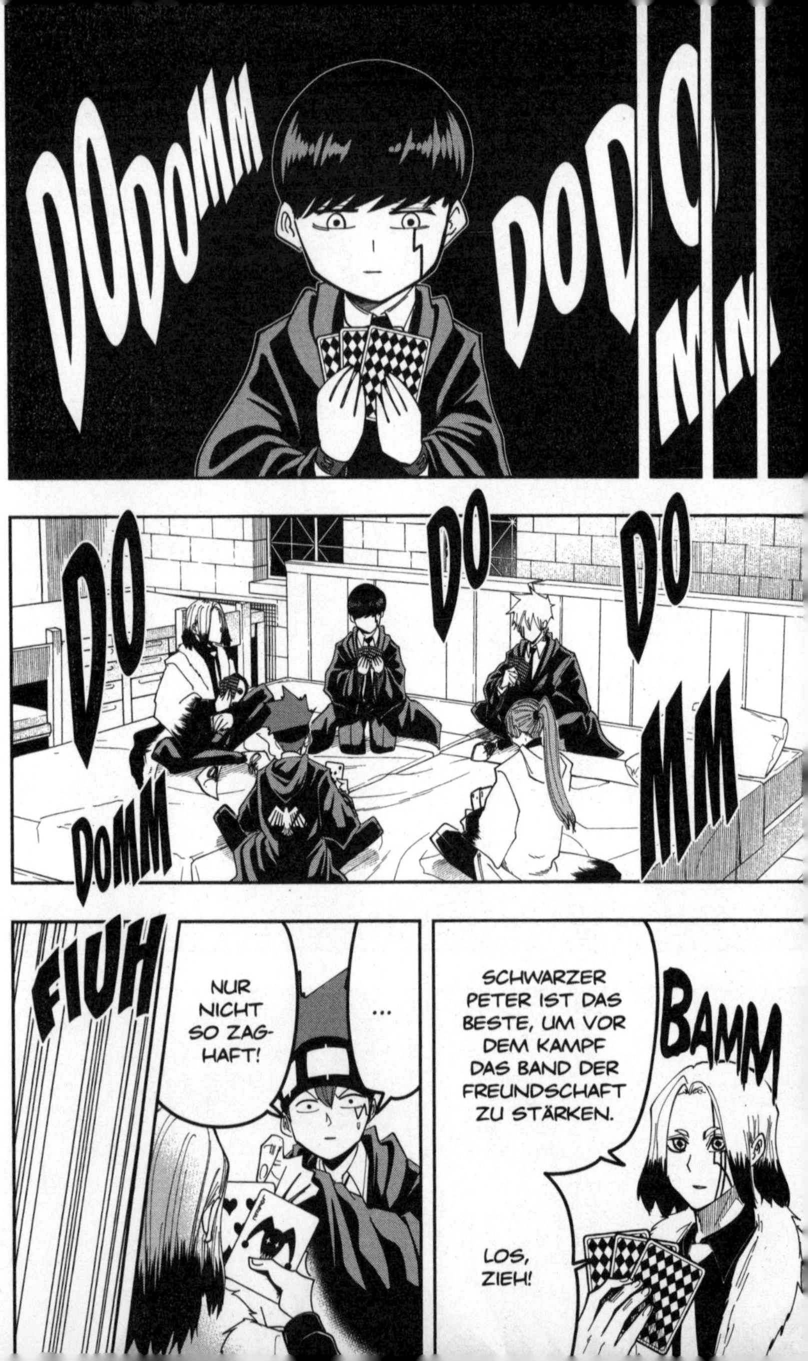
DODOMM
DODOMM
DO DOMM
DO DO
DO MM
FIUH
SCHWARZER PETER IST DAS BESTE, UM VOR DEM KAMPF DAS BAND DER FREUNDSCHAFT ZU STÄRKEN.
BAMM
LOS, ZIEH!
...
NUR NICHT SO ZAG-HAFT!

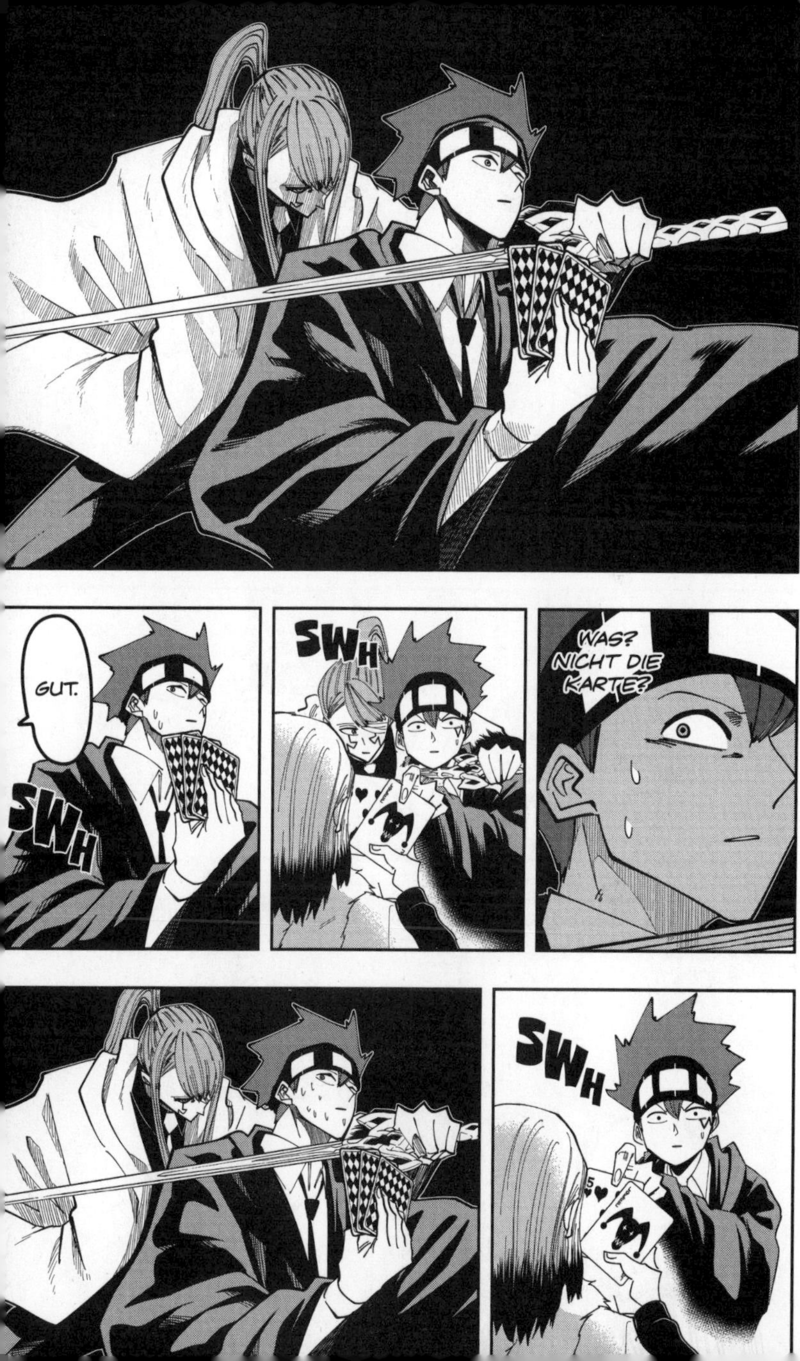
GUT.
SWH
SWH
WAS? NICHT DIE KARTE?
SWH

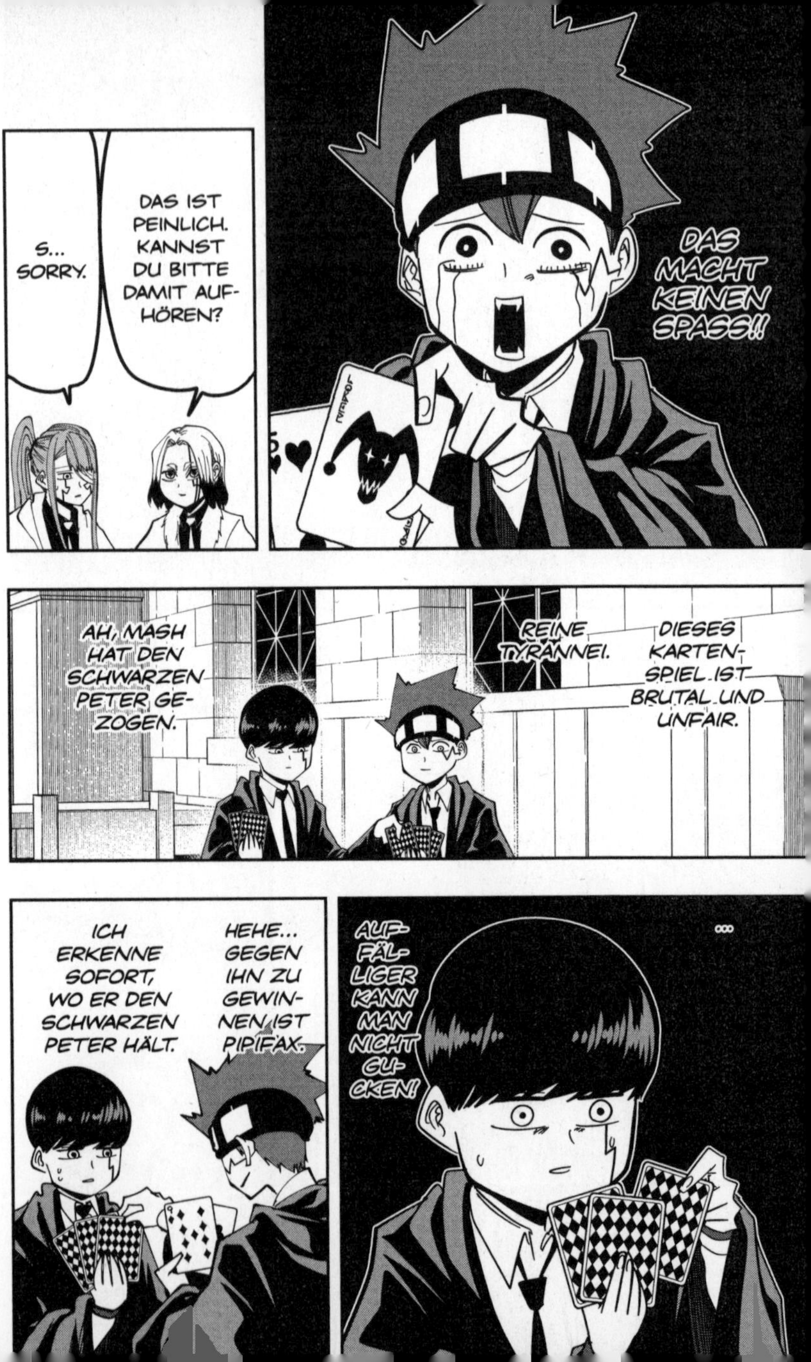
DAS MACHT KEINEN SPASS!!
DAS IST PEINLICH. KANNST DU BITTE DAMIT AUF-HÖREN?
S... SORRY.
DIESES KARTEN-SPIEL IST BRUTAL UND UNFAIR.
REINE TYRANNEI.
AH, MASH HAT DEN SCHWARZEN PETER GE-ZOGEN.
...
AUF-FÄL-LIGER KANN MAN NICHT GU-CKEN!
HEHE... GEGEN IHN ZU GEWIN-NEN IST PIPIFAX.
ICH ERKENNE SOFORT, WO ER DEN SCHWARZEN PETER HÄLT.

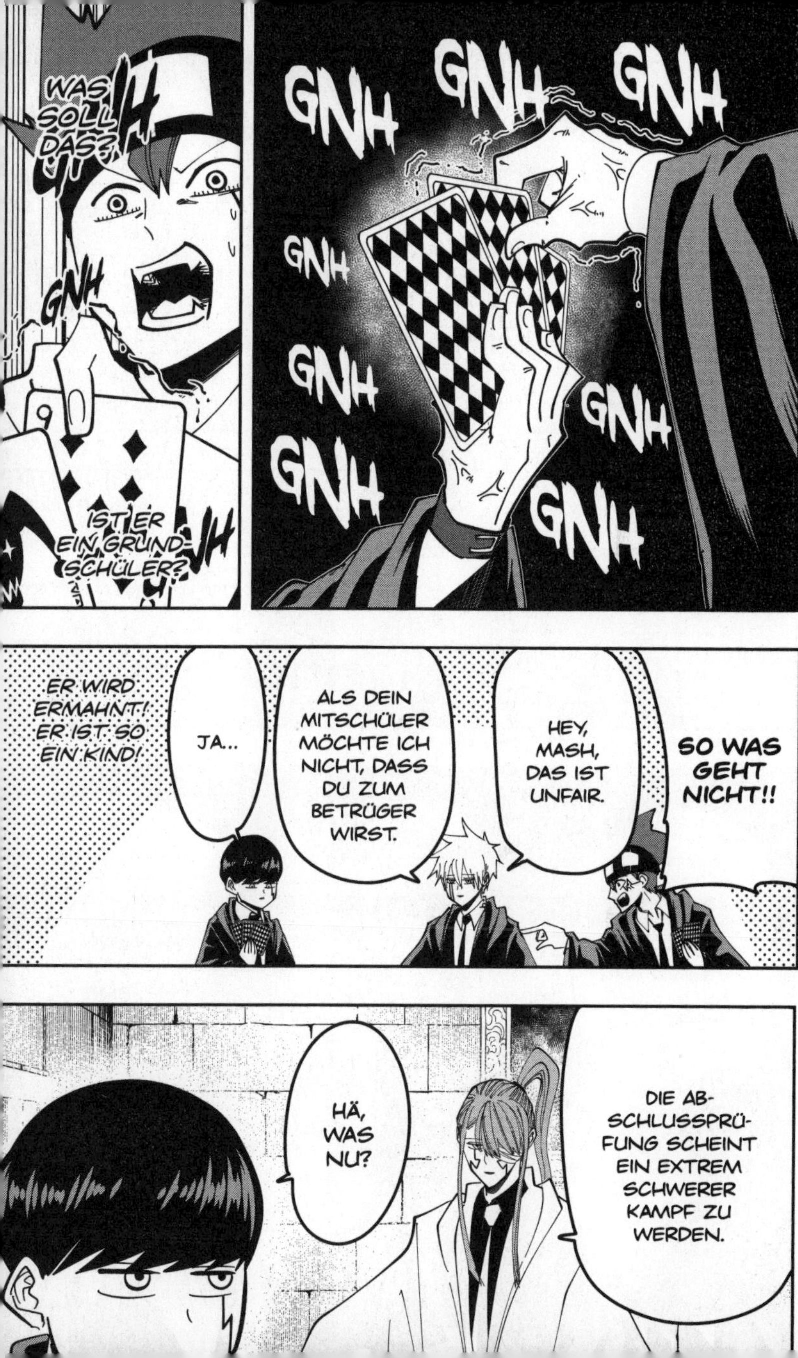
GNH GNH GNH
GNH
GNH
GNH
GNH
GNH
WAS SOLL DAS?!
GNH
IST ER EIN GRUND-SCHÜLER?
SO WAS GEHT NICHT!!
HEY, MASH, DAS IST UNFAIR.
ALS DEIN MITSCHÜLER MÖCHTE ICH NICHT, DASS DU ZUM BETRÜGER WIRST.
JA…
ER WIRD ERMAHNT! ER IST SO EIN KIND!
DIE AB-SCHLUSSPRÜ-FUNG SCHEINT EIN EXTREM SCHWERER KAMPF ZU WERDEN.
HÄ, WAS NU?

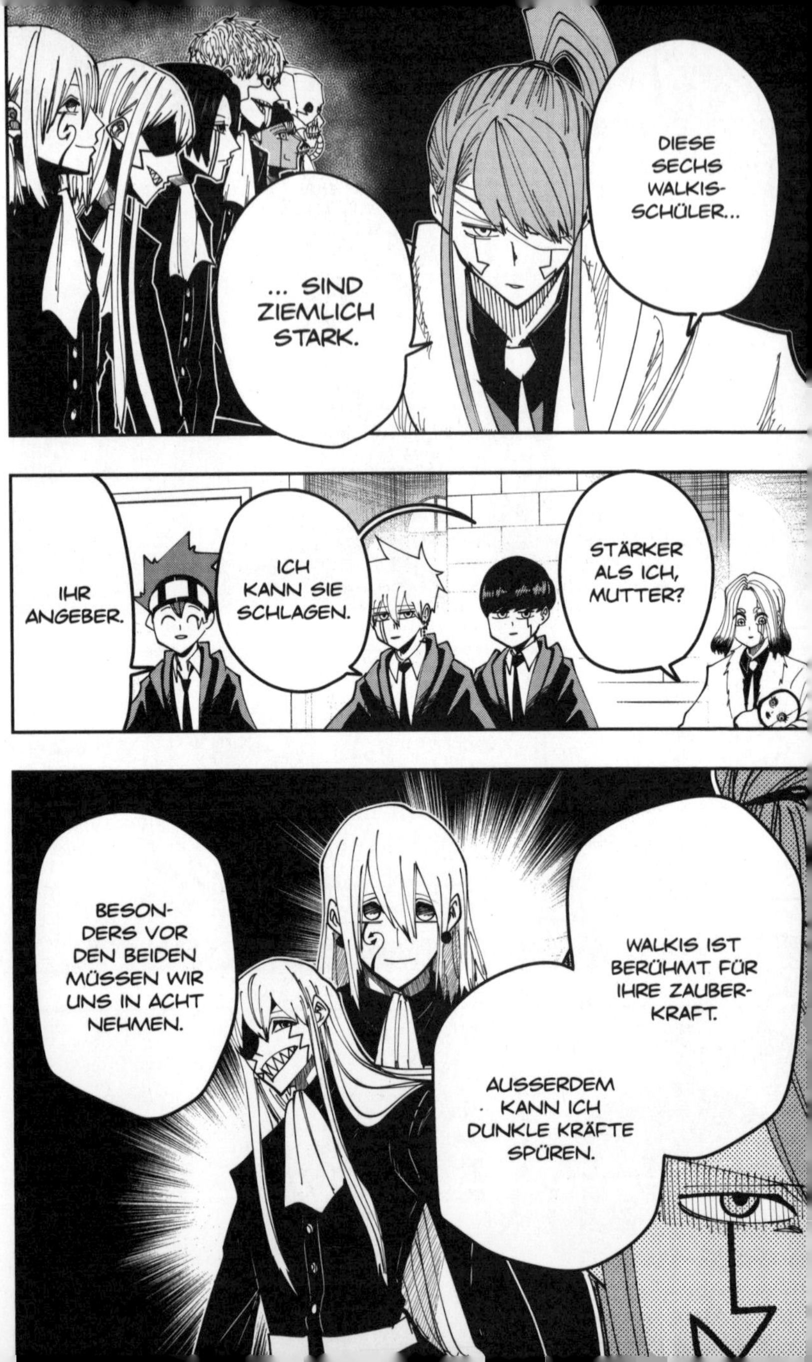
DIESE SECHS WALKIS-SCHÜLER...
... SIND ZIEMLICH STARK.
STÄRKER ALS ICH, MUTTER?
ICH KANN SIE SCHLAGEN.
IHR ANGEBER.
WALKIS IST BERÜHMT FÜR IHRE ZAUBER-KRAFT.
AUSSERDEM KANN ICH DUNKLE KRÄFTE SPÜREN.
BESON-DERS VOR DEN BEIDEN MÜSSEN WIR UNS IN ACHT NEHMEN.

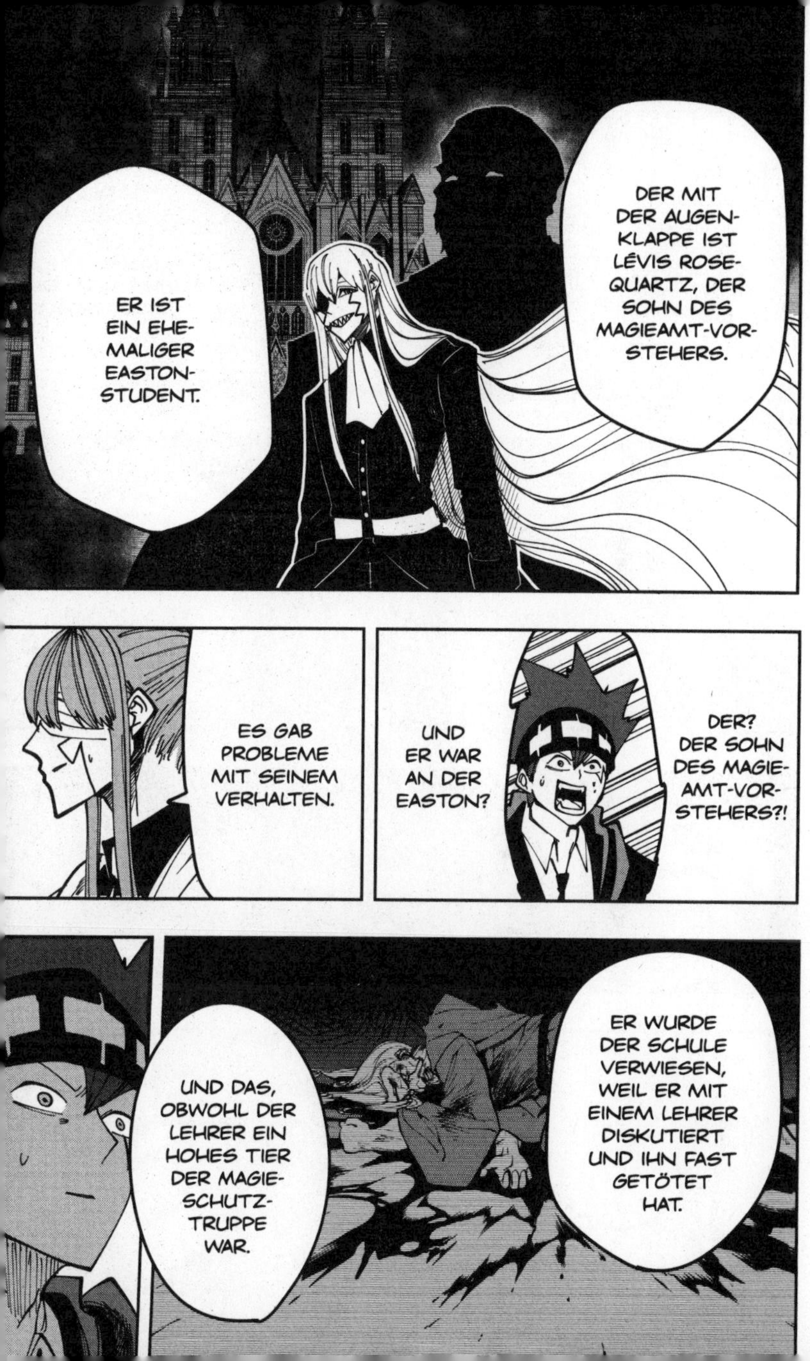
DER MIT DER AUGEN-KLAPPE IST LÉVIS ROSE-QUARTZ, DER SOHN DES MAGIEAMT-VOR-STEHERS.
ER IST EIN EHE-MALIGER EASTON-STUDENT.
DER? DER SOHN DES MAGIE-AMT-VOR-STEHERS?!
UND ER WAR AN DER EASTON?
ES GAB PROBLEME MIT SEINEM VERHALTEN.
ER WURDE DER SCHULE VERWIESEN, WEIL ER MIT EINEM LEHRER DISKUTIERT UND IHN FAST GETÖTET HAT.
UND DAS, OBWOHL DER LEHRER EIN HOHES TIER DER MAGIE-SCHUTZ-TRUPPE WAR.

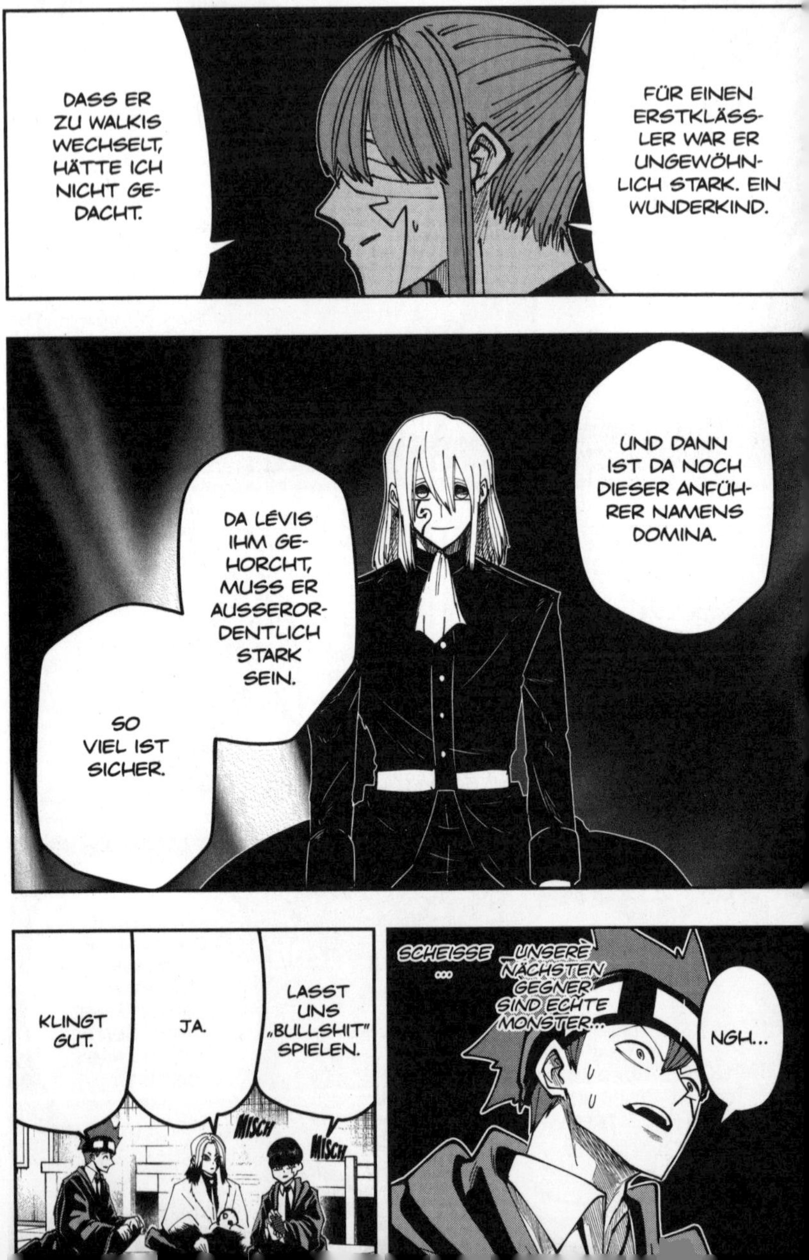
FÜR EINEN ERSTKLÄSSLER WAR ER UNGEWÖHNLICH STARK. EIN WUNDERKIND.
DASS ER ZU WALKIS WECHSELT, HÄTTE ICH NICHT GEDACHT.
UND DANN IST DA NOCH DIESER ANFÜHRER NAMENS DOMINA.
DA LÉVIS IHM GEHORCHT, MUSS ER AUSSERORDENTLICH STARK SEIN.
SO VIEL IST SICHER.
NGH...
SCHEISSE ...
UNSERE NÄCHSTEN GEGNER SIND ECHTE MONSTER...
LASST UNS „BULLSHIT" SPIELEN.
JA.
KLINGT GUT.
MISCH
MISCH

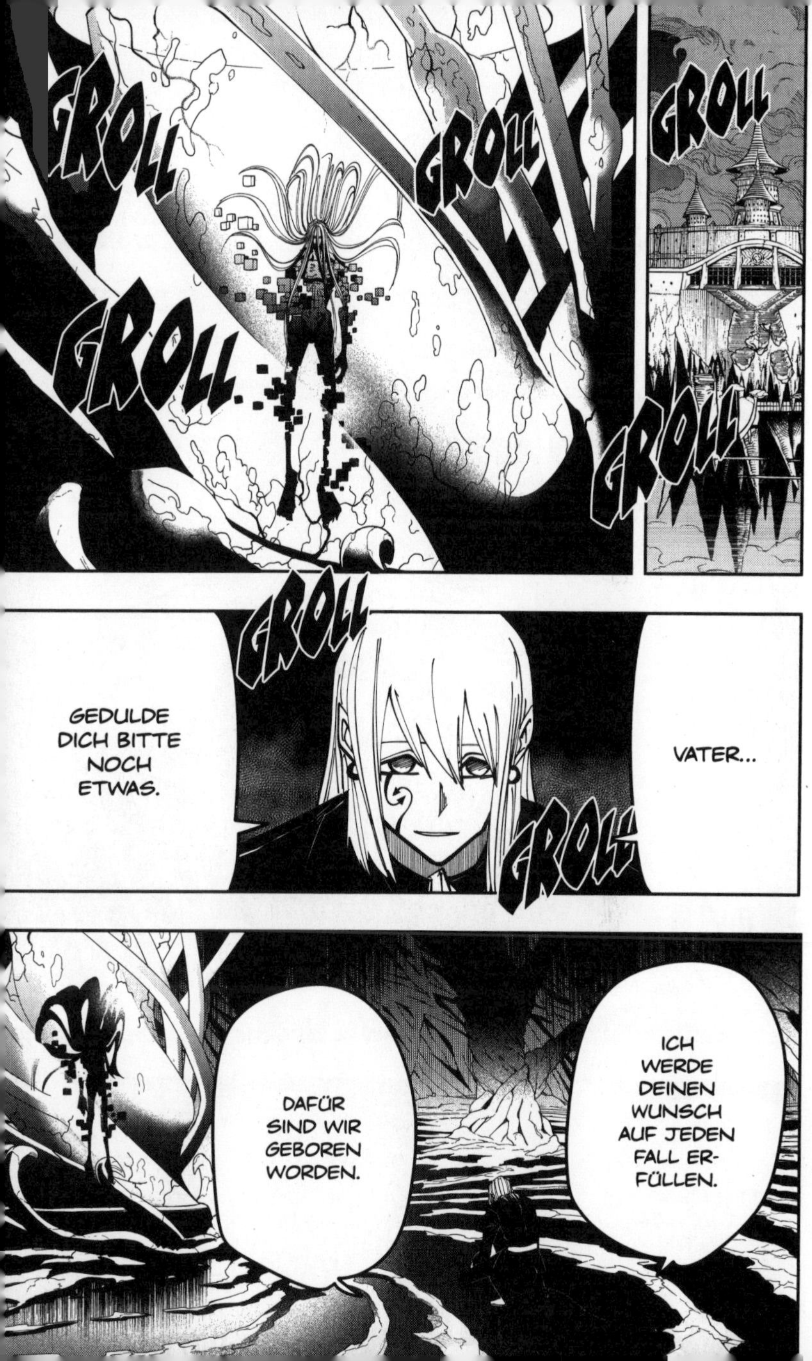
GROLL
GROLL
GROLL
GROLL
GROLL
GROLL
VATER...
GEDULDE DICH BITTE NOCH ETWAS.
GROLL
ICH WERDE DEINEN WUNSCH AUF JEDEN FALL ER-FÜLLEN.
DAFÜR SIND WIR GEBOREN WORDEN.

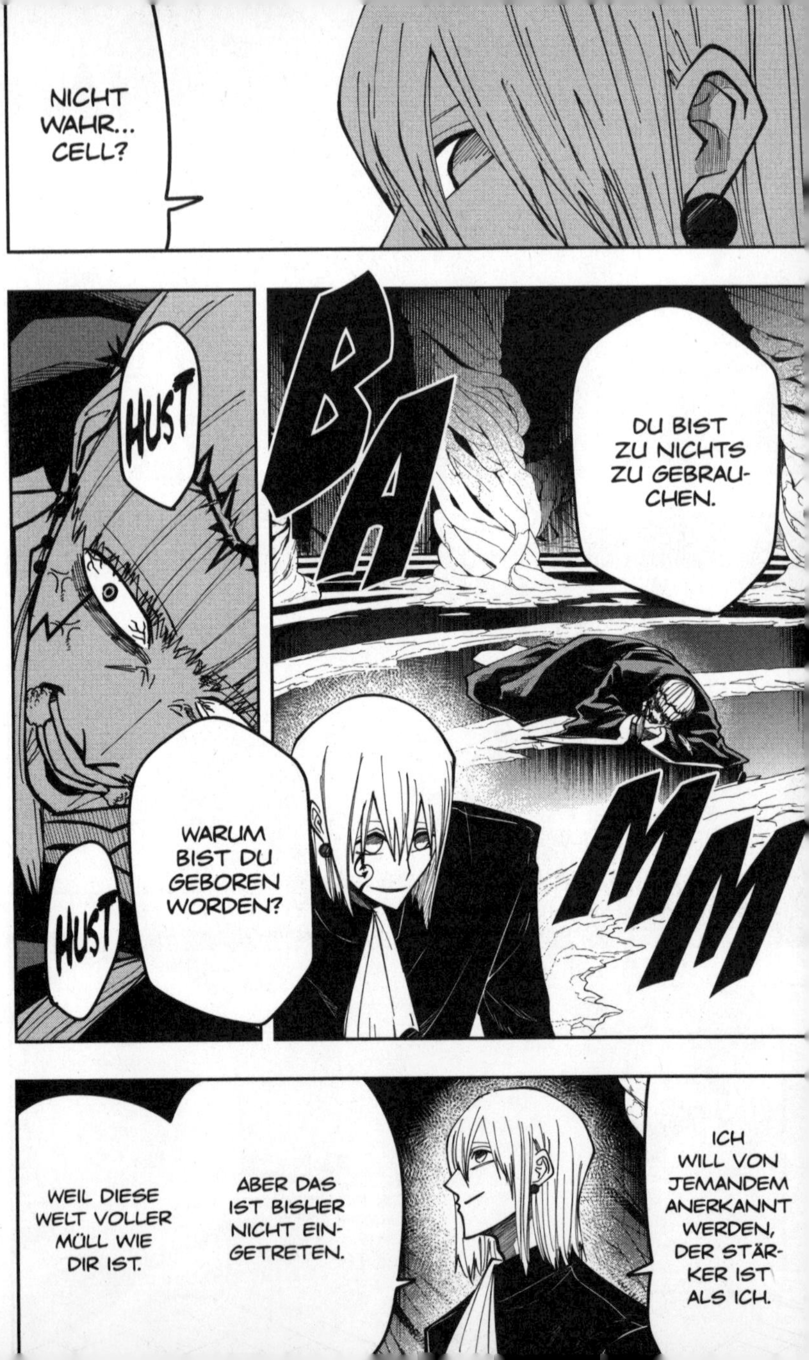

NICHT WAHR... CELL?
BA
DU BIST ZU NICHTS ZU GEBRAU-CHEN.
MM
WARUM BIST DU GEBOREN WORDEN?
HUST
HUST
ICH WILL VON JEMANDEM ANERKANNT WERDEN, DER STÄR-KER IST ALS ICH.
ABER DAS IST BISHER NICHT EIN-GETRETEN.
WEIL DIESE WELT VOLLER MÜLL WIE DIR IST.

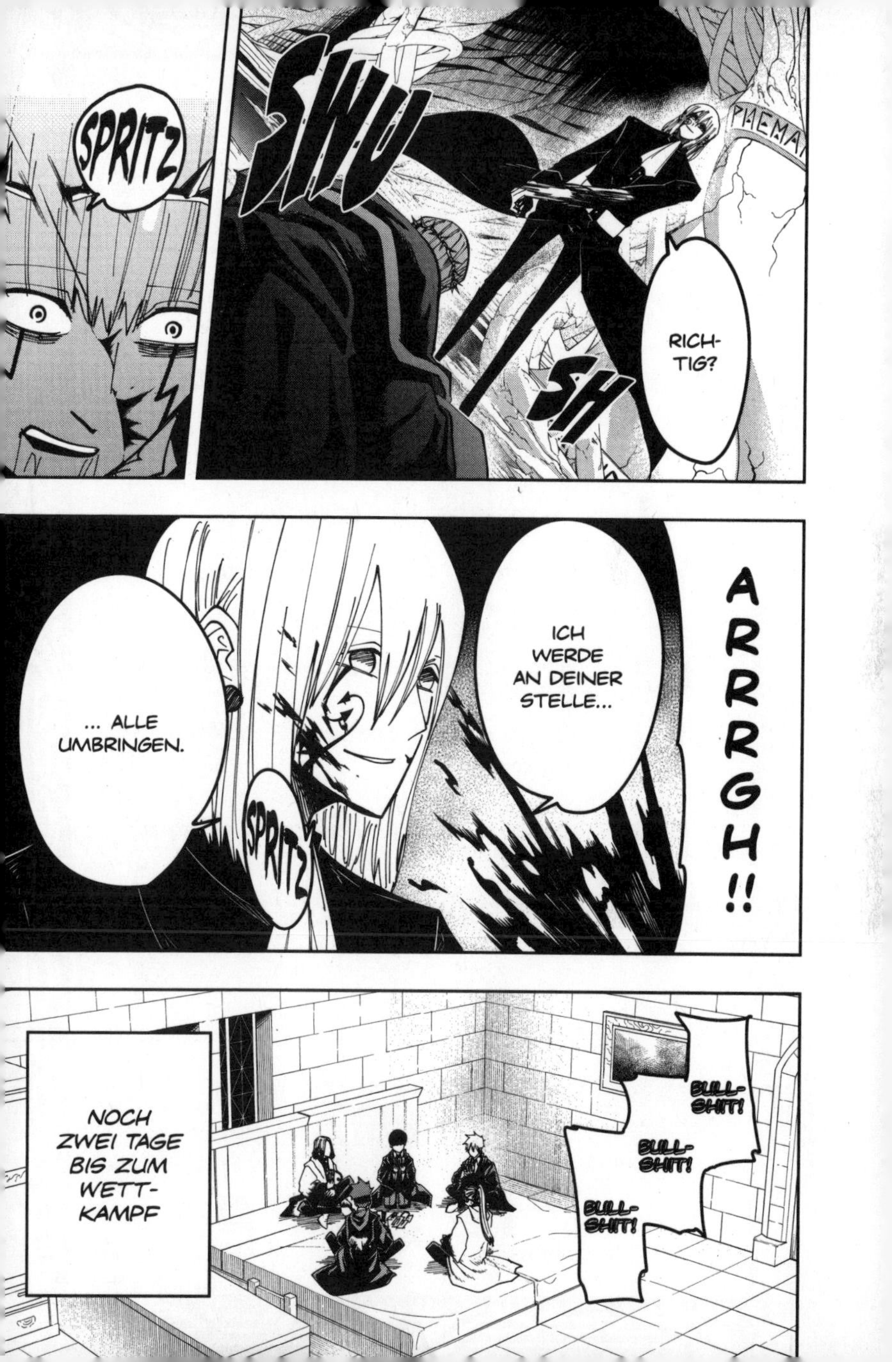
SWU
SH
RICH-
TIG?
SPRITZ
ARRRRGH!!
ICH WERDE AN DEINER STELLE...
... ALLE UMBRINGEN.
SPRITZ
BULL-SHIT!
BULL-SHIT!
BULL-SHIT!
NOCH ZWEI TAGE BIS ZUM WETT-KAMPF

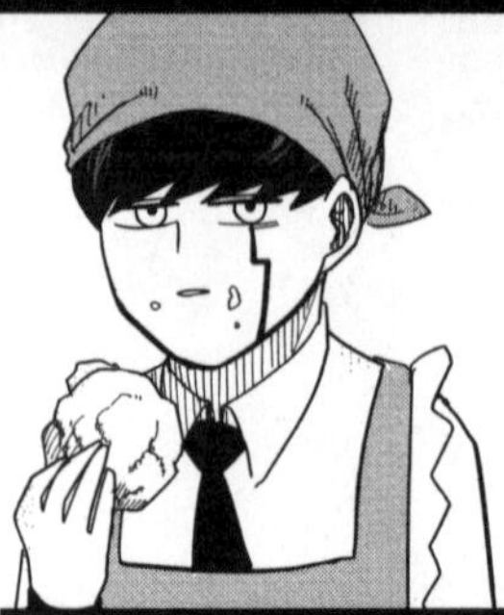

Frage-Antwort-Ecke 1

Q&A

F.1 WAS IST MACARONS GESCHLECHT?

A.1 Macaron ist nicht-binär… Man kann sagen, er ist weiblich und männlich…

F.2 VERSCHWINDET MASHS MAL, WENN ER SICH DAS GESICHT WÄSCHT?

A.2 Nein, es wurde mit einer besonderen Methode aufgetragen!!

F.3 WIE HAT MASH SICH IN KAPITEL 74 SO PERFEKT EINGEGRABEN?

A.3 So!

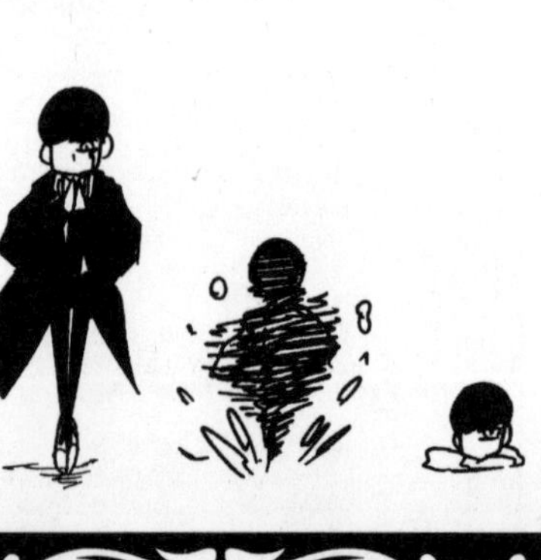

81. Kapitel Mash Burnedead und die guten Freunde

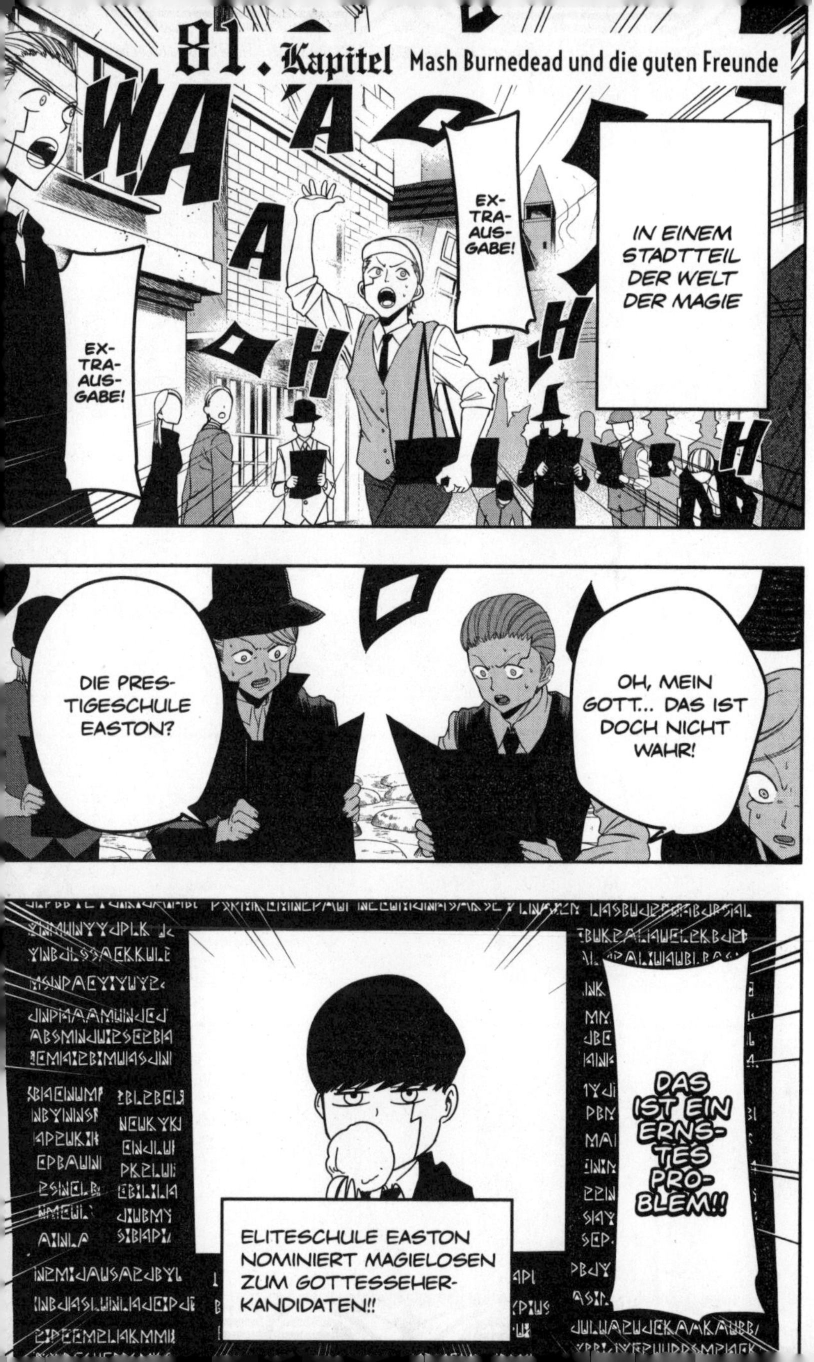

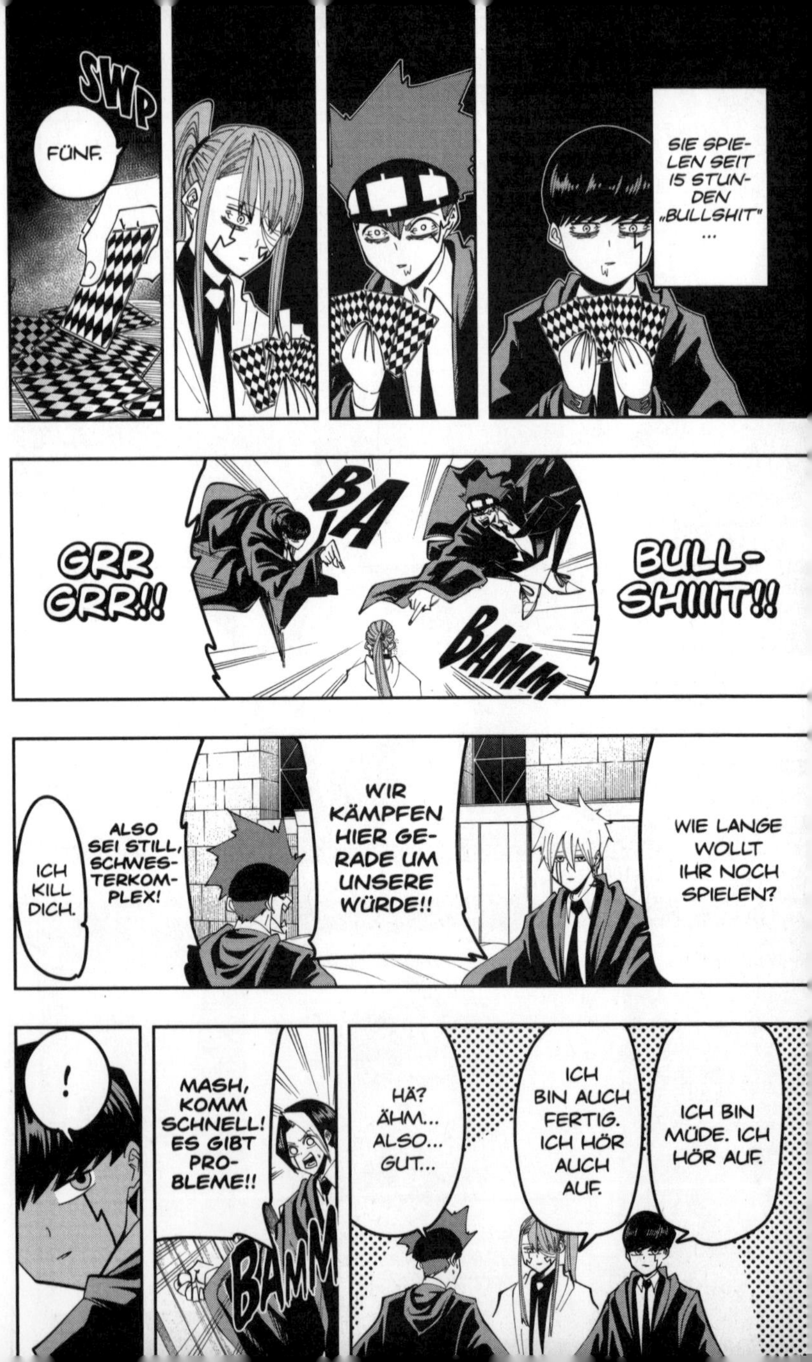
SIE SPIELEN SEIT 15 STUNDEN „BULLSHIT" …
SWP
FÜNF.
BULL-SHIIIT!!
BA
BAMM
GRR GRR!!
WIE LANGE WOLLT IHR NOCH SPIELEN?
WIR KÄMPFEN HIER GERADE UM UNSERE WÜRDE!!
ALSO SEI STILL, SCHWESTERKOMPLEX!
ICH KILL DICH.
ICH BIN MÜDE. ICH HÖR AUF.
ICH BIN AUCH FERTIG. ICH HÖR AUCH AUF.
HÄ? ÄHM… ALSO… GUT…
MASH, KOMM SCHNELL! ES GIBT PROBLEME!!
BAMM
!

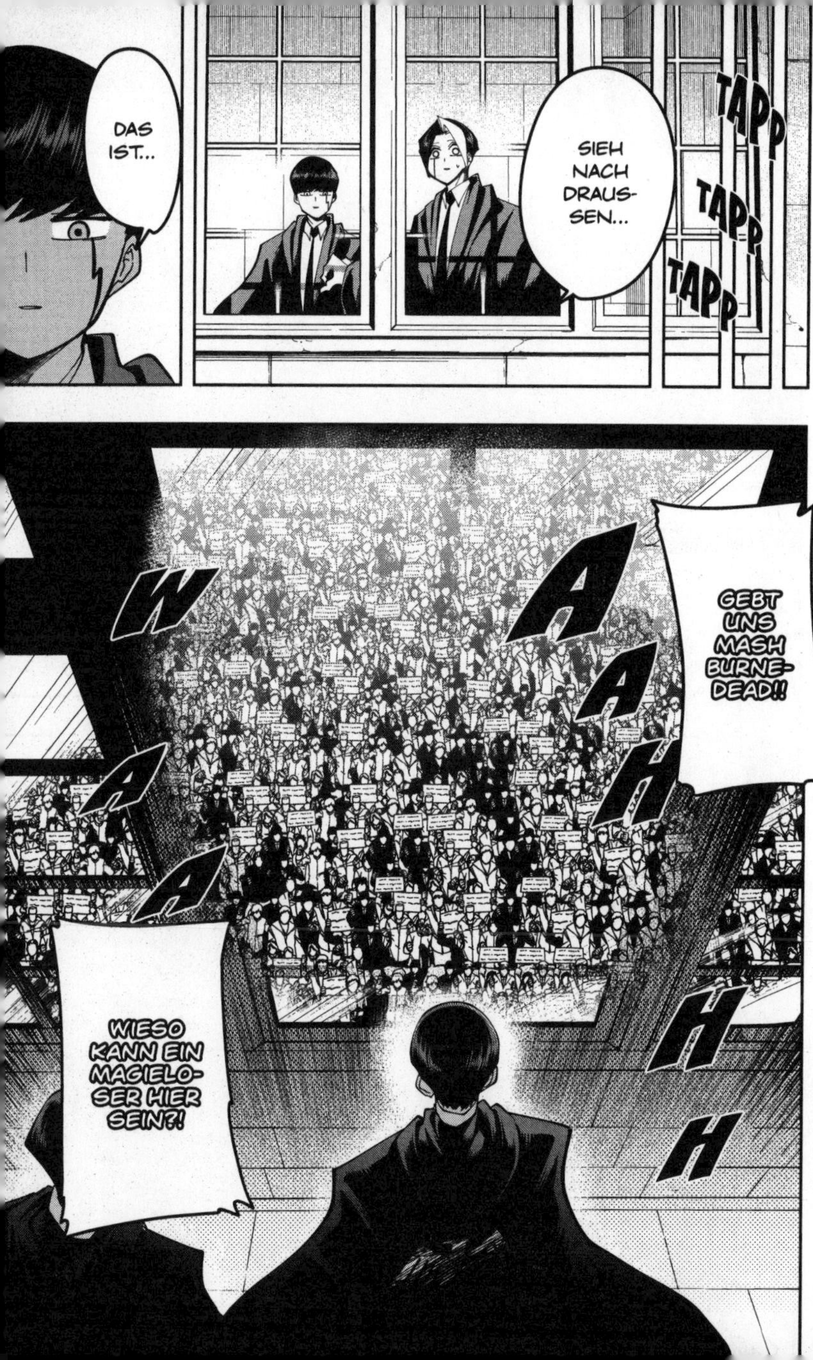
TAPP
TAPP
TAPP
SIEH NACH DRAUS-SEN…
DAS IST…
GEBT UNS MASH BURNE-DEAD!!
WAAAAHHHH
WIESO KANN EIN MAGIELO-SER HIER SEIN?!

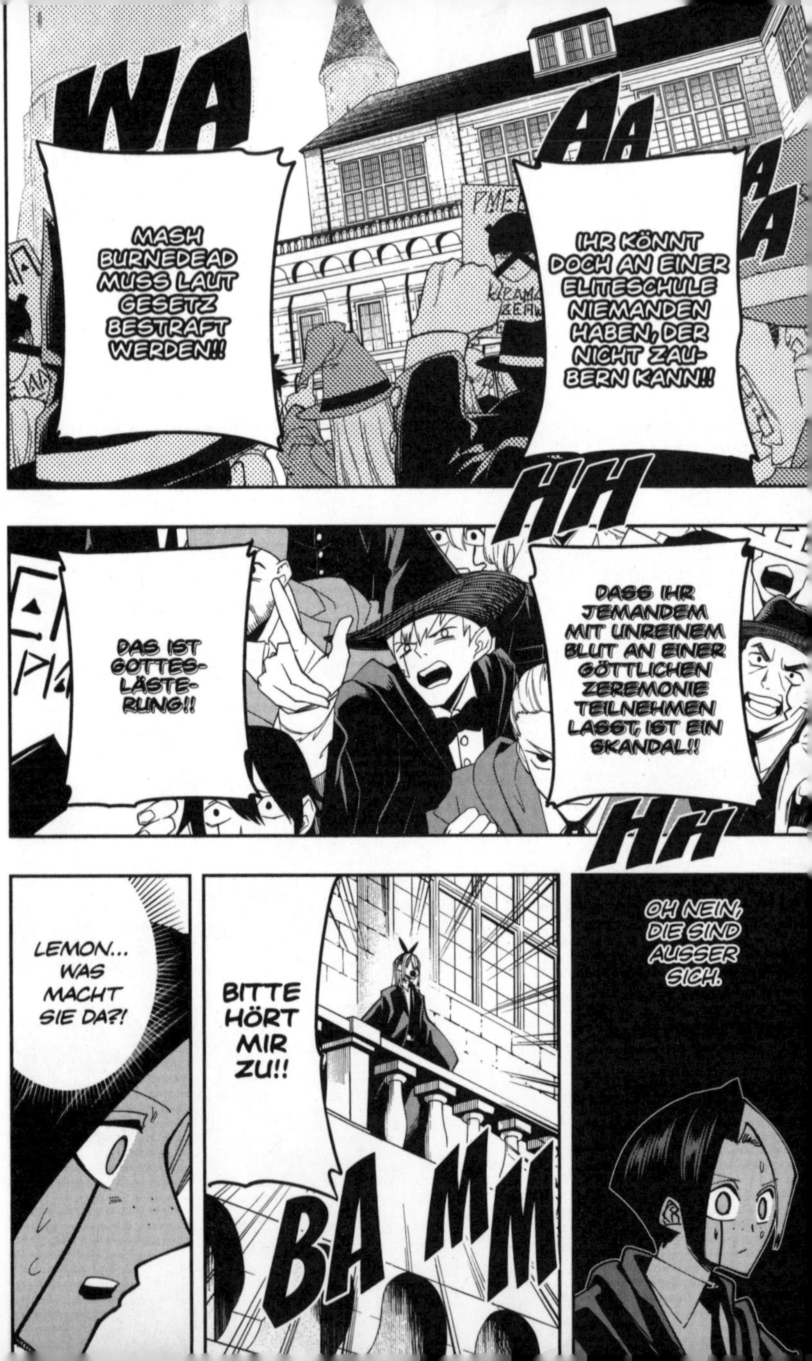
WAAAAHH
IHR KÖNNT DOCH AN EINER ELITESCHULE NIEMANDEN HABEN, DER NICHT ZAUBERN KANN!!
MASH BURNEDEAD MUSS LAUT GESETZ BESTRAFT WERDEN!!
DASS IHR JEMANDEM MIT UNREINEM BLUT AN EINER GÖTTLICHEN ZEREMONIE TEILNEHMEN LASST, IST EIN SKANDAL!!
DAS IST GOTTESLÄSTERUNG!!
HH
OH NEIN, DIE SIND AUSSER SICH.
BITTE HÖRT MIR ZU!!
BAMM
LEMON... WAS MACHT SIE DA?!

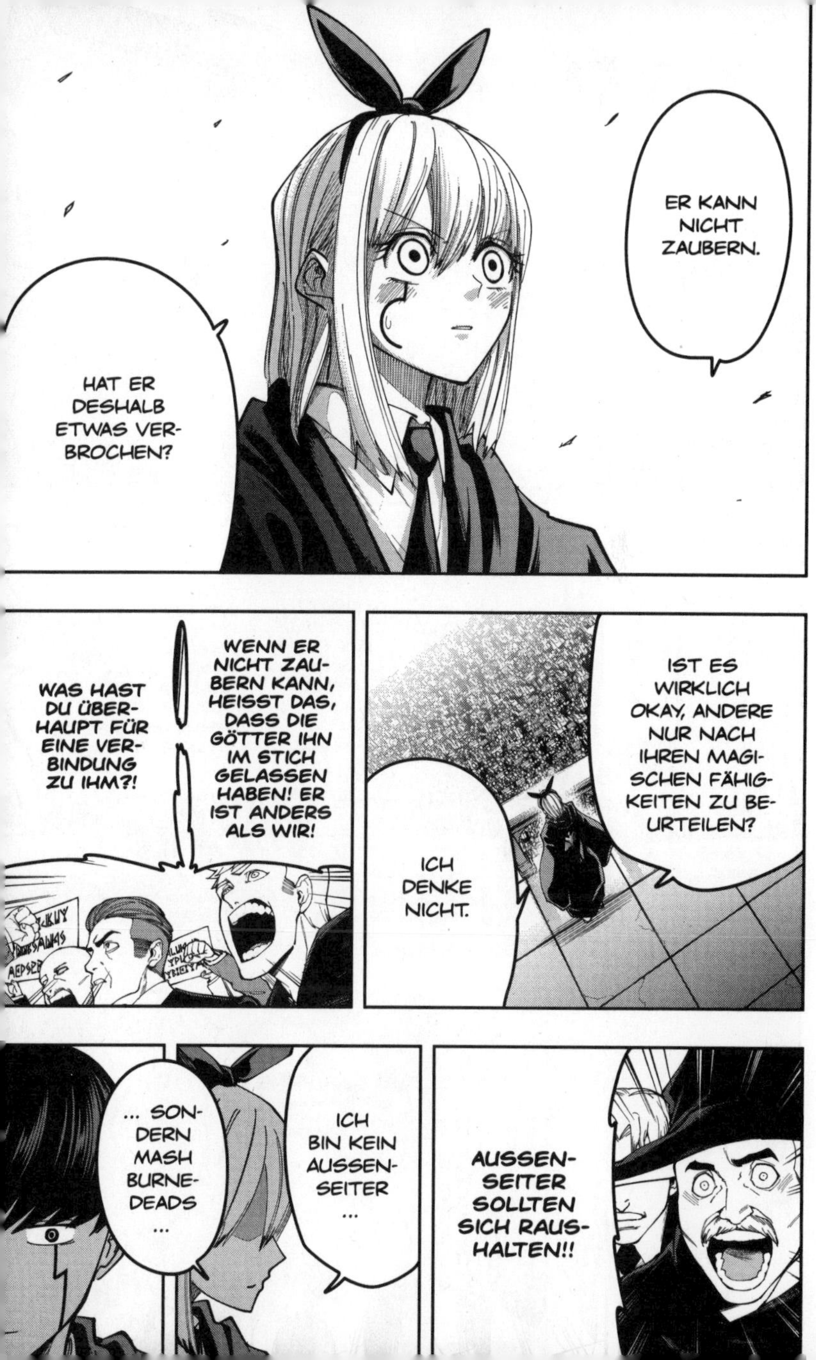

ER KANN NICHT ZAUBERN.
HAT ER DESHALB ETWAS VERBROCHEN?
IST ES WIRKLICH OKAY, ANDERE NUR NACH IHREN MAGISCHEN FÄHIGKEITEN ZU BEURTEILEN?
ICH DENKE NICHT.
WENN ER NICHT ZAUBERN KANN, HEISST DAS, DASS DIE GÖTTER IHN IM STICH GELASSEN HABEN! ER IST ANDERS ALS WIR!
WAS HAST DU ÜBERHAUPT FÜR EINE VERBINDUNG ZU IHM?!
AUSSENSEITER SOLLTEN SICH RAUSHALTEN!!
ICH BIN KEIN AUSSENSEITER ...
... SONDERN MASH BURNEDEADS ...

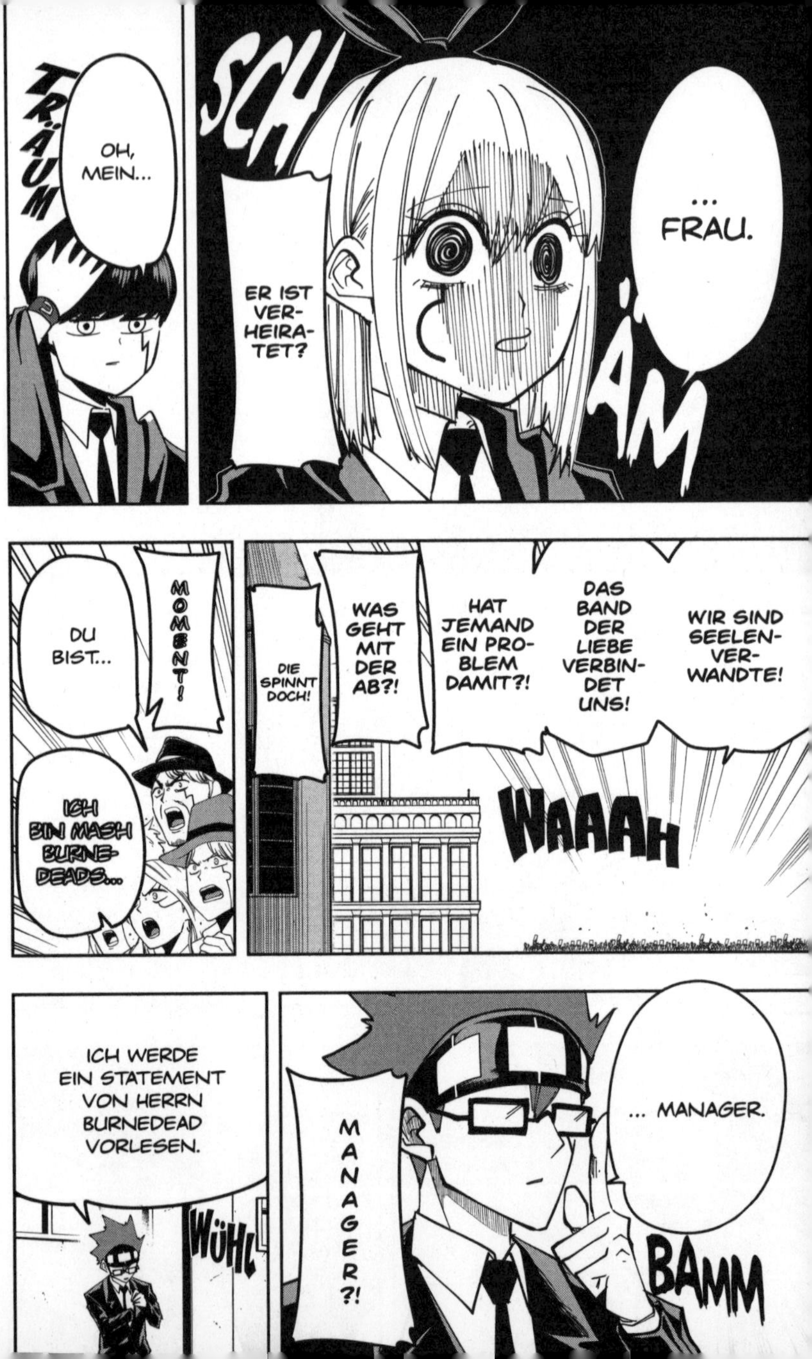
SCH
... FRAU.
ÄM
ER IST VER-HEIRA-TET?
OH, MEIN...
TRÄUM
WIR SIND SEELEN-VER-WANDTE!
DAS BAND DER LIEBE VERBIN-DET UNS!
HAT JEMAND EIN PRO-BLEM DAMIT?!
WAS GEHT MIT DER AB?!
DIE SPINNT DOCH!
WAAAH
MOMENT!
DU BIST...
ICH BIN MASH BURNE-DEADS...
... MANAGER.
BAMM
MANAGER?!
ICH WERDE EIN STATEMENT VON HERRN BURNEDEAD VORLESEN.
WÜHL

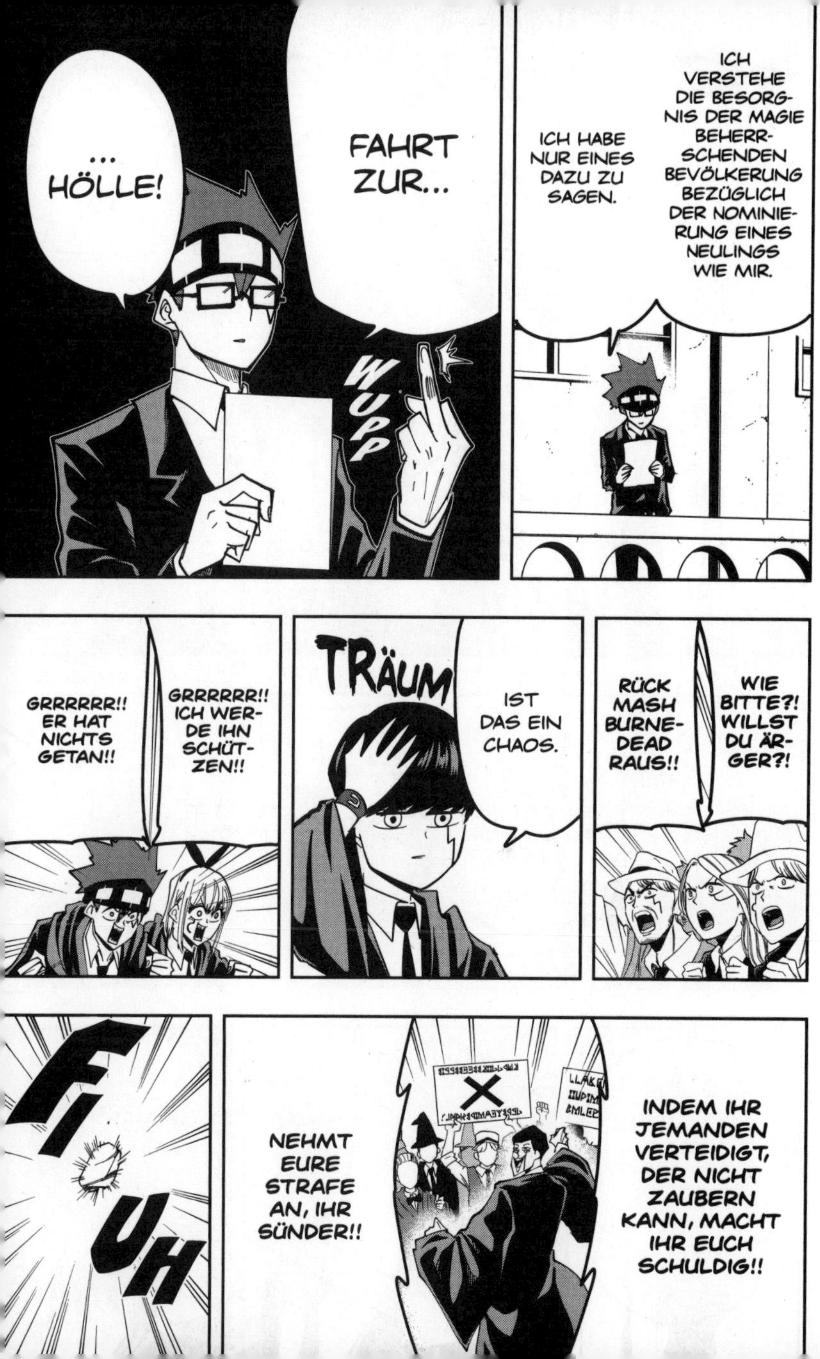
ICH VERSTEHE DIE BESORGNIS DER MAGIE BEHERRSCHENDEN BEVÖLKERUNG BEZÜGLICH DER NOMINIERUNG EINES NEULINGS WIE MIR.
ICH HABE NUR EINES DAZU ZU SAGEN.
FAHRT ZUR...
WUPP
... HÖLLE!
WIE BITTE?! WILLST DU ÄRGER?!
RÜCK MASH BURNEDEAD RAUS!!
TRÄUM
IST DAS EIN CHAOS.
GRRRRRR!! ICH WERDE IHN SCHÜTZEN!!
GRRRRRR!! ER HAT NICHTS GETAN!!
INDEM IHR JEMANDEN VERTEIDIGT, DER NICHT ZAUBERN KANN, MACHT IHR EUCH SCHULDIG!!
NEHMT EURE STRAFE AN, IHR SÜNDER!!
FIUH

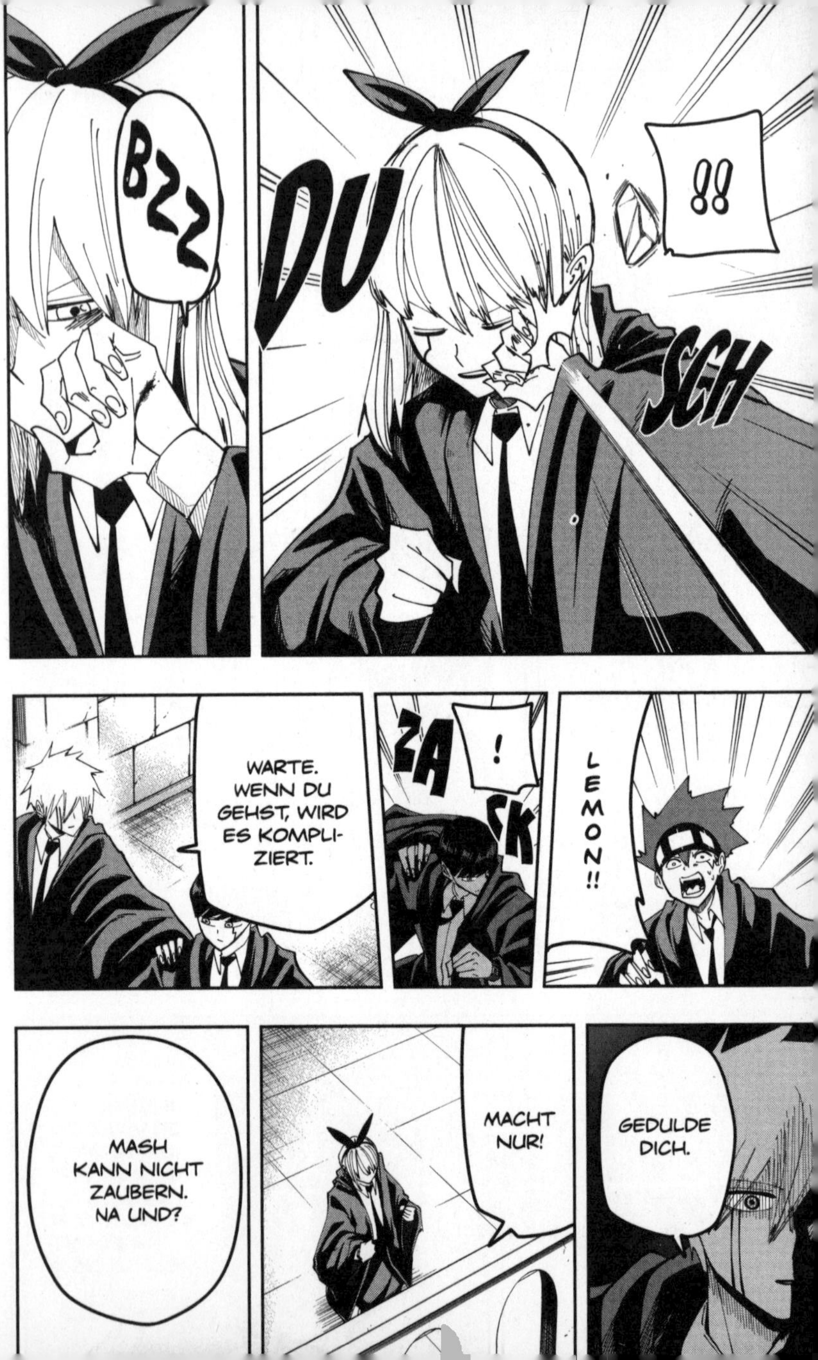
!!
SCGH
DU
BZZ
LEMON!!
!
ZACK
WARTE. WENN DU GEHST, WIRD ES KOMPLIZIERT.
GEDULDE DICH.
MACHT NUR!
MASH KANN NICHT ZAUBERN. NA UND?

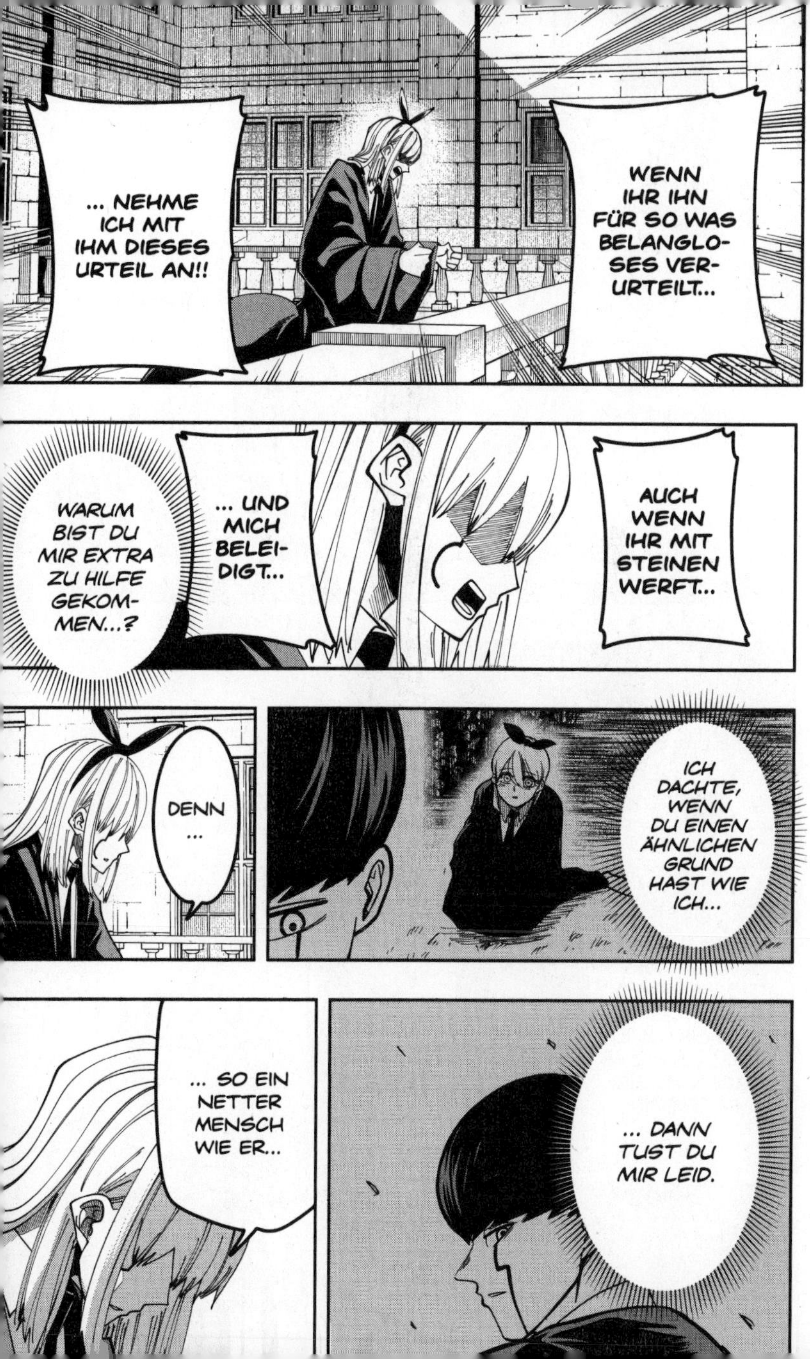
WENN IHR IHN FÜR SO WAS BELANGLOSES VERURTEILT...
... NEHME ICH MIT IHM DIESES URTEIL AN!!
AUCH WENN IHR MIT STEINEN WERFT...
... UND MICH BELEIDIGT...
WARUM BIST DU MIR EXTRA ZU HILFE GEKOMMEN...?
ICH DACHTE, WENN DU EINEN ÄHNLICHEN GRUND HAST WIE ICH...
DENN ...
... DANN TUST DU MIR LEID.
... SO EIN NETTER MENSCH WIE ER...

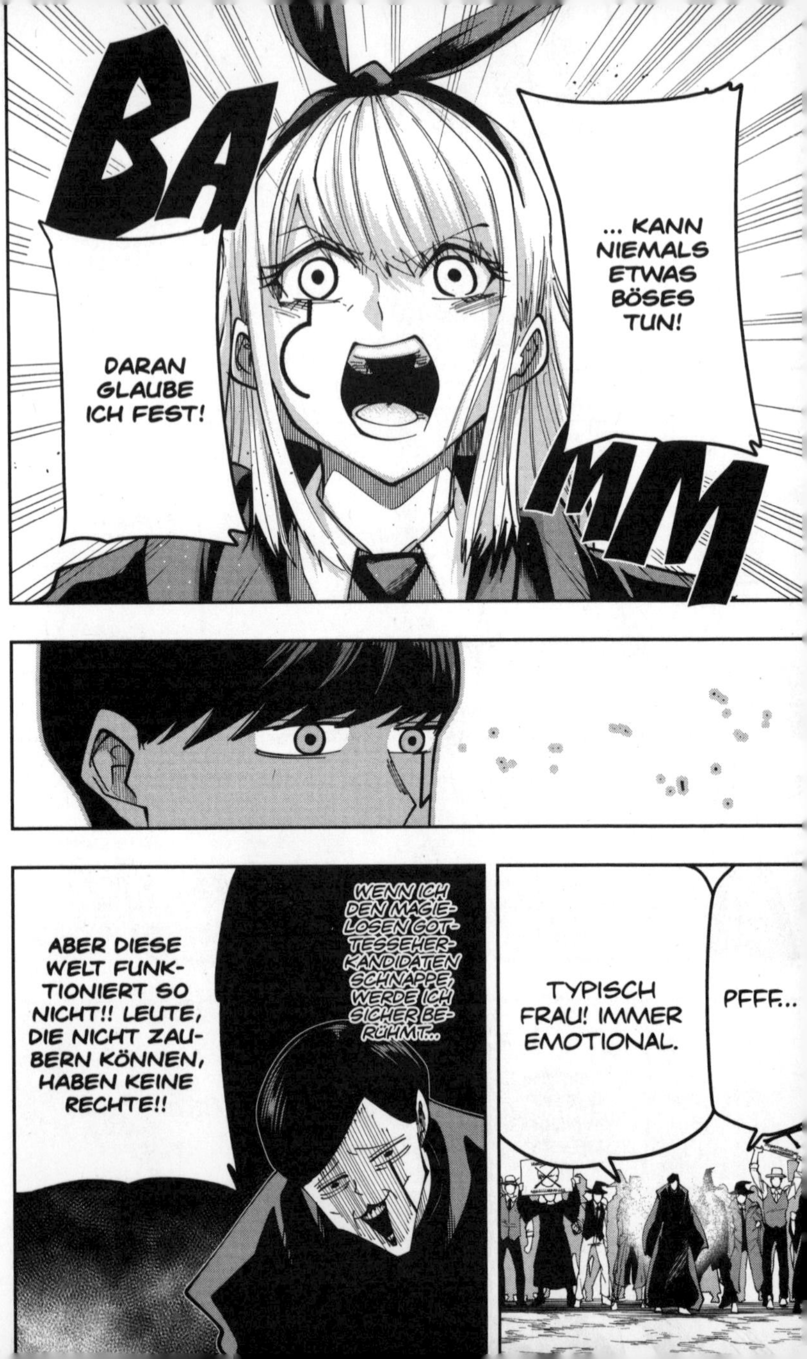
... KANN NIEMALS ETWAS BÖSES TUN!
DARAN GLAUBE ICH FEST!
BAMM
PFFF...
TYPISCH FRAU! IMMER EMOTIONAL.
WENN ICH DEN MAGIELOSEN GOTTESSEHER-KANDIDATEN SCHNAPPE, WERDE ICH SICHER BERÜHMT...
ABER DIESE WELT FUNKTIONIERT SO NICHT!! LEUTE, DIE NICHT ZAUBERN KÖNNEN, HABEN KEINE RECHTE!!

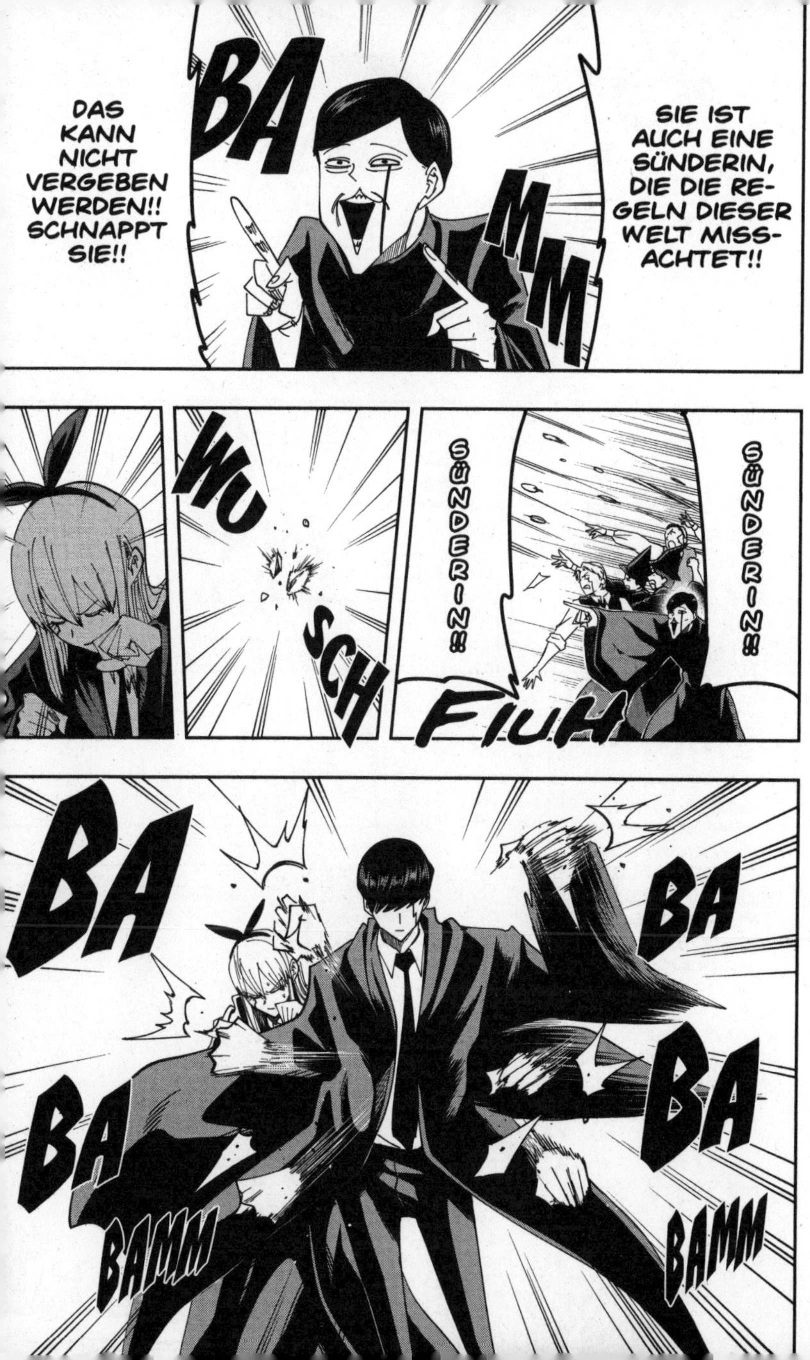
SIE IST AUCH EINE SÜNDERIN, DIE DIE REGELN DIESER WELT MISSACHTET!!
DAS KANN NICHT VERGEBEN WERDEN!! SCHNAPPT SIE!!
BAMM
SÜNDERIN!!
SÜNDERIN!!
FIUH
WUSCH
BABA
BAMM
BABA
BAMM

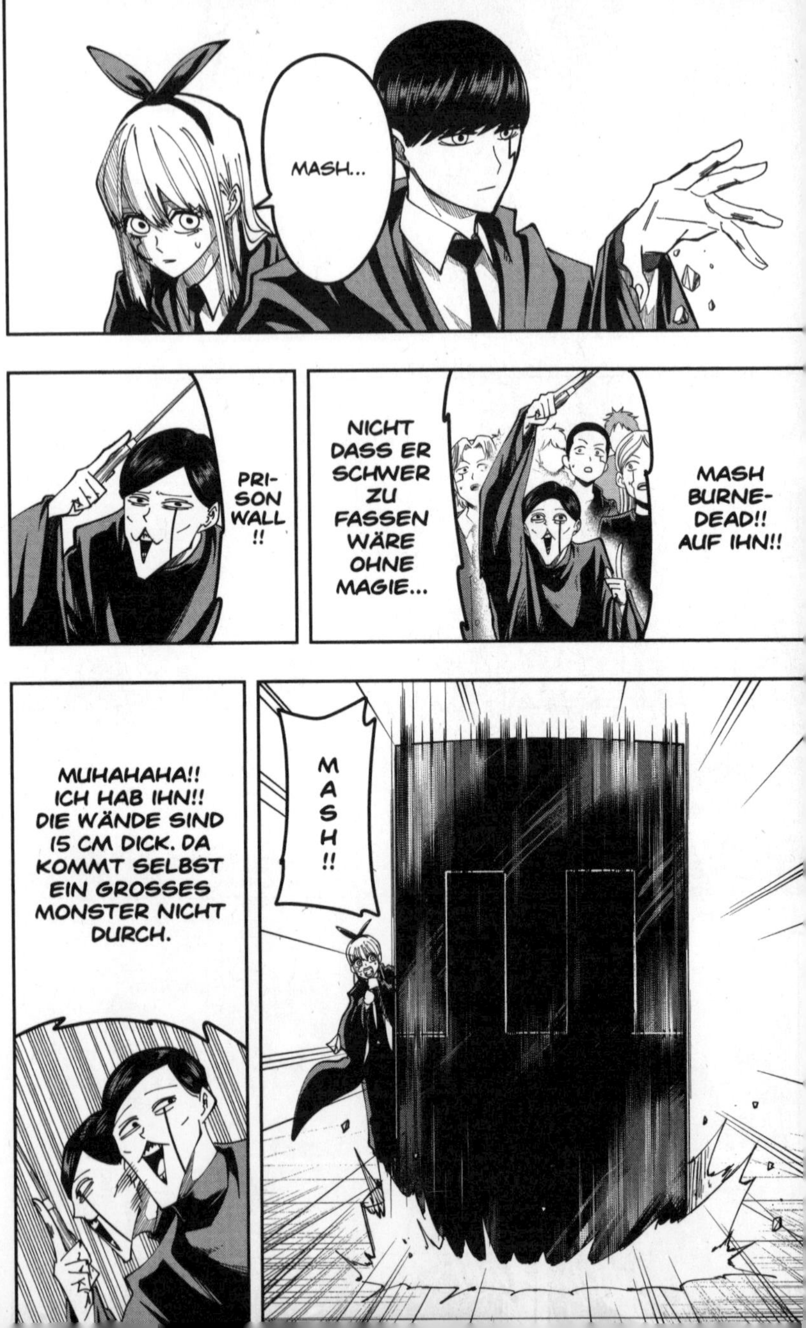
MASH...
MASH BURNE-DEAD!! AUF IHN!!
NICHT DASS ER SCHWER ZU FASSEN WÄRE OHNE MAGIE...
PRI-SON WALL !!
MASH!!
MUHAHAHA!! ICH HAB IHN!! DIE WÄNDE SIND 15 CM DICK. DA KOMMT SELBST EIN GROSSES MONSTER NICHT DURCH.

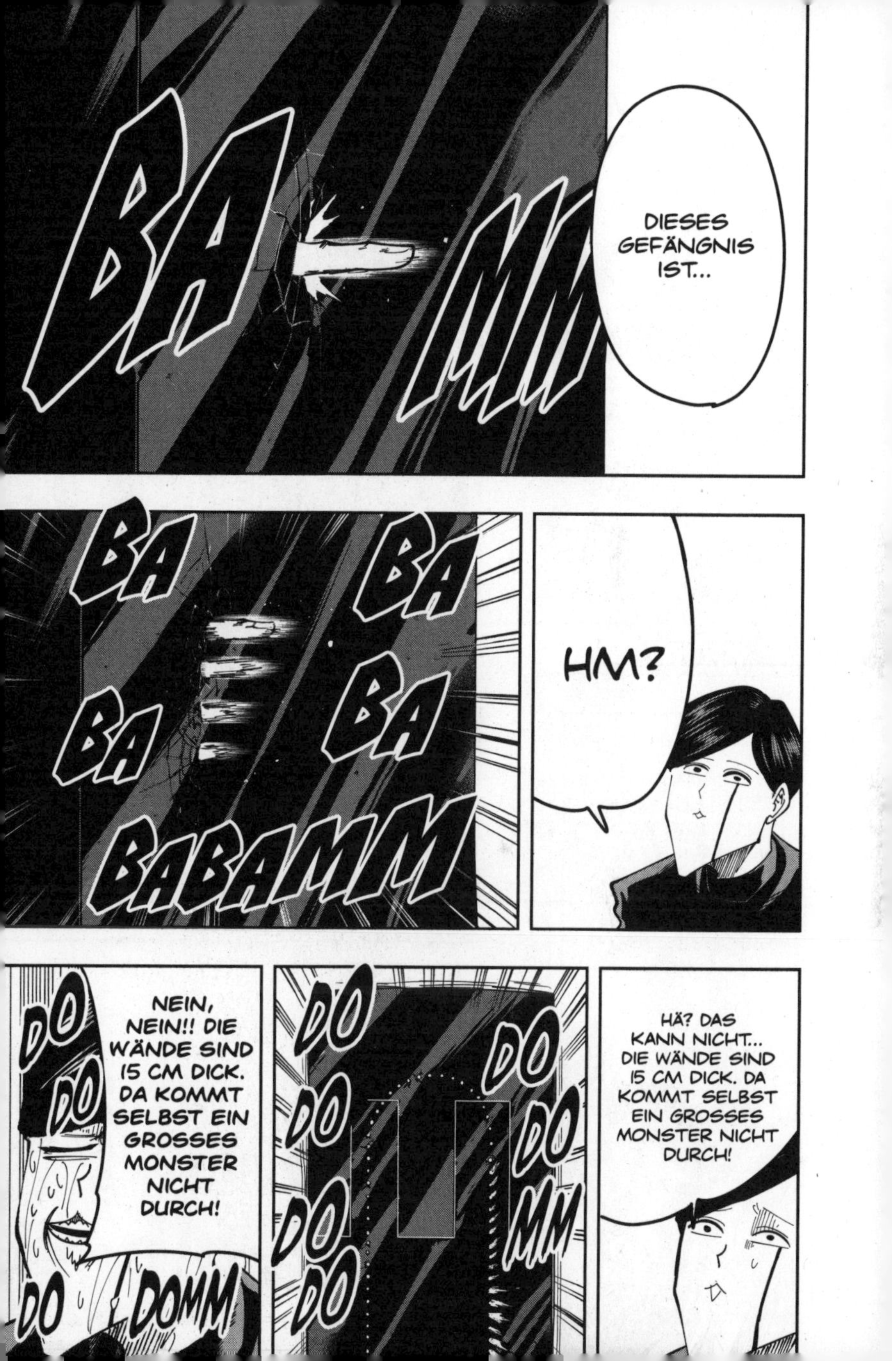
DIESES GEFÄNGNIS IST...
BA-MM
HM?
BA BA BA BA BABAMM
HÄ? DAS KANN NICHT... DIE WÄNDE SIND 15 CM DICK. DA KOMMT SELBST EIN GROSSES MONSTER NICHT DURCH!
DO DO DO DO DO DOMM
DO DO DO DO DO
NEIN, NEIN!! DIE WÄNDE SIND 15 CM DICK. DA KOMMT SELBST EIN GROSSES MONSTER NICHT DURCH!
DO DO DO DOMM

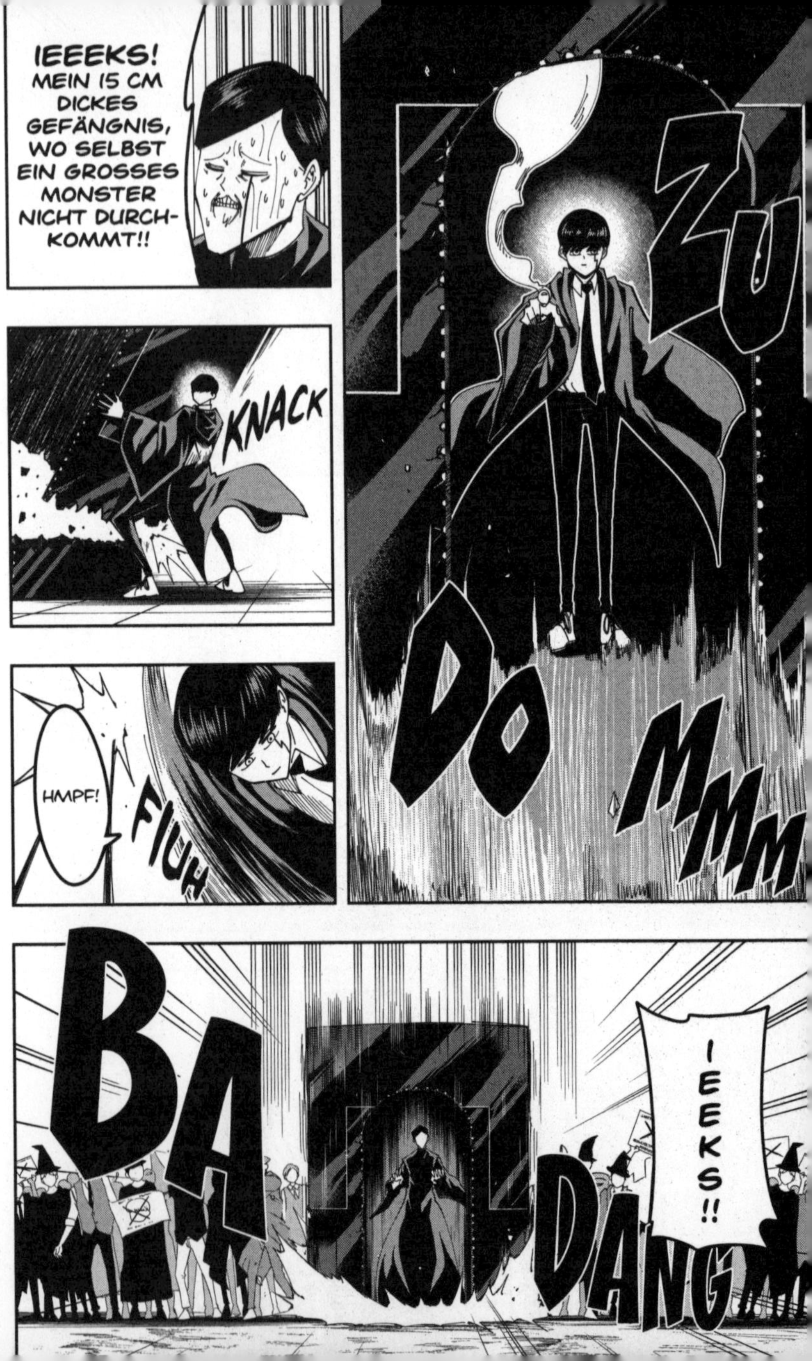
ZU
DO
MMM
IEEEKS! MEIN 15 CM DICKES GEFÄNGNIS, WO SELBST EIN GROSSES MONSTER NICHT DURCH-KOMMT!!
KNACK
FIUH
HMPF!
IEEKS!!
DANG
BA

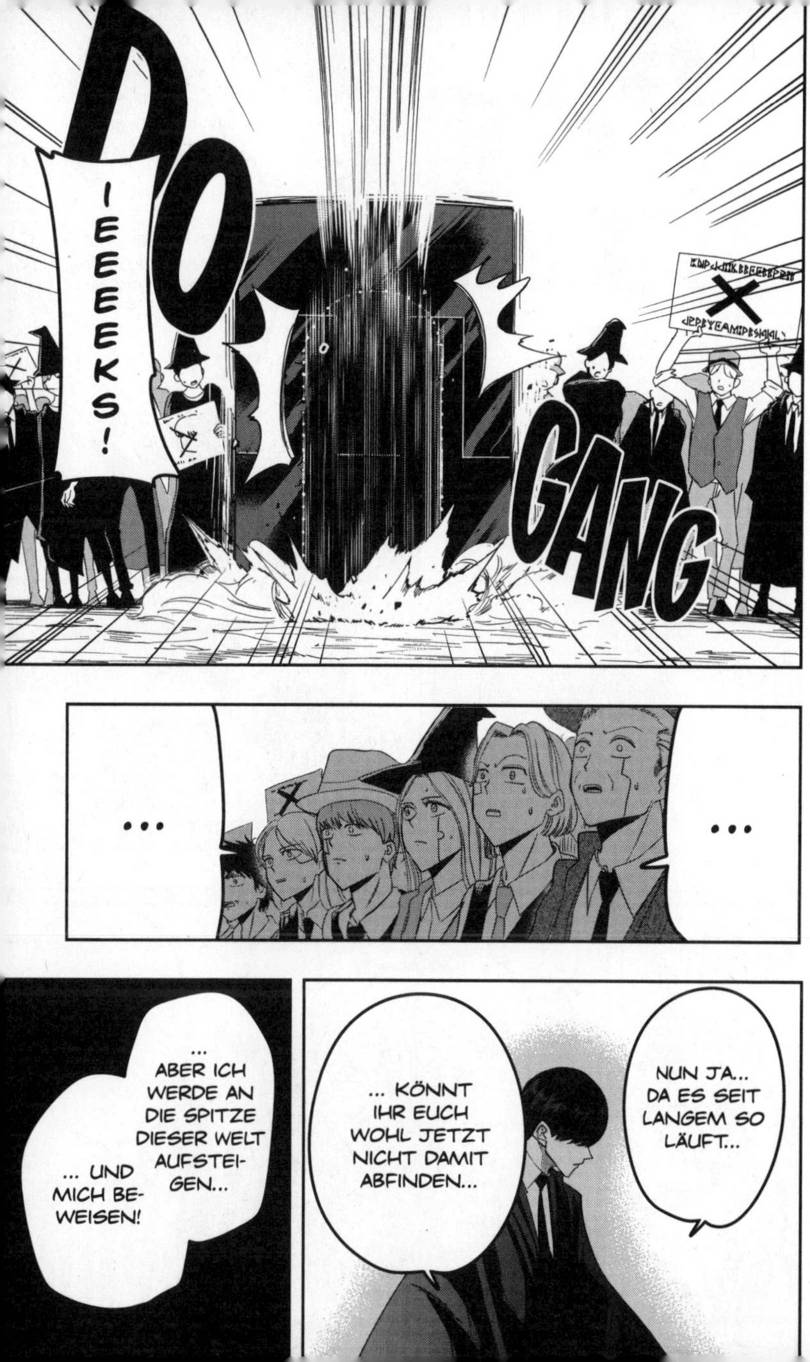
DO
GANG
IEEEEKS!
...
...
NUN JA... DA ES SEIT LANGEM SO LÄUFT...
... KÖNNT IHR EUCH WOHL JETZT NICHT DAMIT ABFINDEN...
... ABER ICH WERDE AN DIE SPITZE DIESER WELT AUFSTEI-GEN...
... UND MICH BE-WEISEN!

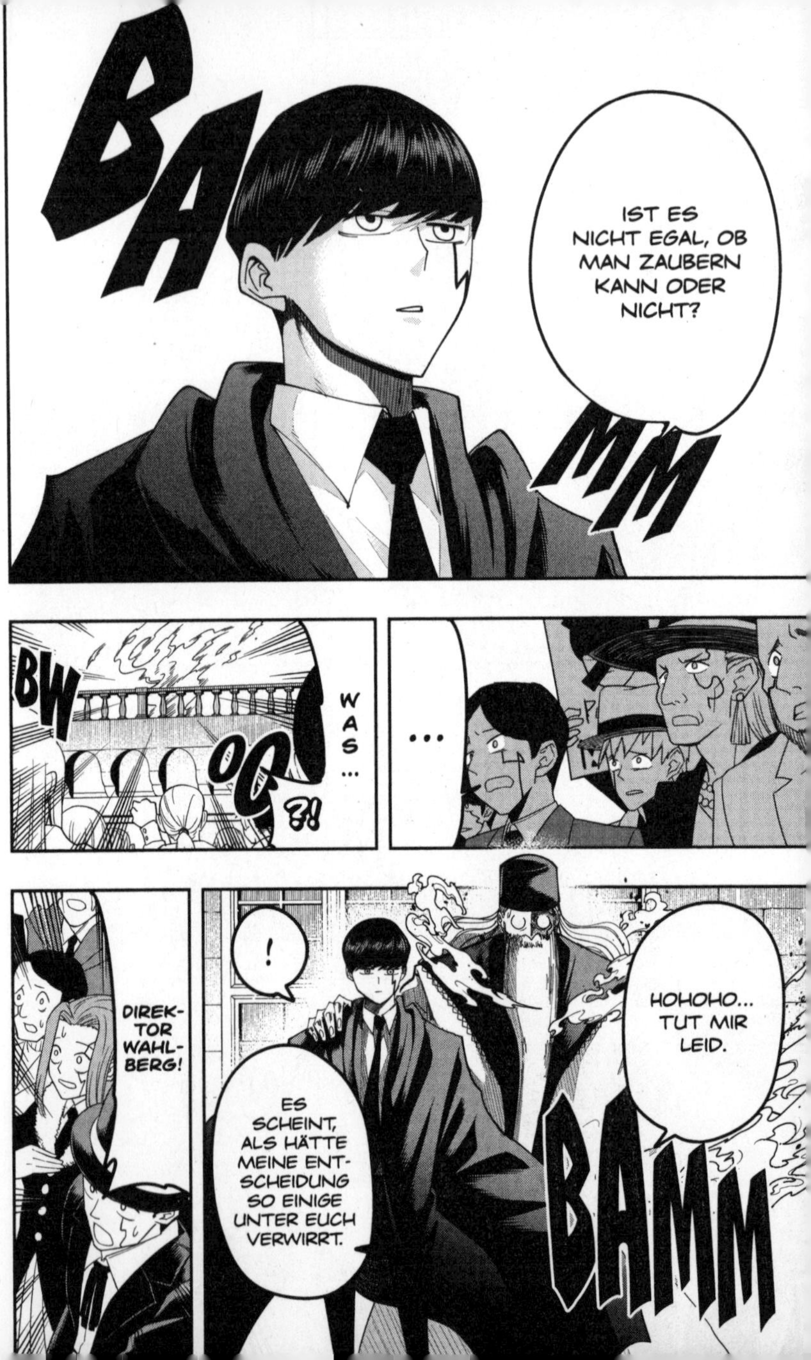
BA
IST ES NICHT EGAL, OB MAN ZAUBERN KANN ODER NICHT?
MM
...
WAS ...
?!
HOHOHO... TUT MIR LEID.
!
BAMM
ES SCHEINT, ALS HÄTTE MEINE ENT-SCHEIDUNG SO EINIGE UNTER EUCH VERWIRRT.
DIREK-TOR WAHL-BERG!

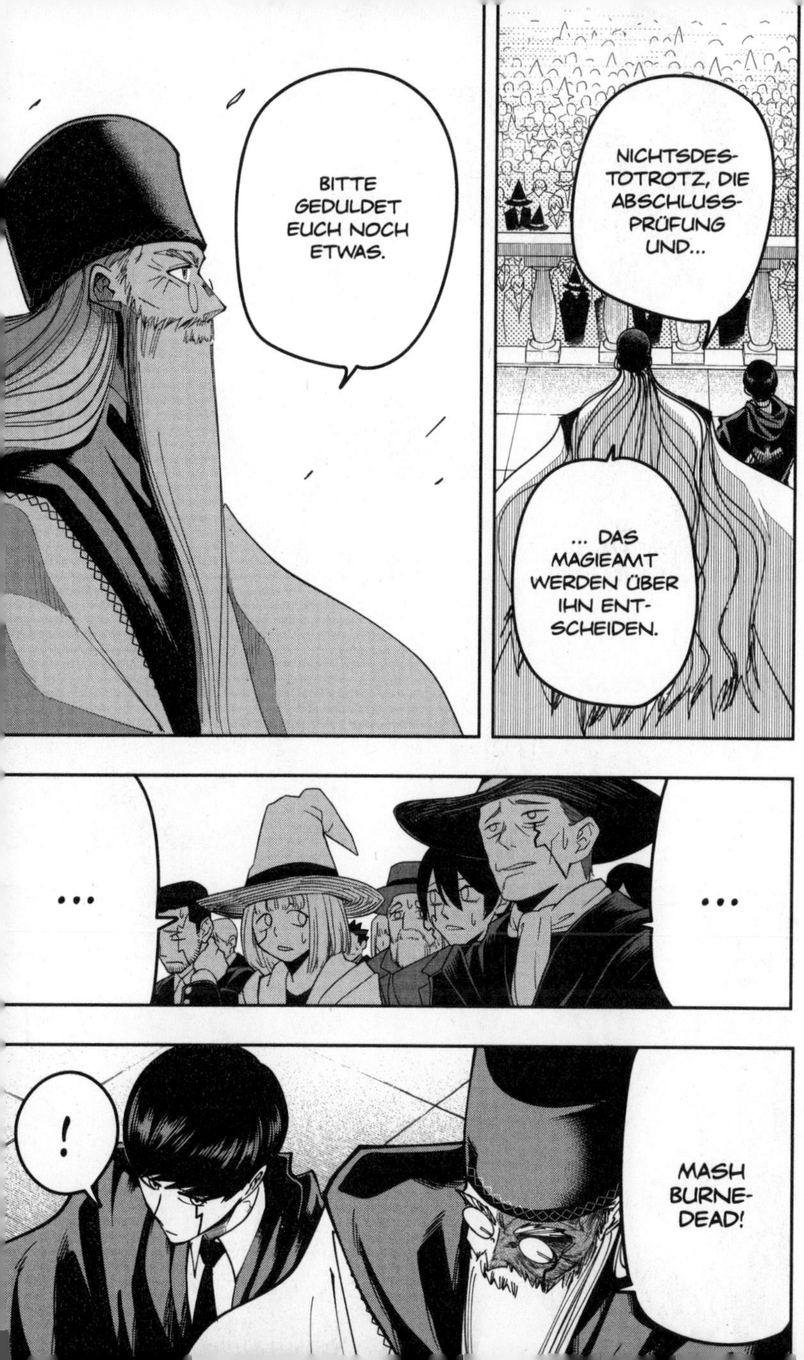
NICHTSDES-TOTROTZ, DIE ABSCHLUSS-PRÜFUNG UND...
... DAS MAGIEAMT WERDEN ÜBER IHN ENT-SCHEIDEN.
BITTE GEDULDET EUCH NOCH ETWAS.
...
...
MASH BURNE-DEAD!
!

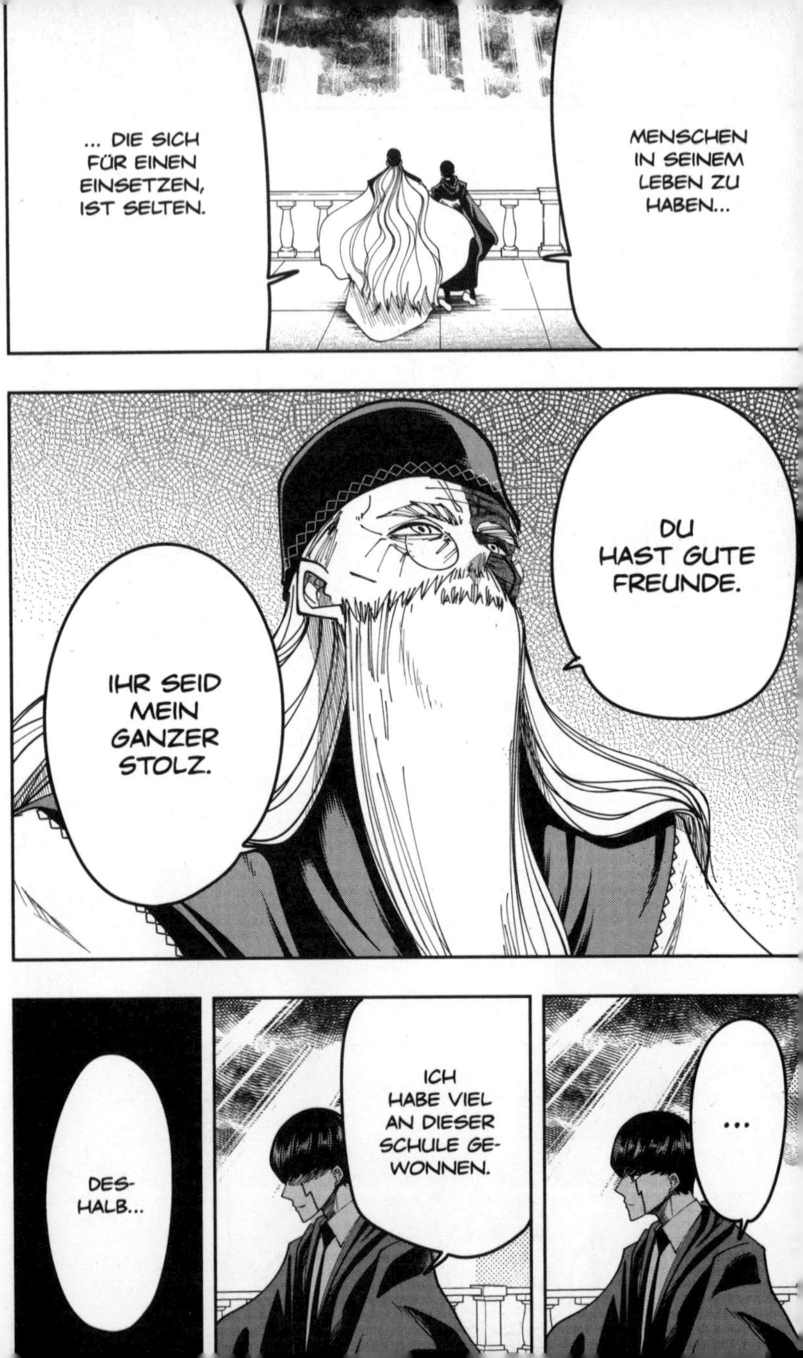
MENSCHEN IN SEINEM LEBEN ZU HABEN...
... DIE SICH FÜR EINEN EINSETZEN, IST SELTEN.
DU HAST GUTE FREUNDE.
IHR SEID MEIN GANZER STOLZ.
...
ICH HABE VIEL AN DIESER SCHULE GE-WONNEN.
DES-HALB...

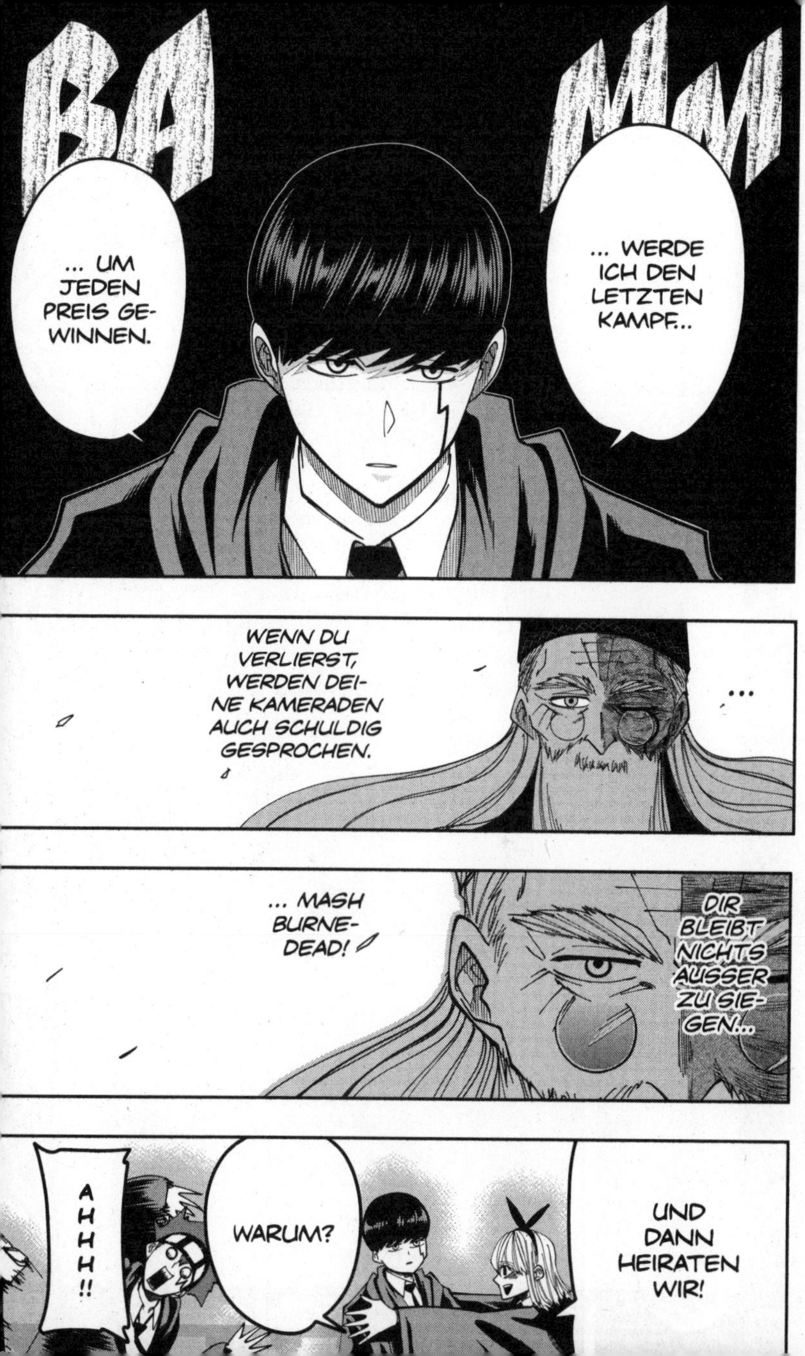
BAMM
... WERDE ICH DEN LETZTEN KAMPF...
... UM JEDEN PREIS GEWINNEN.
...
WENN DU VERLIERST, WERDEN DEINE KAMERADEN AUCH SCHULDIG GESPROCHEN.
DIR BLEIBT NICHTS AUSSER ZU SIEGEN...
... MASH BURNEDEAD!
UND DANN HEIRATEN WIR!
WARUM?
AHHHH!!

Frage-Antwort-Ecke ② Q&A

F.4 WIE WURDEN MASH, LANCE UND DOT FÜR DIE ABSCHLUSSPRÜFUNG AUSGEWÄHLT?

A.4 Da die Auswahlprüfung abgesagt wurde, standen Mash, Lance und Dot zur Auswahl. Macaron gab seinen Platz freiwillig ab.

F.5 WAS WAREN DIE TEILNAHMEBEDINGUNGEN AM TRI-MAGIEATHLON FÜR ABEL UND DIE ANDEREN?

A.5 Um den Kampf gegen Walkis fair zu halten, wurde es ihnen erlaubt, als Unterstützung da zu sein. Sie sind jedoch nicht für den Titel des Gottessehers berechtigt.

82. Kapitel Mash Burnedead und das Kleinkindalter

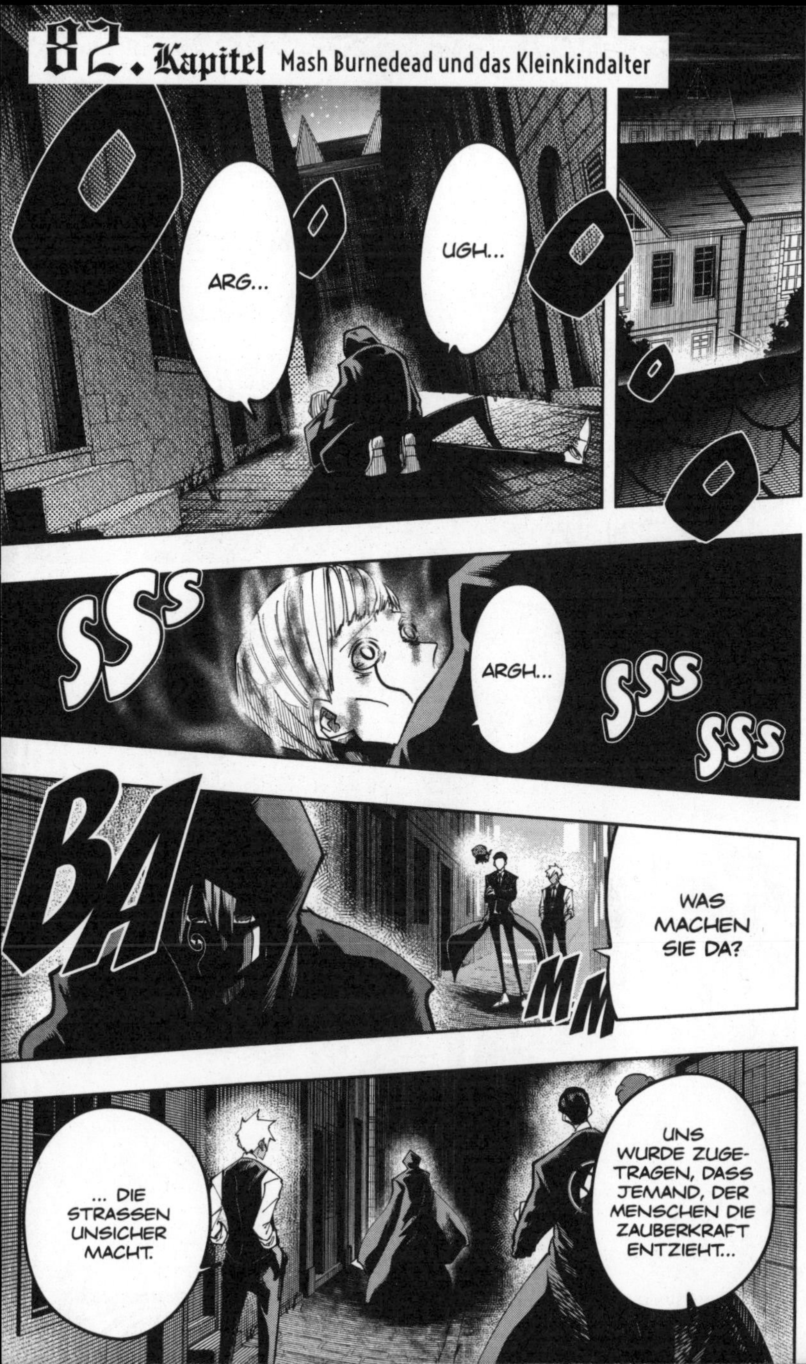

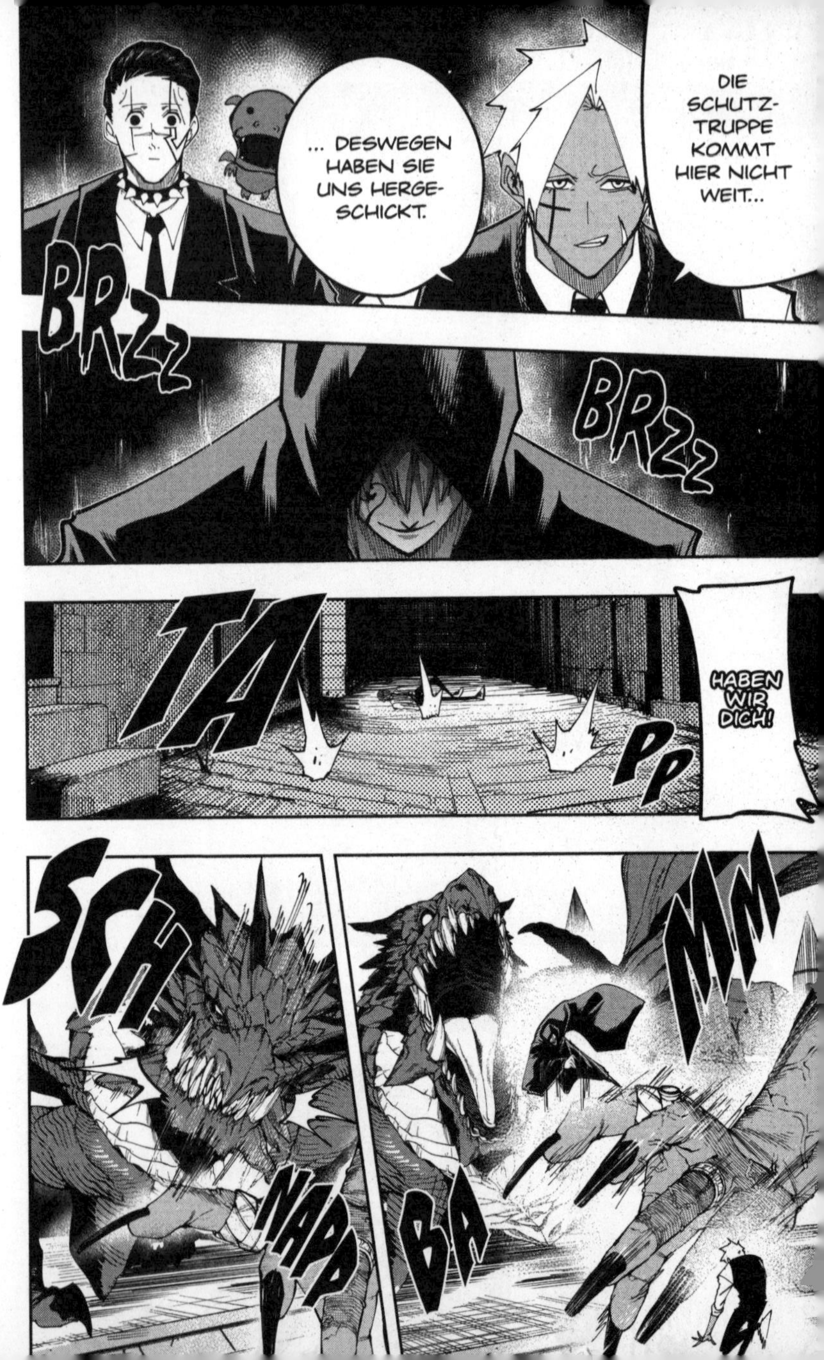
DIE SCHUTZ-TRUPPE KOMMT HIER NICHT WEIT...
... DESWEGEN HABEN SIE UNS HERGE-SCHICKT.
BRZZ
BRZZ
HABEN WIR DICH!
TAPP
MM
BA
SCH
NAPP

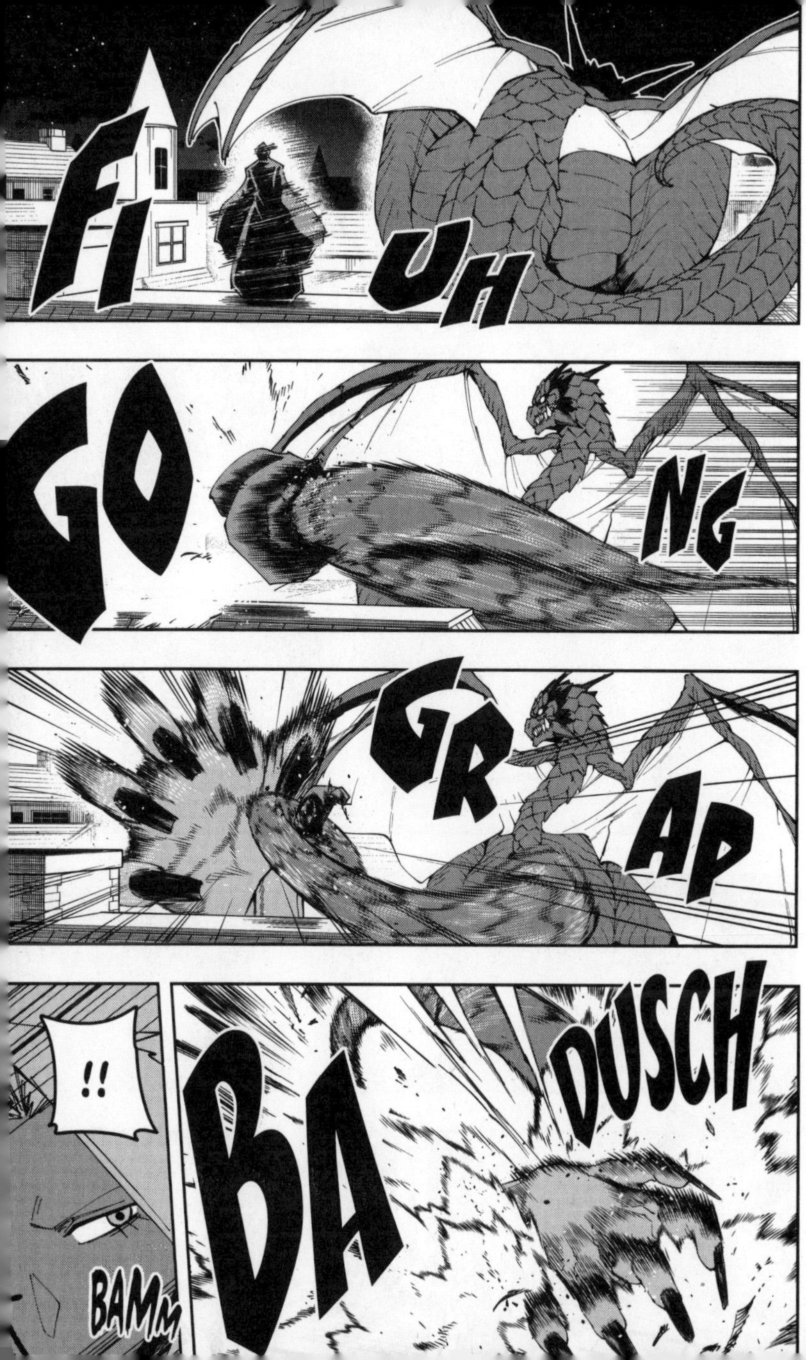
FI
UH
GO
NG
GR
AP
!!
BA
DUSCH
BAMM

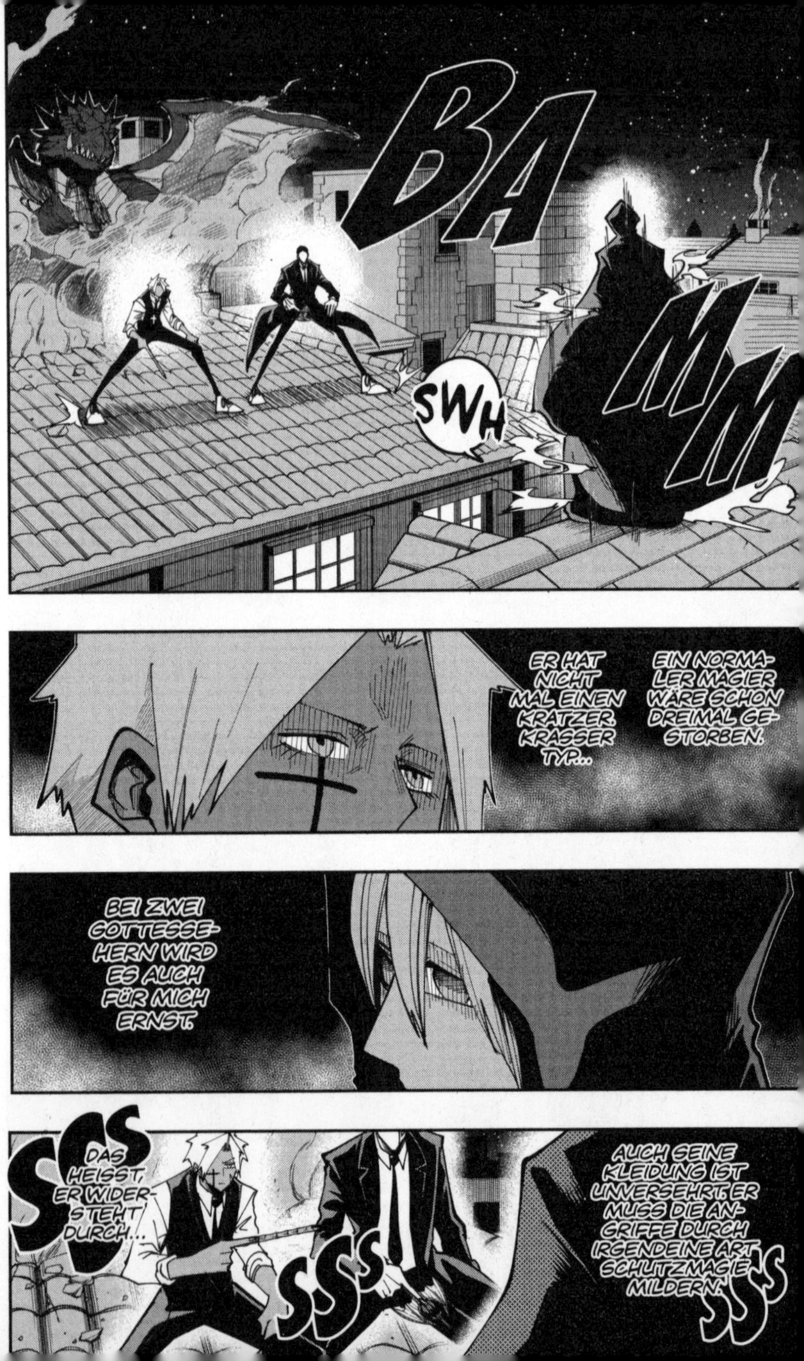
BAMMM
SWH
EIN NORMALER MAGIER WÄRE SCHON DREIMAL GESTORBEN.
ER HAT NICHT MAL EINEN KRATZER. KRASSER TYP...
BEI ZWEI GOTTESSEHERN WIRD ES AUCH FÜR MICH ERNST.
AUCH SEINE KLEIDUNG IST UNVERSEHRT. ER MUSS DIE ANGRIFFE DURCH IRGENDEINE ART SCHUTZMAGIE MILDERN.
DAS HEISST, ER WIDERSTEHT DURCH...
SSS
SSS
SSS

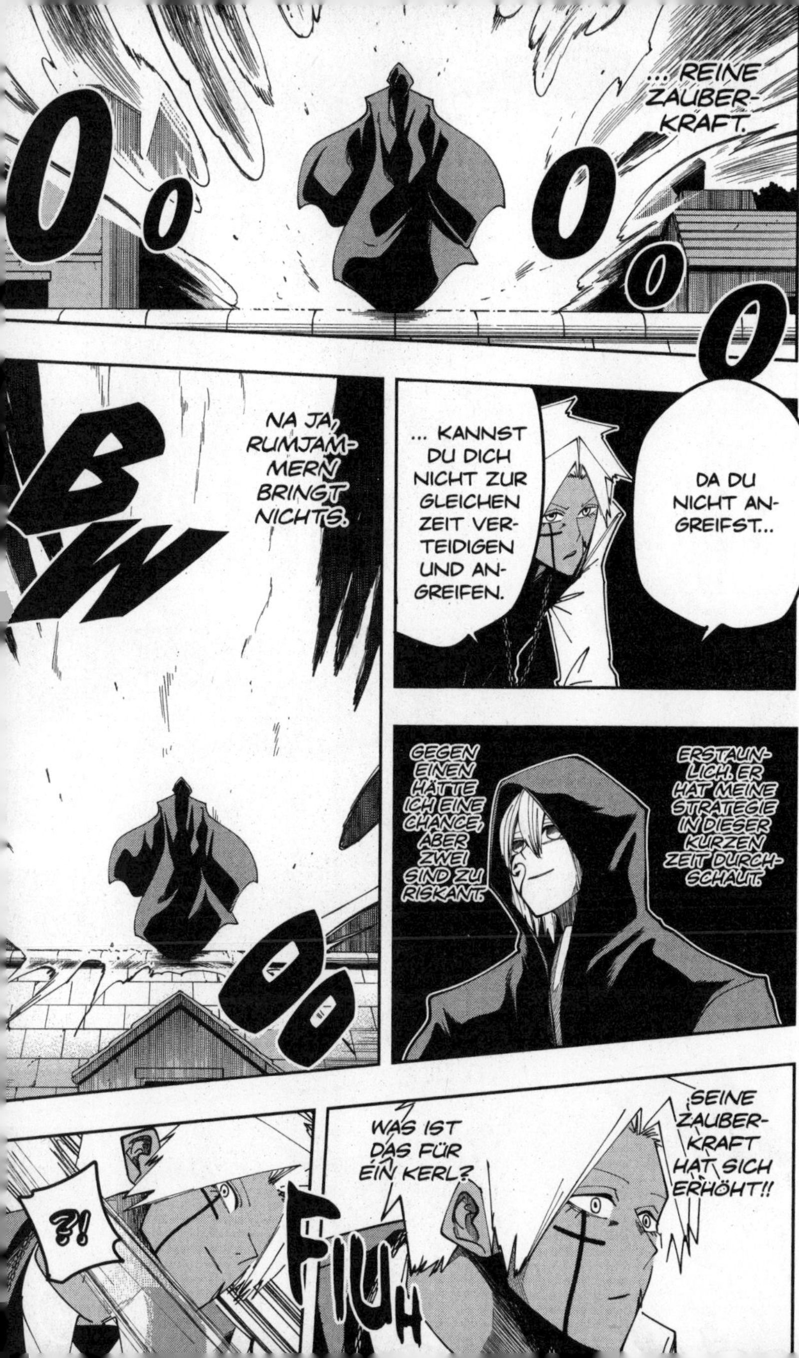
... REINE ZAUBER-KRAFT.
OOOOOO
DA DU NICHT AN-GREIFST...
... KANNST DU DICH NICHT ZUR GLEICHEN ZEIT VER-TEIDIGEN UND AN-GREIFEN.
NA JA, RUMJAM-MERN BRINGT NICHTS.
BWW
ERSTAUN-LICH. ER HAT MEINE STRATEGIE IN DIESER KURZEN ZEIT DURCH-SCHAUT.
GEGEN EINEN HÄTTE ICH EINE CHANCE, ABER ZWEI SIND ZU RISKANT.
OO
SEINE ZAUBER-KRAFT HAT SICH ERHÖHT!!
WAS IST DAS FÜR EIN KERL?
FIUH
?!

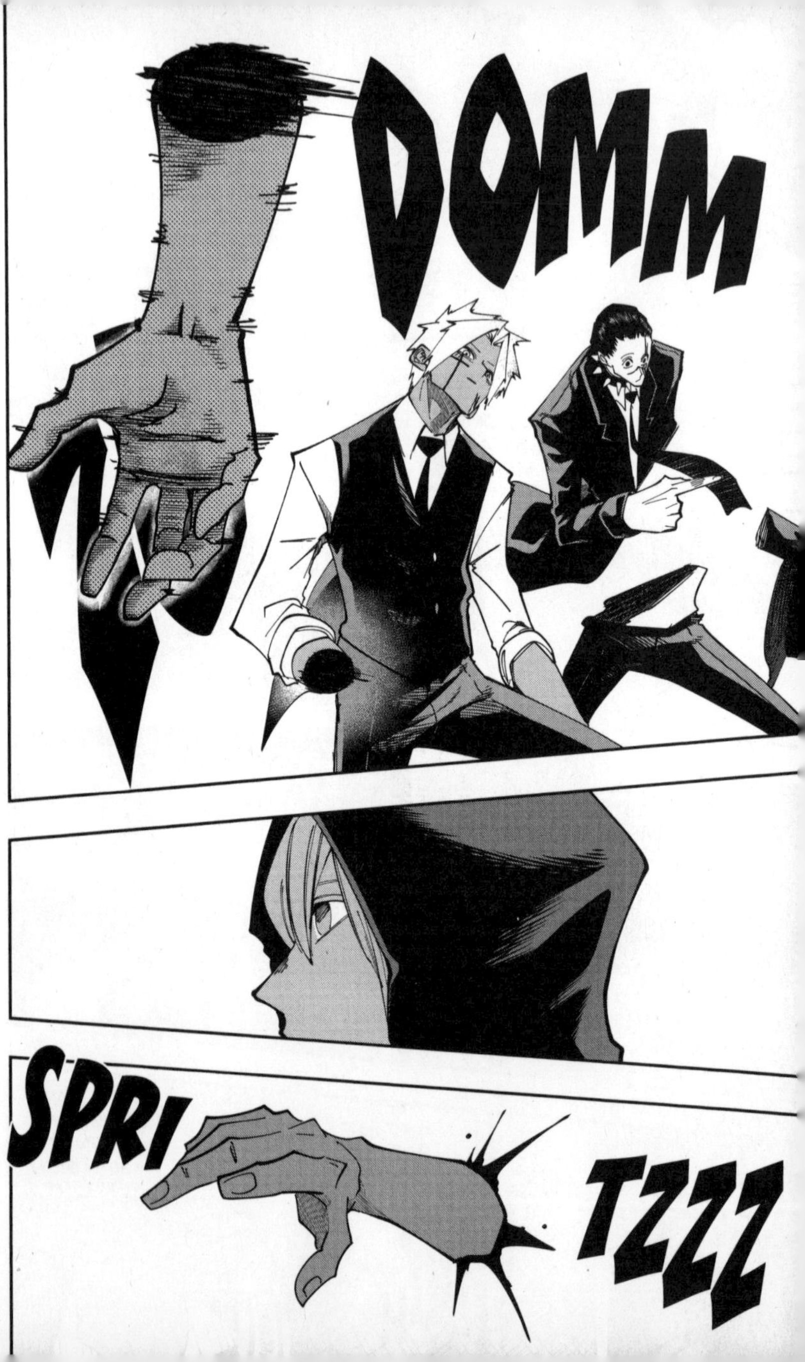
DOMM
SPRI
TZZZ

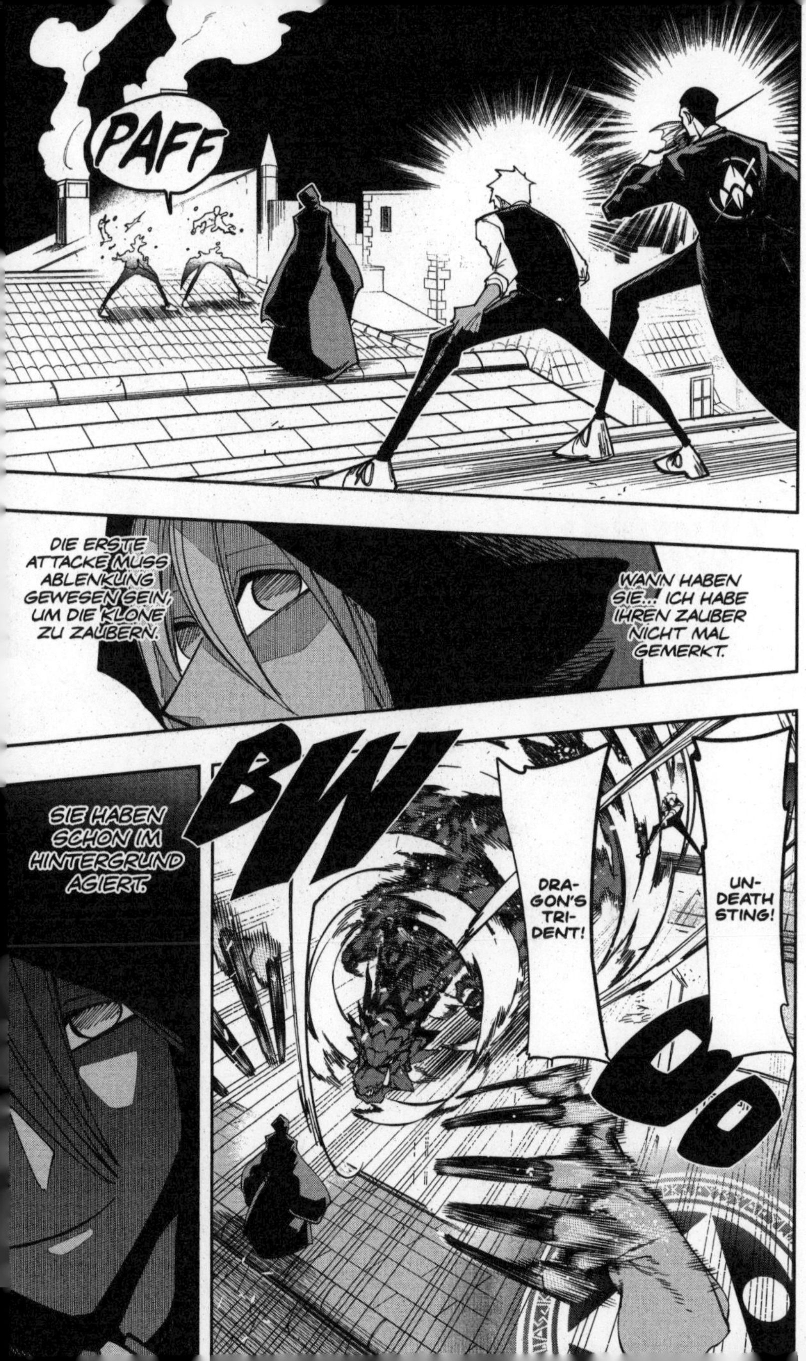
PAFF
WANN HABEN SIE...! ICH HABE IHREN ZAUBER NICHT MAL GEMERKT.
DIE ERSTE ATTACKE MUSS ABLENKUNG GEWESEN SEIN, UM DIE KLONE ZU ZAUBERN.
BWOO
UN-DEATH STING!
DRA-GON'S TRI-DENT!
SIE HABEN SCHON IM HINTERGRUND AGIERT.

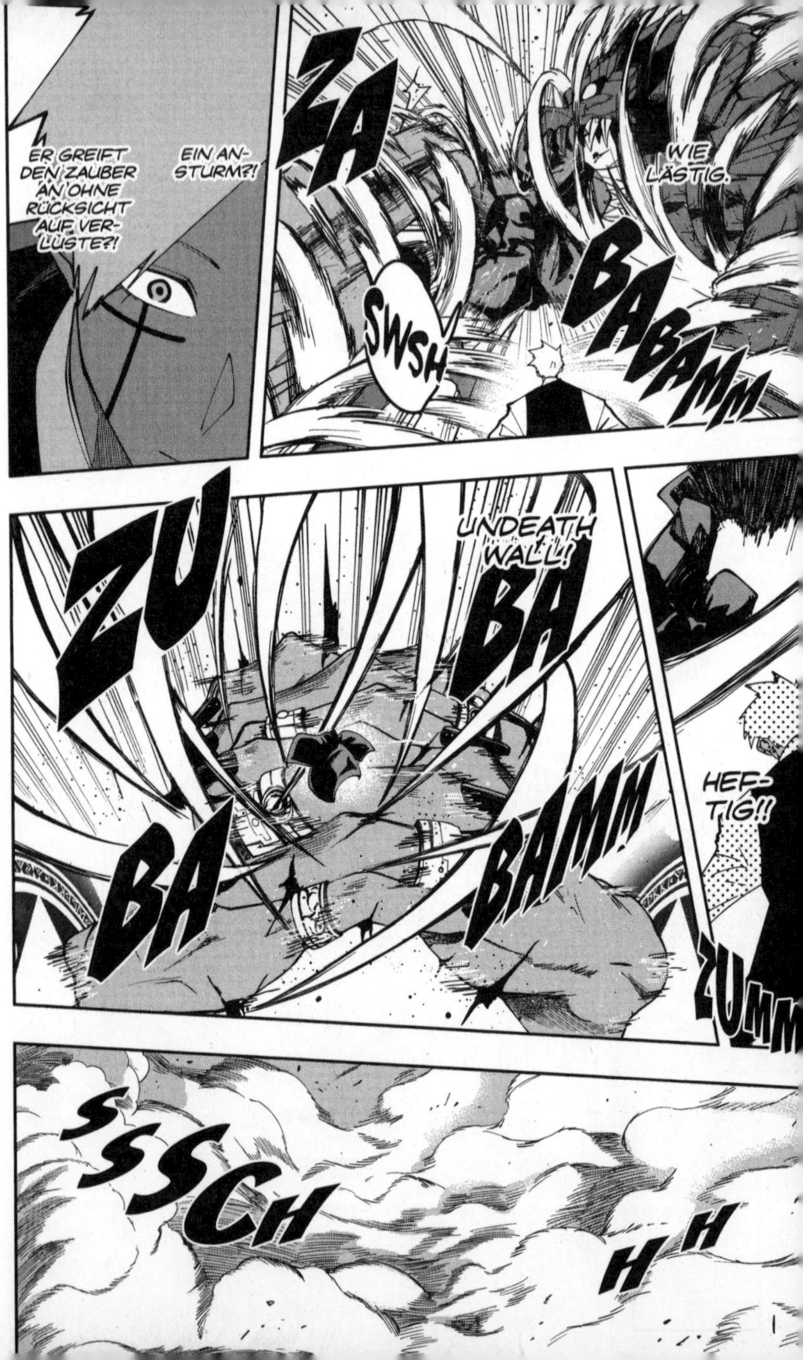
WIE LÄSTIG.
BABAMM
SWSH
ZA
EIN AN-STURM?!
ER GREIFT DEN ZAUBER AN OHNE RÜCKSICHT AUF VER-LUSTE?!
HEF-TIG!!
ZUMM
UNDEATH WALL!
BA BAMM
ZU BA BA
SSSCH HH

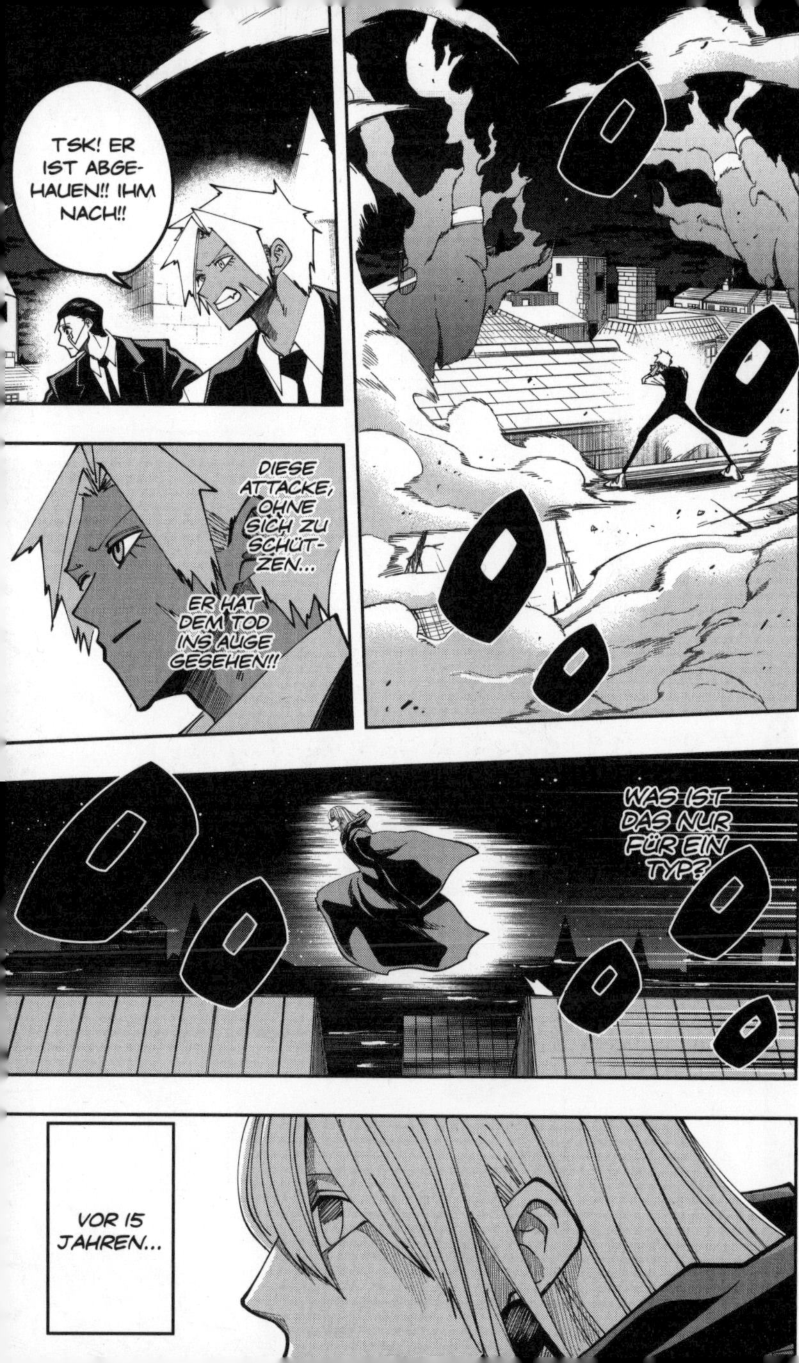
TSK! ER IST ABGE-HAUEN!! IHM NACH!!
DIESE ATTACKE, OHNE SICH ZU SCHÜT-ZEN...
ER HAT DEM TOD INS AUGE GESEHEN!!
WAS IST DAS NUR FÜR EIN TYP?
VOR 15 JAHREN...

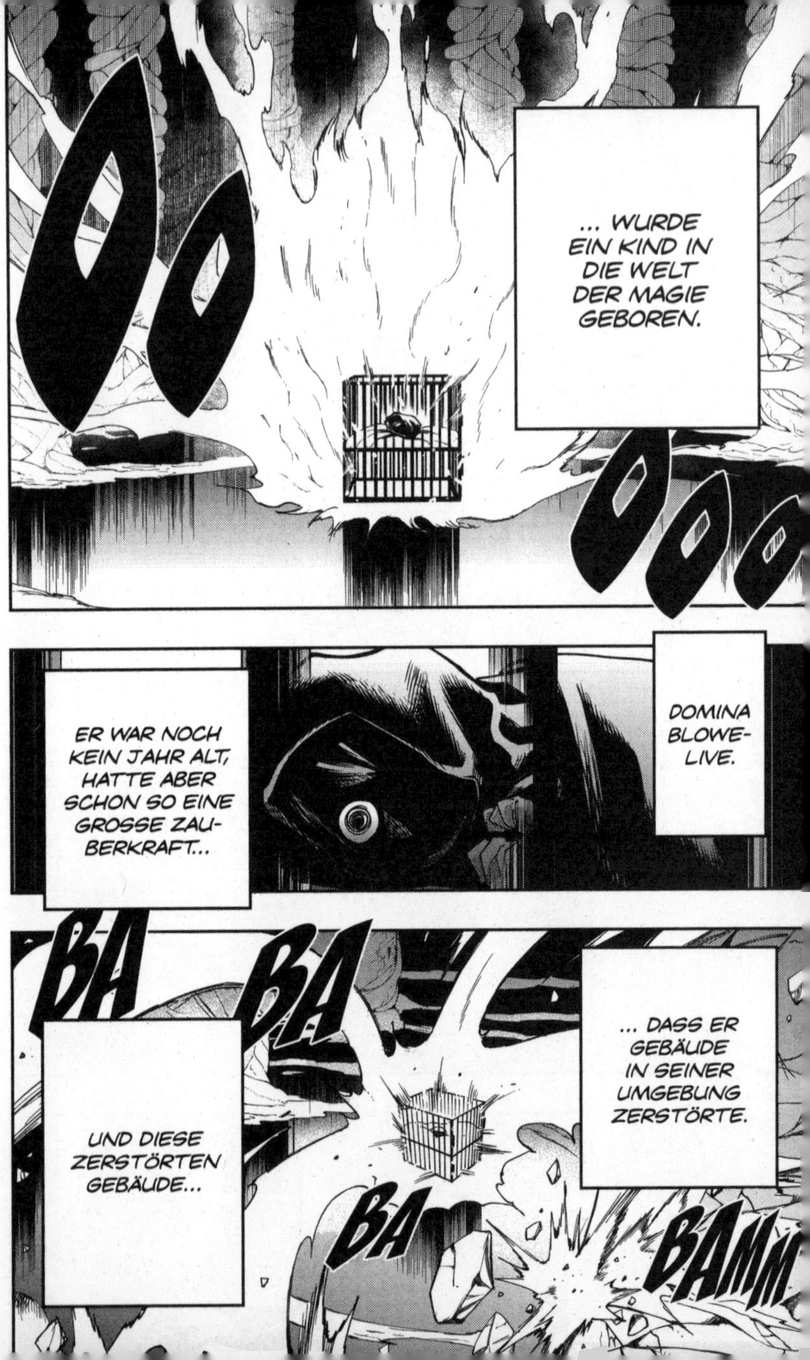
... WURDE EIN KIND IN DIE WELT DER MAGIE GEBOREN.
OOO
OO
DOMINA BLOWE-LIVE.
ER WAR NOCH KEIN JAHR ALT, HATTE ABER SCHON SO EINE GROSSE ZAU-BERKRAFT...
BA
BA
... DASS ER GEBÄUDE IN SEINER UMGEBUNG ZERSTÖRTE.
UND DIESE ZERSTÖRTEN GEBÄUDE...
BA
BAMM

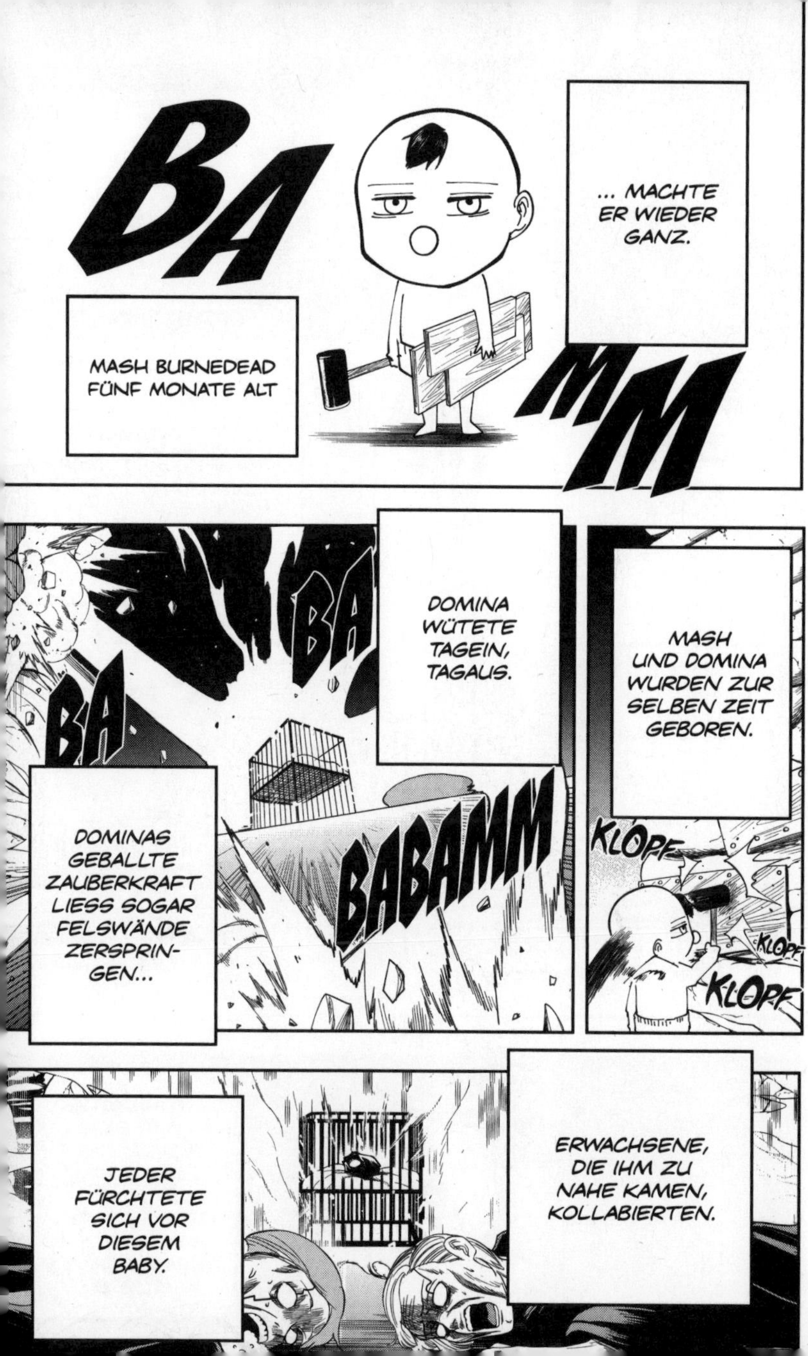
... MACHTE ER WIEDER GANZ.
BA MM
MASH BURNEDEAD FÜNF MONATE ALT
MASH UND DOMINA WURDEN ZUR SELBEN ZEIT GEBOREN.
KLOPF
KLOPF
KLOPF
DOMINA WÜTETE TAGEIN, TAGAUS.
BA
BA
BABAMM
DOMINAS GEBALLTE ZAUBERKRAFT LIESS SOGAR FELSWÄNDE ZERSPRIN-GEN...
ERWACHSENE, DIE IHM ZU NAHE KAMEN, KOLLABIERTEN.
JEDER FÜRCHTETE SICH VOR DIESEM BABY.

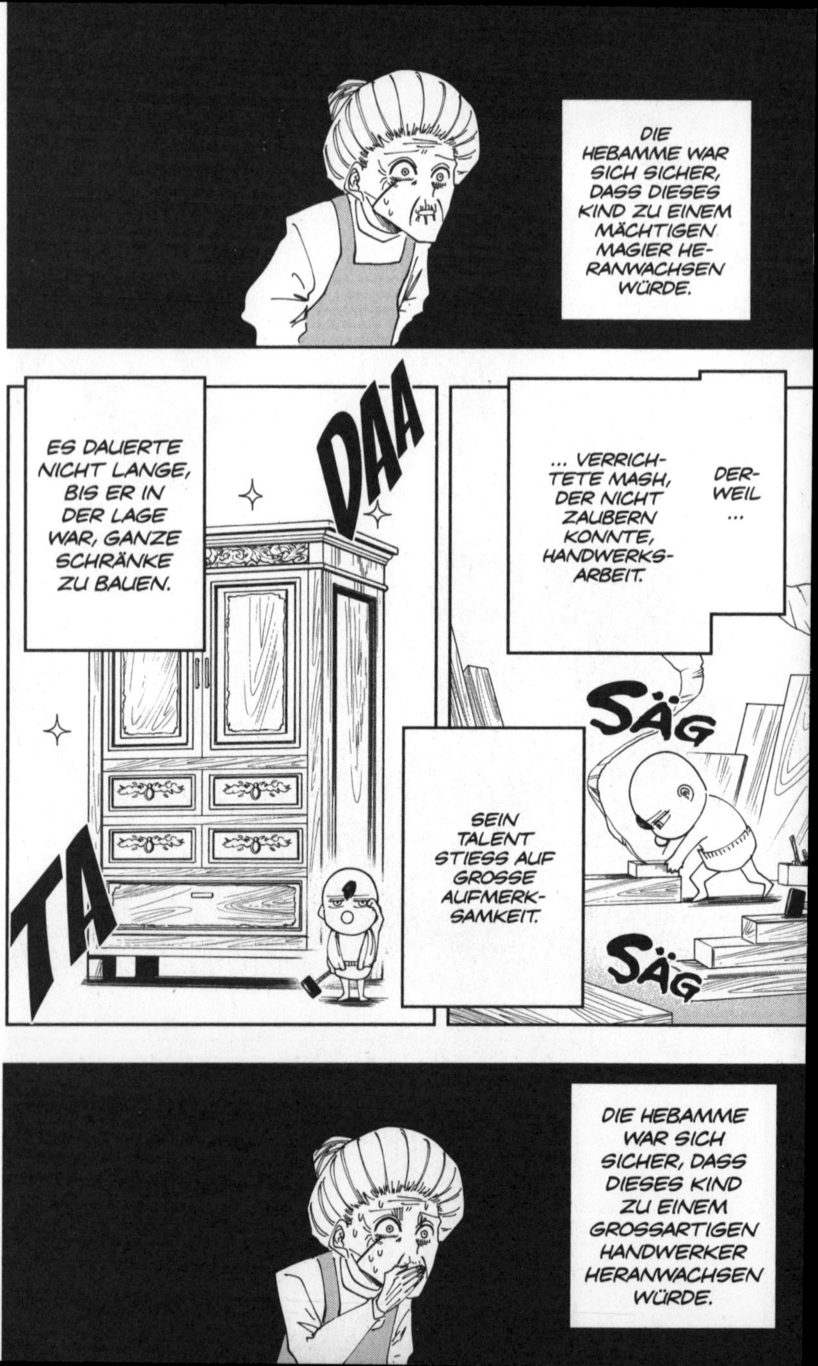
DIE HEBAMME WAR SICH SICHER, DASS DIESES KIND ZU EINEM MÄCHTIGEN MAGIER HE-RANWACHSEN WÜRDE.
DER-WEIL ...
... VERRICH-TETE MASH, DER NICHT ZAUBERN KONNTE, HANDWERKS-ARBEIT.
SÄG
SÄG
SEIN TALENT STIESS AUF GROSSE AUFMERK-SAMKEIT.
ES DAUERTE NICHT LANGE, BIS ER IN DER LAGE WAR, GANZE SCHRÄNKE ZU BAUEN.
DAA
TA
DIE HEBAMME WAR SICH SICHER, DASS DIESES KIND ZU EINEM GROSSARTIGEN HANDWERKER HERANWACHSEN WÜRDE.

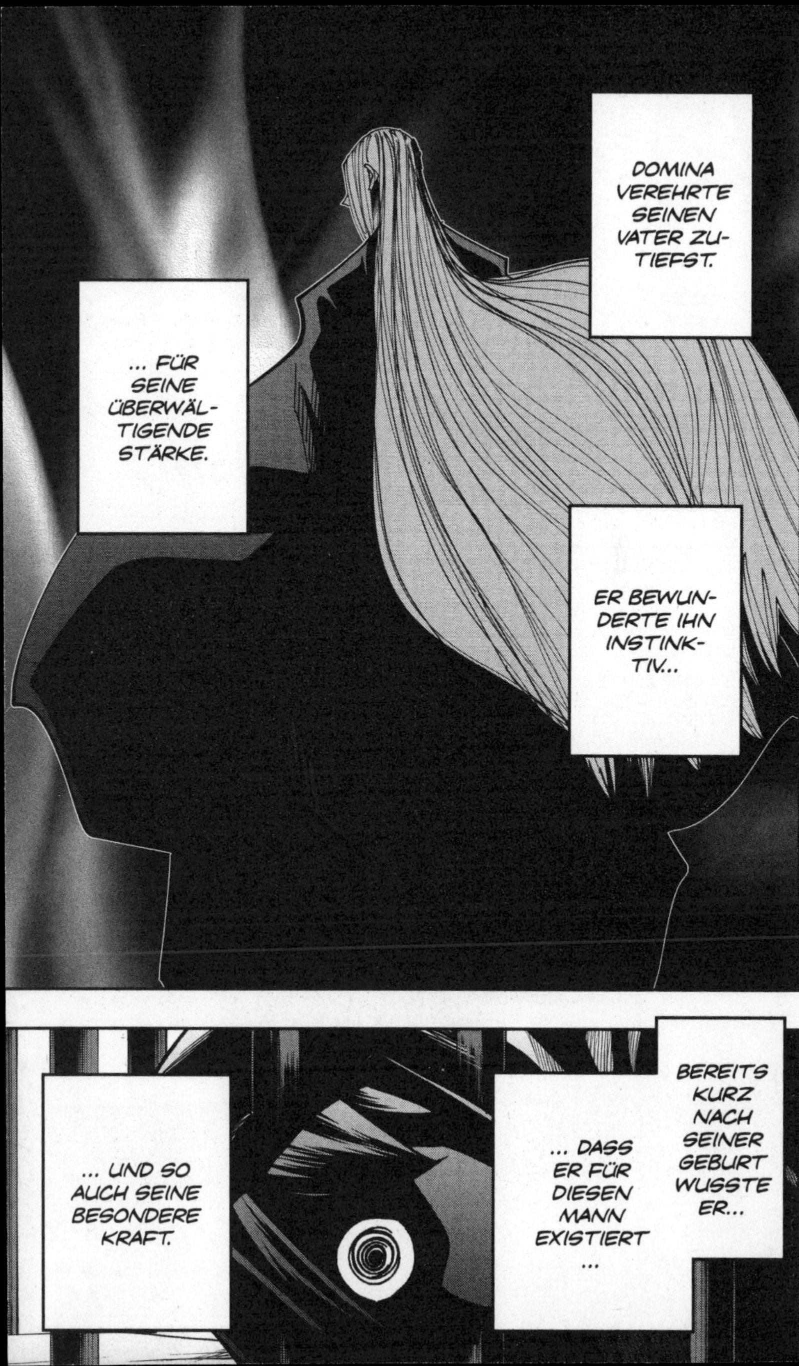
DOMINA VEREHRTE SEINEN VATER ZUTIEFST.
ER BEWUNDERTE IHN INSTINKTIV...
... FÜR SEINE ÜBERWÄLTIGENDE STÄRKE.
BEREITS KURZ NACH SEINER GEBURT WUSSTE ER...
... DASS ER FÜR DIESEN MANN EXISTIERT ...
... UND SO AUCH SEINE BESONDERE KRAFT.

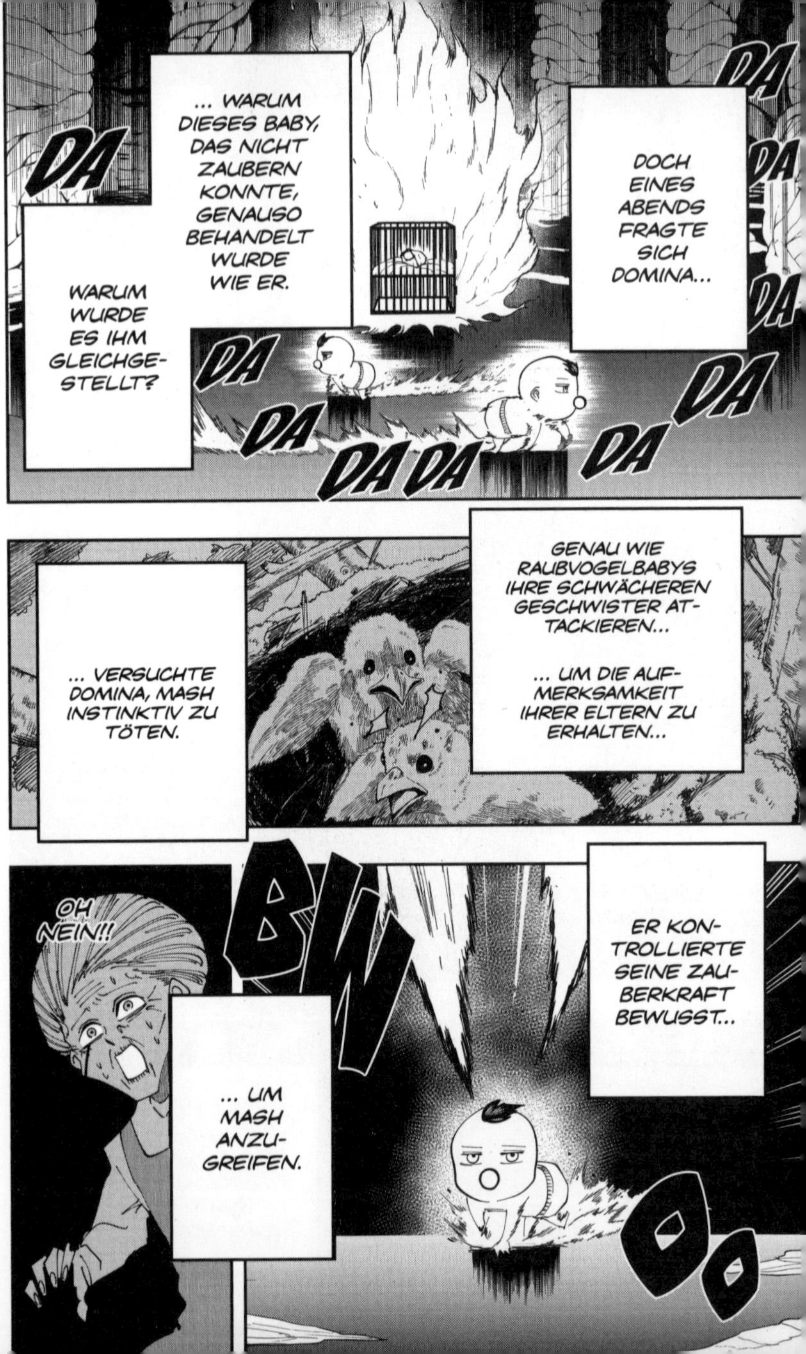
DOCH EINES ABENDS FRAGTE SICH DOMINA...
... WARUM DIESES BABY, DAS NICHT ZAUBERN KONNTE, GENAUSO BEHANDELT WURDE WIE ER.
WARUM WURDE ES IHM GLEICHGE- STELLT?
DA DA DA DA DA DA DA DA DA DA
GENAU WIE RAUBVOGELBABYS IHRE SCHWÄCHEREN GESCHWISTER AT- TACKIEREN...
... UM DIE AUF- MERKSAMKEIT IHRER ELTERN ZU ERHALTEN...
... VERSUCHTE DOMINA, MASH INSTINKTIV ZU TÖTEN.
ER KON- TROLLIERTE SEINE ZAU- BERKRAFT BEWUSST...
BW
OH NEIN!!
... UM MASH ANZU- GREIFEN.
OO

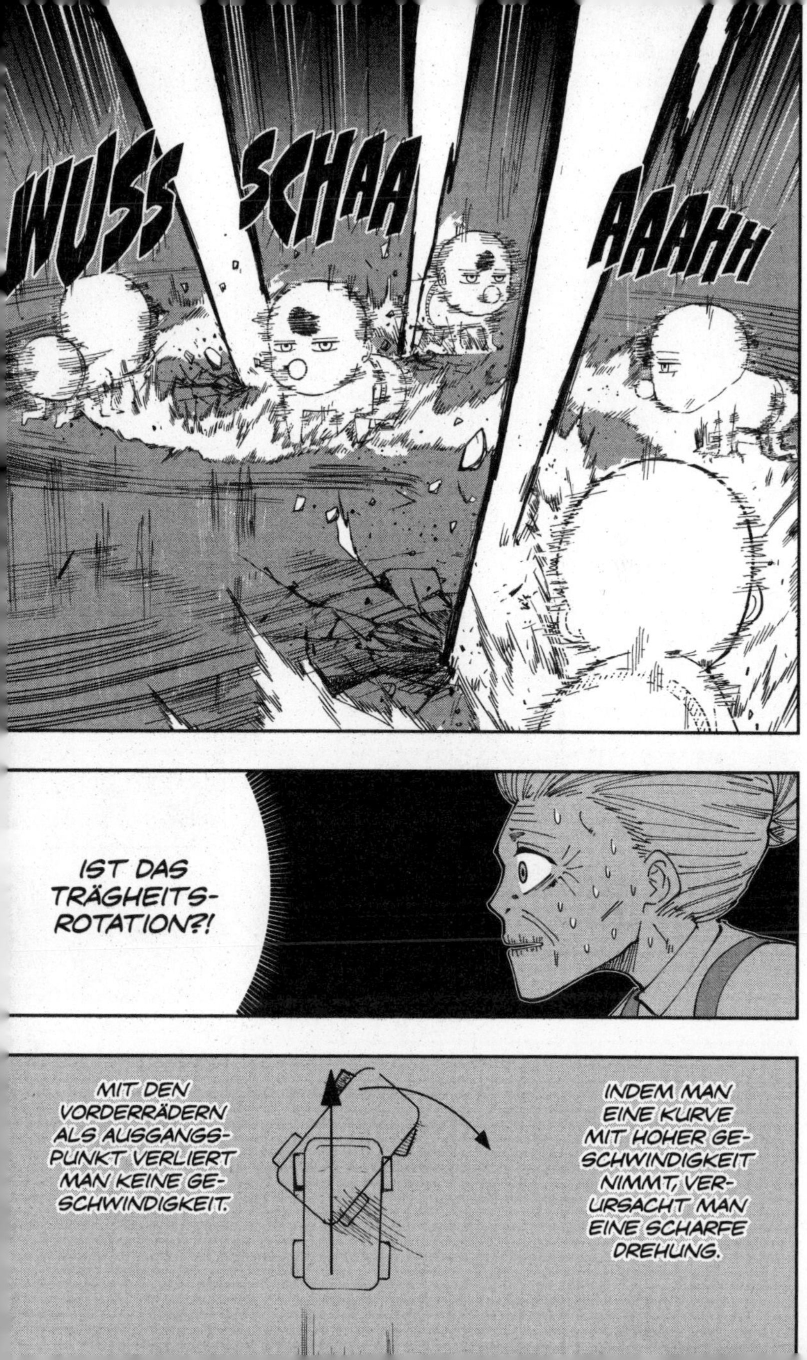
AAAHH
SCHAA
WUSS
IST DAS TRÄGHEITS-ROTATION?!
INDEM MAN EINE KURVE MIT HOHER GE-SCHWINDIGKEIT NIMMT, VER-URSACHT MAN EINE SCHARFE DREHUNG.
MIT DEN VORDERRÄDERN ALS AUSGANGS-PUNKT VERLIERT MAN KEINE GE-SCHWINDIGKEIT.

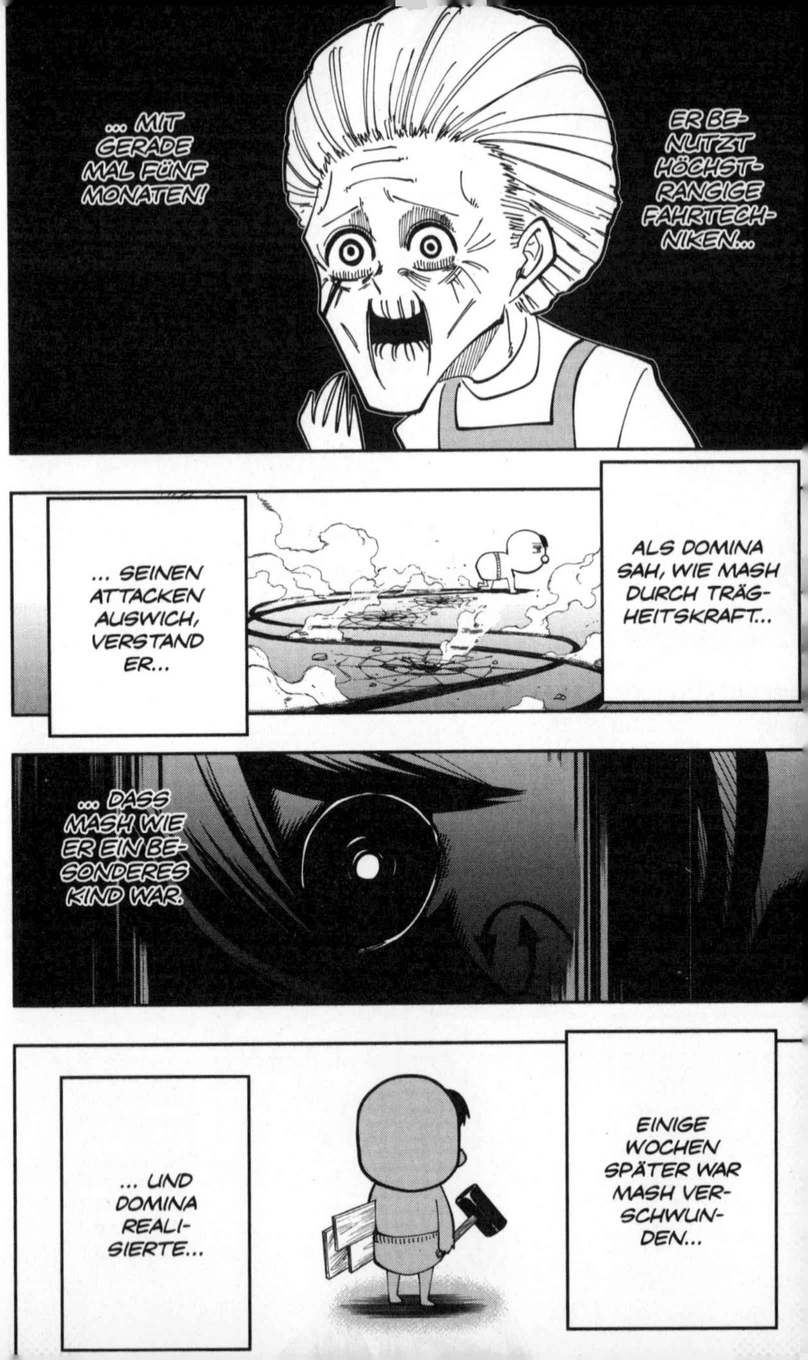
ER BENUTZT HÖCHSTRANGIGE FAHRTECHNIKEN...
... MIT GERADE MAL FÜNF MONATEN!
ALS DOMINA SAH, WIE MASH DURCH TRÄGHEITSKRAFT...
... SEINEN ATTACKEN AUSWICH, VERSTAND ER...
... DASS MASH WIE ER EIN BESONDERES KIND WAR.
EINIGE WOCHEN SPÄTER WAR MASH VERSCHWUNDEN...
... UND DOMINA REALISIERTE...

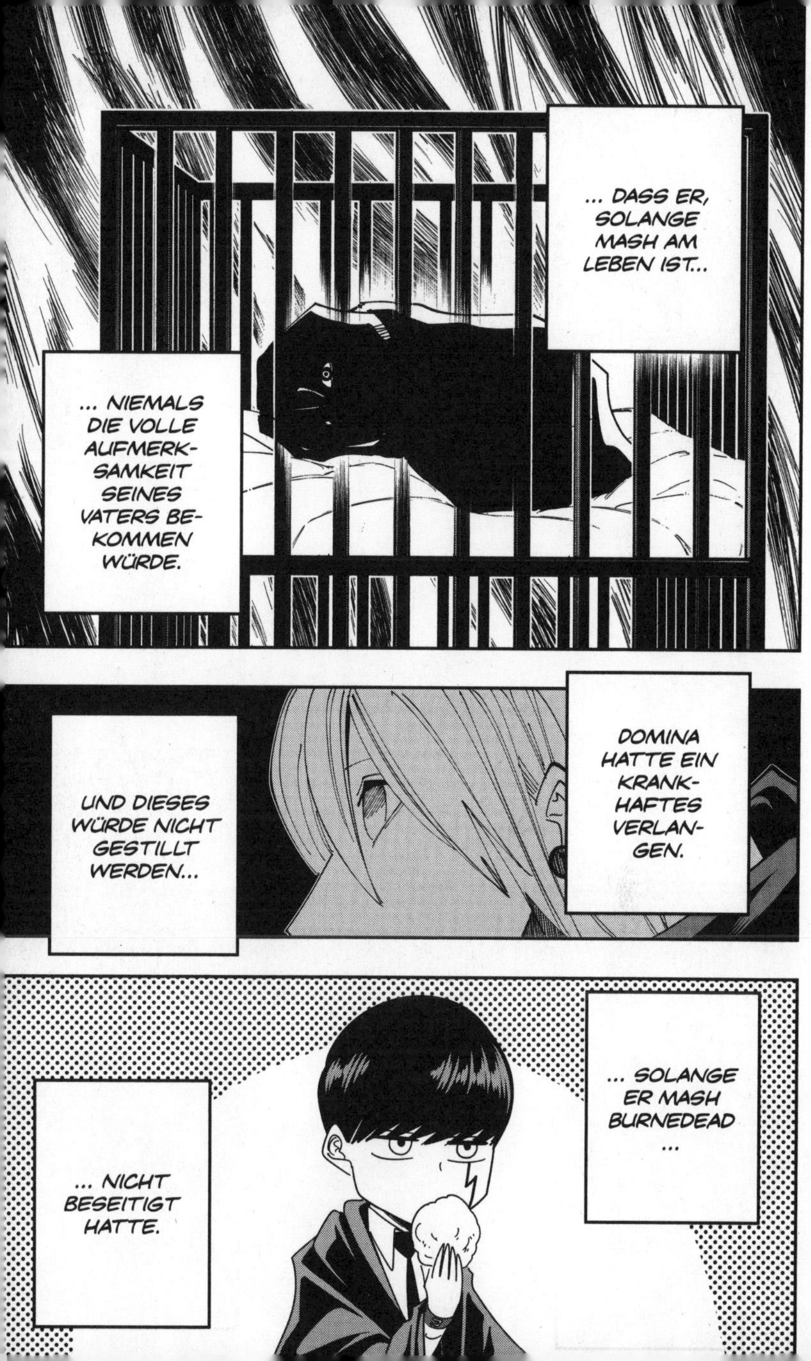
... DASS ER, SOLANGE MASH AM LEBEN IST...
... NIEMALS DIE VOLLE AUFMERKSAMKEIT SEINES VATERS BEKOMMEN WÜRDE.
DOMINA HATTE EIN KRANKHAFTES VERLANGEN.
UND DIESES WÜRDE NICHT GESTILLT WERDEN...
... SOLANGE ER MASH BURNEDEAD ...
... NICHT BESEITIGT HATTE.

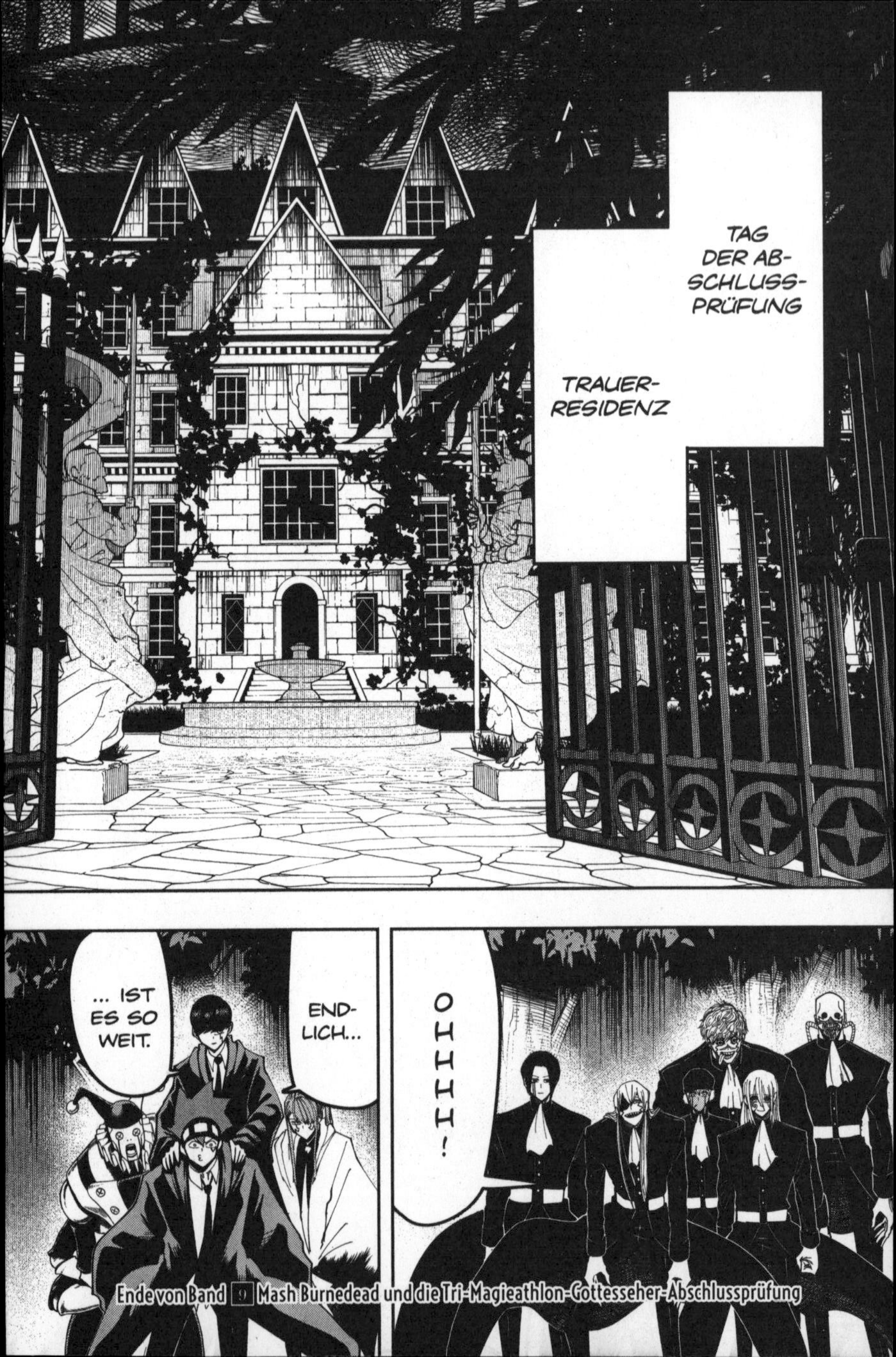
TAG DER ABSCHLUSSPRÜFUNG
TRAUERRESIDENZ
OHHHH!
ENDLICH…
… IST ES SO WEIT.
Ende von Band 9 Mash Burnedead und die Tri-Magieathlon-Gottesseher-Abschlussprüfung

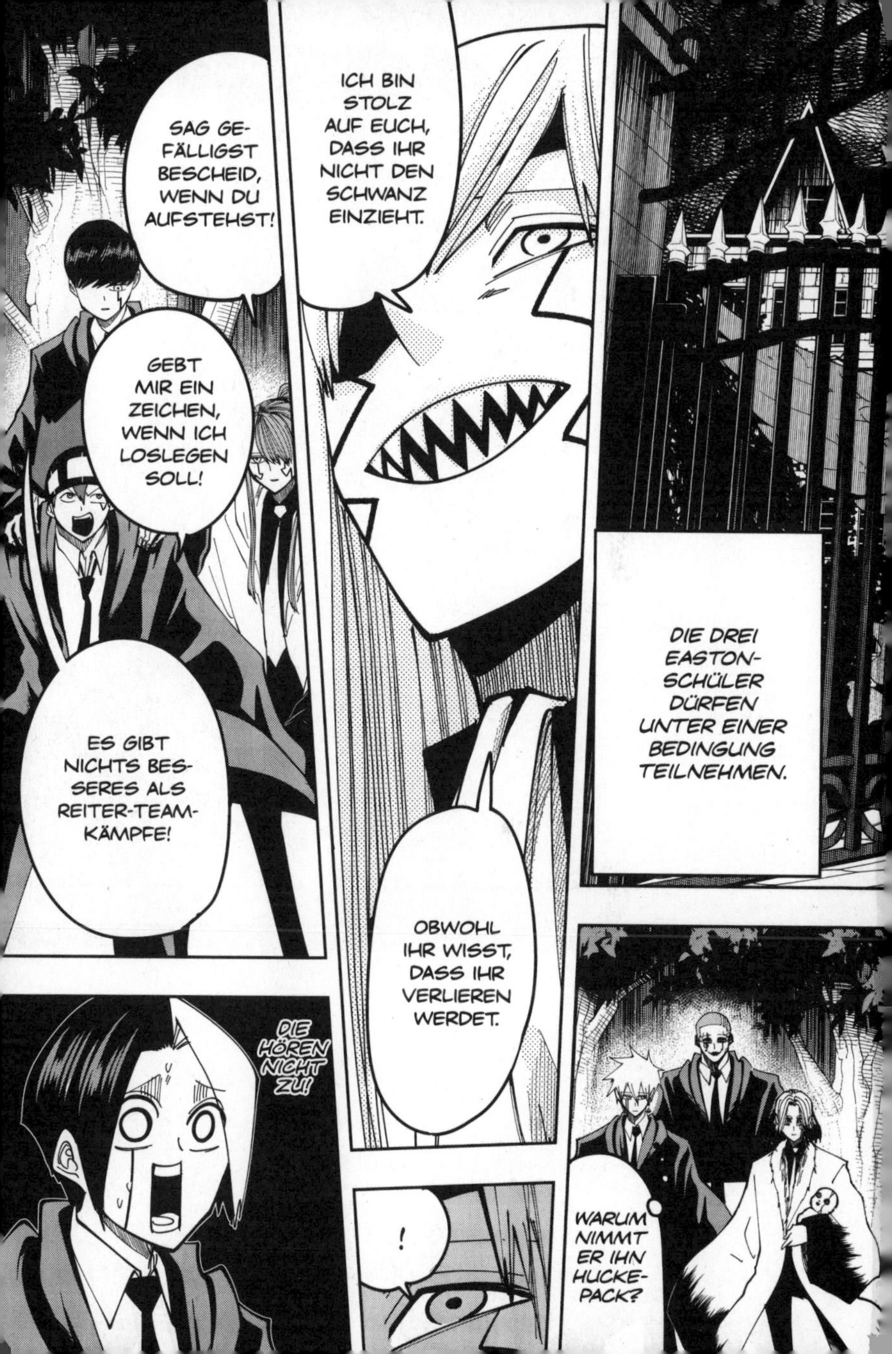
DIE DREI EASTON-SCHÜLER DÜRFEN UNTER EINER BEDINGUNG TEILNEHMEN.
ICH BIN STOLZ AUF EUCH, DASS IHR NICHT DEN SCHWANZ EINZIEHT.
OBWOHL IHR WISST, DASS IHR VERLIEREN WERDET.
SAG GEFÄLLIGST BESCHEID, WENN DU AUFSTEHST!
GEBT MIR EIN ZEICHEN, WENN ICH LOSLEGEN SOLL!
ES GIBT NICHTS BESSERES ALS REITER-TEAMKÄMPFE!
WARUM NIMMT ER IHN HUCKEPACK?
!
DIE HÖREN NICHT ZU!

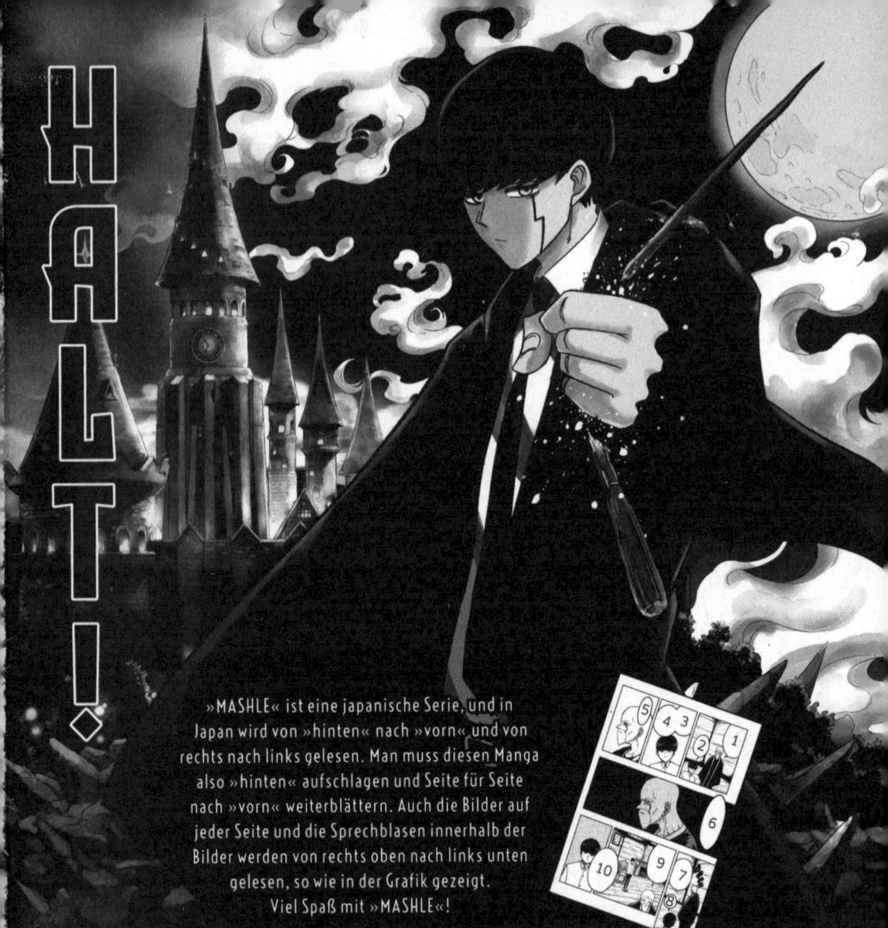

HALT!

»MASHLE« ist eine japanische Serie, und in Japan wird von »hinten« nach »vorn« und von rechts nach links gelesen. Man muss diesen Manga also »hinten« aufschlagen und Seite für Seite nach »vorn« weiterblättern. Auch die Bilder auf jeder Seite und die Sprechblasen innerhalb der Bilder werden von rechts oben nach links unten gelesen, so wie in der Grafik gezeigt.
Viel Spaß mit »MASHLE«!

CARLSEN MANGA! NEWS jeden Monat neu per E-Mail
www.carlsenmanga.de · www.carlsen.de

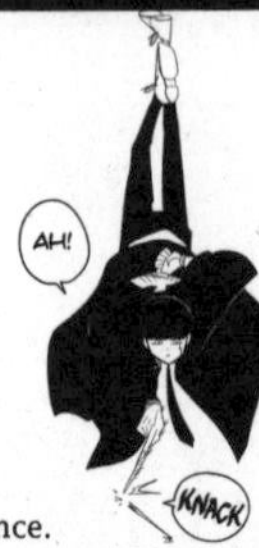

CARLSEN MANGA
Deutsche Ausgabe/German Edition

Aus dem Japanischen von Katrin Stamm

First published in Japan in 2020 by SHUEISHA Inc., Tokyo.
German translation rights in Germany, Austria, Luxembourg and German-speaking Switzerland arranged by SHUEISHA Inc. through VME PLB SAS, France.
Redaktion: Anne Berling & Lisa Gocke · Textbearbeitung: Steffi Korda
Produktionsmanagement: Tobias Hametner
 · ISBN: 978-3-551-02506-7